Hochbegabt – und trotzdem glücklich

Dipl.-Psych. Herbert Horsch
Dipl.-Psych. Götz Müller
Dr. Hermann-Josef Spicher

Hochbegabt – und trotzdem glücklich

Was Eltern, Kindergarten und Schule tun können, damit die klügsten Kinder nicht die Dummen sind

OberstebBrink
Eltern-Bibliothek

3. Auflage 2012

Fotos: Mauritius (Titel), privat
Druck und Bindung: Livonia Print, Riga
Printed 2012
Verlag: Oberstebrink Verlag Düsseldorf
Sankt Göres-Str. 12, 40489 Düsseldorf
Tel. 0211 49625511 · Fax 0211 98434011
E-mail: verlag@oberstebrink.de
www.oberstebrink.de
Vertrieb: Dressler Verlag GmbH
Poppenbütteler Chaussee 53, 22397 Hamburg
ISBN 3-934333-16-8

Die Oberstebrink Eltern-Bibliothek

Die Oberstebrink-Eltern-Bibliothek bietet Lösungen für die wichtigsten Eltern-Probleme und gibt Antworten auf die häufigsten Eltern-Fragen. Von Experten, die in ihrem Fachgebiet auf dem neuesten Wissensstand sind und in ihrer Praxis täglich Eltern beraten und Kinder behandeln.

Die Bücher der Oberstebrink Eltern-Bibliothek werden von Kinderärzten/-innen, Hebammen, Erziehern/-innen, Lehrern/-innen und Familien-Therapeuten/-innen laufend eingesetzt und empfohlen. Eltern schätzen diese Ratgeber besonders, weil sie leicht verständlich sind und sich alle Ratschläge einfach und erfolgreich in die Tat umsetzen lassen.

Eine Übersicht über alle Bücher finden Sie auf den letzten Seiten dieses Buches.

Grusswort

Es gehört zur schulischen Normalität, dass Kindern, die Schwierigkeiten mit dem Lernen haben, durch spezielle Förderung geholfen wird. Das ist eine gute und wichtige Sache. Allerdings richtet sich der Blick leider immer noch viel zu sehr nur auf die Kinder, die Schwierigkeiten haben, in der Schule mitzukommen. Förderkonzepte werden überwiegend für Benachteiligte oder schwer Lernende entwickelt.

Es gibt aber auch eine andere Gruppe von Kindern, für die Förderung mindestens ebenso wichtig ist: die Hochbegabten. Wenn sie nicht ihren persönlichen Fähigkeiten entsprechend gefördert werden, kann es passieren, dass sie irgendwann abschalten, weil sie im normalen Unterricht zu wenig gefordert werden. Das kann dazu führen, dass sie den Anschluss verlieren, wenn neuer Lernstoff kommt, den sie noch nicht beherrschen. So können Kinder zu Schulversagern werden, obwohl sie hochbegabt sind.

Im Idealfall sollten alle Kinder (ob hochbegabt oder nicht) ihren individuellen Anlagen entsprechend gefördert werden – entweder um vorhandene Schwächen auszugleichen oder um die persönlichen Stärken zu fördern. Deshalb ist es zu begrüßen, dass die Bundesregierung die Förderung unterschiedlicher Begabungen zu einem ihrer bildungspolitischen Ziele erklärt hat.

Und ebenso zu begrüßen ist es, dass es jetzt dieses Buch gibt: „Hochbegabt – und trotzdem glücklich".

Denn wir von der Deutschen Gesellschaft für das hochbegabte Kind (DGhK) erleben täglich in unseren Fortbildungsveranstaltungen für Erzieherinnen und Lehrer und bei unseren Eltern-Treffen, wie groß der Informationsbedarf zum Thema „Hochbegabung und Hochbegabten-Förderung" ist.

Dieses Buch wendet sich nicht nur an die Eltern hochbegabter Kinder, sondern auch an alle, die mit diesen Kindern zu tun haben – Erzieherinnen, Lehrer, Psychologen, Pädagogen, Kinder- und Jugendärzte.

Wichtig für das hochbegabte Kind ist es, dass alle diese Experten über seine Hochbegabung informiert sind und jeder aus seiner Sicht zur Förderung des Kindes beiträgt. Dazu ist es notwendig, dass die Experten als Team mit den Eltern und dem hochbegabten Kind zusammenarbeiten. Wer in diesem Team welche Aufgaben übernimmt, wird in dem Kapitel über „Entwicklungs-Partnerschaft" deutlich.

Das hochbegabte Kind steht im Mittelpunkt aller Betrachtungen. Viele verschiedene Fallbeispiele schildern die unterschiedlichen Situationen und Probleme hochbegabter Kinder. Diese lebensnahe und anschauliche Darstellung fördert das Verständnis der Leser für Hochbegabung. Darüber hinaus gibt es ein spezielles Kapitel, das sich direkt an die Kinder richtet: „Das Hochbegabten-Forum: Tipps von Kids für Kids – Tipps von Teens für Teens". Hier haben Sie also ein Buch in der Hand, das nicht nur die Erwachsenen umfassend informiert, sondern das auch für das hochbegabte Kind selbst interessant ist.

Aus meiner Sicht – auch als Mutter einer hochbegabten achtjährigen Tochter – ist dieses Buch eine große Hilfe für alle, die mit hochbegabten Kindern zu tun haben. Ich wünsche Ihnen, dass dieses Buch für Sie, Ihr eigenes Kind bzw. die Ihnen anvertrauten hochbegabten Kinder ein wirklich wertvoller Ratgeber ist. Lesen Sie dieses Buch und verstehen Sie die Welt der Hochbegabung.

Veronika Brückner

2. Vorsitzende der Deutschen Gesellschaft für das hochbegabte Kind e.V. (DGhK)

Liebe Eltern, Kinder, Erzieherinnen, Lehrer, Psychologen, Kinder- und Jugendärzte

Es ist ein Vorurteil zu glauben, dass alle hochbegabten Kinder Probleme hätten – zum Beispiel weil sie auf dieses „Hochbegabtsein“ gepusht würden, nicht mehr spielen und normal sein dürften, keine Freundschaften schließen und halten könnten, zu Fachidioten würden, die außerhalb ihres Spezialgebietes nicht gesellschaftsfähig seien.
Es ist wissenschaftlich erwiesen: Die Mehrzahl der Familien hochbegabter Kinder haben keine gravierenden Probleme. Das Vorurteil „Genie und Wahnsinn gehören zusammen“ ist eindeutig falsch. Hohe Begabung führt nicht automatisch zu sozialer Isolation, zu Anpassungsstörungen und psychischen Krankheiten.
Eher das Gegenteil stimmt: In wissenschaftlichen Untersuchungen finden sich Belege dafür, dass Jugendliche mit guten Schulleistungen und/oder hoher Begabung mehr auf die Qualität ihrer Kontakte achten und keinen Mangel an sozialer Kompetenz haben.
Hohe intellektuelle Fähigkeiten fließen oft auch in hohe kommunikative Fähigkeiten zur zwischenmenschlichen Interaktion ein, die zu sensibler Abstimmung der Interessen und Bedürfnisse der Familienmitglieder und zu Konfliktlösung und Vermeidung von Eskalationen in Auseinandersetzungen befähigen.
Nach dem heutigen Stand der Wissenschaft kann man sagen, dass Familien mit hochbegabten Kindern weder automatisch ein „Risiko zum Unglücklichsein“ in sich tragen noch automatisch „ideale Familien“ sind.
Das führt zu einem insgesamt beruhigenden Ergebnis der wissenschaftlichen Forschung: Familien mit hochbegabten Kindern sind normale Familien mit mehr Chancen zu Glück und Erfolg – aufgrund der intellektuellen Begabung der Kinder.

Manchmal aber haben hochbegabte Kinder und Jugendliche Probleme, die sogar zu Krankheiten führen können. Ob sie soziale und emotionale Schwierigkeiten mit anderen und sich selbst haben oder nicht, hängt nicht nur von ihrer intellektuellen Begabung ab, sondern auch von dem Zusammenwirken von Begabung und psychosozialer Reife, psychosozialer Anpassung und ihren Beziehungen zu Gleichaltrigen. Ebenso bedeutsam ist ihr eigenes Wissen um ihre hohe Begabung, ihre persönliche Bewusstheit der eigenen besonderen Identität und ihre gewachsene Einstellung zu ihren Talenten und ihrer Leistungsfähigkeit. Auch die Reaktion des Elternhauses und der Umgebung auf ihre Leistungen ist entscheidend für die Stabilität der eigenen Überzeugung: „Ich bin gut, ich kann viel leisten und will es auch.“

In manchen Familien haben die Kinder eigene Strategien entwickelt, um ihre hohe Begabung zu verstecken – zum Beispiel, indem sie …

… sich dumm stellen

… eigene Fähigkeiten herunterdiskutieren

… den eigenen Wortschatz nur vereinfacht einsetzen

… sporadisch Fehler einbauen

… so tun, als ob sie Wissenslücken hätten

… den Clown spielen

… anderen Schülern nichts über ihre Teilnahme an Förderprogrammen erzählen

… nicht zugeben, dass ein Test für sie leicht war

… über eigene Super-Leistungen schweigen.

Dieses Buch will hochbegabten Kindern, Jugendlichen und ihren Eltern helfen, eine Hochbegabung zu erkennen, sie zu nutzen und mögliche Probleme zu vermeiden. Es ist aber auch ein Ratgeber für Familien, in denen die hohe Begabung eines Kindes zu Problemen führen kann oder schon geführt hat.

Dieses Buch ist nicht nur für hochbegabte Kinder, Jugendliche und deren Eltern wichtig, sondern auch für alle, die mit Hochbegabten zu tun haben und Einfluss auf ihre Entwicklung haben: Erzieherinnen, Lehrer, Therapeuten, Kinder- und Jugendärzte.

Wie auch immer Sie mit dem Thema „Hochbegabung" zu tun haben – wir wünschen Ihnen, dass wir Sie mit diesem Buch unterstützen können.

Herbert Horsch

Götz Müller

Hermann-Josef Spicher

Ihr Leitfaden für dieses Buch

Es lohnt sich, dieses Buch von Anfang bis Ende ganz zu lesen. Aber vielleicht interessieren Sie bestimmte Themen ganz besonders. Zum Beispiel das Thema „Kindergarten“, weil Ihr hochbegabtes Kind jetzt gerade im Kindergarten ist. Oder das Thema „Schule“, weil Sie Lehrer sind und mit hochbegabten Kindern zu tun haben. Oder das Thema „Intelligenz und Hochbegabung“, weil Sie bei Ihrem Kind eine Hochbegabung vermuten und überlegen, ob Sie es testen lassen.
Egal, welche Interessenschwerpunkte Sie haben – Sie können mit jedem Kapitel in dieses Buch einsteigen. Denn jedes Kapitel ist in sich abgeschlossen und bietet einen vollständigen Überblick über das jeweilige Thema. Daraus folgt, dass bestimmte Aspekte mehrfach behandelt werden – zum Beispiel der Intelligenztest, die Unterforderung, das Fördern und Fordern –, aber immer wieder neu, unter dem Blickwinkel des entsprechenden Kapitel-Themas.

Das Buch bietet Ihnen folgende Themen-Blöcke:

Kapitel 1–3:
Grundsätzliches zum Thema „Intelligenz und Hochbegabung“
Kapitel 4–5:
Fördern durch Fordern und Lösungen für typische Probleme
Kapitel 6–9:
Hochbegabte im Kindergarten, in der Schule und als Erwachsene
Kapitel 10–11:
Tipps von Hochbegabten für Hochbegabte und Antworten auf die häufigsten Fragen

Noch ein Hinweis zu den Berufsbezeichnungen: In diesem Buch ist von Erzieherinnen die Rede. Aber es sind natürlich auch die Erzieher gemeint. Umgekehrt sprechen wir immer von Lehrern, meinen damit aber auch die Lehrerinnen. Dasselbe gilt für Therapeuten, Psychologen, Pädagogen und Ärzte. Das andere Geschlecht ist immer mitgemeint. Damit sollen einfach nur Formulierungs-Verrenkungen wie „Erzieher/-innen“ vermieden werden.

Inhalt

1

Besonders begabte Kinder: Ein Geschenk des Himmels oder ein Problem?

In diesem Kapitel erfahren Sie,

- wie besondere Begabung sich im Alltag zeigen kann
- wie unterschiedlich sich hochbegabte Kinder entwickeln können
- wie unterschiedlich hochbegabte Kinder von ihrer Umwelt wahrgenommen werden
- wie unterschiedlich hochbegabte Kinder mit ihrer besonderen Begabung umgehen

Typisch für besonders begabte Kinder

Kennen Sie an einem Kind, ...

- dass es sehr neugierig ist, Sie mit Fragen löchert und vor Wissbegierde sprüht?
- dass es kreativ spielt und originelle Ideen hat, die es mit Begeisterung erlebt?
- dass es sich sehr gut ausdrücken kann und durch seine Formulierungen immer wieder auffällt?
- dass es Aufgaben und Sachverhalte schnell versteht und Neues rasch lernen kann?
- dass es sich Informationen, Namen und Ereignisse hervorragend merken kann und Sie mit Details überrascht, an die Sie sich selbst nicht mehr erinnern?
- dass es sogenannten Selbstverständlichkeiten mit kritischer Skepsis begegnet und nach Erklärungen verlangt?
- dass es an sich und andere hohe Ansprüche stellt und gute Leistungen erwartet?
- dass es Sachen bohrend auf den Grund gehen will und immer noch Warum-Fragen stellt, auch wenn die Eltern sich schon leer gefragt fühlen?
- dass es bereits vor der Schule Interesse an Zahlen zeigt und gut mit Zahlen umgehen kann?
- dass es immer sich selbst bestimmen will und Dinge auf eigene Art ausprobiert, um herauszufinden, wie sie funktionieren und was dahintersteckt?
- dass es durch logisches Denken und Herstellen von Beziehungen bestimmte Sachverhalte durchschaut und eigene Schlüsse daraus zieht?
- dass es viel malt und zeichnet, Zeichnungen und Bilder mit genauen Details erstellt und sich in künstlerische Phasen vertieft?
- dass es bei Routine- und Alltagsaufgaben schnell ermüdet und Langeweile zeigt?
- dass es ihm nie an stichhaltigen Argumenten mangelt, wenn es in eine Diskussion geht, und es dann immer noch eine letzte Antwort findet?
- dass in ihm viel Energie zur Selbstverwirklichung steckt und es sich eigene Wege sucht, um ans Ziel zu gelangen?

Das alles sind typische Verhaltensweisen besonders begabter Kinder. Solche Kinder können für Eltern und Umgebung anstrengend sein. Aber die Eltern sind natürlich in erster Linie froh und stolz, ein gesundes und begabtes Kind zu haben.

Dass besonders begabte Kinder oft auch eine besondere Herausforderung sind, sehen Sie an den folgenden Fallbeispielen von Kindern, die in unserer Praxis als „hochbegabt“ getestet worden sind.

Typisch hochbegabt: Das Kind, auf das man stolz sein kann

Julian (elf Jahre alt): „Endlich wird nicht mehr so viel erklärt“

- Julian ist ein blonder, immer gut gelaunter Junge, der sich gern spielerisch mit Zahlen beschäftigt. *„Was ist die größte Zahl, die es gibt?“*, fragte er kürzlich. Als er erfährt, dass nach Billion und Billiarde die Trillion mit 18 Nullen und die Trilliarde mit 21 Nullen kommt, zählt er auf einem karierten Block, wie viele Nullen er in die Kästchen eines Blattes schreiben könnte. Innerhalb von fünf Minuten hat er dann eine Liste gemacht, wobei er Abkürzungen erfindet, damit man nicht so viele Nullen schreiben muss.
  Julian ist jetzt nach vier Grundschuljahren endlich in der Klasse 5 der Orientierungsstufe der weiterführenden Schule. *„Immer will er sofort loslegen“*, erzählen die Eltern. *„Endlich wird nicht mehr so viel erklärt“*, erzählt er selbst: *„Nur noch, wenn alle was nicht verstehen.“* • *„Jetzt langweile ich mich nicht mehr so.“* Jetzt – in Erwartung des ersten Zeugnisses in der weiterführenden Schule – fragt er seine Eltern nach seinen Zeugnissen der Grundschule. Als er die dann durchliest, schmunzelt er: *„Da merkt man, dass ich Mathe lieber als Deutsch hab'.“* Dann fährt er fort: *„Bei manchen Fächern könnt' ich mich auch noch verbessern.“* Schließlich sagt er leise: *„Super! Wäre schön, wenn die Noten jetzt in der Klasse 5 auch so wären.“* Er ist im Nachhinein ziemlich erstaunt über sich selbst und seine guten Zeugnisse aus der Grundschule. Seine Eltern erzählen: *„Er hat das alles mit links gemacht.“*
  Als Julian in die Schule kam, konnte er zunächst nur ein paar Wörter wie „Mama“ und „Papa“ lesen. Aber schon gegen Ende des ersten Jahres las er *„ohne Ende“* und *„überall und zu jeder Zeit“*. *„Morgens durfte zu Hause nichts Lesbares*

rumliegen. Dann war es mit dem Anziehen erst mal vorbei. Sofort war er am Lesen, und das Frühstücksbrot wurde zwischendurch reingeschoben", berichten die Eltern. Damals hatte er nur einen Wunsch: *„Dass die Schule Spaß macht und ich nicht so strenge Lehrer bekomme."*

In der Grundschule war Julian bei allen beliebt, besonders weil er so gut Fußball spielen konnte. Auf die Frage, ob es in der Grundschule schön gewesen sei, kommt sofort: *„Nein danke! Weil die da so viel erklärt haben."*

Sofie (vier Jahre alt): „Mama, du kannst jetzt gehen"

- Sofie geht seit ihrem 3. Geburtstag in den Kindergarten. Vorher hatte sie mehrmals zur Probe teilgenommen. An ihrem ersten regulären Kindergartentag sagte sie zu ihrer Mutter: *„Mama, du kannst jetzt gehen."*

Im Kindergarten malt sie am liebsten. Sie macht Sachen, die nicht „altersgerecht" sind. Intellektuell kann man sie nicht überfordern. Sie wird „intensiv und nervig", wenn sie nicht ausgelastet ist, und fordert viel von den Eltern.

Seit sie 13 Monate ist, schläft sie mittags nicht mehr, braucht keine Ruhepause. Sie weiß genau, was sie kann. Sie kann genau beobachten und kommt dann zum eigenen Schluss. Texte, zum Beispiel von Liedern, behält sie, wenn sie sie einmal gehört hat. Sie liebt alles, was sie geistig und körperlich fordert, ist aber auch technisch sehr interessiert, wobei sie einen hohen Anspruch an sich selbst hat.

Sofie ist aufgeweckt, geradlinig und dabei ziemlich kompromisslos. Sie ist schon eine richtige kleine Persönlichkeit. Eine andere Mutter hat mal gesagt: *„Haben Sie aber ein trotziges Kind"*, worauf Sofies Mutter entgegnete: *„Nein, ich habe ein selbstständiges Kind."*

Sofie spricht sehr flüssig im Vergleich zu Gleichaltrigen, fast ohne grammatikalische Fehler. Man ist erstaunt, welche Wörter sie schon kennt und im Sinnzusammenhang richtig anwendet.

Sie ist nicht leichtsinnig. Wenn sie sich im Freien bewegt, schätzt sie zum Beispiel ab, von welcher Mauer sie runterspringen kann. Insgesamt ist sie ein fröhliches Kind – vor allem, wenn sie sich gefordert fühlt. Der Vater berichtet: *„Sie* *macht keinen ‚Babyunsinn', sondern überprüft alles, was sie tut. Im Alltag ist sie sehr selbstständig."*

Ihm als Computerspezialisten gefällt, dass sie beispielsweise Computerspiele, die für Vierjährige sind, schon mit 2 ½ spielen konnte. Zu Hause verfolgt sie oft eigene Interessen, blättert in Büchern mit vielen Bildern. Gerade Sachbücher interessieren sie besonders. Dann schaut sie die Bilder an, als wolle sie sie mit den Augen fotografieren und abspeichern. *„Leider kann ich noch nicht lesen"*, war kürzlich ihr Schluss-Satz, bevor sie das Buch zuklappte. Inzwischen, nach gut einem Jahr Kindergartenbesuch, sind ihr manche Kindergartenspiele – manchmal auch Spiele für Sechsjährige – eher langweilig. Auch andere Kinder empfindet sie leider manchmal als wenig anregend. Aber in bestimmten Situationen hält sie sich bewusst zurück, als wenn sie im Kindergarten noch dazugehören wolle. Gegenüber Fremden, zum Beispiel im Supermarkt, ist Sofie ohne soziale Ängstlichkeit und Scheu.

Typisch hochbegabt: Das Kind, das sich unterfordert fühlt

Jannik (sechs Jahre alt): „Wenn ich groß bin, werde ich Ägypten erforschen“

- Mit diesem Satz beginnt Jannik seinen ersten Schultag. Große Erwartungen hat er aufgebaut. Lesen kann er schon seit einem Jahr. Das letzte Kindergartenjahr ist total langweilig gewesen. Aber jetzt geht es ja richtig los. *„Alles Wissen der Welt“*, so fordert er selbst, will der kleine Jannik in sich aufsaugen. Die kleine Dorfgrundschule soll es bringen. Die Lehrerin wirkt lieb und nett. Schreiben kann er noch nicht. Die Mutter hat verboten zu üben. Schreiben macht ihm auch keinen Spaß, denn es dauert so lange. Erstaunt und verwundert ist Jannik in den ersten Tagen und Wochen der Schulzeit, dass die anderen Kinder bis auf die kleine Nina nicht auch schon flüssig lesen können und dass die Lehrerin den Kindern die Wörter von der Tafel vorliest. Schon nach einigen Wochen stellt sich zunehmend Frust ein. *„Jetzt haben wir erst den vierten Buchstaben.“* Dass Jannik genauso wie andere auch das Schreiben der Buchstaben üben soll, sieht er gar nicht ein: *„Wenn ich groß bin, habe ich ja sowieso eine Sekretärin.“* • *„Schreiben dauert zu lange.“* • *„Ich kann doch lesen, das genügt.“* • *„Wann geht's eigentlich los?“*, fragt er seinen Vater. *„Jeden Tag Wiederholungen ...“* • *„Immer das Gleiche“*, klagt Jannik von Tag zu Tag mehr. Schließlich protestiert er: *„Ich hatte mir das alles ganz anders vorgestellt.“*

  Nach einem Dreivierteljahr im ersten Schuljahr sagt Jannik zu seinen inzwischen etwas hilflosen Eltern: *„Ich geh' nicht mehr. Das ist mir zu blöd.“* Es sei gemein, dass man noch nicht bis 100 rechne. Er komme zu wenig dran. *„Die nimmt immer nur die Schlechten dran.“*

  Seine Mutter muss ihn mit viel List und Tücke überreden, überhaupt die Hausaufgaben zu machen. Sie lockt ihn mit anspruchsvollen Aufgaben von den letzten Seiten des Mathebuchs des ersten Schuljahrs. Ganz wohl ist ihr nicht dabei. Wie soll man die weiteren Schuljahre überstehen?

  Schließlich suchen die Eltern das Gespräch mit der jungen Lehrerin. Von der

kommen Klagen: *„Jannik wird ungeduldig, wenn ein anderes Kind etwas nicht versteht. Er lacht dann andere Kinder aus oder sagt: ‚Du bist blöd.'"*
Janniks Mutter besucht einen Vormittag lang den Unterricht, um selbst einen Eindruck von Janniks Schulsituation zu bekommen und zu erleben, wie ihr Sohn sich in der Klasse verhält. Am Nachmittag beschwert Jannik sich dann: *„Siehst du, ich bin nur einmal drangekommen."* In der Tat ist es so gewesen. Er hat eine Rechenaufgabe vorlesen sollen, ohne jedoch das Ergebnis zu verraten. *„Mir ist langweilig."* • *„Das Leben ist langweilig."* Das sind typische Sätze Janniks, der sich schon in den ersten Wochen der Grundschule geistig unterfordert fühlt. Die große Erwartung, den eigenen Forschergeist endlich austoben zu dürfen, wird schnell zur Enttäuschung eigener hoher Lernerwartungen.

Typisch hochbegabt: Der Überflieger, dem die Herzen zufliegen

Fabio (zwölf Jahre alt): „How are you doin'?"

- Fabio geht eigentlich gern zur Schule, auch wenn es ihm manchmal langweilig ist. Er weiß viel. Vor allem sein Wissen über amerikanische Indianer ist sehr fundiert. Beim letzten Schulfest hat er ein eigenes Referat über die Besiedelung Amerikas gehalten, mit Karten und Dias und einer Fotowand. Fabio konnte mit zehn Monaten frei und ohne Hilfe laufen. Auch erste einzelne Wörter sprach er mit zehn Monaten, erste kleine Sätze mit 15 Monaten. Schon mit 1 ½ Jahren konnte Fabio bis zehn zählen. Mit 2 ½ Jahren konnte er lesen und mit drei Jahren schreiben. Im Kindergarten fiel er dann dadurch auf, dass er in Großbuchstaben Briefe für die Großeltern in den USA schrieb – englische und deutsche Wörter gemischt. Fabio hat noch nie gern gebastelt und gemalt, lieber gelesen und geschrieben. Überwiegend hat er sich mit älteren Kindern beschäftigt, wenig Kontakt zu Gleichaltrigen gehabt. Im letzten Jahr ging er nicht mehr

gern in den Kindergarten. Das war ihm „zu dumm". Fabio hat häufig anderen Kindern etwas vorgelesen. Schon nach den Herbstferien wechselte er von der ersten in die zweite Klasse der Grundschule.
In den Zeugnissen des zweiten Schuljahrs stand schon, dass Fabio „unbekannte Texte mit schöner Betonung" liest, Fabio könne „seine Gedanken klar darstellen", mache „zu einem Thema Notizen", habe „große Freude am Lernen" und „bereichere das Unterrichtsgeschehen durch eigene Ideen". Das Zeugnis erwähnt auch Fabios Schriftbild und seine Heftführung positiv. Es betont, dass Fabio ausgesprochen sicher mathematische Operationen anwende. Er wage sich bereits an das große „Einmaleins".
Fabios Eltern sind beide Lehrer. Der Vater ist Rektor einer Grundschule, die Mutter, in den USA geboren, Gymnasiallehrerin für die Fächer Englisch und Deutsch. Sie unterrichtet nur in der Oberstufe. Mit den Kindern spricht sie nur Englisch. Fabios kleine Schwester Celina geht ins erste Schuljahr.
Inzwischen ist Fabio im Gymnasium. Manchmal ist es ihm langweilig, besonders in Englisch. Aber jetzt hat er einen neuen Lehrer, bei dem er – quasi als Tutor – schwächeren Schülern hilft. Im Fach Mathematik, das ihm sehr liegt, macht Schule auch Spaß, da fühlt er sich gefordert. Obwohl er Klassenprimus ist, zeigt Fabio ausreichend kindliches Verhalten: Täglich hat er Freunde zu Besuch – allerdings Kinder, die durchschnittlich ein bis zwei Jahre älter sind. In der sozialen Gruppe nimmt Fabian eine Führungsposition ein. Er bestimmt gern, wenn es darum geht, was gespielt wird. Man spielt Fußball, aber auch andere Sachen. Im Moment sei man auf dem „Detektivtrip", sagen die Eltern. Gemeint ist damit sein Interesse dafür, wie Geheimdienste arbeiten. Ungern spielt Fabian mit Legobausteinen.
Für seine Hausaufgaben braucht er durchschnittlich eine $^3/_4$ Stunde, erledigt sie im Prinzip selbstständig. Nur beim Zeichnen braucht er Hilfe.
Die Eltern beschreiben Fabio als anlehnungsbedürftig und empfindsam. Abends will er gern erzählen und ungern ins Bett. Fabio hat bereits eine Klasse übersprungen. Nach Aussage der Klassenlehrerin könnte er durchaus eine weitere Klasse überspringen. Aber in seinem sozialen Verhalten ist er „altersentsprechend", auch mal „verspielt" und „noch kindlich". Mit der jüngeren Schwester geht er sehr verantwortungsvoll um.

Nebenbei sei erwähnt, dass Fabio Klassensprecher und Sympathieträger ist. Durchaus selbstbewusst und charmant kann er Konflikte zwischen Kindern in seiner Klasse quasi reflexartig entschärfen und Kinder, die abseitsstehen, einbinden. Er musste nicht besonders werben, um gewählt zu werden, sondern hat eine Art natürliche Autorität.

Lehrer schätzen seinen kritischen Geist und sein Verantwortungsgefühl, nebenbei auch seine hervorragenden Englischkenntnisse – wenn auch seine Aussprache englischer Texte etwas amerikanisch klingt.

Später will er mal Diplomat werden und sich für den Frieden einsetzen. Man hat das Gefühl, dieses Kind sei eine besonders geglückte Ausgabe des Homo sapiens.

Typisch hochbegabt: Ein Kind, mit dem die anderen nichts anfangen können

Michael (neun Jahre alt): „Der spielt nicht mit Gleichaltrigen"

- Dieser Satz der Nachbarn über ihren Michael tut der Mutter immer noch weh. Michael ist ein kleiner quirliger Junge. Seine Fragen kommen forsch und fordernd: *„Und was machen wir jetzt?"* • *„Und was machen wir gleich?"*

  Physisch wirkt er mit seiner Brille mit unterschiedlich dicken Gläsern für andere nicht wie ein Kind, das man gern anschaut. Er ist klein und schmächtig, verhält sich altklug und erzählt ständig, was er alles weiß. Nach zehn Minuten hören selbst geduldige Erwachsene nicht mehr gern zu. Erwachsene werden korrigiert. Wenn zum Beispiel einer einen nicht ganz korrekten Satz spricht, wiederholt Michael diesen Satz noch mal in korrektem Satzbau. Beim 60. Geburtstag seiner Oma wollte er alle Erwachsenen in ein Gespräch verwickeln, um zu zeigen, was er alles schon weiß.

Inzwischen hat er gemerkt, dass man schnell über ihn lacht – was Erwachsene sich ja auch nicht immer gut verkneifen können. Dann fragt er: *„Was gibt's da zu lachen?"*

Im Alter von zwei Jahren hat Michael an der Nordsee im Urlaub erlebt, dass ein sehr großer Mann einen sehr kleinen Hund kräftig an der Leine zog. Da hat Michael sich vor ihm aufgebaut und ihn ausgeschimpft: *„Das können Sie doch nicht machen. Das ist Tierquälerei. Wenn es Ihnen so ginge wie dem Hund, was würden Sie denn dazu sagen?"* Der Mann hat nur noch verdutzt, aber schließlich schuldbewusst dagestanden und seinen Hund auf den Arm genommen. Erst dann war Michael zufrieden.

Wenn er nach Freunden in seiner Klasse gefragt wird, nennt Michael zwar drei Namen, man spürt aber, dass sie nur so dahingesagt sind. Eigentlich hat er mit den Kindern in seiner Klasse nichts zu tun, außer mit ihnen den Unterricht zu verbringen. Er spricht erleichtert davon, dass er in diesem 3. Schuljahr, das er gerade besucht, von den anderen nicht mehr gehänselt wird.

Auf Aufforderung hat er ein Bild mit dem Titel „Meine Klasse und ich" gemalt. Es zeigt Michael wie ein Monster aussehend vor der Tür zum Klassenraum. Man versteht, dass er eigentlich mit den anderen Kindern nichts zu tun hat.

Das zweite Bild, das er auf die Bitte hin zeichnete, sich mit anderen Kindern auf einem Bild zu malen, sieht so aus: Michael hebt das „Ich" hervor.

Auch seine Mutter berichtet, er habe keine Freunde. Einmal hat er nachmittags zehn Kinder angerufen. Von allen hat er eine Absage bekommen. Das hat der Mutter so leidgetan, dass sie gesagt hat, aus Kostengründen dürfe nicht so viel telefoniert werden. Inzwischen ruft er nachmittags keine Kinder mehr an.

Nach jedem Spiel, das man mit ihm spielt und dann fragt, wieso er so schnell gewonnen habe, sagt er: *„Ich hab' da einfach ein System."* Und dann erklärt er im Detail sein System, das er rausgefunden hat. Andere Kinder können damit wenig anfangen.

Auch zu Hause ist Michael ungeduldig, eigensinnig und geht nur an sich denkend mit den Erwachsenen um. Wenn man sich vorstellt, dass er es mit anderen Kindern genauso macht, wundert es nicht, dass er keine Freunde hat. Nachmittags zieht er sich in sein Zimmer zurück, liest und spielt mit Lego. Sein Zimmer ist für ihn „das Zuhause im Zuhause".

Von anderen Kindern wurde er einmal auf dem Kindergeburtstag eines Klassenkameraden, zu dem er eingeladen war, gehänselt. „Hirnie" haben sie ihn genannt. Er ist dann weinend weg und in den Wald gelaufen. Nachdem die Eltern des Klassenkameraden ihn in sein Elternhaus zurückgebracht hatten, hat er sich schreiend seinen Roller geschnappt und sich wieder auf den Weg zurück zur Geburtstagsfeier gemacht. Seine Mutter hat ihn dann eingefangen, ihn mit seinem Roller ins Auto gepackt und das aufgelöste Kind nach Hause gefahren. Die Einladung zum nächsten Kindergeburtstag hat er verschwinden lassen. Die Mutter: *„Ich bin ganz schön traurig darüber."*

Michaels Mutter hat inzwischen mit der Klassenlehrerin gesprochen und ihr gesagt, dass Michael als hochbegabter Junge getestet ist. Der Lehrerin war schon aufgefallen, dass er schneller als andere Kinder das System in Mathe versteht. Er sitzt allein am Tisch und will es auch so. Denn, so Michael: *„Die anderen verstehen mich nicht."*

Seitdem versteht die Klassenlehrerin ihn und seine Eigenarten besser. Sie achtet mehr auf ihn – und so fallen ihr jetzt Dinge auf, die sie als Ausdruck seiner besonderen Leistungsfähigkeit erklären kann.

Beispielsweise hat sie ihn gebeten, anderen Kindern den Rechenweg von Matheaufgaben zu erklären, was Michael dann auch mit Eifer getan hat. Er hat die Aufgaben didaktisch gut strukturiert. Auch einem schwachen Kind hat er mit aller Geduld den Rechenweg erklärt, während gleichzeitig die anderen ihn davon abhalten wollten – mit dem Hinweis, dieses Kind verstehe es sowieso nicht. Stolz und zufrieden ist Michael an diesem Schultag nach Hause gekommen.

Die Noten im Sachunterricht sind nur befriedigend. Er interessiert sich stärker für eigene Dinge als für den Sachunterricht der Schule. *Galileo* ist seine Lieblingsfernsehsendung.

Für die Sachkundearbeiten lernt er nicht. Während der Arbeit schreibt er schnell runter, was er weiß, und gibt oft vorzeitig ab. Eine Drei sei doch genug, antwortet er seiner Mutter auf die Frage, ob es nicht auch eine Zwei hätte sein können. Und dann schießt er wie aus der Pistole geschossen und schnippisch nach: *„Es kommt ja nicht auf meine Noten an, sondern darauf, was ich weiß. Und ich weiß sowieso viel mehr als die anderen."*

Nach außen strotzt Michael vor Selbstbewusstsein, eigentlich ist er aber sehr empfindlich und schnell eingeschnappt. Eines Sonntags hat die ganze Familie einmal das Senckenberg-Museum und das Museum für Moderne Kunst in Frankfurt besucht. Als es gegen 18 Uhr nach Hause gehen sollte, ist Michael immer noch rumgelaufen und hat sich beschwert, er habe dieses und jenes noch nicht gesehen.

Typisch hochbegabt: Der Jugendliche, der überall Probleme hat

Kevin (15 Jahre alt): „Es ist ja nur zu meinem Guten“

- Diesen Standpunkt hat der hochbegabte Kevin nach langem Kampf mit sich selbst inzwischen gewonnen – nachdem er sich die letzten Jahre im Gymnasium mit schlechten Schulnoten vor allem in Latein und Englisch abgequält hat. Immer wieder hatte ihn seine Mutter ermahnt, er solle doch mehr lernen.

Kevin konnte schon als Sechsjähriger, als er in die Schule kam, fließend lesen. Im Kindergartenalter hatte er schon, so berichten die inzwischen verzweifelten Eltern, eine Speisekarte geschrieben.

Nach dem ersten Schuljahr stand in seinem Zeugnis, er habe große Probleme gehabt, sich in die Klassengemeinschaft einzufügen. Er habe kaum Freunde in der Klasse, störe den Unterricht. Aber die Leistungen waren hervorragend. Die Stempel im Heft für den Rechenkönig hatte er immer wieder durchgekritzelt.

Die letzte Versetzung in die Klasse 9, die er jetzt besucht, hat er mit einer Fünf im Zeugnis gerade so geschafft. Doch immer Angst haben müssen in den Wochen vor jedem Versetzungszeugnis (*„Schaff' ich es noch oder nicht?“*) und jedes Mal im Halbjahreszeugnis den Satz lesen müssen *„Bei gleichbleibenden Leistungen ist eine Versetzung nicht möglich“* – nein, das macht ihm inzwischen keinen Spaß mehr.

Langsam reift bei Kevin die Erkenntnis, er müsse nun allmählich doch anfangen, überhaupt mal regelmäßig etwas für die Schule zu tun. Kumpels hat Kevin in der Schule inzwischen nur noch wenige. Die Riege der Bewunderer seiner Coolness bröckelt massiv ab. Die lockeren Sprüche ziehen irgendwie nicht mehr, so scheint es ihm. Und die Lehrer verziehen offensichtlich das Gesicht, wenn sie ihn sehen. „Der Rebell" hieß er früher bei den Lehrern. Das brachte Ansehen. Sein Credo war: *„Lehrer sind dazu da, verachtet zu werden."* Wenn er diesen Satz im Pausenhof losließ, wurde er nicht nur respektiert, er wurde *„verehrt"*, so sagt er heute über sich selbst.
Doch die guten Jahre sind wohl vorbei. Langsam dämmert es Kevin, dass er nach seinem bisherigen Motto *„Lieber intelligent und faul als dumm und fleißig"* nicht weiterleben kann. Inzwischen wird ihm zunehmend klar, dass an den jahrelangen nervigen Mahnungen seiner Eltern, dass Vokabeln gelernt und auch wiederholt werden müssen, doch etwas dran sein könnte – zumal sein bester Freund, mit dem zusammen er bisher *„sein Ding durchgezogen"* hatte, inzwischen mit drei Fünfen zur Realschule abgehen musste. Der hatte in Englisch auch nie Vokabeln gelernt, bis zur siebten Klasse alle noch *„mit links"* behalten, dann wurde es eng mit den Noten. Die beiden anderen Fünfen hatte er in Erdkunde und Geschichte, beide Fächer bei einem älteren Lehrer, den er systematisch fertiggemacht hatte (*„Was wissen Sie denn schon vom Leben?"*). Jetzt hat er die Quittung.
Das war für Kevin die Kehrtwende. Inzwischen erkennt er seine Lücken in den Vokabelkenntnissen und ist sogar bereit, Vokabeln aus früheren Schuljahren zu wiederholen. Mit seiner Mutter hat er inzwischen einen Vokabel- und Grammatiktrainer als Buch und als CD gekauft. Und Mutter und Sohn haben sogar einen Lernvertrag miteinander geschlossen: Kevin darf, nachdem er Vokabeln wiederholt hat und seine Mutter ihn abgefragt hat, eine Stunde lang an seinem eigenen PC spielen. Darauf hat er sich eingelassen. *„Besser als gar nicht mehr an den Computer zu dürfen."*
„Es ist ja nur zu meinem Guten" soll er gesagt haben – und das auch noch zu dem anderen „Rebellen", der es nicht mehr geschafft hat und der ihm *„echt leidtut"*.

Typisch hochbegabt: Das Kind, das mit sich selbst Probleme hat

Max (zehn Jahre alt): „Wir haben fünf Stühle, von sieben fällt er runter“

- Max ist immer in Aktion. Er handelt, bevor er spricht. Alles muss schnell gehen. So war er schon immer. Einerseits hat er sehr früh und schnell laufen und sprechen gelernt, nie geplappert wie ein Baby, sofort Wörter und kleine Sätze korrekt gesprochen. Andererseits ist er als kleines Kind auch oft hingefallen, ist irgendwo angestoßen oder hat ein Glas umgeworfen. Auch heute noch ist er trotz abgeschlossener Ergotherapie motorisch ungeschickt und immer in Bewegung. Überall muss er dabei sein, stellt komplizierte Fragen, ist blitzschnell im Denken und schlagfertig im Antworten, kann aber die Antworten auf seine Fragen kaum abwarten - besonders wenn eine anspruchsvolle Frage auch eine längere Antwort erfordert.

  Nichts will er erklärt bekommen, alles sofort können und traut sich auch alles anzufangen, ohne zu überlegen. Dabei überschätzt er sich manchmal, und er unterschätzt die Schwierigkeit einer Aufgabe - und vor allem die Zeit, die er braucht, um sie zu lösen. Und dann steckt er oft schnell in einer dicken Schwierigkeit und sagt erstaunt: *„Ups.“*

  Lernen soll immer blitzschnell gehen oder gar nicht. Alles scheint er sofort zu verstehen, aber Ausdauer hat er keine.

  Addieren und Subtrahieren im Zahlenraum bis 1000 konnte er schon vor der Schule. Zahlen, das ist sein Metier. Aber Rechenaufgaben schriftlich lösen nicht. Lieber rechnet er schnell im Kopf und verrechnet sich, als dass er einen Rechenweg sorgfältig aufschreibt. Dennoch ist er des Mathelehrers bester und schnellster Schüler - wenn nur die Fehler nicht wären. Dann wundert er sich, warum die Arbeit nur eine Drei wird. Inzwischen ist er ziemlich unzufrieden über sich: *„Mehr als eine Drei ist einfach nicht drin.“* Seine Schrift ist eine Katastrophe.

Schnell ist ihm langweilig, dann reibt er sich am Kopf oder reibt sich die Augen. Hausaufgaben sind ein Drama. Ohne dass seine Mutter dabeisitzt und sagt: *„Mach, mach weiter!“*, geht gar nichts. Er hampelt rum, kommt nicht „in die Pötte“, träumt, besonders bei Schreibarbeiten. Zwischendurch will er immer wieder aufstehen, etwas trinken, Bleistift spitzen oder sehen, was draußen auf der Straße los ist.
In der Grundschule waren die Leistungen in Klassenarbeiten spitze, Mitte des 2. Schuljahres ist er sogar ins 3. Schuljahr gesprungen, weil alles zu leicht war. Eine testdiagnostische Untersuchung – von der wachen Lehrerin, die immer zu Max gestanden hatte, angeregt – ergab einen IQ von 136. Aber im Test zeigten sich auch Konzentrationsprobleme. Jetzt in der Klasse 5 scheint zunehmend alles schiefzugehen. Nur Mathematik macht Max noch gern.
Im Kindergarten war Max anfangs sehr beliebt wegen seiner Ideen und seiner Pfiffigkeit. Er hatte viele Freunde. Aber leichte Probleme zeigten sich auch damals schon: Wenn er im Spiel den Kopf nicht durchgesetzt bekam, wurde er laut, fing an zu brüllen, wollte den anderen seine Meinung aufdrücken und sich immer durchsetzen.
Inzwischen zweifelt er an sich: *„Ich bin dumm.“* • *„Ich schaff' das nicht im Gymnasium.“* Aber die Verantwortung versucht er von sich abzuwälzen: *„Dann seid ihr schuld, wenn ich eine Sechs kriege.“*

Typisch hochbegabt: Das Mädchen, das sich nicht traut zu sagen, was es weiss und denkt

Anna (zehn Jahre alt): „Bevor sie eine Antwort gibt, haben zehn andere geantwortet“

- Anna wird von ihrer Mutter als *„eigentlich zu lieb“* und *„viel zu brav“* beschrieben. *„Anna hat endlos lange Geduld, kann sich aber nicht durchsetzen“*, sagt ihr Vater.
Sie ist überängstlich und klagt öfter über Bauchweh. Oft ist ihr schlecht, wenn sie mittags von der Schule nach Hause kommt. Sonntagabends scheinen die Bauchschmerzen am schlimmsten zu sein, dann oft kombiniert mit Kopfschmerzen. Wenn die besorgte Mutter mit ihr zum Arzt geht, findet er nichts. In den Ferien treten die Schmerzen nie auf.
Im Kontakt mit Fremden und in der Öffentlichkeit ist Anna extrem unsicher. Im Laden oder zum Beispiel an einem Eisstand traut sie sich nicht, allein vorzutreten und zu sagen, was sie will.
Wenn Anna mit anderen spielt, verträgt sie sich immer gut. *„Aber vielleicht passt sie sich doch zu viel anderen Kindern an?“*, fragen sich die besorgten Eltern. Anna ist nicht unbeliebt. Andere Mädchen rufen an, wollen wissen, welche Hausaufgaben man aufhabe. Anna wird oft zum Kindergeburtstag eingeladen. Dann denkt sie eine ganze Woche darüber nach, welches Geschenk sie mitbringen soll, zweifelt lange, ob das Geschenk auch gefallen wird, und schließlich hat sie das teuerste und schönste. Trotzdem kommt sie nach dem Geburtstag nach Hause, ist irgendwie ernst und bereitet ihre Schulsachen für den nächsten Tag vor. Überhaupt ist Anna sehr diszipliniert. Nie hat sie eine Hausaufgabe vergessen oder gar absichtlich nicht gemacht. Sie schimpft nie, lästert nicht über andere Kinder, ist nicht neidisch, scheint nie negative oder aggressive Gefühle zu haben.
Annas Mutter ist Hausfrau, hat aber „eigentlich“ Architektur studiert. Dass sie ein sehr gutes Examen gemacht hat, weiß niemand. Jetzt hat sie sich ein kleines Büro im Souterrain des eigenen Hauses eingerichtet.

Im Kindergarten ist Anna sehr ruhig gewesen, wirkte in der Gruppe sehr ausgeglichen und auch ausgleichend, hat sich jedoch immer zurückgehalten. Sie ist gern in den Kindergarten gegangen, hat viele Kontakte zu anderen Kindern aufgebaut und sich immer gut eingefügt.

Das Zeugnis des 1. Schuljahres beschreibt Anna als *„interessierte und leistungswillige Schülerin"*. *„Sie beteiligt sich an Unterrichtsgesprächen, bringt die Klasse mit durchdachten und ideenreichen Beiträgen weiter."* Konzentriertes, ausdauerndes und selbstständiges Arbeiten wird gelobt. Ebenso hebt das erste Zeugnis die sehr sorgfältigen, optisch ansprechenden Arbeitsergebnisse hervor. Die inhaltlichen Leistungen im 1. Schuljahr sind gut bis sehr gut. Anna *„bewältigt kurze Diktate ohne Schwierigkeiten, kann geübte Texte flüssig, wortgenau und betont lesen."*

Die weiteren Zeugnisse der Grundschule sind des Lobes voll. Aber Anna scheint sich nicht richtig darüber freuen zu können. Manchmal weint sie in ihrem Zimmer scheinbar grundlos. Wenn man sie fragt, warum sie weint, kann sie es nicht erklären. Einmal hat sie einen Satz gesagt, der ihr wohl so rausgerutscht ist und über den die Eltern sehr erschrocken waren: *„Ich habe Angst, von der Schule verschluckt und nie wieder ausgespuckt zu werden."*

Kapitel 1: Das Wichtigste in Kürze

- Hohe Begabung versteckt sich im Alltag hinter ganz verschiedenen Erlebnissen mit Kindern und Jugendlichen.
- Kinder erleben ihre Begabung und sich selbst immer im Kontakt und in der Auseinandersetzung mit ihrer Umwelt.
- Kinder definieren ihr Selbstbewusstsein aus den Rückmeldungen anderer Kinder und den Bewertungen der Erwachsenen.
- Wenn hochbegabte Kinder Schwierigkeiten haben, leiden die Eltern mit.
- Die eigene Lebensgeschichte der Eltern setzt sich zum Teil in der ihrer Kinder fort.

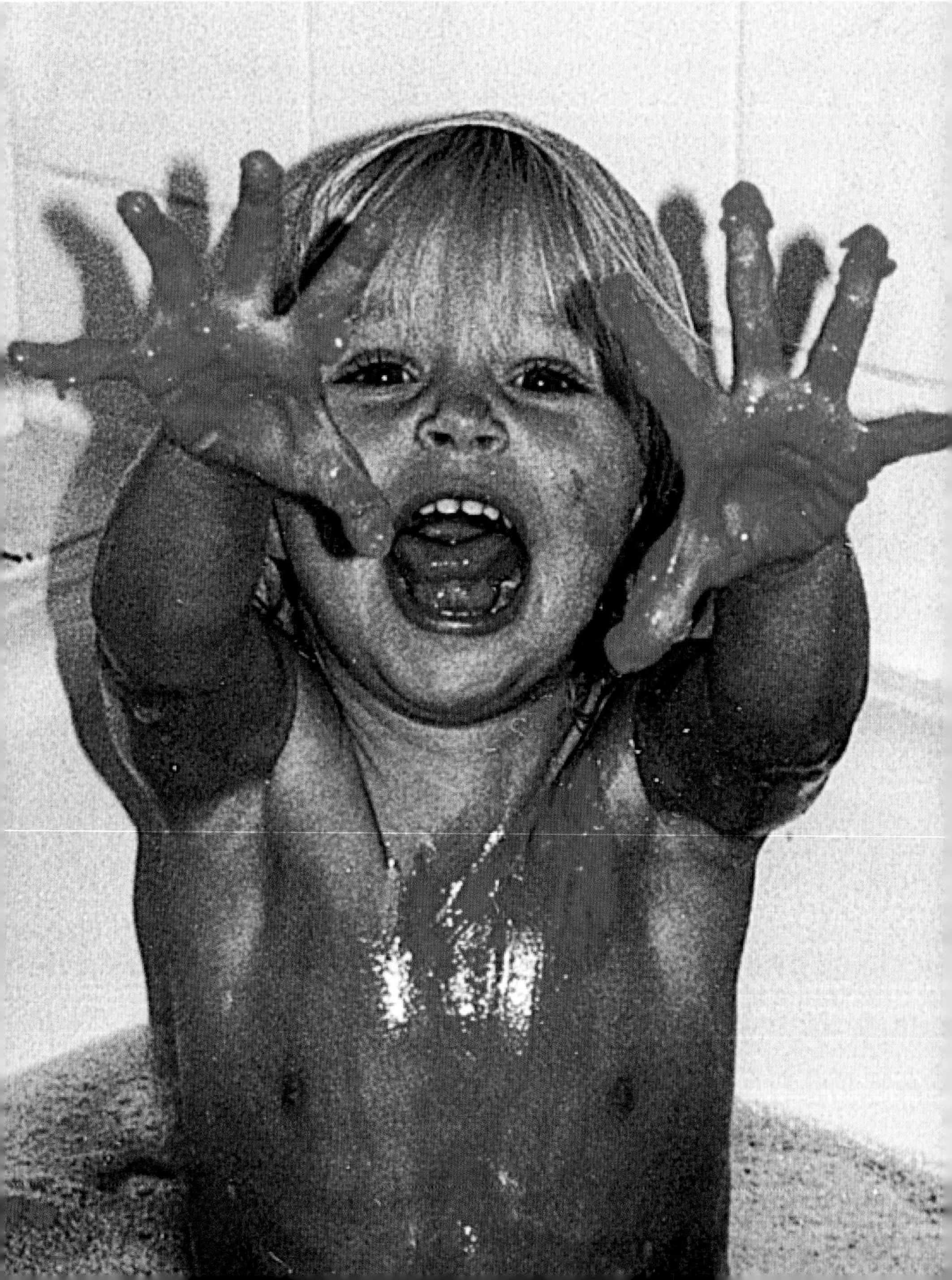

Besondere Begabung: Wie zeigt sie sich? Wie erkennt man sie?

In diesem Kapitel erfahren Sie,

- welche Auswirkungen Hochbegabung auf die Entwicklung der Persönlichkeit haben kann
- wie sich hochbegabte Kinder von anderen unterscheiden
- welche Eigenschaften und Verhaltensweisen gute Anzeichen für eine Hochbegabung sein können
- was bereits im frühen Alter auf eine hohe Begabung deuten kann
- was nicht zwangsläufig auf eine Hochbegabung hinweist
- welche Tests Ihnen Gewissheit verschaffen können

Sonntagskinder und andere Mythen

Haben Sie nicht auch schon davon gehört, dass hochbegabte Kinder grundsätzlich wenig schlafen? Dass sie sich von selbst das Lesen und Rechnen beibringen? Können Sie sich nicht auch vorstellen, dass Hochbegabte zu charismatischen Persönlichkeiten heranreifen? Oder dass sie sehr sensibel und empathisch sind?
Persönlichkeit und Verhalten entwickeln sich aus dem Zusammenspiel von dem, was in unseren Genen steckt, und dem, was uns umgibt. Wir haben es also mit einem Wechselspiel aus individuellen Anlagen und Einflüssen der Umwelt zu tun. Für ein hochbegabtes Kind müssen wir grundsätzlich feststellen, dass es als besondere Anlage eine hohe Intelligenz mitbringt.
Das ist sicher kein Nachteil. Denn bei jedem Menschen trägt die Intelligenz einen wichtigen Teil zur persönlichen Entwicklung bei. Immerhin hilft sie uns, Probleme des Alltags zu erkennen und zu meistern. Sie durchdringt viele Bereiche, in denen wir agieren. Ob es sich um das Schütteln der Babyrassel, eine Mathematikarbeit, die Überquerung einer dicht befahrenen Straße oder das Erzählen eines Witzes handelt - ein Stückchen Intelligenz ist immer dabei.
Für die alltäglichen Aufgaben, die uns das Leben in der Familie, in der Freizeit und in der Schule stellt, sind aber neben der Intelligenz auch weitere Persönlichkeitsfaktoren einflussreich. Wir können nicht behaupten, dass allein die Intelligenz die psychische, emotionale und soziale Reifung eines Kindes beeinflusst. Die Reduktion einer Persönlichkeit auf ihre Intelligenz ist unangemessen. Denn Persönlichkeit und Intelligenz sind nicht gleichbedeutend. In die Entwicklung einer Persönlichkeit fließen auch lerngeschichtliche Erfahrungen ein, die nur bedingt begabungsabhängig sind.
Entsprechend schwierig ist es, die Einflussgröße der Intelligenz zu bestimmen. Wie können wir da eine Hochbegabung erkennen?
Wie alle Menschen sind auch die Hochbegabten Individuen - mit unterschiedlichen Lebensgeschichten und Persönlichkeitsmerkmalen, die neben der Intelligenz eine entscheidende Rolle spielen. Deshalb kann man keine pauschalen Urteile über die Persönlichkeit hochbegabter Kinder, Jugendlicher und Erwachsener fällen.
Wenn es sich um die Persönlichkeit von hochbegabten Menschen dreht, dann begegnen uns häufig zwei Pauschalurteile, die sich als allgemeingültige Aussagen etabliert

haben. Wir bezeichnen sie als Mythen, weil sie einfach nicht haltbar sind und sich gegenseitig ausschließen.

Mythos 1: Das hochbegabte Sonntagskind

Intelligenz hilft uns bei der Bewältigung von Lebensaufgaben und -problemen. Sie macht das Leben einfacher. Deshalb denkt man, dass gerade Hochbegabte mehr Lebenserfolg haben als gut oder durchschnittlich Begabte. Denken Sie an den cleveren jungen Rechtsanwalt, den Informatiker oder den Piloten, denen es rundum gut geht. Die Allgemeinheit denkt schnell: *„Das sind alles Hochbegabte – und alle Hochbegabten haben Supererfolg.“* Wissenschaftliche Studien, die zum Beispiel die intellektuelle Begabung von Abiturienten untersuchen, dokumentieren allerdings klar, dass die besten Abiturienten sicher gut begabt, aber nicht unbedingt hochbegabt sind. Die hochbegabten Schüler erreichen meist Abschlussnoten im guten Durchschnitt. Der Mythos vom hochbegabten Sonntagskind stimmt also nicht. Außerdem garantiert das beste Abitur noch lange keinen Lebenserfolg.

Vorsicht, Mythos!

Mythos 1: Sonntagskind
Jeder Hochbegabte hat es im Leben leicht, ist glücklich und hat keine Probleme. Bereits mit 25 verfügt er über ein sechsstelliges Einkommen, wird niemals krank und strotzt vor seelischer Gesundheit.

Mythos 2: Fachidiot
Alle Hochbegabten sind blattschlaue Fachidioten, die im realen Leben keinen Fuß auf den Boden kriegen. Sie können sich nur mit Theorien beschäftigen, schweben auf den Wolken ihrer eigenen Welten und sind nicht in der Lage, den Alltag des Lebens zu bewältigen.

Mythos 2: Der blattschlaue Fachidiot

Den einen oder anderen „zerstreuten Professor" haben Deutschlands Universitäten vielleicht. Das heißt aber nicht, dass er wirklich alltagsuntauglich ist - und erst recht nicht, dass das auf eine hohe Begabung zurückzuführen sei. Sie kennen ja Aussagen wie: *„Noch nicht mal 'ne Suppe kriegt der gekocht."* • *„Wenn seine Frau ihm nicht die Klamotten rauslegte, wäre er verloren."*

- Johannes ist 13 Jahre alt, besucht das Gymnasium und ist hochbegabt. Er ist sehr an den Naturwissenschaften interessiert. Besonders hat es ihm die Astronomie angetan. In der Schule geben das auch seine Leistungen wieder, wie seine Mutter erzählt: *„In den meisten sprachlichen Fächern schlägt er sich so durch, während er in Mathematik, Biologie und Physik sehr gut ist. Sein Abendessen nimmt er sich meist mit aufs Zimmer, wo er die Sterne beobachtet. Aber er rührt es nicht an. Es bleibt liegen, bis auf dem Teller Schimmelpilze wachsen. Er hat einfach kein Gespür dafür. Ständig bin ich hinter ihm her, damit er sein Geschirr wieder nach unten bringt. Er sieht das aber nicht ein und erzählt immer wieder was von seinen Forschungen."* Johannes stellt im Gespräch mit dem Psychologen klar, dass er das „Geschirr-Problem" aus Sicht seiner Mutter versteht. *„Ich brauche aber Zeit, um die Sterne zu beobachten. Wussten Sie denn nicht, dass ein Stern, den wir jetzt gerade sehen, vielleicht schon längst erloschen ist? Als Forscher muss ich immer bereit sein."*

Wie ist es erklärbar, dass - bei hoher Intelligenz - jemand anscheinend sein Leben nicht regeln kann, wenn doch Intelligenz das ist, was das Leben einfacher machen soll? Die einfache Antwort ist: Solche Menschen setzen ihre ganze Intelligenz für das ein, was sie wirklich interessiert. Was darüber hinaus um sie herum vorgeht, scheint ihnen egal zu sein. So entsteht für die Außenstehenden der Eindruck des „zerstreuten Professors", den man „durchs Leben tragen" muss.
Damit haben aber eher die Außenstehenden ein Problem. In diesem Fall hat nicht Johannes das Problem, sondern seine Mutter. Johannes hat ja sein Leben prima geregelt. Obwohl er abends nichts isst, ist er bisher noch nicht verhungert. Vielleicht sollte er

einfach abends kein Essen mehr mit aufs Zimmer nehmen. Dann hätte auch seine Mutter kein Problem mehr.
Eins allerdings ist klar: Das, was gemeinhin als Lebenstüchtigkeit bezeichnet wird, hat nicht unbedingt etwas mit Begabungs-Potenzial zu tun.

Die typische hochbegabte Persönlichkeit ist noch nicht gefunden

Typische Persönlichkeitsmerkmale, die nichts mit Intelligenz zu tun haben und hochbegabten Kindern und Jugendlichen zugeschrieben werden, sind wissenschaftlich nicht belegbar und deshalb auch umstritten. Dazu könnten zum Beispiel auch Ehrgeiz oder Ängstlichkeit gehören. Grundsätzlich ähneln sich hochbegabte und anders begabte Kinder und Jugendliche in den Strukturen ihrer Persönlichkeit. In allen Gruppen finden sich unterschiedliche Akzentuierungen – natürlich auch bei den Hochbegabten. Viele Versuche der Wissenschaft, eine typische hochbegabte Persönlichkeit zu erfassen, scheitern an der Verschiedenheit auch unter den Hochbegabten. Es ist also derzeit nicht möglich, dass wir auf eine hohe Begabung schließen können, weil ein Kind besonders stolz, ängstlich oder faul ist – oder weil ganz besondere Interessen vorliegen. Aber es gibt Unterschiede zwischen Hochbegabten und normal Begabten, auf die wir später noch eingehen wollen.

Merkmale für Hochbegabung

Entwicklungsvorsprung

Um Anzeichen und Merkmale für eine Hochbegabung zu erkennen, brauchen wir einen Vergleichsmaßstab: Kinder, die nicht hochbegabt, sondern „ganz normal" sind. Wir müssen uns anschauen, wie Entwicklung normalerweise abläuft – und betrachten dann, wie sie bei Hochbegabung fortschreitet. Dabei ist meist ein Entwicklungsvorsprung der Hochbegabten zu erkennen – vor allem im intellektuellen Bereich.
Dieser Entwicklungsvorsprung führt dazu, dass viele Hochbegabte die kindlichen Entwicklungsabschnitte früher durchlaufen als andere. So können sie in ihrer motorischen Entwicklung den anderen voraus sein: Sie sitzen, stehen und laufen früher. Auch bei der sprachlichen Entwicklung treten Besonderheiten auf: Hochbegabte Kinder sprechen früher, bilden schneller Drei-Wörter-Sätze oder verwenden früher die Ich-Form beim Sprechen. Wir nennen das eine Akzeleration (Beschleunigung) der Entwicklung.

Marvin schneidet die Rosensträucher

Bei einer Hochbegabung kann es vorzeitige Entwicklungsschritte in verschiedenen Bereichen geben. Allerdings kommen sogenannte Asynchronien (ungleichmäßige Abläufe) in der Entwicklung bei allen Kindern vor – ob hochbegabt oder nicht. Neben einer weit fortgeschrittenen Entwicklung kann zum Beispiel das motorische Geschick noch rückständig entwickelt sein: Trotz seiner außergewöhnlichen Rechenfähigkeiten kann Marvin sich noch nicht allein die Schuhe zubinden, weil seine Feinmotorik noch nicht altersgemäß entwickelt ist. Im Selbstporträt von Marvin kann man gut die kognitive Differenziertheit, aber auch die feinmotorische Schwäche erkennen.

Hochbegabung kann als intellektueller Entwicklungsvorsprung verstanden werden

Wenn wir uns die Lebensgeschichten vieler hochbegabter Kinder, Jugendlicher und auch Erwachsener anschauen, dann finden wir neben ihrem Entwicklungsvorsprung einige übereinstimmende Merkmale.

Zu den Anzeichen für besondere Begabungen können zum Beispiel frühes differenziertes Malen und die gedankliche Beschäftigung mit abstrakten Themen – wie Ursprung und Sinn der Welt – gehören. Ähnliche Indikatoren finden sich im sozialen Bereich: Bei vielen Hochbegabten bestehen häufiger Kontakte zu älteren Personen. Und Hochbegabte wenden sich anderen Kindern zumeist sachorientiert zu – also in erster Linie im Interesse an einer Sache.

In der Praxis erfahren wir häufig von Auffälligkeiten wie sozialem Rückzug, Außenseitertum und aggressivem Verhalten, die oft unzulässig als tatsächliche Hinweise auf eine Hochbegabung verstanden werden. Das kann zwar unter bestimmten Bedingungen gegeben sein, muss aber nicht zwingend etwas miteinander zu tun haben.

Kern-Merkmale und Rand-Merkmale

Über welche Anzeichen und Auffälligkeiten sprechen wir, wenn es um Hochbegabung geht?

Kern-Merkmale

Unter intelligenznahen Eigenschaften sind zum Beispiel Gedächtnis, Beobachtungsgabe und schlussfolgerndes Denken zu nennen, die alle etwas mit dem Aufnehmen, Speichern und Verarbeiten von Informationen zu tun haben – also primär mit intel-

- Von **Kern-Merkmalen** sprechen wir, wenn sie etwas im engeren Sinne mit Intelligenz zu tun haben, also intelligenznah sind. Kern-Merkmale sind gute Hinweise auf eine Hochbegabung.

- Zu den **Rand-Merkmalen** gehören Anzeichen, die eher intelligenzfern sind, weil Einflüsse der Persönlichkeit oder Lernerfahrungen eine Rolle spielen.

Kern-Merkmale gehören also in den direkten Zusammenhang mit der hohen intellektuellen Begabung des Kindes. Das zeigt uns das Beispiel der Merkfähigkeit: Das Kind zeigt seine außerordentliche Begabung dadurch, dass es eine Geschichte, die die Erzieherin vorgetragen hat, auswendig „vorlesen" kann. Unter Rand-Merkmalen verstehen wir alle Anzeichen, denen eine lerngeschichtliche Erfahrung vorausgeht, die bei genauem Hinschauen auch gut erkennbar ist. Zum Beispiel kommt kein Kind mit Kindergarten-Unlust oder Prüfungsängstlichkeit auf die Welt. Solche Merkmale entwickeln sich erst in der Begegnung mit der Welt. Sie sind daher als indirekt und mittelbar zu verstehen. Das ist auch gut so. Denn sonst könnten wir wenig daran ändern.

lektueller Begabung. Hochbegabte Kinder haben eine sehr gute Auffassungsgabe, besitzen ein „Elefanten-Gedächtnis" und können gut Querverbindungen zwischen verschiedenen Sachverhalten herstellen. So analysieren sie leicht Problemstellungen, erkennen Systematiken und können diese gut auf andere Probleme beziehen. Wenn sich ein Kind dadurch auszeichnet, dass es viele Sachen im Kopf behält, sich an Details von Urlaubsreisen oder Gesprächen erinnert und in seinen Aussagen verschiedene Sachen logisch miteinander verknüpft, dann ist das ein deutliches Anzeichen für eine hohe intellektuelle Begabung, wie wir bei Anton sehen können:

- Von seiner Mutter wird der vierjährige **Anton** als liebenswert, clever und schlagfertig beschrieben. Anton geht gern in den Kindergarten, weil er dort mit vielen Sachen spielen kann. *„Außerdem muss die Mama ja arbeiten gehen und ich darf noch nicht allein zu Hause bleiben"*, teilt er dem Psychologen in verständnisvollem Ton mit. Anton ist an sich ein „pflegeleichtes" Kind. Er fragt zwar viel und lässt keine Ruhe, bis er alles verstanden hat – aber er ist freundlich und fällt nicht besonders aus dem Rahmen.

Von einem Ereignis berichtet die Mutter lächelnd: „*Wir haben mal meinen Mann vom Flughafen abgeholt. Auf dem Weg vom Parkhaus zum Flughafen-Gebäude kamen wir an der Parkhaus-Ausfahrt vorbei. Dort war natürlich eine Schranke. Diese Schranken kennt Anton auch aus anderen Parkhäusern. Das System war ihm klar. Die Schranke im Flughafen-Parkhaus ist aber eine besondere: Sie hat einen Knick in der Mitte. Anton blieb stehen und rührte sich nicht mehr vom Fleck. Ich fragte ihn, was los ist, aber er hat nicht reagiert. Er hat richtig nachdenklich und angespannt gewirkt. Auf einmal rief er laut: ‚Die stößt sonst gegen die Decke!‘*“

Rand-Merkmale

Rand-Merkmale entwickeln sich erst dadurch, dass ein Kind Erfahrungen mit seiner Umwelt macht – negative genauso wie positive.

- Die guten Lebensgeschichten von hochbegabten Kindern zeigen, dass gesundes Selbstbewusstsein und soziales Verständnis sich über eine gelungene Interaktion mit Bildung und Erziehung entwickelt haben.
- Die schlechte Seite der Medaille kann sehr vielfältig sein: In unserer Praxis begegnen wir sehr oft hochbegabten Kindern, die keine Lust mehr haben, in die Schule zu gehen oder überhaupt etwas für die Schule zu tun. Sie haben schlechte Lernerfahrungen gemacht: *„Schule macht keinen Spaß, weil sie langweilig ist.“* • *„Schule macht keinen Spaß, weil mir keiner zuhören will.“* • *„Schule macht keinen Spaß, weil mich da keiner versteht.“* In einigen Fällen berichten Eltern, dass ihre Kinder über Bauchweh und Kopfschmerzen klagen. Meist ist das die Folge vieler Misserfolge. Die Kinder stehen unter Dauerfrust oder haben Ängste.
- Auch der soziale Bereich kann betroffen sein, wenn hochbegabte Kinder isoliert sind und keine Freunde haben. Dabei kann es eine grundsätzliche Veranlagung der Kinder zu bestimmten Problembereichen geben. Deshalb müssen wir sehr genau hinschauen, wie die Probleme entstanden sind und wodurch sie aufrechterhalten werden.

Zehn besondere Anzeichen für Hochbegabung

Welche Merkmale dienen als gute Hinweise für eine Hochbegabung?
In der folgenden Liste finden Sie besondere Anzeichen für eine hohe Begabung. Die Liste enthält vor allem intelligenznahe Indikatoren, weil die am besten auf eine Hochbegabung schließen lassen. Dazu gehören zum Beispiel neben außerordentlich guter Auffassungsgabe für Situationen und Zusammenhänge auch eine hervorragende Merkfähigkeit, frühes Interesse am Lesen und Schreiben, autodidaktisches Lernen und philosophisches Fragen.

Dass ein Kind alle diese Merkmale aufweist, ist eher selten. Jedes Kind hat sein individuelles Entwicklungs- und Begabungsprofil mit unterschiedlichen Ausprägungen. Aber es gibt auch Gemeinsamkeiten und ersichtliche Anzeichen für Hochbegabung, die sich bei vielen Kindern zeigen. Dabei bilden sich immer spezielle Grüppchen, die bestimmte Merkmale gemeinsam haben.

Die zehn wichtigsten Bereiche, in denen wir gute Hinweise für eine Hochbegabung finden können:

1) **Merkfähigkeit und Gedächtnis**
- Kann sich schnell und leicht Fakten merken
- Kann sich gut erinnern, vergisst nicht
- Hat ein „Elefanten-Gedächtnis", auch für Details

2) **Analytisches und logisches Denken**
- Kann (auf seine Weise) gut Sachverhalte und Probleme auseinanderlegen
- Kann gut schlussfolgern, verallgemeinern und Transfer leisten
- Erkennt gut Gemeinsamkeiten und Unterschiede
- Erfasst zugrunde liegende Systematiken und Prinzipien

3) **Wortschatz und Sprache**

- Kennt, versteht und spricht viele (auch seltene) Wörter
- Hat eine flüssige Sprache und klaren Ausdruck
- Bildet auffallende Satzkonstruktionen
- Verwendet ungewöhnliche Ausdrücke

4) **Lesen, Schreiben und Rechnen**

- Wendet sich früh Buchstaben und Zahlen zu
- Liest, schreibt und rechnet früh (im Vorschulalter)

5) **Malen, Zeichnen und Gestalten**

- Malt oder zeichnet differenziert auf hohem Niveau
- Gestaltet aufwendige und komplizierte Gebilde
- Zeichnungen weisen viele Details und Besonderheiten auf

6) **Kreativität und Fantasie**

- Ist kreativ und hat viel Fantasie
- Zeigt ungewöhnliche Lösungswege und Ideen

7) **Aktivitätsniveau und Energiepotenzial**

- Ist sehr aktiv, betätigt sich viel
- Ermüdet nicht leicht, hat viel Energie und Ausdauer

8) **Neugier, Wissensdurst und Erkundungsdrang**

- Ist immer an Neuem interessiert
- Fragt viel, will alles wissen

9) **Streben nach Selbstständigkeit und Selbsterfahrung**

- Will eigene Erfahrungen machen, Eigenes ausprobieren
- Will seinen eigenen Weg gehen

10) **Entwicklungsverlauf**

- Frühe motorische und/oder sprachliche Entwicklung
- Schnelles Durchlaufen oder Überspringen von Entwicklungsphasen

Auf den nächsten Seiten haben wir diese Merkmale ausführlicher dargestellt. So können Sie sich einen guten Eindruck verschaffen, bevor Sie den Weg zu einer psychologischen Untersuchung einschlagen.

Kognitive Leistungen

Julian, Sofie, Jannik, Fabio, Michael, Kevin, Max und Anna aus Kapitel 1 sind zwar sehr unterschiedlich, haben aber eins gemeinsam: Sie sind alle hochbegabt. Wenn wir genauer hinschauen, werden wir trotz aller Verschiedenheiten eine ganze Reihe von Gemeinsamkeiten feststellen.

Das „Elefanten-Gedächtnis"

Auffallend bei allen hochbegabten Kindern ist das gute Gedächtnis, das in vielen Fällen zu einem breiten Allgemeinwissen in vielen Bereichen führt. Die Detailfreude bei Sachen und Aktivitäten, die ihnen Spaß machen und die sie interessieren, ist oft beeindruckend. Mit Bewunderung sehen wir häufig, dass hochbegabte Kinder über eine **hervorragende Merkfähigkeit** und ein **gutes Gedächtnis** verfügen.

- Auch **Anna-Sophie**, eine 14-jährige hochbegabte Schülerin, hat beachtliche Gedächtnisfähigkeiten. Sie ist die älteste von vier Geschwistern. Sie geht in die 8. Klasse und ist eine gute Schülerin, die nur im Rechtschreiben eine Schwäche hat. Ansonsten liegen ihre schulischen Leistungen alle im Bereich einer guten Zwei.
  Anna-Sophies Mutter erzählt: *„Wenn wir sie nicht hätten, dann brauchten wir viele Merkzettel, auf die wir Namen, Telefonnummern und andere Sachen schreiben müssten. Sie kennt in der Tat alle Telefonnummern ihrer Freundinnen auswendig, hat sogar die Telefonnummern ihrer Lehrer immer im Kopf und kann mir sofort die Nummer unseres Haus- und unseres Zahnarztes geben. Sie ist ein richtiges Telefonbuch. Und noch besser ist: Sie hat auch die ganzen Termine, die wir für ihre Geschwister und sie ausmachen, abgespeichert. Wenn ich auch nur in meinen Kalender schauen will, sagt Anna-Sophie mir gleich, was ich wissen will. Sämtliche Passwörter hat sie im Kopf, kennt die Nummernschilder der Nachbarn auswendig und kann mir die meisten Adressen unserer Verwandten und Freunde sagen. Das Verrückte daran ist, dass sie das alles nicht lernt oder ständig nutzt. Sie braucht eben nur ein oder zwei Male – dann hat sie alles im Kopf. Manchmal bin ich etwas unsicher, ob das so gut ist."*

Viele hochbegabte Kinder haben ein **sehr gutes Detailwissen**. Sie können sich ohne großen Lernaufwand Kleinigkeiten merken. Diese Fähigkeiten kann man mit einem „Elefanten-Gedächtnis" vergleichen. Denn nichts geht verloren – vor allem nicht die Details. Sie schenken Sachen ihre Aufmerksamkeit, die wir gar nicht so wichtig finden. Dabei kann es sich um einzelne Namen und Adressen handeln, aber auch Wegbeschreibungen oder Ereignisse. Sie können sich oft daran erinnern, welche Straße sie entlanggegangen sind, welche Häuser sie dabei gesehen haben und was gleich hinter der nächsten Kreuzung kommt. Dabei ist nicht entscheidend, wie viel Zeit seitdem vergangen ist.

- Der Vater von **Thomas**, einem zwölfjährigen hochbegabten Jungen, erzählt: *„Als Thomas gerade in die erste Klasse gekommen war, haben wir eine Tour durch die Vogesen und das Elsass gemacht. Damals waren wir einen Tag lang in Straßburg und haben uns die ganze Stadt angeschaut. Einmal mussten wir zur Toilette. Da haben wir ein Café gesucht und sind dort hinein. Das war vor fünf Jahren. Jetzt waren wir wieder in Straßburg. Plötzlich deutet Thomas auf eine Straße: ‚Wenn wir hier langgehen und dann da vorn rechts laufen, kommt an der Ecke das Café, wo wir beim letzten Mal auf der Toilette waren.' Wir haben's ausprobiert – und er hat recht gehabt."*

Geballte Ladung Logik

Eine wichtige Fähigkeit des hochbegabten Kindes ist das **schlussfolgernde Denken**: Aus dem Erkennen von Beziehungen schafft es Systematiken, die es nutzen kann, um Aufgaben zu lösen und Probleme aus der Welt zu schaffen. Das gelingt hochbegabten Kindern oft leicht und auch sehr früh. Sie können im Alltag, im Kindergarten und in der Schule in sich stimmige Abläufe erkennen und eine nachvollziehbare Ordnung schaffen. Dabei decken sie Beziehungen und Sachzusammenhänge auf und können sie auf andere Situationen beziehen.

Diese Transferleistungen sind oft so beachtlich, dass wir uns nur wundern und den Kopf schütteln können, wie es zu diesem Gedanken oder zu jener Handlung gekommen ist. Was Sie zu Hause manches Mal erleben können, wenn die Diskussion über die Hausaufgaben, das Zubettgehen oder den Fernsehkonsum losgeht, ist strategische

Kriegsführung par excellence. Logisches Argumentieren ist eine Stärke hochbegabter Kinder, die natürlich auf ihrer starken Denkfähigkeit beruht.

„Cogito, ergo sum" – Hochbegabte Kinder denken nach

„Cogito, ergo sum", sagte der Philosoph René Descartes im 17. Jahrhundert. „Ich denke, also bin ich." Viele hochbegabte Kinder sind bereits im jungen Alter dazu in der Lage, über sich selbst, über andere und über Geschehnisse im nahen Umfeld oder in der fernen Welt nachzudenken. Sie haben die **Fähigkeit zur Reflexion** und können ihre eigene Perspektive verlassen, um sich und andere mal von außen zu betrachten. Das kann dazu führen, dass sie sich gut in andere Menschen oder Tiere und deren Bedürfnisse und Nöte hineinversetzen können. Sie können sich in andere hineindenken, aus deren Blickwinkel schauen und dadurch das, was die anderen tun, besser verstehen. Viele hochbegabte Kinder – besonders Mädchen – sind sehr empathisch (bereit und fähig, sich in andere Menschen einzufühlen) und nehmen Anteil am Schicksal anderer.

- **Elena** ist gerade fünf Jahre alt und geht seit einem halben Jahr in den Kindergarten in Heidelberg, wohin sie mit ihrer Familie erst vor Kurzem gezogen ist. Elena ist ein ruhiges und verständiges Kind. Nur selten gibt es mit ihr Streit, auch wenn ihre jüngeren Geschwister sie nerven. Im Kindergarten kommt Elena aber nicht gut klar: Die Erzieherinnen berichten, dass sie sich nicht integrieren will und sich selbst eher in eine Beobachterrolle rückt.
  Im sozialen Geschehen wirkt sie eher passiv. Die Erzieherin erzählt: *„Elena war noch nie in einen Streit verwickelt. Im Gegenteil: Sie hat immer versucht, mit Worten zu schlichten. Das macht sie aber jetzt nicht mehr. Sie zieht sich einfach nur zurück und spielt höchstens mit ihrer Freundin. Sonst aber bleibt sie eher für sich."*
  Im Gespräch mit den Eltern, dem Psychologen und Elena stellt sich heraus, dass Elena Unstimmigkeiten zwischen den Kindern in sich aufnimmt und nicht ausreichend verarbeiten kann. So hatte sie sich bei einem Spiel für ihre Freundin eingesetzt, doch der wohl wilde Dennis hatte sich einfach über ihre triftigen Argumente hinweggesetzt, obwohl sie im Recht war. *„Der Dennis hat einfach zu mir gesagt: ‚Halt deine Klappe, du blöde Kuh!'"* Elena ist sehr empathisch, denkt für die

anderen mit und versucht, auf deren Bedürfnisse einzugehen. Sie kann das Verhalten der anderen nicht verstehen. Zu ihrer Mutter sagt sie: *„Mama, das ist doch komisch: An einem Tag kann man sich mit seiner Freundin streiten und böse Wörter sagen. Und am anderen Tag tut man so, als wäre nichts gewesen. Ist das bei Freundinnen so?"*

DIE VIELFALT DER SPRACHE

Im Gespräch mit vielen hochbegabten Kindern fällt es uns schnell und leicht auf: Sie haben eine sehr gut entwickelte Sprache und können auf einen **reichen** und **differenzierten Wortschatz** zurückgreifen. Dabei kann ihr **aktiver Wortschatz** bereits dem von Kindern entsprechen, die zwei oder drei Jahre älter sind. Über das Sprechen hinaus verstehen sie meist noch mehr Wörter und können somit auf einen noch größeren **passiven Wortschatz** bauen. Wir Erwachsenen werden daher oft besser verstanden, als wir es im ersten Moment glauben. Wegen ihrer Sprache und ihrer Ausdrucksfähigkeit meinen wir oft, diese Kinder seien viel älter. Sie können gut und spannend erzählen, können Ereignisse gut wiedergeben und auch Sachverhalte oder Abläufe gut erklären. Verblüffend wirken dabei nicht nur die für Kinder ihres Alters untypischen Wörter oder seltenen Phrasen, sondern auch die Art, wie sie Sätze bauen und zusammenfügen. Ihr Gespür für einen guten Satzbau ist stark ausgeprägt.

- Beim fünfjährigen **Alexander** sind die folgenden Aussagen sehr komplex und liegen weit über dem Altersdurchschnitt. Nicht nur seine Wortwahl, sondern auch die Art, wie er die Sätze zusammenbaut, entspricht nicht dem Alter eines Fünfjährigen:
  Als Alexander zum ersten Mal zum Psychologen kommt, ist er schüchtern und zurückhaltend. Anfangs will er so gut wie gar nicht sprechen und versucht konstant, auf Fragen mit *„Ja"* oder *„Nein"* zu antworten. Mit der Zeit beginnt er sich zu öffnen und lässt sich auf das Gespräch ein. Seine Sprache ist dabei teilweise noch undeutlich, weil er leicht lispelt und sich die Hand vor den Mund hält. Von sich aus kommt er auf die Pflanzen zu sprechen, die im Gesprächsraum stehen: *„Du musst die Pflanzen gießen. So trocken, wie die Erde aussieht, haben sie Wassermangel. Wahrscheinlich wegen der trockenen Heizungsluft. Außerdem sieht die Erde*

sehr ungedüngt aus. An deiner Stelle würde ich die Pflanzen in diese Ecke stellen - da kommt mehr Tageslicht hin."

Eng verknüpft mit einem großen Wortschatz ist bei vielen hochbegabten Kindern eine tolle **sprachliche Gewandtheit.** Ihre Sprache ist sehr flüssig und variabel. Sie kennen das sicher aus der Diskussion mit Ihrem eigenen Kind, das Ihnen das „Wort im Mund herumdrehen" kann. Nach so mancher Auseinandersetzung sehen Dinge, die vorher für Sie klar waren, auf einmal ganz anders aus. Dieses außerordentlich gute Beherrschen von Sprache gibt hochbegabten Kindern natürlich auch die Möglichkeit, andere zu necken, auf den Arm zu nehmen und sie zu provozieren.
Viele hochbegabte Kinder sind gute Redner, die mit sprachlichem Geschick vorgehen und besonders mit guten Argumenten und gewichtigen Begründungen für ihre eigene Sache auffallen. Selbstverständlich greifen sie dabei auf Dinge zurück, die sie sich gut gemerkt haben. Dazu können Sachen gehören, die ihnen selbst oder anderen widerfahren sind. Selbst hypothetische Annahmen fließen dabei ein: *„Jetzt überleg' doch mal: Angenommen, ich würde das so machen, wann dürfte ich dann was am Computer spielen?"*
Die sprachliche Gewandtheit setzt selbstverständlich ein gutes Verstehen von Sprache voraus. Hochbegabte Kinder erkennen bereits früh den Unterschied zwischen der Bildsphäre und der Sinnsphäre dessen, was gesprochen wird. Sprache muss eben nicht nur das sein, was das Wort zeigt. So verstehen sie früh Humor und können selbst humorvoll und witzig sein. Sie können einschätzen, was wortwörtlich gemeint ist, was bildlich ist und was gar im entgegengesetzten Sinn zu verstehen ist.
Bereits im Grundschulalter gelingt es einigen hochbegabten Kindern, ironische Aussagen zu verstehen, den Charakter von Karikaturen zu erfassen und sie anzuwenden. Wenn sie zum Beispiel Ironie entdeckt und dieses faszinierende Spiel von Wort und Sinn verstanden haben, können alle Mitglieder des näheren Umfeldes harte Zeiten durchmachen. Hochbegabte zeigen dann eine besondere Freude daran, Ironie und Humor anzuwenden.

Frühe Lektoren und Schriftsteller

Dass manche Kinder sich früher als andere Kinder mit Buchstaben und Zahlen beschäftigen, galt noch vor 10–15 Jahren nur für die Hochbegabten. Aber heute gilt es fast für alle. Der Einfluss der Medien hat bereits das Kinderzimmer erreicht. Die Begegnung mit Buchstaben und Zahlen erfolgt lange vor dem Schuleintritt. Dadurch kommt es auch bei nicht hochbegabten Kindern zu gesteigertem Interesse.
Ob es sich um Lego, Coca-Cola oder den Namen der Firma handelt, in der der Papa arbeitet – eine erste Auseinandersetzung mit Schriftzügen, die Laute kodieren, erfolgt meist schon im Alter von drei bis vier Jahren. Viele Kinder können heutzutage den eigenen Namen schreiben und bestimmte Wörter oder Buchstaben lesen, bevor sie den Kindergarten verlassen. Buchstaben und Zahlen treten früher in die Erfahrungswelt der Kinder. Früheres Lesen und Schreiben ist eine natürliche Reaktion der Kinder darauf. Manchmal spielt auch der ältere Geschwisterteil eine Rolle für ein sehr frühes Erlernen von Buchstaben und Zahlen, weil dessen Schule nun mittelbar zur Lebenswelt gehört und Interesse weckt.
Unabhängig davon haben hochbegabte Kinder oft ein so starkes Interesse am Umgang mit Buchstaben, dass sie eigenaktiv und ohne Aufforderung an das Lesen und Schreiben herangehen. Sie besorgen sich Material, klären durch Fragen ab, was ihnen unklar erscheint, und beginnen, die Welt der Buchstaben zu erkunden. Sie lernen selbstreguliert. Die Ergebnisse des selbstregulierten Lernens können beachtlich sein. Die neunjährige Silke hat ihrem Lieblings-Radiosender das rechts abdgedruckte Gedicht gedichtet:
Einige hochbegabte Kinder kennen vor dem Schuleintritt viele Buchstaben des Alphabets und können neben dem eigenen Namen auch die der Familienmit-

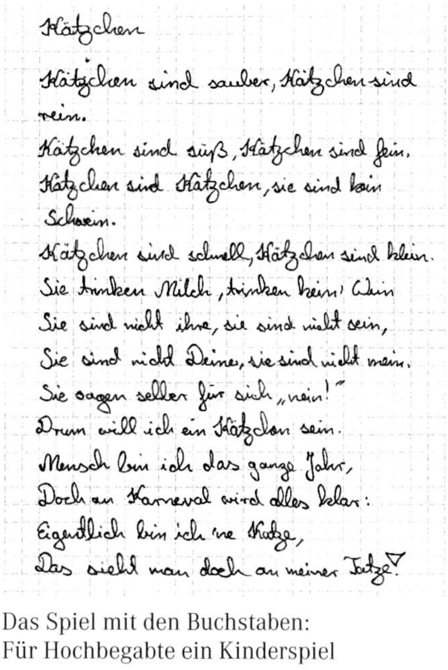
Kätzchen

Kätzchen sind sauber, Kätzchen sind
rein.
Kätzchen sind süß, Kätzchen sind fein.
Kätzchen sind Kätzchen, sie sind kein
Schwein.
Kätzchen sind schnell, Kätzchen sind klein.
Sie trinken Milch, trinken kein' Wein
Sie sind nicht ihre, sie sind nicht sein,
Sie sind nicht Deine, sie sind nicht mein.
Sie sagen selber für sich „nein!"
Drum will ich ein Kätzchen sein.
Mensch bin ich das ganze Jahr,
Doch an Karneval wird alles klar:
Eigentlich bin ich 'ne Katze,
Das sieht man doch an meiner Tatze!

Das Spiel mit den Buchstaben:
Für Hochbegabte ein Kinderspiel

glieder oder ihres Wohnortes lesen und schreiben. In manchen Fällen haben sie sich sogar einer kleinen Lektüre zugewandt und beschäftigen sich anhand von Büchern, die Texte und Bilder gut kombinieren, mit dem Lesen.
Auch hier ist ein genauer Blick gefragt. Denn nicht nur hochbegabte Kinder können schon zum Zeitpunkt der Einschulung einige Buchstaben oder Wörter lesen und schreiben. Kinder werden ja heute wesentlich früher mit Buchstaben und Zahlen konfrontiert. Deshalb lernen immer mehr Kinder immer früher, in einem bestimmten Ausmaß mit Buchstaben und Zahlen umzugehen – auch die nicht so hochbegabten.

Nina ist sechs Jahre alt und kommt in einem halben Jahr in die Schule. Sie freut sich sehr darauf und will unbedingt schon das Lesen und Schreiben lernen. Ihren Namen und andere einfache Wörter kann sie bereits seit einem Jahr schreiben, als sie eine Phase hatte, in der sie sich für Buchstaben interessierte. Damals hatten die Erzieherinnen den Eltern nahegelegt, Nina schon einschulen zu lassen. Doch nach dem Gespräch mit der Schule waren sich Eltern und Lehrer einig, ihr noch ein Jahr Zeit zu lassen.
Die Mutter, von Beruf Lehrerin, erzählt: *„Seitdem Nina weiß, dass sie in die Schule kommt, lässt sie uns nicht mehr mit dem Lesen und Schreiben in Ruhe.*

Was ist selbstreguliertes Lernen?

- Das Lernen ist ein lebenslanger Prozess, der sich auch nach der Schulzeit fortsetzt. Gerade bei hochbegabten Kindern stellen wir häufig fest, dass sie sich selbst Informationsquellen zuwenden und beginnen zu lernen. Sie regulieren ihr Lernverhalten selbst: Sie entscheiden dabei, ob und was sie überhaupt lernen. Sie bestimmen die Methode, mit der sie lernen, und den Zeitpunkt, wann sie lernen. Zur Selbstregulation gehört auch, dass sie ihre eigenen Lernziele bestimmen und festlegen. Weiter überprüfen sie in Zwischenschritten ihre Lernfortschritte und leiten daraus ab, was als Nächstes zu tun ist.

- Hochbegabte Underachiever – also Kinder mit einem hohen IQ, schlechter Schulleistung und psychosozialen Problemen – lernen vor allem im Kontext Schule nicht selbstreguliert, sondern zeigen hier eine deutliche Schwäche.

Ständig fragt sie, was das für ein Buchstabe ist, und will wissen, warum man ein B groß, klein und sogar anders (Schreibschrift) schreiben kann. Unbedingt wollte sie Lesebücher haben. Jetzt liest sie jeden Abend ein paar einfache Sätze vor, erfindet Quatschwörter und testet uns, ob wir sie auch lesen können. Zu Weihnachten hat sie von der Oma einen Lerncomputer bekommen. Das Einkaufen ist für sie eine reine Leseeinheit: Alles, was sie sieht, liest sie laut vor und freut sich darüber, dass es klappt.“

Der frühe Umgang mit Zahlen

In diesen Zusammenhang gehört auch das frühe Rechnen, das als besonderes Merkmal für viele hochbegabte Kinder gilt. Sie gehen schon im frühen Alter mit Zahlen um, beginnen auf- und abzuzählen und wollen unbedingt etwas über Zahlen lernen. Der häufigste Einstieg zu Zahlen ist das eigene Lebensalter, das Zählen von Fingern oder Süßigkeiten, die von der Mutter in einer Schublade gehütet und sorgfältig rationiert werden. Der Bezug zu Zahlen beginnt also mit sehr alltäglichen Dingen und Erfahrungen aus der Welt der Kinder.
Hochbegabte Kinder erfassen schnell den Zusammenhang zwischen den greifbaren Bonbons und den abstrakten, eben nicht greifbaren Zahlen. Es gelingt ihnen, nach und nach den Zahlenraum zu erweitern und die Systematik der Zahlen zu ergründen. Sie gewinnen Freude daran, diese Systeme anzuwenden, weil sie logisch erscheinen. Und es macht ihnen ungeheuer viel Spaß, wenn ein Plan funktioniert. Das gilt meist auch für ihre Kenntnisse von Zeit, Entfernungen und Mengen. Typische Fragen können sein: *„Wie viel ist denn 8 plus 8?“* • *„Was ist denn doppelt?“* • *„Wie weit ist der Mond von der Erde weg?“* Daher beherrschen viele hochbegabte Vorschulkinder bereits die wesentlichen Schritte der Addition und Subtraktion im Zahlenraum bis 20 oder sogar 100.

- Bei **Lennart**, einem siebenjährigen Zweitklässler, merkt man auf den ersten Blick nicht, dass er hervorragend rechnen kann. Von selbst und ohne Grund zeigt er nicht, was in ihm steckt. Seine Eltern berichten, er habe bereits vor der Schule bis 20 zählen und Plus- und Minusaufgaben rechnen können. Lennart liebt die Pausen in der Schule, weil er dann mit seinen Freunden Fußball spielen kann. Der Unterricht – so Lennart – ist auch ganz okay. Nicht besonders

mag er die Hausaufgaben, weil er die immer sorgfältig machen muss und seine Mutter gerade auf die Ordnung großen Wert legt.
Von Mathe ist er begeistert, denn das Rechnen macht Spaß und geht vor allen Dingen immer sehr schnell. Leider darf er nicht einfach nur das Ergebnis hinschreiben, weil die anderen ja auch verstehen müssen, wie er das gerechnet hat. Zumindest haben ihm das seine Lehrerin und seine Mutter gesagt. In der psychologischen Untersuchung fällt Lennart mit seinen Rechenfähigkeiten extrem aus dem altersgemäßen Rahmen und erledigt mit seinen sieben Jahren die Aufgaben für zehnjährige Kinder problemlos.

- **Tim** ist neun Jahre alt und in der 3. Klasse. Von seiner Mutter wird er auf Anraten der Klassenlehrerin zur psychologischen Untersuchung vorgestellt, weil er vor allem im Sozialbereich auffällig ist. Er kann sich nicht in Gruppen integrieren und verletzt Regeln und Absprachen, obwohl er sie offensichtlich verstanden hat. Laut Lehrerin geht auch keine Stunde vorüber, in der er nicht dazwischenruft oder irgendwie anders stört. Zur Testung bringt die Mutter einige Zahlentabellen mit, um zu zeigen, was Tim zu Hause und im Unterricht alles macht. In der Intelligenzdiagnostik erreicht Tim einen extrem hohen Intelligenzquotienten von fast 150.

Ähnlich wie beim Lesen und Schreiben findet in der heutigen Zeit die erste Begegnung mit Zahlen in jüngeren Jahren als früher statt. Daher gibt es immer mehr Kinder, die vor dem Schuleintritt zählen und ein wenig rechnen können. Vieles hängt auch davon ab, wie stark sich das Interesse an Zahlen entwickelt. Denn manche Hochbegabte können zwar ganz gut zählen und rechnen, sind aber nicht sonderlich interessiert, das engagiert zu verfolgen. Sie haben andere Vorlieben, denen sie ihre Aktivität schenken.

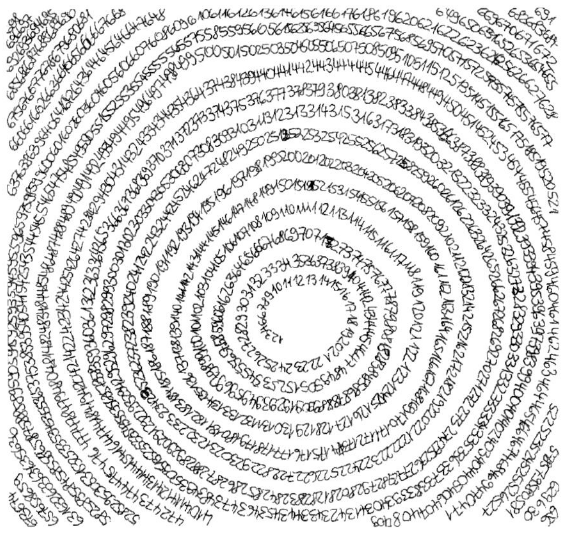

Der Zahlenraum von 1 bis 1000 – aus der Sicht eines Neunjährigen

Kleine Architekten und Künstler

Ein besonderes Zeichen für eine hohe Begabung sind auffallend **gute zeichnerische und bildhafte Leistungen**. Hochbegabte Kinder können bereits im Vorschulalter sich selbst oder andere Menschen differenziert malen oder mit Legosteinen Gebilde bauen, die nicht altersgemäß schematisiert sind, sondern sehr entwickelt. Weil hochbegabte Kinder häufig gute visuelle Fähigkeiten und räumliche Vorstellungskraft haben, sind sie zu solchen Leistungen in der Lage. Sie beschäftigen sich intensiv mit den Malereien oder Bauten, versuchen kleine Abänderungen und entwickeln sich und ihre Fähigkeiten immer weiter. Ähnlich verhält es sich mit Puzzles und Basteleien. Viele hochbegabte Kinder malen gern detaillierte Zeichnungen zu gerade aktuellen Themen.

Hochbegabte Kinder haben einen Entwicklungsvorsprung. Typische Zeichnungen für ein bestimmtes Alter sind bei ihnen recht selten. Meist zeigen sich nämlich die entwickelten Muster und differenzierten Schemata schon von früh an. Zeichnungen von hochbegabten Kindern haben oft einen besonderen Detailreichtum oder deuten bereits perspektivische Muster an. Auch können wir erkennen, wie gut die Proportionen zusammenpassen oder dass die Farben aufeinander abgestimmt sind. Die mentale Leistung, die vor allem darin besteht, das Kunstwerk im eigenen Kopf zu entwerfen und sich beim Ausführen selbst zu regulieren, ist beachtlich.

Abstraktes Malen mit 2 ½ Jahren

Differenziertes Malen mit 5 Jahren

Kreativ und produktiv

Häufig wird berichtet, dass hochbegabte Kinder besonders kreativ sind. Bereits in der frühen Entwicklung, wenn sogenannte Fiktions- oder Symbolspiele die Aktivitäten des Kindes dominieren, zeichnet sich ab, dass besonders begabte Kinder zu außerordentlichen gedanklichen Leistungen fähig sind. Gegenstände wie Pappkartons werden von ihrer Abbildhaftigkeit befreit und zu Burgen, Piratenschiffen und Sternenkreuzern oder anderen Maschinen abstrahiert. Hochbegabte Kinder zeichnen sich eben dadurch aus, dass sie früher als andere zu diesen Denkleistungen gelangen und dass sie **besonders originelle und fantasiereiche Ideen** haben. Dabei fallen sie auch dadurch auf, dass sie sehr produktiv sind. Sie sprudeln bei Spielen vor Ideen und liefern häufig eine Variante nach der anderen. Meist sind ihre Werke dann auch beeindruckend – besonders, wenn man auf die Detailliebe achtet und dabei feststellt, welche interessanten Gedankengänge zum Beispiel hinter der einen oder anderen Vorrichtung an der Ritterburg stecken. Es ist erstaunlich, wie auf vermeintlich gewöhnliche Aufgabenstellungen oft sehr kreative und andersartige Ergebnisse folgen – wie zum Beispiel bei Heikos Ansatz zur Lösung der Entwicklungsländer-Probleme:

- In der 12. Jahrgangsstufe wird im Fach Politik seit einiger Zeit das Thema Entwicklungsländer behandelt: Aktuelle Zeitungsartikel, Statistiken über Rohstoff-Ausbeutung und Schuldenanstieg und Statements einiger Politiker führen zu anregenden und interessanten Gesprächen, an denen auch **Heiko** (17 Jahre alt) gern teilnimmt. Heiko hat recht schnell verstanden, worum es bei der Problematik geht, beteiligt sich interessiert und liefert sehr gute Beiträge im Unterricht. Lediglich die vom Lehrer geforderten „kleinen" Tätigkeiten wie abendliches Nachrichtenschauen, morgendliches Zeitunglesen und Nacharbeiten der vielen Arbeitsblätter ziehen an Heikos ökonomischem Blick für das Nötigste vorbei. Auch auf die Kursarbeit hat er sich nicht sonderlich vorbereitet und ist ziemlich erstaunt, als er sich – ausgestattet mit zwei Artikeln bekannter Politiker – vor der Aufgabe findet, das Entwicklungsländer-Problem zu lösen.

  Für jemanden, der sich nur grob in der Materie auskennt, ist das ein gefährliches Unterfangen. Doch Heiko ist ein kreativer Schüler, der querdenken kann: Da im Fach Deutsch gerade der Philosoph Kant und seine Abhandlungen zur Aufklärung und Pflicht durchgenommen werden, gewinnt seine Kursarbeit wieder an Boden. Schnell kommt er zu einer zentralen Aussage: *„Erst aufklären, dann teilen."* Darauf aufbauend kommt er zur notwendigen Re-Aufklärung der industrialisierten Nationen, deren Verantwortung für den Menschen und humaner Weltbürgerlichkeit. So landet er – quasi analog zu Kant – bei der Forderung, Menschen vor allem über Bildung zu aufgeklärten Wesen zu machen und so in einem längerfristigen Prozess auf die Entwicklungsländer-Problematik einzuwirken.

  Die Bewertung der Arbeit führte zu einem kleinen Eklat, weil Heikos Lösungsansatz völlig unerwartet und wohl auch unerwünscht war. Der Lehrer hatte klare politische Vorschläge erwartet, nicht aber einen philosophisch begründeten Ansatz. Heikos Arbeit sollte zunächst als mangelhaft bewertet werden. Das führte aber zu Widerstand bei den anderen Schülern. Nach einigem Diskutieren landete er zwar bei 9 Punkten, hatte aber beim Lehrer auf jeden Fall an Ansehen verloren.

Viel Energie und Aktivität

Bei vielen hochbegabten Kindern fällt auf: Sie verfügen über ein außerordentlich **hohes Energiepotenzial** und zeigen daher ein **hohes Aktivitätsniveau.** Meist sind hochbegabte Kinder sehr rege und rührig. Weil ihr Geist Beschäftigung braucht und es nicht zulässt, dass sie inaktiv sind. Sie sind eher lernfreudig und immer auf der Suche nach Stimulation. Dieser Tätigkeitsdrang kann allerdings zu sehr unterschiedlichen Erscheinungen führen: Manche hochbegabten Kinder arbeiten stark auf der gedanklichen Ebene, wirken also von außen betrachtet viel ruhiger und passiver. Andere hochbegabte Kinder aber beschäftigen sich mit Gegenständen, an denen sie herumexperimentieren, oder vertiefen sich in Spiele, die sie ausschmücken und weiterentwickeln.

Hochbegabte Forscher und Entdecker

Weitere typische Eigenheiten bei Hochbegabung bilden einen interessanten „Forscher-Komplex" aus **Neugier, Wissensdurst und Erkundungsdrang.** Der außerordentliche Wissensdurst hochbegabter Kinder und Jugendlicher kann sich auf unterschiedliche Art ausdrücken. Hochbegabte sind grundsätzlich neugierig, durchsuchen ihre Umwelt nach noch nicht erschlossenen Horizonten und achten auf vieles, was neu und interessant sein könnte. Dieses Bedürfnis nach Wissen begegnet uns in den bekannten Was-, Warum- und Wieso-Fragen. In solchen Fällen richtet Ihr Kind sich an Sie als Informationsquelle und hofft auf eine befriedigende Antwort. Vorher ist der Forschergeist nicht zufrieden: Er will lernen, er will verstehen und will nachvollziehen können. Sie kennen sicherlich das Gefühl, regelrecht ausgesaugt zu werden und die ersten Löcher in der Bauchgegend zu verspüren. Ihre Antwort wird aufgenommen und abgespeichert.
Hochbegabte Kinder führen auch mit Konsequenz fort, was sie vor der Stufe der erworbenen Sprache bereits begonnen haben: Dank ihres enormen Erkundungsdrangs versuchen sie, ihre Umwelt mit ihren Sinnen zu ergründen.
Sie untersuchen Gegenstände, überprüfen sie auf ihre Funktionalität und erwerben so ein Netzwerk an Hypothesen, mit dem sie dann weiter auf Entdeckungstour gehen. Sie bilden die Welt in eigenen Vorstellungen und Kategorien ab. Hochbegabte Kinder

kann man auch als kleine Forscher bezeichnen, die die eigene gedankliche Welt an der Realität ausprobieren wollen.
Dieser Erkundungsdrang ist nicht nur im rein räumlichen und motorischen Sinne zu verstehen. Denn neben der Untersuchung von Gegenständen und Situationen über das Tasten, Berühren und andere Sinneserfahrungen steht die gedankliche Experimentier- und Entdeckerfreude des hochbegabten Kindes. Dabei können seine Gedankengänge so ungewöhnlich und faszinierend sein, dass wir sie manchmal nicht direkt verstehen. Ein bisschen nachdenken müssen wir dann schon.
Leider können wir nicht in den Kopf der Kinder schauen und an ihren Überlegungen teilhaben, die Was-Wäre-Wenn-Fragen beinhalten oder ein Spiel von Schlussfolgerungen umfassen. Meist erleben wir nur die Spitze dieses gedanklichen Eisberges und fragen uns, warum gerade das so wichtig ist oder wie das Kind wohl darauf gekommen ist.

Langeweile bei Routinetätigkeiten

Wer erledigt sie schon gern – die Tätigkeiten, die nur geringe Anforderungen stellen, dafür aber dauern und monoton sind? Sie sind bei uns allen nicht sehr beliebt, bei hochbegabten Kindern, Jugendlichen und Erwachsenen aber besonders unbeliebt. Sie haben offenbar ein erhöhtes Stimulationsbedürfnis. Sie brauchen Aktivität für ihre grauen Zellen. Zwar stimuliert auch eine monotone Tätigkeit in den ersten Momenten, dann aber erkennt das Gehirn seine unzureichende Befriedigung und verlangt nach Veränderungen und nach Neuem. Folglich können die grauen Zellen gerade bei hochbegabten Kindern solche Routinetätigkeiten einfach nicht leiden – und die uns wohlbekannte Langeweile mit verschiedenen Erscheinungen entsteht.

- Mit einer besonders naturwissenschaftlich und technisch geprägten Neugier ist der 14-jährige **Michael** ausgestattet, der heute in die 9. Klasse geht. Michael hat schon als kleines Kind eine große Experimentierfreude gezeigt und war fasziniert von kleinen Dingen, die er hinterfragte. Sein Vater erzählt, dass er beim Mittagessen oft verblüffende Fragen stellte: *„Einmal hat er beim Essen gefragt, warum denn kein Loch in die Suppe komme, wenn er mit dem Löffel doch ständig Suppe herauslöf-*

fele. Wir waren erst mal total platt. Ich konnte ihm das nicht richtig erklären. Nach einigem Überlegen haben wir dann Sahne geschlagen. Dabei hat er gesehen, wie sich etwas Flüssiges in etwas Festeres verwandelt. Nur so konnten wir ihm zeigen, dass das was mit der Festigkeit der Stoffe zu tun hat."

Michaels Eltern haben früh lernen müssen, das besondere Interesse und die hohe Begabung ihres Sohnes anzuerkennen und ihm Möglichkeiten zur Entfaltung zu geben. *„Ihn von seinen Ideen und Experimenten abzubringen, wäre auch gar nicht gelungen. Also haben wir ihm nur zur Verfügung gestellt, was er sich wahrscheinlich ohnehin geholt hätte."*

- **Milena** ist jetzt in der 1. Klasse und sieben Jahre alt. Die Mutter erzählt von ihrer Tochter, wie gut sie „Löcher in den Bauch" fragen kann: *„Schon von Anfang an hat sie immer viel zu fragen gehabt. Wenn Milena irgendwas gesehen hat, was sie noch nicht kannte, wollte sie immer gleich wissen, was da passiert. Oft hat sie gefragt: ‚Warum machen die Leute das?' Einmal haben wir einen Mann in der Stadt gesehen, der nur ein Bein hatte. Das hat Milena keine Ruhe gelassen: ‚Wieso hat der nur ein Bein?' Als ich ihr dann erklärt hatte, dass der Mann wahrscheinlich ein krankes Bein hatte und es aus gesundheitlichen Gründen notwendig war, das Bein zu amputieren, stellte sie gleich die nächste Frage: ‚Was für eine Krankheit ist das denn?' Ich habe ihr dann von einer schlimmen Krankheit erzählt, die den Knochen kaputt macht und sich ausbreiten kann. Das hat sie akzeptiert, aber sofort nachgefragt: ‚Und was macht der Doktor mit dem Bein?' Das war dann schon schwieriger zu beantworten. Das alles erfordert eine Engelsgeduld, die ich manchmal nicht mehr habe. Das Faszinierende an Milena ist, dass ihr das Fragen einfach nicht langweilig wird. Sie nimmt alles in sich auf, sortiert es für sich – und wenn etwas nicht zu passen scheint, dann fragt sie wieder nach. Abends ist es manchmal ganz besonders heftig. Milena liegt dann im Bett und stellt eine Frage nach der anderen."*

Gut, besser – perfekt?

Es liegt auf der Hand, dass ein **perfektionistisches Streben** am ehesten dort gedeiht, wo es den besten Boden vorfindet: beim hochbegabten Kind eben. Denn es hat hervorragende Fähigkeiten zu exzellenten Leistungen in sich. Gerade hochbegabte Kinder tauchen ein in ihre Handlung, mit der sie sich stark identifizieren. Weil sie von sich selbst glauben, die Umwelt und ihre Geschehnisse gestalten und kontrollieren zu können – und zwar durch die eigene Aktivität. So kann ein perfektionistischer Gedanke entstehen.

Perfektionismus hängt mit den lerngeschichtlichen Erfahrungen des Kindes zusammen: Hochbegabten fällt so manches leicht und regelrecht in den Schoß. Sie können zuvor gedachte Dinge umsetzen und erfahren im Vergleich zu ihren Altersgleichen, wie gut ihnen vieles gelingt. Mit wenig oder auch keiner Übung können sie das erreichen, wofür andere viel Zeit und Anstrengung investieren müssen. Daraus entsteht eine interne Norm mit einem hohen Anspruch, den das Kind für sich als Maßstab festlegt.

Ein weiterer Aspekt: Hochbegabte Kinder sind geistig in der Lage, sich ein perfektes Ziel vorzustellen. Sie bilden das Ergebnis ihrer Handlung bereits gedanklich ab – und haken es schon vor dem Erreichen als erreicht ab. Entsprechend wenig kümmern sie sich dann darum, ob sie überhaupt schon die nötigen Fertigkeiten haben, um ihr Ziel zu erreichen. Gelingt es dem Kind dann nicht, das gesteckte Ziel zu erreichen, ist es frustriert, weil es sein Kompetenz-Defizit erkennt.

Um Ihnen das zu verdeutlichen, bitten wir Sie um Folgendes: Kennen Sie die *Mona Lisa* von *Leonardo da Vinci*? Denken Sie an dieses Gemälde. Rufen Sie sich das Bild vor Augen – erkennen Sie das Haar, das Gesicht und jenes berühmte Lächeln? Haben Sie es gut vor Augen? Ja – dann malen Sie es bitte.

- **Sebastian** ist ein hochbegabter 17-jähriger Jugendlicher, der im nächsten Jahr sein Abitur machen wird. Schule betrachtet er als sekundär, obwohl ihm bewusst ist, dass er einen guten Abschluss hinlegen muss. Er will nämlich Architekt werden. Sebastian hat einen hohen Anspruch an sich selbst – besonders, wenn es um handwerkliche und technische Dinge geht. In der ganzen Nachbarschaft ist er als nebenberuflicher Hausmeister und Handwerker bekannt: Er schneidet Hecken, legt Pflastersteine, zieht Gartenkamine hoch und legt Teiche an. Dabei liebt er es, vorher Skizzen anzufertigen und seine Arbeit so wie ein Architekt zu planen.
  In seiner Nachbarschaft gibt es einen Bildhauer, der aus Steinen und Baumstämmen unterschiedliche Figuren formt. Mit einer kleinen Kettensäge fertigt er aus Baumstämmen menschliche Gesichter oder Zauberfiguren an. Nach dem Motto

„Gesehen = Gekonnt" kommt Sebastian auf die Idee, das ebenfalls zu versuchen. Er besorgt sich einen Baumstamm und legt mit der Kettensäge los, aber sein Werk wird nicht so, wie er sich das vorgestellt hat. Er fängt an zu schimpfen, ärgert sich über sich selbst und hat vor Wut Tränen in den Augen.
Sebastians Mutter hat das Spektakel im Garten mitbekommen, läuft hinaus und versucht, ihn zu beruhigen und ihm klarzumachen, dass es fürs erste Mal ein gelungenes Werk sei, doch Sebastian ist nicht in der Lage, darauf einzugehen. Er zerstört sein Werk und stapelt die Reste auf den Brennholzstapel. Seitdem hat er sich nicht mehr damit beschäftigt.

- Der achtjährige **Tom** ist hochbegabt und geht in die 3. Klasse. Er ist ein guter Schüler und bei allen Mitschülern beliebt. Beim Spielen hat er immer hervorragende Ideen, kann seine Freunde sehr gut begeistern und ist immer mitten im Geschehen drin.
  Seine Eltern erzählen, dass Tom sich aber bei manchen Sachen verweigert:
  „Er will sie einfach nicht machen. Man kann mit Engelszungen reden, aber es funktioniert nicht. Irgendwann wollte er mal lernen, wie er sich die Schuhe allein binden kann. Wir haben ihm also gezeigt, wie man eine Schleife macht. Tom hat es dann ausprobiert, aber es hat nicht auf Anhieb so geklappt, wie er sich das vorgestellt hat. Man müsse das üben, haben wir ihm gesagt, so was kann man einfach nicht von heute auf morgen. Das hat ihn überhaupt nicht interessiert. Er hat nur noch seine Schuhe mit Klettverschluss angezogen. Irgendwann hat es dann auf einmal mit der Schleife geklappt – und die Sache war vorbei."

Hochbegabte haben ihren eigenen Willen – stolze Dreikäsehochs

Wenn wir uns Kinder mit einer hohen Begabung anschauen, stellen wir leicht fest, dass sie ein besonders **ausgeprägtes Streben nach Selbstständigkeit und Autonomie** haben. Sie wollen eigene Erfahrungen machen, die Welt selbst erproben und sich so nach dem bekannten Forscher-Prinzip „Versuch und Irrtum" entwickeln. Daher beharren viele hochbegabte Kinder oft auf ihren eigenen Vorstellungen davon, wie etwas auszusehen oder abzulaufen hat.

- Ein schönes Beispiel ist die Beharrlichkeit von **Wolfgang**, einem hochbegabten Erwachsenen, der aus seiner Kindheit erzählt: „*Weil ich früher ein schmächtiger Junge war, sollte ich mit sechs Jahren noch nicht in die Schule gehen. Die Lehrer hatten meiner Mutter gesagt, ich sei noch zu schwach, das habe keinen Sinn. Auch der Hausarzt meinte das. Mir fehlten wohl noch ein paar Kilo. Aber ich wollte furchtbar gern in die Schule und hatte mich fest dazu entschlossen. Also ging ich am ersten Schultag nicht mehr in den Kindergarten, sondern in die Schule und setzte mich mit meinen Freunden in die erste Klasse. Die Lehrerin sah mich und schickte mich wieder nach Hause. Das Ganze lief so eine Woche lang, bis die Lehrerin und meine Mutter miteinander absprachen, dass ich zum Schularzt gehen sollte. Vielleicht könnte der mir ja helfen. Und wie: Er war sichtlich erfreut über meine Ignoranz gegenüber den Autoritäten, stellte mir ein paar Fragen, die ich anscheinend gut beantwortete, und schickte mich jetzt regulär zur Schule.*“

Für hochbegabte Kinder ist es sehr wichtig, eigenaktiv und eigenverantwortlich Dinge auszuprobieren und ihre Umwelt zu beeinflussen. Der Glaube an die eigenen Fähigkeiten und Chancen ist beachtlich ausgeprägt. Sie sind davon überzeugt, Dinge in gewissen Maßen kontrollieren zu können: „*Wenn ich mich anstrenge, geht immer was.*“
So entwickeln sie die Einstellung, zum Beispiel mit eigener Aktivität einen Einfluss darauf zu haben, was beim Computerspielen passiert. Sie haben häufiger die Erfahrung gemacht, dass ihre Anstrengung tatsächlich etwas nutzt. Diese gewonnenen Einstellungen können selbstverständlich zwischen einzelnen Lebensbereichen variieren: Während die sogenannte Kontrollüberzeugung im Freizeitbereich – wie etwa beim Schachspielen – gut ausgeprägt sein kann, muss das nicht auch für die Deutscharbeiten gelten.
Jedenfalls liegt es an diesen Einstellungsmustern, dass viele hochbegabte Kinder den Anspruch haben, Dinge selbst in Angriff zu nehmen und ihrem Willen und ihrer Meinung zu folgen, bis sie lehrreiche Erfahrungen gemacht haben. Selbsterfahrung bewirkt ja bekanntlich mehr als die Erfahrungen aus zweiter Hand, die andere gemacht haben.

Entwicklungsabschnitte

Über die Entwicklung von hochbegabten Kindern

Sie haben nun von vielen Anzeichen für eine Hochbegabung gelesen, die etwas mit kognitiven Leistungen zu tun haben. Manche dieser Anzeichen – wie das Gedächtnis oder die schnelle Auffassungsgabe – sind eher übergreifend und gelten für viele Bereiche, während andere bestimmten Inhalten zuzuordnen sind. Wichtig ist auch der Aspekt der akzelerierten Entwicklung, d. h., dass viele Hochbegabte ihren Altersgenossen voraus sind.

Der Versuch, hochbegabte Kinder anhand frühkindlicher Merkmale oder ähnlicher Lebensläufe bereits im frühen Alter zu erkennen, ist bisher noch nicht gelungen: Ein typisch hochbegabtes Kind gibt es nicht. Zu großen Einfluss haben formende Entwicklungszyklen, Persönlichkeitsmerkmale, Eigenschaften des Temperaments und die umgebenden Strukturen der oft völlig verschiedenen Familien.

Letztlich orientieren wir uns bei solchen Betrachtungen an der Schnelligkeit, mit der die Kinder ihre Entwicklungsaufgaben wie Krabbeln, Sprechen und Laufen bewältigen. Wer früher dran ist, gilt dann eben als begabter. Dabei neigen wir dazu, die Umstände der Förderung und der Hemmung zu vernachlässigen, weil darunter zum Beispiel auch Krankheiten fallen.

Die Entwicklungsverläufe vieler, jedoch nicht aller besonders begabten Kinder zeigen häufig Besonderheiten: Eltern von hochbegabten Kindern berichten im Rückblick von einem geringen oder gesteigerten Schlafbedürfnis vom Säuglingsalter an, von hoher Aktivität, starkem Erkundungsdrang und vom Überspringen typischer Phasen wie zum Beispiel Krabbeln.

Diese rückwärtsgerichteten Betrachtungen sind nicht immer unproblematisch. Denn gerade beim ersten Kind fehlen Erfahrungswerte und Vergleichsmöglichkeiten. Im Übrigen haben Eltern von Säuglingen und Kleinkindern ganz andere Fragen im Kopf, als über das mehr oder weniger intelligente Verhalten ihres Kindes zu sinnieren. Viel wichtiger sind ihnen eine ausgeglichene Nahrungsaufnahme, ausreichend Schlaf und eine gute Gesundheit.

In vielen Schilderungen finden sich weitere Übereinstimmungen: Erzieherinnen und Eltern sprechen davon, dass die hochbegabten Kinder sehr gut beobachten können und dazu in der Lage sind, ihre Aufmerksamkeit auf eine Sache zu richten, die sie interessiert. Dabei bleiben sie bei dem, was ihnen wichtig erscheint. Außerdem scheint ihre Verarbeitung von Informationen besser zu funktionieren: Sie können mehr und schneller erfassen, was um sie herum vorgeht.

Was in der frühen Entwicklung auf eine hohe Begabung deuten kann

Wenn wir uns jetzt mit einzelnen Entwicklungsbereichen von Kindern beschäftigen und dabei einige Besonderheiten hervorheben, berücksichtigen Sie bitte stets, dass wir mit den dargestellten Verhaltensweisen nur vorsichtige Schlüsse auf eine hohe Begabung anstellen können: Es sind nur Hinweise auf eine mögliche Hochbegabung.
Wie können wir im Säuglingsalter eigentlich „intelligentes" Verhalten erkennen und überhaupt messen? Wir achten auf das sogenannte Aufmerksamkeitsverhalten von Säuglingen und schauen uns zum Beispiel an, wie sie auf neue Reize reagieren. Können sie diese schnell fixieren? Wie lange wenden sie sich den Reizen zu, bis sie sie „verstanden" haben? Durch solche Betrachtungen versuchen wir zu erfassen, wie Säuglinge die Reize der Umwelt verarbeiten. Die Grundidee dabei lautet, dass intelligentere Säuglinge schneller wahrnehmen und verstehen, Gesehenes und Gehörtes sortieren und einordnen können. Denn das sind letztlich alles Abläufe, die wir der Intelligenz zuschreiben.
Die Intelligenzforschung liefert uns dazu interessante Befunde: Sehr häufig zeigt sich, dass die Säuglinge, die Reize aus ihrer Umgebung aufmerksam erfassen und schnell verarbeiten können, auch in späteren Intelligenztests während des Vorschulalters besser abschneiden. Ihre Aufmerksamkeit scheint wach und offen geprägt zu sein, sie achten stark auf Umweltreize und verarbeiten sie gut. Meist wirken sie, als ob sie etwas verpassen könnten, und reagieren schnell auf Veränderungen in der Umwelt, die ihnen wichtig erscheinen. Dabei scheinen hochbegabte Kinder weitaus aktiver und motivierter, die Umwelt zu erkunden. Weil sie noch nicht mobil sind, müssen sie die

Welt hauptsächlich mit Augen und Ohren entdecken. Viele Eltern hochbegabter Kinder sprechen davon, dass ihre Babys sehr aufmerksam und wach wirken. Viele Berichte von Eltern unterstreichen die permanente Aufnahmebereitschaft und Neugier ihrer Babys.

- Die Mutter erzählt von **Luisa**, einem sechsjährigen hochbegabten Mädchen, das die 1. Klasse besucht: *„Als Luisa noch ein Baby war, hat sie immer den Hals gereckt, wenn sie etwas hörte oder sah, was sie noch nicht kannte. Sie musste ständig wissen, was da los war. Es war schon merkwürdig: Schon als Baby hatte sie einen starken eigenen Willen. Ihre Augen schauten überall hin und sie versuchte immer, den Kopf in die Richtung zu drehen, aus der sie ein Geräusch wahrnahm. Wir hatten das Gefühl, dass Luisa die Umwelt in sich hineinsog und sie sich mit ihren Augen und Ohren regelrecht einzuverleiben versuchte. Manchmal brachte sie uns durch Proteste dazu, ihr einen freien Blick oder gutes Gehör zu verschaffen – sie wollte immer einen guten Beobachtungsposten, von dem aus sie der Familie zuschauen konnte. Dann war sie zufrieden.“*

Auch im Hinblick auf das auffällige Schlafverhalten finden wir oft Schilderungen von Eltern hochbegabter Kinder, die gerade für das Säuglings- und Kleinkindalter gelten. Dabei wird von einem reduzierten Schlafbedürfnis gesprochen: Hochbegabte schlafen weniger Stunden, sie schlafen später ein, wachen nachts häufiger auf und gehören auch morgens oft zu den Frühaufstehern. Allerdings kann das von Kind zu Kind sehr unterschiedlich sein. Wir stellen immer wieder fest, dass manche hochbegabte Kinder eher „Nachtschwärmer“ sind, während andere sich zu den klassischen Frühaufstehern zählen können.
Interessant ist dabei die Beobachtung, dass trotz dieses ungewöhnlichen Schlafverhaltens die tägliche Leistungsfähigkeit nicht beeinträchtigt ist. Dagegen wird uns von anderen Eltern berichtet, dass ihre hochbegabten Kinder schon als Säuglinge und Kleinkinder ein gut ausgeprägtes Schlafbedürfnis hatten. An sich hat das auch Sinn, denn für die Entwicklung des Gehirns ist Schlaf ein wichtiges Moment. Doch um es deutlich zu sagen: In wissenschaftlichen Untersuchungen lassen sich keine besonderen Schlafauffälligkeiten bei hochbegabten Kindern feststellen.
Wenn die Kinder älter werden und im eigenen Zimmer schlafen, ändern sich auch für uns Erwachsene die Zeiten: Das Schlafverhalten rückt in den Hintergrund. Denn zum

einen sind wir weniger betroffen und zum anderen zählt nun, wie es im Kindergarten, bei den Freunden oder in der Schule läuft. Jedoch bleiben viele Hochbegabte auch in dieser Zeit ihrer hohen Aktivität treu: Sie lesen bis tief in die Nacht hinein ihre Bücher, hören aufmerksam Kassette oder CD unter der Bettdecke oder malen ihre Werke weiter. Wir bekommen das nicht immer mit, wie uns der elfjährige Julian vor Augen führt:

- Von **Julians** Mutter wissen wir, dass er schon im Säuglingsalter nie viel geschlafen hat: *„Seine Geschwister waren da ganz anders und haben gut und viel geschlafen. Julian aber hat sich immer dagegen gesträubt, hingelegt zu werden. Als Kleinkind hat er schon früh nachmittags nicht mehr geschlafen, ohne dass er irgendwie abends früher ins Bett musste oder morgens länger schlief. Er brauchte das einfach nicht mehr. Wir haben uns früh darauf eingestellt, dass er sich den Schlaf holt, den er braucht. Am Anfang haben wir ihn einige Male regelrecht zum frühen Schlafen gezwungen. Mein Mann hat vorher immer versucht, ihn müde zu machen. Gelungen ist uns das selten. Jetzt ist Julian so alt, dass wir ihm die Verantwortung übertragen haben. Wir haben jetzt nur noch bestimmte Zeiten festgelegt, zu denen er ins Bett muss. Das klappt dann auch ganz gut. Er steht zwar morgens immer auf den letzten Drücker auf, aber irgendwie kommt er dann doch immer noch rechtzeitig zum Bus.“*
  Von Julians nächtlichen Lesestunden erfuhr seine Mutter erst durch die Nachbarin, als die sie fragte, ob Julian krank sei, weil nachts das Licht so lange in seinem Zimmer brenne.

Oft haben wir es bei hochbegabten Kindern mit einer ausgeprägten Sensibilität zu tun – und zwar in zwei Bereichen:

- Es kann sich um sensorische Wahrnehmung handeln – zum Beispiel von Geräuschen, Bildern, Berührungen und Gerüchen. Bei vielen hochbegabten Kindern stellen wir zum Beispiel eine hohe Geräuschempfindlichkeit fest. Sie empfinden den Geräuschpegel in der Kindergartengruppe als Lärm und stören sich an der Standby-Frequenz des Fernsehers. Gleiches kann für die Wahrnehmung visueller, taktiler und olfaktorischer Reize gelten, die bei Hochbegabten sehr intensiv erlebt werden.
- Oder es geht um eine Sensibilität, mit der Gefühle verarbeitet werden, die etwa dann entstehen, wenn etwas als ungerecht empfunden wird. Das muss nicht nur

auf das Kind selbst bezogen sein, sondern kann sich auch auf wahrgenommene soziale Ungerechtigkeit beziehen. Hochbegabte Kinder haben ein Gespür dafür, was „Fair Play“ ist und was Ehrlichkeit und Wahrheit bedeuten. Sie sind empathisch und können mit anderen mitfühlen. Daher treten sie oft mit ihren Mitteln für andere ein, die benachteiligt werden, regen sich über Ungerechtigkeiten auf und können dabei wunderbar über „Moral und Anstand“ sinnieren.

Eine ebenfalls häufig berichtete Besonderheit bei hochbegabten Kindern ist der frühe Erwerb von Sprachverständnis und Sprache, wobei das nicht für alle hochbegabten Kinder gilt. Viele Hochbegabte wenden sich früher als andere Kinder der Sprache zu, einige aber auch nicht. Sie haben kein Interesse daran, sich mit Lesen oder Schreiben auseinanderzusetzen. In vielen Fällen mag die Sprache an sich gut ausgebildet sein, die Beschäftigung mit dem Lesen allerdings nicht. In unserer Beratungspraxis stellen wir in solchen Fällen sehr häufig fest, dass beim Kind bestimmte Wahrnehmungs- oder Verarbeitungsschwächen vorliegen. Dabei kann es sich um Defizite in der Seh-Wahrnehmung und/oder der Hör-Wahrnehmung handeln, die auf eine spätere Lese-Rechtschreib-Schwäche (LRS) hindeuten können. In solchen Fällen ist eine gute Diagnostik sehr ratsam, damit möglichst früh etwas getan werden kann.

Kapitel 2: Das Wichtigste in Kürze

- Vorsicht, Mythos: Hochbegabte sind weder Fachidioten noch Sonntagskinder. Sie unterscheiden sich von anderen Kindern erst einmal durch ihre Intelligenz.
- Hochbegabung kann als intellektueller Entwicklungsvorsprung verstanden werden. Das heißt, dass hochbegabte Kinder ihren Altersgenossen in ihren kognitiven Fähigkeiten voraus sind.
- Um eine Hochbegabung zu erkennen, sollten Sie auf die Kern-Merkmale achten und erst im zweiten Schritt auf die Rand-Merkmale. Wichtigste Merkmale für eine Hochbegabung sind intelligenznah – wie z. B. Gedächtnis, Merkfähigkeit und logisches Denken.
- Hochbegabt zu sein, bedeutet nicht, zwangsläufig Probleme mit anderen Kindern oder Probleme in der Schule zu bekommen.
- In ihrer Entwicklung sind hochbegabte Kinder meist schneller als ihre Altersgenossen – z. B. in ihrer sprachlichen oder motorischen Entwicklung.
- Hochbegabte sind oft schon als Säuglinge aufmerksamer und wacher gegenüber Reizen von außen.
- Um Gewissheit über eine Hochbegabung zu erlangen, ist ein Intelligenztest erforderlich.

Ihr besonders begabtes Kind: Führt Intelligenz automatisch zu Leistung?

3

In diesem Kapitel erfahren Sie,

- wie eng Hochbegabung und Intelligenz miteinander verbunden sind
- was sich hinter dem Begriff Intelligenz verbirgt
- wie Begabungen und Leistungen zusammenhängen
- wie Testverfahren Begabung und Intelligenz erfassen
- was unter Hochbegabung zu verstehen ist

Hochbegabung – was steckt dahinter?

Dank Sensationsberichten im Fernsehen zu einzelnen Schicksalen, dank vermeintlicher Tatsachenberichte vom Nachbarn und vielleicht eigener Erfahrungen mit Mitschülern sind die Einstellungen gegenüber Hochbegabung und Hochbegabten kunterbunt gefärbt – das Spektrum reicht dabei von tiefschwarz bis kristallweiß. Haben Sie nicht auch schon davon gehört, dass der dreimalige Sitzenbleiber es zum Großverdiener gebracht hat, während die Klassenbesten im wahren Leben keinen Fuß auf den Boden bekommen? Kennen Sie auch Hochbegabte, die es nicht zu einem Schulabschluss gebracht haben? Oder glauben Sie, dass Hochbegabte automatisch schulischen und beruflichen Erfolg haben werden?

Um herauszufinden, was sich eigentlich hinter einer Hochbegabung versteckt, helfen uns die Begriffe **Begabung, Intelligenz** und **Leistung**. Es sind Begriffe, die immer wieder in unserem Alltag auftauchen. Für Kinder treten sie in aller Deutlichkeit im Zusammenhang mit der Schule auf. Doch bereits in der Familie und im Kindergarten werden Begabungen wahrgenommen und in die persönliche Entwicklung integriert. Für ein heranwachsendes Kind ist es enorm wichtig, Antworten auf die Fragen *„Was kann ich gut?“* und *„Was kann ich nicht so gut?“* zu bekommen und so eine differenzierte Identität auszubilden.

Wir verwenden die Begriffe „Begabung“, „Intelligenz“ und „Leistung“ häufig in verpackter Form, wenn wir sagen: *„Toll, das kannst du aber gut.“* • *„Ganz schön clevere Idee von dir.“* • *„Super gemacht!“* Dabei setzen wir Begabung und Leistung automatisch in ein Verhältnis zueinander und bezeichnen so oft jemanden, der etwas gut macht, als intelligent oder gar als hochbegabt. In diesem Fall nehmen wir eine Gleichsetzung von Leistung (eben dem, was er gut macht) und Begabung (dem, was ihn dazu befähigt) vor, die in der Tat nicht immer zutrifft und daher problematisch ist. Denn hohe Begabung führt nicht automatisch zu hoher Leistung. Und gute Leistungen können auch ohne besondere Begabung erzielt werden.

Uns bleibt aber gar nichts anderes übrig, als über gezeigte Leistungen unseres Kindes auf seine Fähigkeiten zu schließen.
Der Grundgedanke dabei ist letztlich ganz einfach: Denken Sie an bestimmte Leistungen zurück, die Sie selbst erbracht haben. Nehmen wir doch Ihre Chemie-Arbeiten aus dem 8. Schuljahr: Erst durch die Noten – die eine Beurteilung von Leistung darstellten, aber erst im Vergleich zu Ihren Mitschülern Bedeutung gewannen – haben Sie sich selbst ein Bild von Ihrer „Chemie-Begabung“ machen können. Sie brauchten also die Leistung, um auf Ihre Begabung schließen zu können.

Was ist Begabung?

Begabter? Begabung? Was ist das überhaupt? Allgemein wird unter Begabung die Gesamtheit der angeborenen Fähigkeiten verstanden, die es einem Menschen ermöglichen, Leistungen in bestimmten Bereichen zu erbringen. Begabung ist veranlagt - nicht erlernt oder erworben.

- Zu den angeborenen Fähigkeiten gehört ein ganzes Bündel an geistigen Funktionen, die alle eng miteinander verwoben sind: zum Beispiel visuelle und auditive Wahrnehmungsprozesse, Aufmerksamkeit und Konzentration, Gedächtniskapazität, Geschwindigkeit der Informationsverarbeitung und vieles mehr.

- Bei übergeordneten Abläufen des Denkens und Verstehens beinhaltet Begabung den Prozess der Wahrnehmung, der Einsicht in und der Ordnung von Informationen. Das ist dann als Voraussetzung für Leistung zu verstehen. Denn ein Kind, das Informationen gut wahrnehmen, ordnen und verstehen kann, ist optimal ausgerüstet, um etwas Gutes zu leisten.

Es gibt die verschiedensten Begabungen

Wir nutzen den Begriff Begabung in vielerlei Hinsicht. Er ist keineswegs nur auf geistige Leistungen bezogen, sondern zum Beispiel auch auf sportliche, musische und künstlerische Tätigkeiten. Auch körperliche Merkmale fallen in den Bereich von Begabungen. Daher müssen wir uns, wenn wir von Begabung sprechen, darüber klar sein, welche Art von Begabung wir überhaupt meinen. Es ist also ratsam, den Begriff Begabung inhaltlich zu ergänzen und damit genauer zu definieren.

Zum Beispiel gibt es:
- Naturwissenschaftliche Begabung (Einstein)
- Sportliche Begabung (Steffi Graf)
- Musikalische Begabung (Mozart)
- Künstlerische Begabung (Rembrandt)
- Literarische Begabung (Goethe)

Hochbegabte Kinder sind in erster Linie hochintelligent. Das sagt aber noch nichts über ihre Begabungsschwerpunkte aus (musikalisch, sportlich, literarisch etc.). Außerdem spielt die Persönlichkeit des Kindes immer eine Rolle.

Wenn wir von Hochbegabung sprechen, meinen wir in erster Linie intellektuelle Fähigkeiten, nicht aber soziale und emotionale Kompetenzen oder kreative Stärken. Ein hochbegabtes Kind bringt optimale Voraussetzungen mit, Informationen aufzunehmen, sie zu ordnen und zu verstehen, sinnvolle Schlüsse daraus zu ziehen und angemessen zu handeln. Zudem ist das hochbegabte Kind in der Lage, schneller und mehr zu lernen und dieses Wissen sinnvoll umzusetzen.

Häufig wird auch anstelle von intellektuellem Potenzial von mentalen oder kognitiven Fähigkeiten gesprochen. Mental bezieht sich auf alle geistigen Prozesse, die im Gehirn ablaufen. Als kognitiv werden alle gedanklichen Abläufe und Muster bezeichnet, die sich mit Wahrnehmen, Erkennen und Denken beschäftigen. Letztlich meinen alle genannten Begriffe ein und dasselbe: Intelligenz.

Begabung und Intelligenz

- In der 3. Klasse wird eine Rechenarbeit geschrieben. **Zoe** rechnet die Aufgaben der Mathematikarbeit innerhalb von 25 Minuten fehlerfrei. Sie gibt als Erste die Arbeit ab. **Fabian** hingegen braucht 40 Minuten für die Aufgaben, macht aber auch keinen einzigen Fehler. Beide bekommen eine sehr gute Note für die erbrachten Leistungen und werden im Vergleich zu ihren Klassenkameraden als besonders begabt eingestuft. Können wir sagen, Zoe sei begabter als Fabian, weil sie schneller war?

Bei Zoe und Fabian fallen die unterschiedlichen Zeiten auf. Die geben berechtigten Anlass dafür, Zoe für begabter als Fabian zu halten. Sie ist fähig, die Informationen der Aufgaben schneller zu verarbeiten, zu ordnen, zu verstehen und ihre Lösungen daraus abzuleiten. Während Fabians Kapazität ausgeschöpft scheint, könnte Zoe noch mehr leisten. Die Erkenntnis daraus: Hochbegabte Kinder lernen schneller.
Das hochbegabte Kind kann viele Sachen behalten, weil sein Gedächtnis eine große Speicherkapazität hat. Es kann lernen, indem es wahrnimmt, was und wie andere denken und handeln. Diese Lerninhalte speichert es ab und wendet sie an, wenn es notwendig erscheint. Das fällt ihm leicht, weil sein Gehirn gut und viel abspeichern kann.

- **Benjamin** ist sieben Jahre alt und besucht die 2. Klasse. Er ist in den Winterferien von der 1. in die 2. Klasse gesprungen, weil er bereits alle Buchstaben kannte, gut lesen und einzelne Wörter schreiben konnte. Außerdem ist er ein begeisterter Rechner: Mit vier Jahren addierte und subtrahierte er schon fleißig im Zahlenraum bis 100. Heute kann er das Einmaleins hoch und runter rechnen und liebt schriftliche Geteilt-Aufgaben. Seine Mutter berichtet, dass er sich schon als kleines Kind viele Sachen hervorragend merken konnte. Sie war oft erstaunt darüber, dass er Namen von anderen Kindern kannte, die er nur ein- oder zweimal gesehen hatte. Außerdem habe er „viel zu früh“ gelernt, wie er einen Computer bedient und die Spiele findet, die er liebt. Sie muss ständig darauf achten, was sie sagt oder macht. Denn Benjamin merkt sich alles und verwendet es dann als Argument bei Diskussionen. In der Schule werde er als wandelndes Lexikon bezeichnet: „Er kennt schon die meisten europäischen Länder, Städte und Flüsse und weiß vieles über Tiere und Natur. Was er einmal gehört hat, vergisst er nicht."

Das Beispiel „Benjamin" zeigt: Hochbegabte Kinder memorieren besser und mehr. Intelligenz ist grundsätzlich breit und allgemein angelegt. Sie ist also offen dafür, sich in verschiedenen Bereichen zu entfalten, und zeigt sich daher nicht nur in einem oder einigen wenigen Bereichen. Intelligente Menschen haben die Voraussetzung, sich Anforderungen anzupassen, und sind entsprechend flexibel.
Hochbegabte Kinder können in verschiedenen Bereichen hervorragende Leistungen erbringen. Ihre Intelligenz gibt ihnen die Möglichkeit, zum Beispiel sprachliche und mathematische Herausforderungen zu meistern. Denn Intelligenz ist die allgemeine Voraussetzung für grundlegende Prozesse wie das Erfassen und Ordnen von Sachinformationen. Die sind für Mathematik und Deutsch genauso wichtig wie für andere Fächer. Der in sich schlüssige Zusammenhalt von Informationen – wie zum Beispiel der Aufbau der natürlichen Zahlen oder Reim-Schemata bei Gedichten – wird von hochbegabten Kindern leichter und schneller erfasst.
Ergebnisse der Begabungs- und Intelligenzforschung machen deutlich, dass bei hoch begabten Menschen, die in einem Fachgebiet absolute Spitze sind, auch in anderen Bereichen gute Fähigkeiten und daraus resultierende Leistungen vorliegen. Bei der Gegenüberstellung von sprachlich und mathematisch begabten Kindern zeigt sich zum Beispiel deutlich, dass viele Hochbegabte des einen Bereichs auch im anderen ganz gut abschneiden. Gravierende Unterschiede kommen selten vor.

- **Simon** (17 Jahre alt) besucht die 12. Klasse und geht an sich ganz gern in die Schule. Er schreibt in fast allen Fächern weitgehend gute Noten. In Mathematik und Physik jedoch liefert er beständig sehr gute Leistungen und glänzt auch im Mündlichen durch gute Beiträge. Seine Eltern bezeichnen ihn als Saisonarbeiter und Allrounder: Wenn Simon merkt, dass die Noten ins untere Mittelfeld gleiten, fängt er an zu lernen und sich im Unterricht wieder oft zu melden. Einmal hatte er eine Fünf in Englisch, weil er das Buch, über das die Arbeit geschrieben wurde, einfach nicht gelesen hatte. Simons Kommentar dazu: *„Dafür war's gar nicht so schlecht."* Aber er hat sich danach wieder angestrengt und seine typische Saisonarbeit betrieben, bis die Drei endlich gesichert war. In anderen Fächern, wie zum Beispiel

Deutsch und Geschichte, bescheinigen seine Lehrer gute bis befriedigende Leistungen – aber auch, dass er manchmal durch „Super-Beiträge" den Unterricht bereichert und so zeigt, was er auf dem Kasten hat. *„Er ist ein Allrounder, der sich überall ganz wacker schlagen kann"*, erklärt sein Vater.

Zum Thema „Intelligenz" und „Begabung" taucht schnell die Frage nach genetischen Einflüssen auf: Steckt alles in den Genen drin? Wird Intelligenz vererbt? Und wenn, dann in welchem Maße? Können wir durch Bildungsmöglichkeiten überhaupt etwas bewirken?
Der Schluss, die Gene seien unser Schicksal, ist voreilig und würdigt nicht den Beitrag, den Bildung und Erziehung zur Entwicklung des Menschen leisten. Wir können davon ausgehen, dass Anlage und Umwelt zu fast gleich großen Anteilen dazu beitragen, wie sich ein Kind entwickelt. Wenn Sie ein hochbegabtes Kind haben, ist es allerdings wahrscheinlich, dass Sie selbst zumindest gut oder besonders begabt sind. Ähnliches gilt für die Geschwister, denn auch sie besitzen die grundsätzliche Veranlagung.
Kann die Intelligenz sich eigentlich verändern? Schwankt die Intelligenz, wenn mein Kind in die Pubertät kommt? Sind Aussagen über Intelligenz im Grundschulalter überhaupt gültig für die Jugendjahre?
Angenommen, Sie haben Ihr Kind im Alter von acht Jahren testen lassen und sind sich nicht sicher, ob der damals festgestellte Intelligenzquotient mit 15 Jahren noch derselbe ist, dann sind solche Fragen verständlich – vor allem, wenn es in der Schule nicht so gut aussieht.

Befunde aus der entwicklungspsychologischen Forschung weisen klar darauf hin, dass Intelligenz ein verhältnismäßig stabiles Merkmal ist. So sind die kognitiven Fähigkeiten von Kindern im Grundschulalter zum Beispiel durch ihr Aufmerksamkeitsverhalten als Säugling und Frühkind vorhersagbar. Auch ergeben sich nur geringe Schwankungen, wenn wir die Intelligenzwerte von Kindern im Grundschulalter mit Intelligenzwerten derselben Kinder im Jugendalter vergleichen. Die meisten Kinder haben in den verschiedenen Altersstufen einen sehr ähnlichen Intelligenzquotienten. Auch auf die Frage, wie beständig eine festgestellte Hochbegabung ist, liefert uns die Forschung die Antwort: Auch Hochbegabung ist ein zeitstabiles Phänomen – vom Kindergartenalter über die Schulzeit und Ausbildung bis hin ins Erwachsenenalter.

WAS IST INTELLIGENZ?

Die Begriffe „Intellektuelle Begabung", „Mentale oder kognitive Fähigkeiten" umschreiben das, was wir unter Intelligenz verstehen. Die Intelligenz gibt uns die Basis dafür, Leistungen zu erbringen, die irgendwie sinnvoll und angemessen erscheinen. Intelligenz wird als Fähigkeit aufgefasst, Problemsituationen durch mentale Erkenntnis- und Denkprozesse konstruktiv zu lösen – und weniger durch Erfahrungswissen. Das bedeutet, sich in neuen – also unbekannten – und komplexen Situationen durch Erkennen und Einsicht zu orientieren oder Aufgaben durch Denken zu lösen. Ohne dass dafür viel Erfahrung nötig ist, sondern vielmehr die Erfassung von Zusammenhängen.

Intelligenz hat auch etwas damit zu tun, wie schnell wir Dinge erfassen und verarbeiten können und wie gut unsere Merkfähigkeit ist. Reichen diese beiden Merkmale aus, um intelligent zu sein? Gehört nicht noch mehr dazu?

- **Ein Beispiel für sprachliche Aufgaben:**

Wiese : Wald	wie	Gräser : ???
Ende : Abend	wie	Anfang : ???

- **Im Zahlenbereich sehen typische Aufgaben so aus:**

  2 8 14 20 ???

  1 4 9 16 ???

Alle Forschung basiert darauf, dass Kinder, Jugendliche und Erwachsene mit unterschiedlichen Aufgabenstellungen untersucht und getestet wurden. Dabei reichen diese Aufgaben von einfach bis schwer: Manche beschränken sich auf Prozesse der Wahrnehmung von Farben und Tönen, manche erfassen die Schnelligkeit von Reaktionen oder das Aufaddieren von Zahlen. Mit der Zeit haben sich im Kern bestimmte Aufgabentypen herauskristallisiert, die sprachlich, numerisch oder figural aufgebaut sind. Diese Arten von Aufgaben werden in fast allen Intelligenztests in ähnlicher oder abgewandelter Form verwendet. Die Aufgaben haben einen logischen Aufbau. Es gilt, die Systematik zu erkennen und anzuwenden.

Aus diesen drei Aufgabentypen leiten wir ab, dass Intelligenz sich zerlegen lässt in sprachliche (verbale), numerische (mathematische) und figurale (visuelle) Fähigkeiten. Auch ist eine Unterscheidung möglich, die zum Beispiel akustische von visuellen Aufgabenstellungen trennt. Dann gewichten wir wiederum Prozesse der Wahrnehmung stärker.

Lassen Sie uns zum Beispiel überlegen, wie wir sprachliche Fähigkeiten noch anders erfassen könnten. Eine Möglichkeit ist, zu einem Buchstaben oder Stichwort möglichst viele Wörter zu benennen. Unsere Aufgabe könnte dann so aussehen:

„Schreibe oder sage so viele Wörter wie möglich, die mit dem Buchstaben ‚R' anfangen!"

- **Figurale Aufgaben zeigen sich meist so:**

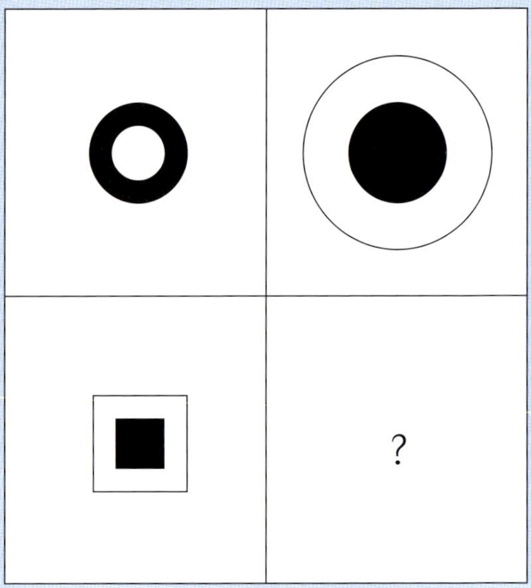

Kinder unterscheiden sich darin, wie viele Wörter sie produzieren können. Viele Kinder, die dabei gut abschneiden, kommen insgesamt auch zu besseren Leistungen bei allen anderen Aufgaben. Besonders bei anderen sprachlichen Aufgaben sind gute Leistungen zu erwarten. Insgesamt müssen wir daraus schließen, dass sie intelligenter sind. Was bedeutet das für unsere Intelligenztheorie? Der Faktor Wortflüssigkeit kommt hinzu.

Nun wollen wir auch die figuralen Fähigkeiten genauer betrachten und stellen Testaufgaben, die ein gedankliches Drehen von Körpern erfordern. Dabei muss man sich einen Körper anschauen und diesen im Geiste in verschiedene Richtungen drehen und kippen. Damit können wir erfassen, wie gut jemand sich Körper räumlich vorstellen kann.

Auch dabei werden wir erkennen, dass intelligente Kinder diese Aufgaben besser bewältigen können. Ihre mentalen Fähigkeiten machen es möglich, mit so schwierigen Aufgaben klarzukommen. Sie haben ein gutes räumliches Vorstellungsvermögen.

Ihnen werden fünf Würfel vorgegeben, die Würfel a, b, c, d, e. Auf jedem Würfel sind sechs verschiedene Zeichen. Drei davon kann man sehen. Jede der Aufgaben zeigt einen der vorgegebenen Würfel in veränderter Lage. Sie sollen herausfinden, um welchen der vorgegebenen Würfel es sich handelt. Der Würfel kann gedreht, gekippt, oder gedreht und gekippt worden sein. Dabei kann natürlich auch ein neues Zeichen sichtbar werden. Dazu noch der Hinweis, dass die vorgegebenen Würfel a, b, c, d, e verschiedene Würfel sind. Sie tragen zwar die gleichen Zeichen, aber in verschiedener Lage.

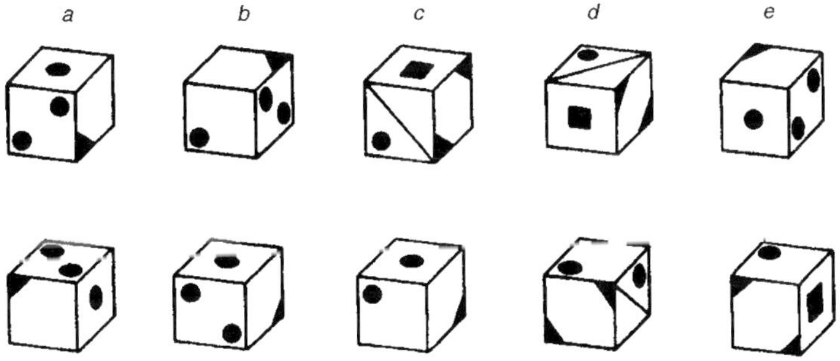

Antwort: 1-a, 2-e, 3-b, 4-c, 5-d

Betrachten wir erneut, auf welche Art Kinder wie Zoe, Fabian, Benjamin und Simon die unterschiedlichen Aufgaben bewältigen. Sie werden feststellen, dass Aufmerksamkeit und Konzentration dabei eine entscheidende Rolle spielen. Denn ohne diese können die Aufgaben gar nicht gelöst werden. Fabian brütet regelrecht über den Aufgaben und ist stark konzentriert. Er lässt sich nicht ablenken, schweift nicht in Gedanken ab, sondern bleibt konstant bei der Sache.

Es liegt auf der Hand, sich als weiteren Bestandteil der Intelligenz die Fähigkeit zur Konzentration vorzustellen, die sozusagen als Basis-Mechanismus tätig ist. Ähnlich zeigen sich das Gedächtnis und die Merkfähigkeit: Wer gut abspeichern und sich gut erinnern kann, findet sich bei den Aufgaben leichter zurecht. So kann Zoe zum Beispiel schnell einen Transfer zwischen Aufgaben herstellen, weil ihr Gedächtnis bereits Strategien gespeichert hat, die ihr als Lösungsschemata dienen können. Auch das Gedächtnis ist ein Intelligenzfaktor.

Welche beiden der rechten vier Figuren entsprechen der linken Figur in einer verdrehten Lage?

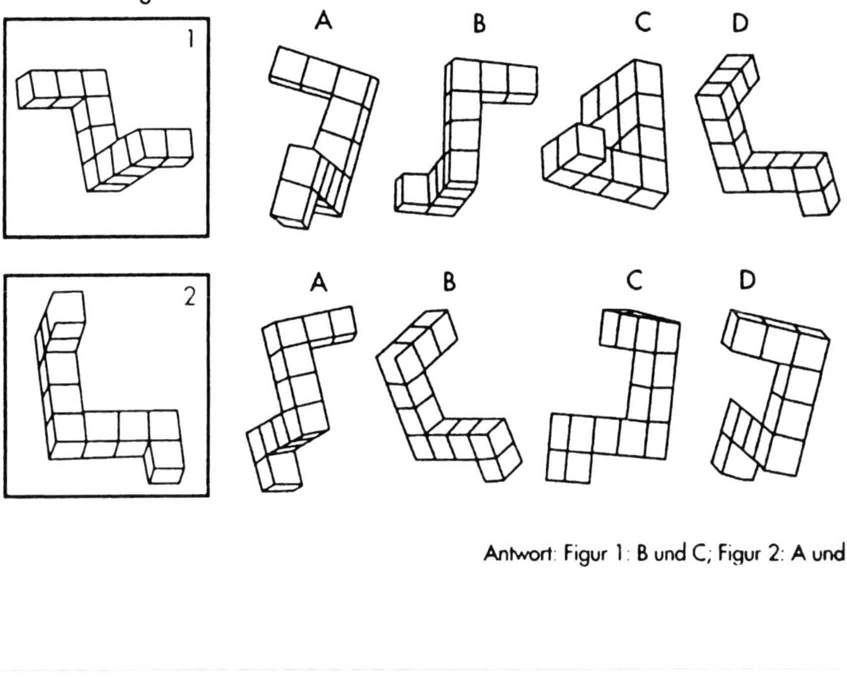

Antwort: Figur 1: B und C; Figur 2: A und C

Wir haben inzwischen mehrere Faktoren oder Bestandteile von Intelligenz gefunden:

- Verbales Verständnis
- Wortflüssigkeit
- Räumliches Vorstellungsvermögen
- Aufmerksamkeit
- Figurales Schlussfolgern
- Numerisches Denken
- Gedächtnis

Auf unserer Suche könnten wir noch viele weitere Faktoren finden, die als gleichwertige oder unterschiedlich wertige Bestandteile von Intelligenz gelten. Intelligenzforscher definierten in den Sechziger- und Siebzigerjahren bis zu 150 einzelne Intelligenzfaktoren, die aber kaum greifbar sind. Inzwischen wurden sogenannte hierarchische Strukturmodelle entwickelt, die heute als anerkannt gelten.

Intelligenz ist hierarchisch aufgebaut

Eine Hierarchie besteht aus mindestens zwei Teilen: einem übergeordneten und einem oder mehreren untergeordneten. Wenn von uns eine bestimmte Denkleistung gefordert wird, brauchen wir auf jeden Fall den übergeordneten Teil – nämlich die allgemeine Intelligenz. Und dazu brauchen wir dann den Teil aus der unteren Ebene, der auf die geforderte Leistung zugeschnitten ist.
Die allgemeine Intelligenz vereint alle geistigen Fähigkeiten in sich. Sie sind bei allem, was wir tun oder denken, stets in Gebrauch. Deshalb sind sie auch breit angelegt und sozusagen universell anwendbar. Eine Hochbegabung ist daher grundsätzlich breit angelegt.

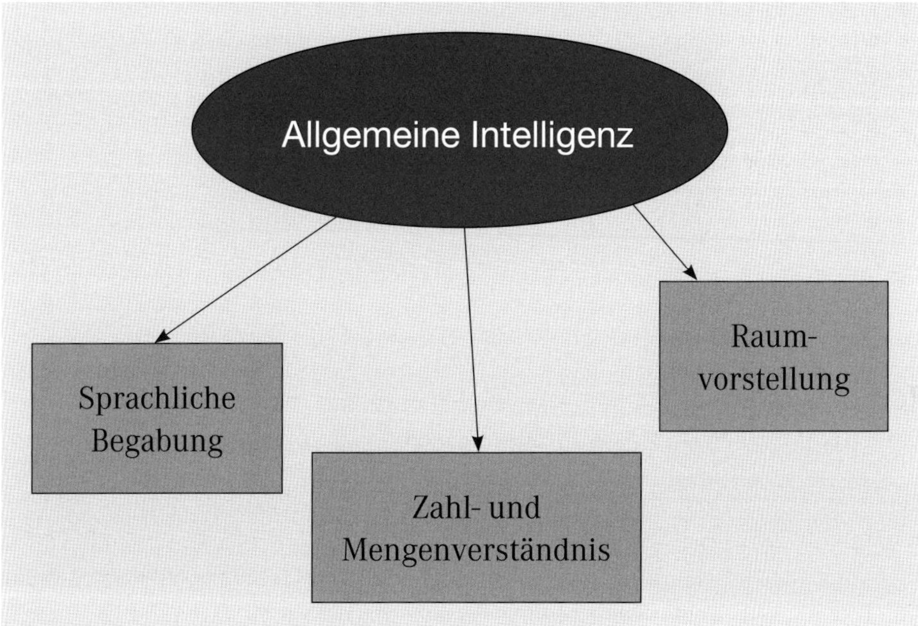

Bei allen Menschen stets in Gebrauch: Die allgemeine Intelligenz

Die untergeordneten Fähigkeiten sind eher auf Bereiche zu beziehen und daher auch in bestimmtem Maße abgrenzbar. Wir sprechen dann von spezifischen Faktoren, die wir bei bestimmten Tätigkeiten auf jeden Fall benötigen.

Die allgemeinen Fähigkeiten brauchen wir immer:

- Wahrnehmung
- Bewerten
- Schnelligkeit des Denkens
- Gedächtnis
- Logisches Denken

Die speziellen Fähigkeiten brauchen wir je nach Aufgabenstellung:

- Figurale Fähigkeiten
- Numerische Fähigkeiten
- Sprachliche Fähigkeiten
- Motorische Fähigkeiten

Ich bin intelligent – wie sieht es nun mit meiner Leistung aus?

Heißt hohe Intelligenz nun automatisch, sehr gute Schulleistungen zu erbringen? Bedeutet eine Hochbegabung garantiertes Lebensglück und ein Spitzengehalt? Leider oder zum Glück nicht. Intelligenz und Begabung sind noch lange keine Garantie für den Erfolg in der Schule oder im Leben. Denn dort geht es um Leistung.

Die Testaufgaben, die wir den Kindern zum Bearbeiten geben, haben ein einfach zu erschließendes System – im Vergleich zu den komplexen Aufgaben des realen Lebens. Das Erfassen der Testaufgaben kann gut gelingen, weil sie nicht sehr komplex sind und meist einen richtigen Lösungsweg zu einer richtigen Lösung in sich haben. Sie sind eindeutig. Außerdem sind sie genau formuliert, überschaubar und auf den Punkt gebracht.

Die Anforderungen des wirklichen Lebens aber sind keinesfalls so einfach. Besonders im sozialen Bereich können die Anforderungen unübersichtlich und kompliziert sein. Denn wenn es um Personen und ihre Gefühle geht, vermengen sich Sach- und Personenfragen. Auch berufliche Leistungssituationen werden oft von Faktoren bestimmt, die wir eher als irrational einschätzen müssen. Wir müssen daher erwarten, dass Intelligenz und Leistung voneinander abweichen können. Alles andere wäre sehr sonderbar.

**Intelligenz und Leistung
können in drei verschiedenen Verhältnissen zueinander stehen:**

- Wenn die Leistung dem entspricht, was wir gemäß der Intelligenz erwarten, dann bezeichnen wir das als **Achievement** oder auch angemessene/erwartungsgemäße Leistung. Für den schulischen Bereich bedeutet das, dass hochbegabte Kinder bei sehr guten und guten Noten erwartungsgemäß leisten.
- **Overachievement** liegt dann vor, wenn ein Kind bessere Leistungen erbringt, als es aufgrund seiner Intelligenz zu erwarten ist. Ein durchschnittlich begabtes Kind, das auf dem Gymnasium hervorragende Noten schreibt, kann als Overachiever bezeichnet werden.
- Sollte die Leistung eines Kindes aber schlechter sein, als seine Intelligenz es erwarten lässt, dann sprechen wir von **Underachievement**.

Jonas liefert uns ein typisches Beispiel für Underachievement:

- **Jonas** (zwölf Jahre alt) ist ein aufgeweckter Junge, der mittels Intelligenzdiagnostik als klar hochbegabt eingestuft werden kann. Sein Intelligenzquotient liegt bei über 130. In der Schule – so Jonas' Mutter – ist davon aber überhaupt nichts zu merken. Eigentlich müsste es gut laufen, wenn man an seine Fähigkeiten denkt. Weil er aber auf dem Gymnasium fast nur 4en und 5en geschrieben hat, wurde er in die 6. Klasse der Realschule querversetzt. Doch auch in der Realschule findet Jonas nicht zu guten Leistungen: In Deutsch hagelt es in den Diktaten eine 5 nach der anderen. Auch in Mathematik sieht es nach einer 4 mit meterlangem Minus aus. Nur in Biologie, Sport und Musik funktioniert es mit den Noten ganz gut. Jonas' Eltern sind verzweifelt. Denn weder stetiges Lernen noch Nachhilfe scheinen etwas zu nutzen. Auch Jonas fühlt sich nicht gut dabei. Er geht nicht mehr gern in die Schule und weigert sich zu Hause, irgendetwas für die Schule zu tun: *„Es bringt ja doch nichts!“* Jonas äußert erste Zweifel an seinen eigenen Fähigkeiten: *„Ich bin ja zu gar nichts zu gebrauchen. Ein Vollidiot eben!“*

Leider gibt es solche Fälle wie Jonas, die trotz ihres hohen IQs keine guten, sondern sogar schlechte Noten in der Schule haben. Allein diese Kinder machen uns deutlich, dass Intelligenz und Leistung nicht miteinander gleichzusetzen sind. Für manchen klingt das merkwürdig: *„Jonas kann nicht hochbegabt sein. Der schreibt ja in Mathe nur schlechte Noten."* Vorsicht! Eine solche Schlussfolgerung ist voreilig. Intelligenz ist ein Gefüge von Fähigkeiten. Leistung aber ist das Ergebnis eines Prozesses, in dem Fähigkeiten mit weiteren Faktoren zusammengearbeitet haben. Solche Faktoren können die Leistung nach unten drücken oder nach oben schieben – unabhängig vom Intelligenzgrad.

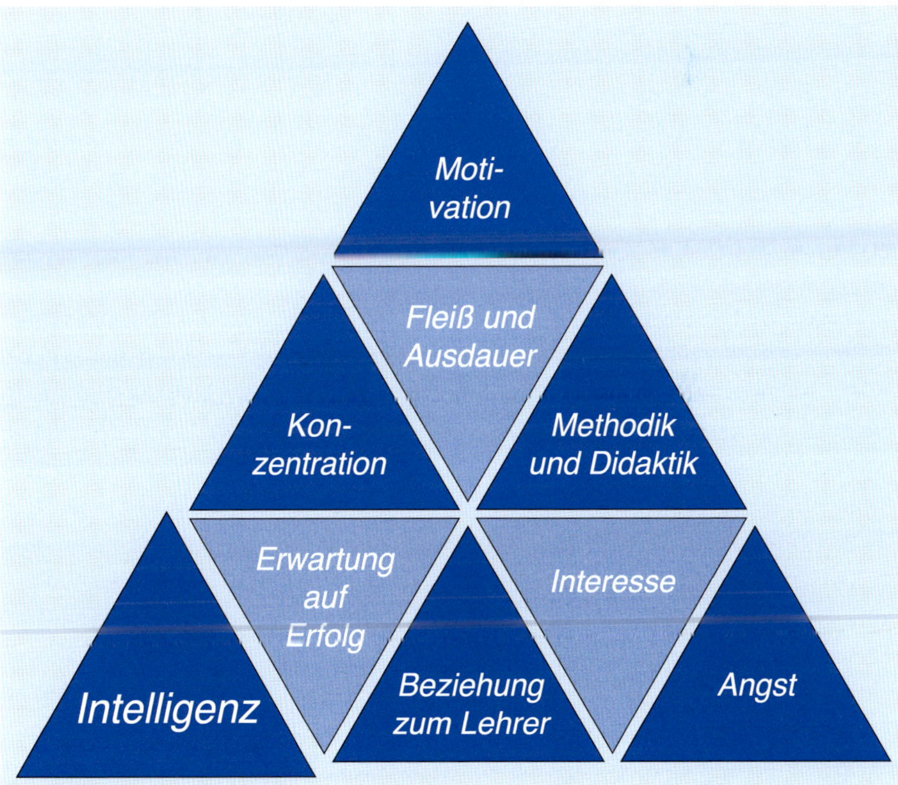

Leistungsfaktoren – unabhängig von der Intelligenz

Machen Sie sich immer bewusst, dass Schulnoten in erster Linie Leistung messen. Intelligenztests aber messen grundlegende Fähigkeiten. Das sind zwei verschiedene „Paar Schuhe".
Dass Intelligenz und Leistung nicht hundertprozentig zusammenhängen, bedeutet aber wiederum nicht, dass sehr gute Schulleistungen gar nichts über die intellektuellen Fähigkeiten aussagen. Nur der Schluss *„Hohe Schulleistungen sind gleich Hochbegabung"* ist keineswegs zwingend.
Schon lange beschäftigt sich die Forschung mit der Frage, wie Intelligenz und Lebenserfolg zusammenhängen. Dafür können wir zum Beispiel Hochbegabte mit Normalbegabten vergleichen. Um Intelligenz zu messen, greifen wir auf unseren Intelligenztest zurück. Wir wissen, dass er ein gutes Instrument ist, um Fähigkeiten zu erfassen. Und der Lebenserfolg? Wie können wir den messen? Bei Kindern wie Zoe, Jonas und Simon orientieren wir uns zunächst einmal an ihren Leistungen in der Schule: Was leisten sie in Mathematik? Wie gut sehen ihre Leistungen in Deutsch aus?
Viele wissenschaftliche Studien zeigen deutlich, dass Intelligenz und Schulleistungen zwar nicht gleichzusetzen sind, aber sehr wohl zusammenhängen. Wir können anhand der Intelligenz, die wir in einem Test vor Schuleintritt gemessen haben, recht gut voraussagen, wie es in der Schule laufen wird. Wer in einem Intelligenztest gut abschneidet, hat meistens auch gute Noten – zumindest gilt das für einen großen Teil der untersuchten Kinder. Bei etwa der Hälfte aller Kinder sind die Schulleistungen und die Intelligenzwerte recht ähnlich. Das bedeutet, dass bessere Leistungen gepaart mit höheren Fähigkeiten häufiger vorkommen als Abweichungen nach oben oder unten. Nur sehr wenige Kinder mit niedrigen Fähigkeiten kommen zum Beispiel durch die normale Schule. Die Anforderungen scheinen in solchen Fällen zu hoch zu sein.

WAS IST HOCHBEGABUNG?

Zum Thema „Hochbegabung“ gibt es eine Vielzahl an Ansichten, Theorien und Konzepten, die alle versuchen, Hochbegabung zu definieren. Gerade im deutschsprachigen Raum vermengen sich die Bezeichnungen und machen das Verständnis nicht leichter: Begabung, Talent, besondere Begabung und Hochbegabung werden oft im gleichen Sinn gebraucht. Das führt dazu, dass zum Beispiel normal begabte, künstlerisch talentierte und hochbegabte Kinder in einen Topf geworfen werden. So entstehen Probleme. Denn diese Gruppe von Kindern ist in sich so verschieden, dass wir sie nicht einheitlich fassen können. Ein gemeinsamer Nenner fehlt, weil alle von Hochbegabung sprechen, viele aber verschiedene Dinge meinen.

Dabei ist Hochbegabung als eine intellektuelle Begabung zu verstehen, die sehr stark ausgeprägt ist - eine Intelligenz, die weit über dem Durchschnitt liegt. Unabhängig von anderen Faktoren wie Neugier oder Motivation. Die hohe Begabung wird also mit hoher Intelligenz gleichgesetzt. Ausschlaggebend für eine tatsächliche Hochbegabung ist allein der Intelligenzquotient (IQ) des Kindes, der durch eine Intelligenzdiagnostik erfasst wird.

Wissenschaftler haben festgelegt, dass eine Hochbegabung dann vorliegt, wenn der Betroffene einen Intelligenzquotienten (IQ) von mindestens 130 besitzt. Und das gilt nur für etwa 2-3 Prozent der

INTELLIGENZQUOTIENT UND PROZENTRANG

- Der **Intelligenzquotient (IQ)** ist in erster Linie ein Vergleichsmaß. Er gibt in seiner ursprünglichen Form Aufschluss über das Verhältnis zwischen dem Intelligenzalter und dem Lebensalter. Unter dem Intelligenzalter ist der kognitive Entwicklungsstand zu verstehen, auf dem sich ein Kind befindet: Für welches Alter ist die gezeigte intellektuelle Leistung durchschnittlich?
  Der IQ vergleicht den Testwert eines Kindes mit dessen Bezugsgruppe, die meist aus gleichaltrigen Kindern besteht. Die Abweichung des Einzelwerts zu Vergleichswerten (somit der Norm) steht dabei im Zentrum der Betrachtung. Ein IQ von 100 liegt genau im Durchschnitt, während ein IQ von 130 weit über den Durchschnitt hinausgeht.

- **Der Prozentrang (PR)** dient als Maß, um ein Testergebnis verständlich zu machen. Er beantwortet die Frage: Wie viel Prozent der Vergleichsgruppe werden von dem getesteten Kind übertroffen? Das Testergebnis mit einem PR von 90 bedeutet, dass das Kind 90 % der Gleichaltrigen übertrifft und nur 10 % der Vergleichsgruppe gleich gute oder bessere Ergebnisse erzielen.

Bevölkerung. Allerdings wird diese Schwelle immer fließender aufgefasst und erweitert, sodass der Grenzbereich zur Hochbegabung inzwischen bereits ab einem IQ von 125 liegt. Somit sind etwa 2-5 Prozent der Bevölkerung als besonders begabt bzw. hochbegabt zu bezeichnen.

Das ist die gängige Definition von Hochbegabung. Hochbegabung ist immer mit einer hohen Intelligenz verbunden. Das machen uns wissenschaftliche Studien immer wieder deutlich.

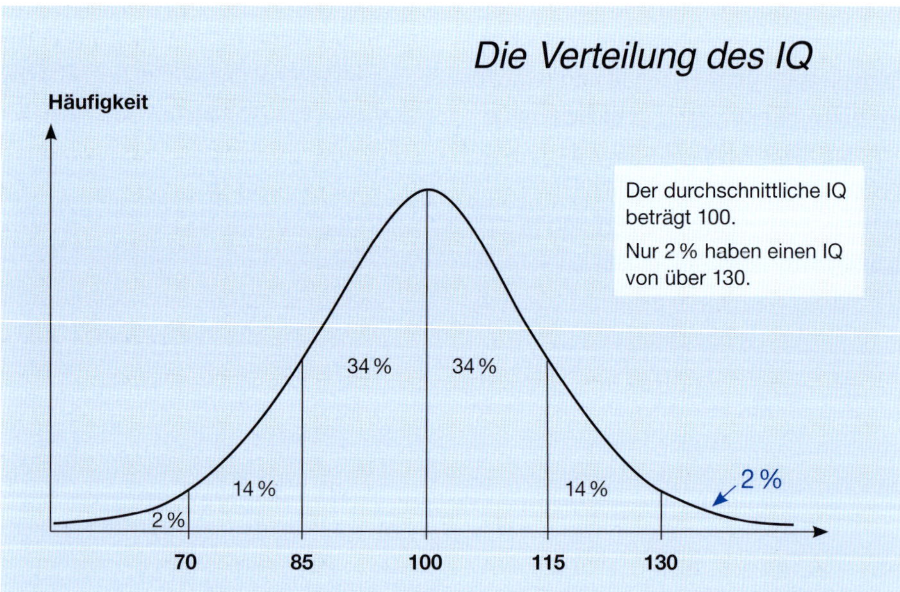

Normalverteilung des IQ

Der Intelligenztest

Viele Anzeichen begründen einen Verdacht. Besondere Auffälligkeiten im Sinne extremer Entwicklungsvorsprünge – wenn ein Vierjähriger zum Beispiel wie ein Zweitklässler rechnet oder liest oder schreibt – machen einen Verdacht auf eine Hochbegabung so gut wie sicher. An einem Intelligenztest führt jedoch nichts vorbei, wenn wir die Feststellung einer Hochbegabung schwarz auf weiß haben wollen. Wie sieht nun ein solcher Intelligenztest aus? Was ist das überhaupt für ein Messverfahren?
Es gibt verschiedene Intelligenztests, die alle nach demselben Prinzip aufgebaut sind: Sie verlangen schnelle und richtige Lösungen von unterschiedlichen Aufgaben. Sie achten also auf die Zeit und auf die Güte der intellektuellen Leistung.
Eine Liste der heute anerkannten Intelligenztest-Verfahren finden Sie am Schluss des Buches im Info-Magazin.

Hochbegabt und kreativ?

Viele Menschen bezeichnen hochbegabte Kinder auch als sehr kreativ, als schöpferisch und erfinderisch. Daher findet sich bei vielen Beschrei-

Die „Termiten“: Hochbegabt – und trotzdem glücklich

Eine berühmte Studie wurde von dem Amerikaner Terman im Jahre 1921 begonnen. Er untersuchte viele hochbegabte Mädchen und Jungen, die von Lehrern ausgewählt waren. Dabei war er daran interessiert, die Gesundheit und den Lebenserfolg der Kinder zu erforschen. Denn zu dieser Zeit herrschte die Meinung vor, Hochbegabte seien gestörte Menschen, die im wirklichen Leben keinen Fuß auf den Boden bekämen. Seine Ergebnisse bewiesen jedoch das Gegenteil: Die Kinder waren körperlich und geistig gesund, sie waren gut integriert und zeigten auch in der Schule gute Leistungen. Nur einige der hochbegabten Kinder hatten Schwierigkeiten, sich im positiven Sinne zu integrieren. Der damalige Glaube an „Genie und Wahnsinn“ ließ sich absolut nicht bestätigen. Termans Studie wird an den Kindern und Enkeln der „Termiten“ – wie sie liebevoll bezeichnet werden – fortgeführt.

bungen von Hochbegabung, dass Kreativität immer dazugehört. Aus Sicht der Wissenschaft ist das allerdings nicht zu belegen. Denn trotz intensiver Forschung ist es ein großes Problem, Kreativität überhaupt irgendwie zu messen. Wir können Zusammenhänge zwischen Kreativität und Intelligenz finden: Wer kreativ ist, ist meist auch intelligent. Aber nicht alle Intelligenten sind auch kreativ.

Wir stimmen darin überein, dass wir berühmte Künstler wie van Gogh oder Erfinder wie Edison als kreativ - schöpferisch, innovativ, produktiv - bezeichnen. Kreativität ist eine Eigenschaft, die wir besitzen und auch weiterentwickeln können: Der eine eben weniger, der andere eben mehr.

Eine wissenschaftliche Definition der Kreativität hebt drei Fähigkeiten als besonders wichtig hervor:

- Sachverhalte und Dinge in neuartige Strukturen einbetten
- Die Sachverhalte auf ungewöhnliche Art nutzen und Neuartiges schaffen (Originalität)
- Ungewöhnliche Schemata im Denken und Handeln gebrauchen (Flexibilität)

Ein Extrem-Beispiel für Originalität wäre, wenn ein Papagei einen Satz sagte, den er noch nie gehört hat.

Wenn wir versuchen, Intelligenz und Kreativität voneinander zu unterscheiden, landen wir meist bei den Begriffen konvergent (auf einen Punkt zusammenlaufend) und divergent (auseinanderlaufend): Intelligente Leistungen bestechen in ihrer Denkstrategie dadurch, dass sie auf die beste Lösung eines Problems abzielen (konvergent), während kreative Vorgänge zu einer Fülle an neuartigen und unerwarteten Lösungen führen (divergent).

Daher ist die Verbindung von Hochbegabung und Kreativität (die ja jedem Kind innewohnt, das die Welt entdeckt) mit Vorsicht zu genießen. Einige Überlegungen sprechen zwar für die Behauptung, dass wir bei Hochbegabten auch viele kreative Fähigkeiten finden, doch sind sie bisher nicht zu belegen.

Ist der Lebenserfolg bei Hochbegabung vorprogrammiert?

Aber wie ergeht es nun den Hochbegabten? Sind bei ihnen die Bedingungen so stimmig, dass sie extrem gut durch die Schule kommen? Und: Wie kann ein hochbegabtes Kind überhaupt in der Sonderschule landen?
In der Regel ist eine Hochbegabung keine Behinderung, die ein Kind für die Schule untauglich macht. Das macht uns die Wissenschaft klar: Viele hochbegabte Kinder durchlaufen ihre Schullaufbahn in gutem bis befriedigendem Maße. Die meisten schließen die Schule mit einem soliden Abitur ab. Wenn Intelligenz und Leistung so zusammenpassen, dann ist es doch sehr interessant, warum viele hochbegabte Kinder nicht zu den besten Schülern gehören und nicht die besten Schulabschlüsse machen. Es muss also außer der Intelligenz noch etwas anderes da sein, das sich auf die Leistung in der Schule und im Leben auswirkt. Selbstverständlich müssen wir daran denken, dass Intelligenz-Testaufgaben und Anforderungen der Schule nicht identisch sind. Von daher ist eine kleine Abweichung sicher verständlich. Aber das reicht als Erklärung noch nicht aus.

Das Underachievement-Syndrom

Besonders auffällig sind hochbegabte Kinder, die in der Schule nicht zurechtkommen und schlechte Noten nach Hause bringen – sogenannte Underachiever, zu deutsch: Minderleister. Was ist mit diesen Kindern los? Wieso schaffen sie es nicht, ihre hohe Intelligenz und ihre offensichtlich tolle Begabung in Leistung umzusetzen?

- **Robin** besucht die 6. Klasse des städtischen Gymnasiums. Das Halbjahreszeugnis sieht fürchterlich aus: Gleich drei 5en und fünf 4en. Unter seinem Zeugnis steht: *„Bei gleichbleibenden oder sich verschlechternden Leistungen ist eine Versetzung ausgeschlossen."* Robin geht nicht mehr gern in die Schule. Und er weigert sich zu Hause heftig, überhaupt noch Hausaufgaben zu machen. *„Das bringt doch alles nichts!"*, schreit er und läuft weinend in sein Zimmer. Robins Mutter ist mit den Nerven fertig und weiß einfach nicht, was sie tun soll. Seit Beginn des Gymnasiums hatten sich Robins Leistungen verschlechtert. Selbst in Mathematik, seinem absoluten Lieblingsfach, steht er nun auf einer 4. Die Lehrerin sieht zwar, dass Robin ein cleverer Kerl ist, weiß aber auch nicht so recht, woran es hapert.

Underachievement: Wissenschaftliche Definition

Der Begriff Underachievement (Minderleistung) vergleicht Begabung und Leistung unter dem Aspekt der Erwartung miteinander. Wir erwarten aufgrund der Begabung eines Kindes eine bestimmte Leistung. Tritt diese nicht ein, dann wird von Underachievement gesprochen. Es handelt sich also um eine erwartungswidrige Minderleistung. Für den schulischen Bereich muss allerdings bedacht werden, dass Intelligenz und Schulleistung nicht perfekt miteinander zusammenhängen, sodass eine gewisse Abweichung als durchaus normal zu bezeichnen ist.

Wie Sie an Robin und seinen Problemen sehen können, fühlt er sich gar nicht glücklich und ist traurig über die Misserfolge, die er in der Schule erlebt. Robin ist ein hochbegabter Underachiever: Er bringt dauerhaft Minderleistungen, obwohl er aufgrund seiner Begabung viel, viel bessere Leistungen bringen müsste. Underachievement ist nichts anderes als die Nichterfüllung von Erwartungen: Wir erwarten eine bestimmte Qualität an Leistungen, doch werden wir in unserer Erwartung enttäuscht. Das uns allen bekannte Bild lässt sich gut mit Äußerungen wie *„Wenn er nur wollte, dann könnte er viel besser“* oder *„Bei seiner Begabung müsste er doch viel besser sein“* verdeutlichen. Doch selbst wenn Robin will – es funktioniert nicht so richtig. Mittlerweile ist er vor Arbeiten sehr aufgeregt, ihm wird schnell übel und es fällt ihm schwer, sich gut zu konzentrieren.

Ursachen und Probleme beim Underachievement können unterschiedlich sein, doch eines ist sicher: Die Schulleistungen fallen nach unten ab. Wie weit aber? Wie groß muss die Diskrepanz zwischen Begabung und Leistung sein, um von einem Underachiever sprechen zu können?

Ein hochbegabtes Kind gilt nicht bereits dann als Underachiever, wenn es nicht mehr zu den besten 10 % in seiner Klasse gehört, sondern erst dann, wenn es in den Durchschnittsbereich fällt. Leider bleibt es nicht nur bei den Schulproblemen. Neben ihrer offensichtlichen Schulproblematik leiden hochbegabte Underachiever häufig auch unter psychischen und sozialen Problemen. Es ist sehr wichtig, genau hinzuschauen und herauszufinden, welche Bereiche nicht funktionieren. Dabei kann das Kind grundlegende Voraussetzungen mitbringen, die mit den schulischen, sozialen und psychischen Schwierigkeiten zusammenhängen. Besteht zum Beispiel eine allgemeine Ängstlichkeit? Auch müssen wir die Bedingungen wie Schule und soziales Umfeld betrachten, um einen Einblick zu gewinnen. Sind es zum Beispiel Unterforderung und Langeweile?

Hochbegabte Underachiever zeigen in verschiedenen Bereichen bedenkliche Auffälligkeiten. So unterschätzen sie trotz ihrer Hochbegabung zum Beispiel ihre eigenen Fähigkeiten und haben wenig Erfolgserwartung in das, was sie tun. Sie sind in ihrem Denken eher an Misserfolgen orientiert, versuchen also eher schlechte Leistungen zu vermeiden, als dass sie nach guten Leistungen streben. Jonas sagt häufig: *„Bloß keine 5!“*, während Sarah sich sagt: *„Ich will eine 1 schreiben!“* In Anbetracht der persönlichen Geschichte mancher hochbegabter Underachiever ist das auch kein Wunder.

Im Leistungsbereich sind sie eher extrinsisch (von außen angeregt) motiviert. Wenn sie arbeiten, dann mit dem Augenmerk auf eine Belohnung. Die soll dann möglichst schon im Voraus, spätestens aber direkt nach getaner Arbeit erfolgen. Ihnen fällt es schwer, weiter entfernten Zielen und daran gebundenen Belohnungen zu folgen. Sie geben dann schneller auf und verfolgen die Sache nicht mehr.

Das Lern- und Arbeitsverhalten ist ebenfalls auffällig. Trotz Bemühungen kommt es häufig zu Misserfolgen – woran mag das liegen? Hochbegabte Underachiever verfügen nur über schlechte und wenige Lernstrategien. Wenn sie ans Lernen gehen, wissen sie meist nicht, wie man richtig lernt. Deshalb ist ihr Lernen ineffektiv. Andere Kinder lernen in derselben Zeit viel mehr.

In Entwicklungsverläufen von hochbegabten Underachievern finden sich häufig Anzeichen für sprunghaftes und impulsives Arbeiten, das wir im positiven Sinne auch als kreativ auslegen können. Allerdings erfordert die Struktur der Schule andere Prozesse beim Lernen und Arbeiten. Daher können wir zumindest vermuten, dass individuelle Voraussetzungen des Kindes und die Anforderungen der Schule nicht zusammenpassen. Die geeigneten Lern- und Arbeitsstrategien werden nicht erworben, was in der weiteren Schullaufbahn zwangsläufig zu Problemen führen wird.

Im sozialen Bereich zeichnen sich für hochbegabte Underachiever ebenfalls Probleme ab. Sie sind sozial weniger integriert, bei anderen weniger beliebt und haben nur wenige oder keine Freunde. In vielen Fällen kommt es zu ständigen Streitereien, weil sie Regeln und Ordnung eher vernachlässigen und sich daher schlechter in Gruppen und Abläufe integrieren lassen. Von den Lehrern werden hochbegabte Underachiever oft als impulsiv und unkontrolliert beschrieben, weil sie sich nicht gut im Griff haben und über vorgegebene Grenzen hinweggehen. Wenn hochbegabte Underachiever sich dazu äußern sollen, was andere Personen wohl von ihnen denken, zeigt sich ein deutlich negatives Fremdbild: Sie gehen davon aus, andere Personen hätten ein schlechtes Bild von ihnen. Insgesamt bezeichnen sie sich eher als unzufrieden und werden in Untersuchungen als seelisch instabil eingeschätzt.

Bei Francesco findet sich eine Vielzahl der berichteten Merkmale wieder:

- Bereits die Kindergarten- und Grundschulzeit war für **Francesco** (13 Jahre alt) schwierig, denn er konnte sich nicht an Regeln halten und geriet immer wieder in Streitereien. Auf Anraten verschiedener Personen wurde Francesco vorzeitig eingeschult. Aufgrund seiner Unruhe und Impulsivität stellten sich jedoch Probleme ein, obwohl seine Leistungen zwar schwankend, aber immer gut bis sehr gut waren. Francesco übersprang auf Empfehlung eines psychologischen Gutachtens die zweite Klasse. In der dritten Klasse besserten sich aber weder die Schulleistungen noch die Unruhe.

  Francesco fehlt es an Ausdauer, Willen und Konzentration, zumal er aufgrund seines ungeduldigen und impulsiven Verhaltens stets in Probleme gerät. Seine Mutter beschreibt ihn als wenig selbstbewusst, jähzornig und schnell mutlos. Es fehle ihm an Geduld, Ausdauer und er sei oft nicht in der Lage, Dinge ordentlich oder überhaupt zu beenden. Wenn man ihn stark lobe, gebe es kurzfristig Besserung.

  Francesco selbst ist der Ansicht, er sei zu faul und tue zu wenig für die Schule, deswegen habe er auch ein Jahr wiederholen müssen. Im sozialen Umfeld der 7. Klasse hat Francesco es mittlerweile geschafft, sich zu integrieren. Er sagt, er könne es nicht ertragen, ausgeschlossen zu werden.

  Früher habe er beim Spiel nie aufhören können, aufzudrehen und alles lauter, schneller usw. zu machen, und sei deshalb eher unangenehm aufgefallen, berichtet seine Mutter. Heute gehe er überhaupt nicht gern in die Schule. Er glaube nicht mehr daran, etwas Gutes leisten zu können.

Auch Hochbegabte haben Defizite – der Mythos vom privilegierten Sonntagskind trifft einfach nicht zu. So wurde in früherer Zeit – und bedauerlicherweise zuweilen auch heute noch – die Fähigkeit, richtig zu schreiben, mit Intelligenz gleichgesetzt. Wer „nämlich" mit „h" schrieb, war eben dämlich. Doch ist diese Schlussfolgerung nicht vertretbar, wie uns die Forschung zur Lese-Rechtschreib-Schwäche (LRS) deutlich dokumentiert. Umgekehrt kann man ja auch nicht sagen, dass jemand, der gut lesen und schreiben kann, deswegen gleich hochbegabt ist. Wenn hochbegabte Kinder in spezifischen Bereichen ein Defizit haben, dann wird der Zusammenhang zwischen Schulleistung und Intelligenz immer geringer.

Intelligenz und Lese- wie auch Rechtschreibleistung können also voneinander unabhängig sein. Es gibt Kinder, die trotz ihrer außerordentlich hohen Intelligenz eine schwache Leistung im Lesen und/oder Schreiben erbringen. Und es gibt Kinder, die trotz ihrer niedrigen Intelligenz gut lesen und schreiben.

Das hochbegabte Kind mit einer Lese-Rechtschreib-Schwäche (LRS) zeigt sich uns als besonderer Fall, denn es verbindet in einer Person nahezu zwei Welten miteinander. Daraus entsteht eine subjektiv erlebte Unsicherheit, die sich aus den gegensätzlichen Erfahrungen des Alltags entwickelt und in die Frage mündet: *„Warum kann ich das so gut – und das so schlecht?"*

- **Jana** (fünf Jahre alt) wächst als hochbegabtes Kind auf, entdeckt beständig die eigenen Fähigkeiten und gewinnt ein sicheres Selbstbild. Sie kann schon früh mit Zahlen umgehen, rechnet alle Additions- und Subtraktionsaufgaben bis 20 und übertrifft im Puzzeln und Memory-Spielen die anderen Kindergartenkinder und ihre eigenen älteren Geschwister. Jana kennt die Telefonnummern von Papas Büro, Oma und Mamas Handy auswendig, hat die Geburtstage ihrer Freundinnen im Kopf und kann die schönsten Geschichten erzählen – kurzum: Jana kennt sich selbst als leistungsfähiges Kind, das Abläufe leicht lernen, Sachverhalte und Wissen gut behalten und mit wenig Anstrengung gute Leistungen erbringen kann.

  Jetzt kommt Jana in die Schule. Anfangs ist das noch unproblematisch, denn das Malen der Buchstaben gelingt recht gut, doch als die ersten orthografischen Regeln eingeführt werden, kündigt sich ein Problem an: Jana kann nicht rechtschreiben.

  Jana beginnt, an sich selbst zu zweifeln, und stellt die eigenen Fähigkeiten infrage. Nicht nur in der Rechtschreibung, sondern auch in anderen Bereichen. Ihre Geschichten seien nicht schön, sondern *„viel zu blöd“;* die Schule mache überhaupt keinen Spaß, sei nur *„zum Kinderquälen erfunden und damit die Mütter mal Zeit zum Telefonieren und Fernsehen haben“*, erklärt Jana. Sie entwickelt eine deutliche Schulunlust, hat oft Kopf- und Bauchweh und zieht sich im Unterricht zurück.

Mit Janas Geschichte wird zum einen deutlich, welch hohen Stellenwert das Lesen und Schreiben in der kindlichen Entwicklung hat. Zum anderen zeigt Janas Geschichte, wie schwer eine solche erlebte Diskrepanz zwischen großartigem Können und Scheitern für Kinder zu verarbeiten ist.
Häufig berichten Eltern, dass ihre hochbegabten Kinder keine Lernstrategien haben. Sie wüssten einfach nicht, wie sie lernen sollen. Das Lernen sei eben nicht gelernt worden, weil ja am Anfang alles so einfach war, dass der Hochbegabte keine Lernstrategien brauchte. In der Schule werden hochbegabte Kinder und Jugendliche nur bedingt gezwungen zu lernen. Folglich reicht für sie zunächst ein einfaches Vorgehen wie einmaliges Durchlesen oder Auswendiglernen aus. Warum sollten sie also mehr tun?

Auch wenn das kein bewusster Gedanke Ihres Kindes sein muss, kommen wir damit zum Kern des Problems. An sich entwickelt ein Kind von selbst individuelle Strategien, mit denen es Aufgaben unterschiedlicher Schwierigkeit bewältigen kann. Dabei stehen Durchlesen und Zuhören am Anfang. Eines der vielen Ziele der Erziehung ist es, dass Kinder sich (mehr oder minder autodidaktisch) bei Problemstellungen – also Aufgaben mit höheren Anforderungen – weiterentwickeln, indem sie alte Strategien neu überdenken, erweitern und so zu höheren Lerntechniken gelangen.
Für die Schule bedeutet das, hochbegabten Kindern und Jugendlichen Aufgaben zu stellen, die sie herausfordern und die ihnen den Zwang auferlegen, sich und ihre Lernstrategien fortzuentwickeln. Wenn das nicht geschieht, können Lücken und Defizite entstehen, die im späteren Verlauf der Schule, des Studiums und auch im Berufsleben zu Problemen führen können.

Kapitel 3: Das Wichtigste in Kürze

- Begabung und Intelligenz sind nicht das Gleiche.
- Begabung kann in verschiedenen Bereichen vorliegen: z. B. sportliche, musikalische oder künstlerische Begabung.
- Intelligenz ist als intellektuelle Begabung zu verstehen.
- Intelligenz und Leistung sind nicht einfach gleichzusetzen, weil verschiedene Faktoren der Persönlichkeit und des Umfeldes eine Rolle spielen.
- Hochbegabung besteht in erster Linie in hoher Intelligenz, nicht aber in Motivation und Fleiß.
- Intelligenz können wir über verschiedene Anzeichen vermuten, aber nur mit einem Intelligenztest erfassen.
- Kinder, die trotz ihrer Hochbegabung in der Schule gravierende Probleme haben, brauchen professionelle Hilfe, weil sie meist auch psychische und soziale Schwierigkeiten haben.

4

Gemeinsam fördern – gemeinsam fordern: Das Konzept „Entwicklungs-Partnerschaft“

In diesem Kapitel erfahren Sie,

- warum Förderung hochbegabter Kinder notwendig ist
- warum Forderung und Förderung am besten im Team funktionieren
- was Ihre besondere Aufgabe im Team der Entwicklungs-Partner ist
- wie Sie ein förderndes und forderndes Lernumfeld schaffen können
- welche Förderziele und Fördermaßnahmen möglich sind
- welche seelischen Störungen sich in welchen Symptomen zeigen
- wie sich zusätzliche Handicaps auswirken können
- wann ein hochbegabtes Kind psychotherapeutische Behandlung braucht
- worauf Sie bei der Arbeit mit hochbegabten Kindern achten müssen

Ja zur Förderung

Brauchen besonders begabte Kinder überhaupt Förderung?

Vielleicht haben Sie als Eltern eines hocbegabten Kindes auch schon von anderen Eltern Kommentare gehört wie: *„Ja, Ihr Kind hat es ja leicht, hat von Natur aus einen Vorsprung und kommt sowieso besser durchs Leben. Wozu dann fördern?“* Oder: *„Sie pushen Ihr Kind zu Höchstleistungen. Es kann ja gar nicht mehr richtig Kind sein.“*
In den Diskussionen um die Förderung von hochbegabten Kindern tauchen immer wieder Argumente gegen eine besondere Förderung hochbegabter Kinder auf. Meist geht es dabei um zwei Aspekte:

- **Elitebildung**
- **Chancengleichheit**

Führt Hochbegabten-Förderung zu Elitebildung?

Auf diese Frage gibt es eine Antwort und eine Gegenfrage.

Die Antwort: *„Kann – muss aber nicht.“*

Längst nicht jedes geförderte hochbegabte Kind wird als Erwachsener automatisch zu einer Elite gehören. Genauso wenig sind die Eliten eine Ansammlung von lauter Hochbegabten. Denn wie Sie gelesen haben, muss eine hohe Begabung nicht immer unbedingt zu Höchstleistungen führen.

Die Gegenfrage: *„Ja, und?“*

Es spricht ja nichts dagegen, hochbegabte Kinder in ihren Stärken zu fördern. Manche gehören dann später zu einer Elite – und manche nicht. Außerdem: Eliten gibt es überall und in allen Bereichen – bei den Dichtern und Denkern, den Künstlern und Wissenschaftlern, den Sportlern und Politikern. Egal, ob es Hochbegabten-Förderung gibt oder nicht. Außerdem braucht jedes funktionierende Gemeinwesen in allen Bereichen seine Spitzenleute – auch deswegen, damit gute Konzepte entwickelt und umgesetzt werden, um allen zu helfen.

Gefährdet Hochbegabten-Förderung die Chancengleichheit?

Chancengleichheit heißt ja nichts anderes, als dass alle die Chance haben, entsprechend ihren Möglichkeiten gefördert zu werden. Deshalb gibt es Sonderschulen für Kinder, denen das Lernen schwerer fällt. Die Notwendigkeit dieser Sonderschulen ist unbestritten. Aber gibt es auch entsprechend viele „Sonderschulen H" (für hochbegabte Kinder)? Haben wir eine ausreichende Förderkultur für besondere Begabungen? Auch die Hochbegabten sollten die Chance haben, entsprechend ihren Möglichkeiten gefördert zu werden. Wenn sie diese Chance bekommen, ist das ein großer Schritt in Richtung Chancengleichheit.

Begabten-Förderung hat im Übrigen viel mit Forderung zu tun. Nur wenn ein Hochbegabter richtig gefordert wird, kann er aus sich rausholen, was in ihm steckt, und seine Stärken richtig zur Entfaltung bringen.

Das sieht man zum Beispiel im Sport. Wer nur Begabung hat und nicht gefordert wird, bleibt ein „ewiges Talent". Manchmal brauchen besonders Begabte bis zu zehn Jahren tägliches Training, um ihre Möglichkeiten voll auszuschöpfen und in Höchstleistungen umzusetzen. Förderung ist also immer auch Forderung.

Informationen: Die Basis für jede Förderung

Erkennen und Absichern ist wichtig

Ehe Sie überhaupt darüber nachdenken, wie Sie Ihr Kind besser fördern können, sollten Sie sich eine solide Ausgangsbasis verschaffen: Ist mein Kind begabt, besonders begabt, hochbegabt? Welche Stärken hat es? Wo liegen seine Begabungsschwerpunkte?

Was können Sie tun, um eine Hochbegabung Ihres Kindes zu erkennen? Berücksichtigen Sie vor allem zwei Dinge: Achten Sie auf schnelle und frühzeitige Entwicklungsschritte Ihres Kindes und auf besonders intelligente Denkleistungen und Handlungen (siehe Kapitel 2 und 3).

Um Sicherheit zu gewinnen, können Sie sich die Besonderheiten im Denken und Handeln noch genauer anschauen: Sind die Hinweise stabil? Gelten sie auch für viele unterschiedliche Situationen? Machen Sie sich außerdem bewusst, dass Eltern als Beobachter meist subjektiv vorgehen und auch gute Vergleichsmöglichkeiten fehlen. Die Schnelligkeit Ihres ersten Kindes können Sie erst dann als solche erkennen, wenn Ihr zweites Kind in derselben Phase steckt. Daher ist es sinnvoll, sich verschiedene Situationen anzuschauen und dabei auf weitere Beobachter zurückzugreifen:

- Beschäftigen Sie sich mit den Hinweisen über verschiedene Situationen hinweg. Zeigt sich zum Beispiel Ninas Neugierverhalten mit lauter Warum-Wieso-Weshalb-Fragen überall – beim Arztbesuch, im Kindergarten und auch beim Sonntagskaffee des Nachbarn?

- Bitten Sie eine weitere Person (zum Beispiel die Oma, Erzieherin, Lehrer etc.), die Hinweise auf eine Hochbegabung einzuschätzen. Kommen Sie als Mutter und Vater zu demselben Schluss wie die Oma, dass Ihr Kind sich verbal differenziert ausdrückt und mit tollen Formulierungen verblüfft?

  Wenn Sie nun viele Übereinstimmungen finden, haben Sie Ihren Verdacht bestmöglich abgesichert. Die Besonderheiten wie hohe Merkfähigkeit oder guter sprachlicher Ausdruck sind für das Alter weit entwickelt und lassen sich in vielen Situationen des Alltags wiederfinden.

Zuerst der Test: „Wie begabt ist mein Kind?“

Was Sie als Eltern glauben, vermuten oder hoffen, ist ein wichtiger Aspekt im Umgang mit Ihrem Kind. Für die Frage einer Hochbegabung und die daraus resultierende Förderung aber nützt Ihnen das nicht viel. Wenn Sie den Verdacht haben, Ihr Kind sei überdurchschnittlich begabt, dann kann Ihnen erst eine fachlich fundierte Diagnose zeigen, wo Ihr Kind wirklich steht. Und erst dann haben Sie verlässliche Hinweise, wie Sie Ihr Kind am besten fördern können.

Der Intelligenztest ist die erste Basis für eine saubere Diagnose, wenngleich die Messung immer mit möglichen Fehlern behaftet sein kann. Auf jeden Fall aber ist der Intelligenztest das am besten geeignete Instrument, das die tatsächliche Begabung am ehesten darstellt. Eltern- oder Lehrerurteile bergen deutlich größere Irrtums-Risiken in sich.

Zum Beispiel gehen Sie ein großes Risiko ein, wenn Sie allein aufgrund von guten Schulleistungen auf Hochbegabung schließen. Oder wenn Sie von vornherein annehmen, jedes hochbegabte Kind habe Probleme. Verhaltensprobleme müssen kein Hinweis auf Hochbegabung sein. Ein noch größeres Risiko geht ein, wer sich ohne fundierte Testdiagnostik zu der Diagnose „hochbegabt“ versteigt, obwohl der wahre Zustand gar nicht so ist.

Check- und Merkmalslisten (siehe Kapitel 2) geben eine erste Orientierung, sind jedoch als alleinige Grundlage für eine so wichtige Frage zu subjektiv und bergen die Gefahr, Begabung und Leistung zu vermischen. Grundsätzlich gilt:

Je offener in dieser ersten diagnostischen Phase mit der Fragestellung umgegangen wird, desto besser für alle.

Wenn Sie vermuten, Ihr Kind könne hochbegabt sein, lassen Sie es testen. Je früher, desto besser. Es gibt IQ-Tests, die schon ab dem Kindergartenalter normiert sind. Suchen Sie sich, um eine fundierte Informations- und Entscheidungsbasis zu haben, einen Psychologen, der auf die Diagnostik von Hochbegabung spezialisiert ist.

Oft stellen sich Eltern die Frage, wie sie ihrem Kind erklären sollen, dass es bald zu

So erkläre ich meinem Kind den Schritt zum Test

„Sarah, dir ist es im Kindergarten oft langweilig. Die Spiele, die du machen willst, wollen andere Kinder nicht machen. Du liest schon kleine Kinderbücher, andere Kinder nicht. Wenn du nächstes Jahr in die Schule gehst, wirst du schon gut lesen können. Da überlegen wir, was du dann in der Zeit machen sollst, in der die anderen Kinder erst lesen lernen.

Wir wollen mal Herrn XY fragen, was er dazu meint. Er ist ein Experte, der was davon versteht und uns sicher ein paar gute Tipps geben kann.

Bevor wir hingehen, überlegen wir gemeinsam, was wir alles fragen wollen. Der Herr XY will vielleicht auch was von uns wissen und macht mit dir bestimmt ein paar Spiel- und Rätselaufgaben. Da kannst du zeigen, was du so alles weißt und kannst.“

einem Psychologen geht. Wenn Sie sich unsicher sind, sollten Sie das mit dem Psychologen vorab besprechen. Der hat Erfahrung mit solchen Themen und wird Ihnen weiterhelfen. Meist hängt die „Erklärung“ von zwei Aspekten ab: Problemstellung und Alter Ihres Kindes.

Bei Problemstellungen wie Schulschwierigkeiten ist schnell eine gute Brücke geschlagen. Wenn Ihr Kind seine Probleme selbst sieht, dann kann das Gespräch darauf bezogen werden: *„Wir suchen einen Experten auf, der sich mit so was auskennt.“* Und wenn keine gravierenden Probleme vorliegen – aber zum Beispiel vonseiten der Lehrerin das Überspringen einer Klasse angeregt wurde –, sollten Sie das nicht von vornherein thematisieren. Besser ist es, sich neutral zu äußern: *„Wir schauen einfach mal, was du alles schon gut kannst.“* Im jüngeren Alter sprechen Sie von Rätsel- oder Knobelaufgaben, die auf Ihr Kind zukommen werden. Den Begriff „Test“ umschreiben Sie einfach.

Was aber tun, wenn Sie Ihren 14-jährigen Sturkopf nicht dazu bewegen können? *„Ich geh' doch nicht zum Psychologen – ich hab' doch keinen an der Klatsche!“* Oft fühlen sich Jugendliche „herbeigeschleppt“ und sitzen dann auch beim ersten Mal entsprechend unwillig beim Psychologen. Weil sie sich einerseits von ihren Eltern abgrenzen und zum anderen mit ihrem hohen Intellekt dem Psychologen auf die Schliche kommen wollen. Holen Sie sich vorher den Rat des Psychologen. Denn gerade bei Jugendlichen will der Erstkontakt gut aufgebaut sein.

DIE SCHRITTE DES TEST-PROZESSES

Im Erstgespräch zu Beginn des diagnostischen Prozesses wird zunächst einmal herausgefunden, warum Sie mit Ihrem Kind gekommen sind.

Mögliche Anlässe für eine Untersuchung sind:

- Langeweile im Kindergarten
- Vorzeitige Einschulung oder Einschulen in die zweite Klasse
- Verdacht auf Unterforderung in der Schule
- Konzentrations- und Motivationsprobleme in der Schule
- Überspringen
- Schwierigkeiten in der Schule
- Auffälligkeiten im sozialen und/oder emotionalen Bereich (z. B. Außenseiter, Schulängste, psychosomatische Beschwerden)
- Schulwechsel/Wechsel auf weiterführende Schule
- Notwendigkeit und Angemessenheit von schulischen/außerschulischen Fördermaßnahmen

Stellen Sie Ihre Fragen an den Psychologen genau und detailliert, damit er sich entsprechend vorbereiten und dann mit der testpsychologischen Untersuchung beginnen kann. Zu dem Erst- oder Vorgespräch gehört zudem eine Anamnese, in der die Lebensgeschichte Ihres Kindes betrachtet wird. Viele Psychologen schicken Ihnen vor dem Vorgespräch einen Anamnesebogen zu, auf dem verschiedene Entwicklungsabschnitte und -bereiche abgefragt werden. Die anamnestischen Fragen reichen von der Schwangerschaft bis zur Gegenwart. Dazu gehört auch eine allgemeine Beschreibung Ihres Kindes zum aktuellen Zeitpunkt.

In der testpsychologischen Untersuchung sind dann Ihr Kind und der Psychologe gefragt. Im Vorfeld sind bereits die Testverfahren ausgewählt worden, die am besten geeignet sind, Antworten auf Ihre Fragestellungen zu finden. Doch spielen in der Untersuchung nicht nur die Tests eine Rolle, sondern auch das Verhalten in der Testsituation und im Kontakt mit dem Psychologen. Dabei wird darauf geachtet, wie mit dem

Der diagnostische Prozess

Vorgespräch
- Fragestellung klären
- Angaben zur Lebensgeschichte/ Anamnese
- Problembeschreibung
- Allgemeine Beschreibung des Kindes

Testpsychologische Untersuchung
- Auswahl geeigneter Testverfahren
- Testdurchführung
- Verhaltensbeobachtung
- Auswertung der Testverfahren

Nachgespräch
- Erläuterung und Darlegung der relevanten Testergebnisse
- Einbettung in den geschilderten Kontext
- Stellungnahme und Empfehlung

Befund
- Anlass und Beschreibung, ggf. Vorgeschichte
- Darstellung der Testergebnisse
- Darstellung des Zusammenhangs zwischen Anlass und Testergebnis
- Stellungnahme und Empfehlung

Test umgegangen wird, welche Sprache benutzt wird und vieles mehr. Dies dient dem Psychologen als zusätzliche Informationsquelle, um ein umfassendes Bild Ihres Kindes zu gewinnen.

Nach der testpsychologischen Untersuchung stehen dann ein Ergebnis und eine Empfehlung an, die sich wiederum an Ihren Fragestellungen ausrichtet.

Und nach dem Test?

Nehmen wir an, die Diagnose für Ihr Kind lautet: „Hochbegabt“. Dann kann die Erkenntnis „Ich bin hochbegabt“ Ihrem Kind helfen, sich selbst neu zu sehen, seinen Platz in seinem Umfeld neu zu definieren und die für sich richtige Rolle zu finden. Dabei können Sie Ihrem Kind in verständnisvollen und wohlwollenden Gesprächen helfen – gemeinsam mit dem Experten. Das gilt besonders dann, wenn Verhaltensauffälligkeiten oder Lernstörungen der Anlass zur Diagnostik waren. Wichtig: Nicht der Intelligenzquotient ist das Wichtigste, sondern die besondere Identität Ihres Kindes. Insofern kann die Diagnose „Hochbegabt“ identitätsstiftend sein. Der erste Schritt ist abgeschlossen, wenn Sie und Ihr Kind die Diagnose angenommen haben.

Auf dem Weg dorthin geht es erst einmal

darum, die Ergebnisse des Tests richtig zu verstehen. Ohne ein gutes Basiswissen ist der weitere Umgang auch für Sie als Eltern nicht einfach. Besprechen Sie das Testergebnis sorgfältig und beraten Sie sich mit dem Psychologen. Stellen Sie alle Ihre Fragen zum Testprofil.

Standards für Hochbegabungsdiagnostik
(bei unproblematischen Fällen)

- Vorgespräch und Kurzanamnese
- Mindestens zwei Testverfahren zur Messung des intellektuellen Entwicklungsstandes
- Nachgespräch, Bericht oder Befund

Im nächsten Schritt müssen Sie auf die Fördermaßnahmen und den weiteren Umgang mit Ihrem Kind achten: Welche Maßnahmen sind zu empfehlen? Was können oder sollten Sie in nächster Zeit angehen, was ist eher mittelfristig anzustreben? Braucht Ihr Kind eine Therapie? Was können Sie selbst tun? Wenn Sie unsicher sind, wie Sie mit dem Testergebnis in der Familie oder in der Schule umgehen sollen, besprechen Sie das am besten bei einem neuen Termin ausführlich mit dem Psychologen. Solche Schritte müssen gut überlegt sein.

Verlangen Sie einen aussagefähigen Abschlussbericht über die testdiagnostische Untersuchung – mit Empfehlungen zu weiteren Maßnahmen. Geben Sie sich nicht nur mit dem IQ-Ergebnis oder dem Deckblatt des Tests zufrieden. Die Abschlussfrage des diagnostischen Prozesses sollte dann lauten: Haben Sie alle notwendigen Informationen bekommen, um Ihr Kind im richtigen Maß zu fördern?

Wie sagen wir es dem Kind?

In der Regel spüren hochbegabte Kinder ihre Besonderheit, können sie aber meist nicht erklären. Besonders bei hochbegabten Kindern, die Probleme mit sich selbst, der Familie, der Schule und dem sozialen Umfeld haben, ist es wichtig, die Hochbegabung anzusprechen und als wichtigen Punkt in die weitere Förderung oder Therapie aufzunehmen. Die Kinder haben ein Recht darauf, in ihrer gesamten Persönlichkeit ernst genommen zu werden. Denn die Feststellung einer Hochbegabung ist identitätsstiftend. Wie dem Kind oder Jugendlichen seine Hochbegabung mitgeteilt wird, sollte individu-

ell abgewogen und auf den Anlass bezogen werden. Auf jeden Fall übernehmen Sie als Eltern dabei eine wichtige Rolle.
Aus unserer Erfahrung hier einige besonders wichtige Punkte:

- **Bei jüngeren Kindern im Alter von fünf bis zehn Jahren** sollte der Begriff einer Hochbegabung eher nicht verwendet werden. Sprechen Sie lieber von „schlau“ oder „fit im Kopf“, „aufgeweckt“, „klug“ und „clever“, „schon denken können wie ältere Kinder oder Schüler der höheren Klasse“. Verbinden Sie diese Aussagen mit Beispielen aus dem familiären Alltag oder Leistungen aus der Schule oder dem Verein, damit dem Kind deutlich wird, was Sie meinen. Direkte Anforderungen oder Erwartungen sollten Sie daran nicht knüpfen.
- **Ab dem Alter von zehn Jahren** sind die Kinder durchaus in der Lage, ihre Begabung genauer zu fassen. Nutzen Sie doch einfach Begriffe wie „intelligenter oder gescheiter Kopf“, „was auf dem Kasten haben“ oder auch „denken können wie ein schlauer Professor“, um den Umstand der hohen Begabung zu veranschaulichen. Wenn Probleme wie bei Underachievern vorliegen, ist die Kenntnis über die eigenen Fähigkeiten ein wichtiges Moment, das für die Zukunft von hoher Bedeutung ist.
- **Im Jugendalter – also ab etwa 14 bis 16 Jahren** – steht zu Beginn klar die Frage, was Anlass für die Feststellung „Hochbegabung“ ist. Meist sind zukunftsweisende Aspekte in die Mitteilung an den Jugendlichen einzubauen. Für die Erklärung und auch Förderung gilt: Hochbegabung ist ein Kernpunkt der sich bildenden Persönlichkeit und muss daher auch angesprochen werden. Ob Sie nun den Begriff „Hochbegabung“ verwenden, von hohen intellektuellen Fähigkeiten oder Hochintelligenz sprechen, spielt letztlich nicht die entscheidende Rolle. Entscheidend ist, dass der Jugendliche seine Besonderheit erfährt, sie verstehen und in seine aktuelle Lebenssituation einbetten lernt. Nur dann können Probleme bewältigt werden und kann Förderung erfolgreich sein.

Aus unserer Praxis haben wir als Beispiel einen kurzen Auszug aus einer Testbesprechung dargestellt, bei der Jonas (zwölf Jahre alt) einiges zur Diagnose erklärt wurde. Jonas wurde von seinen Eltern auf Anraten der Lehrerin vorgestellt. Jonas komme in der Schule sehr gut mit, insgesamt mache er einen aufgeweckten Eindruck, könne aber gar nicht gut mit Frustrationen umgehen. Das gehe so weit, dass er sich auch bei einer 2+ gar nicht freuen könne, sondern eher unzufrieden wirke. Er mache dann regelrecht zu. In der Diagnostik wird festgestellt, dass Jonas hochbegabt ist. Das ist ein wichtiger Punkt für den weiteren Umgang mit ihm:

- *„Hallo Jonas, beim letzten Mal haben wir ja einiges zusammen gemacht, die ganzen Puzzle-Aufgaben und die Denkrätsel. Du hast mir erzählt, was dich interessiert und was du alles weißt. Und beim Test lief ja alles wie geschmiert: Ich hatte den Eindruck, dir hat's richtig Spaß gemacht, mal zu zeigen, was in dir steckt.*
  Und weißt du was? Da ist ein Super-Ergebnis herausgekommen. Wir haben nämlich herausgefunden, was in dir steckt, wie begabt du bist und was du alles auf dem Kasten hast: Du hast bei der Untersuchung spitze abgeschnitten – mit 98 von 100 möglichen Punkten. Stell dir vor: Da stehen 100 Kinder in einer Reihe – und du bist einer der zwei Besten, also ganz weit vorn dabei. Super!
  Das zeigt, dass du besonders gut und schnell denken kannst und für dein Alter schon sehr viel gelernt hast und weißt. Auf jeden Fall kannst du stolz sein auf deine Talente – und auch deine Eltern können stolz auf dich sein. Denn du kannst, wenn du willst und deine Eltern und die Schule dich unterstützen, richtig gute Sachen machen. Ich finde das klasse.
  Wenn es in der Schule mal nicht so läuft, wie du dir das vorstellst, kann das ja auch daran liegen, dass du ein bisschen anders bist als die anderen Kinder. Weil du vieles eben schon gut machen kannst. Wollen wir uns nicht noch mal treffen, damit du mir das noch mal genauer zeigen und erklären kannst? Vielleicht können wir ja auch …"

Wie reagieren Eltern auf so ein Testergebnis? Eine klare Antwort gibt es darauf nicht. Unsere Erfahrungen sind da ganz unterschiedlich. Manche Eltern haben „es" geahnt, andere sind völlig überrascht – vor allem dann, wenn ihr Kind viele Probleme hat. Die Erfahrung zeigt, dass Eltern nicht immer glücklich sind, wenn sie hören, ein hochbegabtes Kind zu haben. Eher sind sie erschrocken und etwas verunsichert. Danach beschleicht viele Eltern das Gefühl, eine hohe Verantwortung zu haben. Und sie suchen

Name	Geschlecht
Schule	Klasse
Testleiter(in)	Händigkeit

HAWIK-III
Hamburg-Wechsler-Intelligenztest für Kinder – Dritte Auflage

Untertests	Roh-Werte	Wertpunkte VT	HT	SV	WO	UA	AG
Bilderergänzen			13		13		
Allgemeines Wissen		14		14			
Zahlen-Symbol-Test			13				13
Gemeinsamkeitenfinden		14		14			
Bilderordnen			14		14		
Rechnerisches Denken		16				16	
Mosaik-Test			16		16		
Wortschatz-Test		18		18			
Figurenlegen			15		15		
Allgemeines Verständnis		14		14			
(Symbolsuche)							15
(Zahlennachsprechen)		[a] 16				16	
(Labyrinth-Test)			[a] 14				
Wertpunkt-Summe		76	71	60	58	32	28

a) Ergebnis kann wahlweise für einen anderen Untertest in die Berechnung des Summenwerts für den VT bzw. HT und den Gesamttestwert eingesetzt werden.

Gesamttestwert: 148

Berechnung des Lebensalters

	Jahr	Monat	Tag
Testdatum	05	6	20
Geburtsdatum	95	2	8
Lebensalter	10	4	12

	Wert-punkte	IQ/ Index	%-Rang	___ %-Vertrauensintervall
Verbalteil	76	136	99	–
Handlungsteil	71	131	98	–
Gesamt-Test	148	135	99	–
SV	60	135	99	–
WO	58	130	98	–
UA	32	136	99	–
AG	28	124	95	–

HAWIK-III-Wertpunkt-Profil

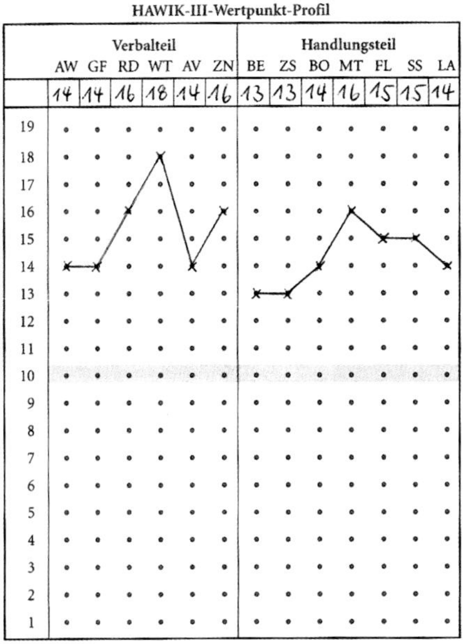

IQ-Werte Index-Werte

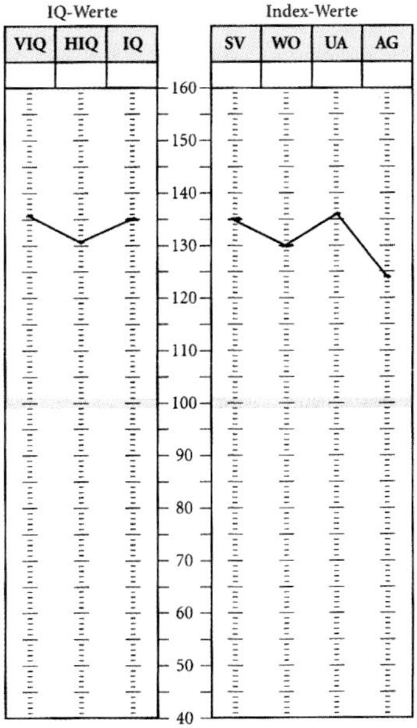

sich „Leidensgenossen“, sogenannte Mitbetroffene – als ob Hochbegabung ein Makel oder eine Krankheit wäre. Manchmal kommt auch ein Gefühl der Schuld auf, bisher manches falsch gemacht oder Signale nicht erkannt zu haben.
Da brauchen dann erst mal die Eltern Hilfe. Ein erfahrener Fachmann beglückwünscht sie zu ihrem Kind und hilft ihnen, es richtig zu fördern. Denn besondere Begabung ist ein Geschenk. Darüber können sich Eltern, Lehrer und Kinder nur freuen. Auch die Gesellschaft darf dankbar sein.
Das Akzeptieren des Testergebnisses ist manchmal ein längerer, nicht immer schmerzfreier Prozess – besonders dann, wenn Eltern langsam erkennen, dass ihr Kind ihnen sogar kognitiv überlegen ist. Dann kann es sein, dass die Eltern Angst vor der Hochbegabung ihres Kindes bekommen – zum Beispiel davor, dass ihre Kinder schnell das Erziehungssystem durchschauen und entweder ihre Schwächen und Ängstlichkeit ausnutzen oder sie argumentativ hart mit den eigenen Schwächen konfrontieren.
Hier hilft nur ein offenes Gespräch zwischen Eltern und Kind, das die Realitäten anerkennt und die Rollen klar formuliert. Zur Unterstützung können Sie einen Fachmann aufsuchen und diese Schwierigkeiten mit ihm besprechen.

Informationen beschaffen und dazugehören

Lesen und Informationen beschaffen braucht Zeit. In dieser Zeit ordnen sich im Kopf viele bisherige Wahrnehmungen neu, bauen sich Vorurteile und Missverständnisse ab. Ein fundiertes Verständnis des Themas wächst. Die Persönlichkeit und die Identität hochbegabter Kinder zu verstehen, bedeutet zum Beispiel auch, die asynchrone Entwicklung zu verstehen: zum Beispiel lesen können und nicht schreiben lernen wollen, weil das Gehirn viel schneller denken als die Hand schreiben kann.
Eltern sind meist schnell motiviert, mit anderen Eltern Kontakt aufzunehmen, einer der bundesweit arbeitenden Organisationen beizutreten, eine Selbsthilfegruppe zu besuchen. Klicken Sie sich ein ins deutsche und internationale Netzwerk und nehmen Sie „Stallgeruch“ auf. Sie gehören zu der großen „Familie“ von Eltern mit hochbegabten Kindern. Tauschen Sie sich mit anderen Eltern aus – und erfahren Sie, wie andere Eltern mit diesem Thema umgehen.
Die Adressen und Internetseiten der bundesweit oder regional agierenden Förderver-

eine finden Sie am Schluss des Buches im Info-Magazin – ebenso einen Überblick über Links zu staatlichen und privaten Förderkursen, zu Beratungsstellen, universitären Einrichtungen und psychologischen und psychotherapeutischen Praxen, die sich spezialisiert haben.

Frühes Erkennen heißt frühes Fördern

Mit dem Erkennen einer Hochbegabung ist es nicht getan. Denn von nun ab heißt es, auf eine angemessene Förderung Ihres Kindes zu achten. Fördern bedeutet nicht, dass Sie Ihr Kind gleich in einen Schachkursus schicken oder bilingual aufziehen müssen. Fördern muss nicht gleich ein Lerntraining oder eine andere „organisierte“ Maßnahme sein. Fördern kann auch viel zurückhaltender geschehen: im Spiel, im Geschichten-Erzählen oder durch Fragen und attraktive Aufgabenstellungen.

Warum aber kann es so wichtig sein, von früh an zu fördern? Dafür spricht besonders, dass Kinder gerade in ihren ersten zehn Lebensjahren hervorragend lernen können. Sie sind offen für Anregungen von außen und können sich eben dann optimal entwickeln, wenn sie nicht über- und nicht unterfordert werden. Außerdem stellen sich von früh an die Weichen für Lernprozesse des weiteren Lebens. Fördern heißt immer angemessenes Fördern, sodass sich Kinder (und nicht nur hochbegabte) optimal entwickeln können.

In der Arbeit mit hochbegabten Jugendlichen mit Problemen stellen wir oft fest, dass sie einfach das Lernen nicht gelernt haben. Sie haben kein gutes Arbeitsverhalten, sind unorganisiert und können sich nur schlecht zur Schularbeit motivieren. Da fehlt ganz einfach die Basis. Das zeigt: Frühes Fördern ist hauptsächlich präventive Arbeit. Es beugt möglichen späteren Problemen vor.

Fördern heisst Fordern

Versuchen Sie herauszufinden, ob Ihr Kind mehr Anforderung braucht oder mit dem, was es tut und macht, völlig zufrieden ist. Wenn Sie meinen, es brauche höhere Anforderungen, dann bedeutet das nicht, dass Sie nun ein tägliches dreistündiges Fortbildungsprogramm für Ihr Kind buchen sollten. Sie als Eltern sollten sich besonders der Förderung durch Fordern und durch das Bereitstellen von Möglichkeiten widmen. Hier wird Ihr hochbegabtes Kind sich dann finden und entfalten können.

Interessen und Stärken ausbauen

Wenn wir von Fördern sprechen, meinen wir meist etwas, das dazu dient, irgendeine Schwäche zu verbessern oder eine Lücke zu füllen. Das kann nur funktionieren, wenn wir uns der Stärken eines Kindes bedienen und diese als Ressourcen nutzen. Stärken helfen uns, denn wir sind uns ihrer sicher. Für Ihr hochbegabtes Kind ist es wichtig, sich gerade in den Bereichen, für die es eine sehr gute Voranlagung hat, zu entfalten und zu sehen, was es alles leisten kann. Und das funktioniert am besten, wenn Interesse und Spaß vorhanden sind. Seien Sie nicht scheu und öffnen Sie Ihrem hochbegabten Kind seine Türen zu sich selbst.
Auch im Hinblick auf mögliche Probleme ist das Ausbauen von Stärken eine wichtige Arbeit. Denn bei Schwierigkeiten in schulischen Bereichen ist ein Blick auf das, was man gut kann, enorm wichtig für den eigenen Selbstwert. Stärken helfen Ihrem hochbegabten Kind, wenn es Probleme hat – um sie zu lösen und um sie zu verarbeiten.

Förderung emotionaler und sozialer Kompetenzen

Der Blick in die Zukunft Ihres hochbegabten Kindes – auf Kindergarten, Schule und Beruf – macht schnell deutlich, dass jede Förderung sich auch an den emotionalen und sozialen Bedürfnissen orientiert. Das Beschäftigen mit Lernstoff und Wissensinhalten ist nicht das Einzige, mit dem sich Ihr Kind auseinandersetzen muss. Das Kennenlernen von Gefühlen und ihren Kräften, von unbeeinflussbaren Ereignissen unter Freunden und Gleichaltrigen ist etwas, das nicht nur rein rational gelernt und verstanden werden kann. Daher ist das Thematisieren von eigenen Gefühlen und von Gefühlen anderer ein wichtiges Moment in der Erziehung: Sprechen Sie über freudige und traurige Ereignisse und wie Menschen aussehen, wenn sie unglücklich oder glücklich sind. Fördern Sie die Empathie Ihres hochbegabten Kindes gerade dadurch, dass es lernt, sich in andere hineinzuversetzen und das, was passiert, aus deren Perspektive zu betrachten.

Diese Fähigkeiten sind wichtig für den weiteren Werdegang. Denn bereits das Lernen und Bilden in der Kindertagesstätte geschieht in Gruppen. Daher sind nicht nur die Sach-, sondern auch die Personeninformationen wichtig, die Ihr Kind verarbeitet. Das ist die Grundlage dafür, sich auch angemessen verhalten zu können.

Für viele Hochbegabte scheint es oft am Anfang einfacher und leichter, sich anderen Kindern sachbezogen zuzuwenden. Das Interesse an einer gemeinsamen Sache, einem Thema wie Dinosaurier oder Technik, schweißt sozusagen zusammen und macht es einfacher, den persönlichen Kontakt herzustellen und weiterzuführen. In diesem Gefüge wird Ihr Kind leichter lernen, seine Bedürfnisse mit denen der anderen abzugleichen und sich in Prozesse zu integrieren.

Besonders begabte Kinder wollen besonders schnell und selbstbestimmt lernen

„Wenn ich groß bin, will ich Ägypten erforschen.“ Ihr Kind denkt sich an jedem Tag seines Lebens selbst neue Fragen aus und sucht sich eigene Anforderungen. Das ist gut so. Es will zum Beispiel klettern und laufen, Dinge durch Auseinanderbauen erforschen, experimentieren und sich selbst Fragen stellen, die für Erwachsene banal und schon längst beantwortet sind. Ihr Kind will die Dinge und Tätigkeiten ausprobieren und dabei nicht nur seinen Wissenshorizont ausbauen, sondern vor allem sich selbst entdecken und entfalten. Dabei stellen sich ihm Probleme, die es selbst und am liebsten autonom lösen will. Also muss es auch neue Ideen und Strategien entwickeln. Gerade beim Fördern durch Fordern dürfen Sie nicht alles vorkauen. Trauen Sie Ihrem Kind zu, dass es selbst über Hürden klettert und so seine Kräfte stärkt. Erweist sich die Hürde, die Herausforderung – auch wenn sie Ihnen aus Ihrer Sicht zu weit nach oben ge-

griffen, seltsam oder sogar etwas schrullig erscheinen mag – als zu groß, wird Ihr Kind Sie schon rufen. Die Erinnerung an Ihre eigenen Interessen als Kind kann Ihnen dabei helfen.
Wie erreichen Sie es, dass Ihr hochbegabtes Kind im Bereich seiner Stärken kreativ an seiner Leistungsgrenze arbeitet? Wie können Sie ein engagierter und kreativer Lerncoach sein? Wie können Sie Ihr Kind durch Fordern fördern?
Halten Sie sich das Ziel jeder Hochbegabten-Förderung vor Augen: Entwicklungsanreize geben, Lernangebote zur eigenen Verarbeitung bieten, Neugier erhalten und gegebenenfalls wieder wecken. Die Kinder- und Jugendzeit ist die Zeit des Ausprobierens: eigene Erfahrungen und Fehler machen zu dürfen, eigene Ziele zu suchen und zu finden.
Grundsätzlich ist Förderung nicht zwanghaftes pedantisches Trainieren von entdeckten oder vermeintlichen Stärken, sondern ist getragen aus entspannter, geduldiger und zuversichtlicher Liebe der Eltern, Erzieherinnen und Lehrer. Besonders begabte Kinder wollen in ihrem eigenen Lerntempo lernen, nämlich besonders schnell. Die gegenüber normalem Begabungsniveau ungleiche Denk- und Handlungsgeschwindigkeit erfordert Rücksichtnahme und Mitgehen. Manchmal überfordern hochbegabte Kinder sich

Ein paar Fragen zum Querdenken

Fördern heißt auch: Sich selbstkritisch hinterfragen, sich kritisches Denken erlauben. Denn damit erlauben wir auch unseren Kindern kritisches Denken.
Wie viel von dem, was erfolgreiche Menschen brauchten, um erfolgreich zu sein, haben sie sich selbst beigebracht und aus der Auseinandersetzung mit der Umgebung selbst gelernt?

- **Für Kinder:**

Lernt ihr nur in der Schule? Oder gibt es nicht viele andere Lernwelten, die genauso bedeutsam sind?

- **Für Eltern:**

Sind Lehrer die einzigen Wissensvermittler für unsere Kinder?
Denken Sie an sich selbst: Was habe ich nicht in der Schule, sondern von meiner Mutter, meinem Vater, Großvater oder einem anderen Erwachsenen gelernt? Was habe ich mir selbst beigebracht?

- **Für Erzieherinnen und Lehrer:**

Woher nehme ich die Gewissheit, dass die Kinder wirklich das lernen, was wir ihnen anbieten? Was kann ich von Kindern lernen? Woher wissen wir, dass das, was wir jetzt für wichtig halten, von unseren Kindern in zehn Jahren auch gebraucht wird? Trauen wir uns, gegenüber uns selbst kritisch zu denken? Leben wir kritisches Denken vor? Können wir die kritischen Fragen unserer Kinder aushalten?

- **Für Ärzte und Psychologen:**

Wer sagt, dass wir wissen, was für die Kinder gut ist? An welcher Stelle hört meine Kompetenz auf?

Mit diesen Fragen möchten wir Sie ermutigen, neue Lernwege für unsere Kinder zu denken, zu suchen, zu probieren, mitzugehen, auch mal zu irren - aber auf keinen Fall stehen zu bleiben, sondern sich am hellen Lernfeuer besonders begabter Kinder zu erfreuen.

selbst, weil ihre körperliche Entwicklung hinterherhinkt, d.h. normal verläuft. Manchmal wollen sie am liebsten nur lernen, was sie interessiert, was aber nicht immer realistisch ist. Dabei können sie allerdings eine erstaunliche Ausdauer an den Tag legen und in kurzer Zeit ein erstaunliches Wissen anhäufen. Der Wert des eigenständigen Lernens kann nicht hoch genug eingeschätzt werden. Auch daraus ergibt sich das Recht auf besondere Förderung in Elternhaus und Schule. Besonders begabte Kinder brauchen besondere Stimulation - und Erfahrungen, die zu ihrem Begabungsniveau passen, wenn sie ihr Potenzial ausschöpfen wollen. Jedes Kind hat das Recht zu lernen und braucht Förderung auf der ihm angemessenen Ebene, um den höchstmöglichen Lernfortschritt zu erzielen. Nutzen Sie die Angebote für integrative Begabten-Förderung (siehe Info-Magazin).

Entwicklungsrisiken beachten – Entwicklungsanreize geben

In früher Kindheit haben besonders begabte Kinder viel Freude am Lernen. Die Informationen fliegen ihnen nur so zu. Manche haben vor der Einschulung schon Sammlungen angelegt, kategorisiert, archiviert, sich oft schon lesend Weltwissen erschlossen.
Eltern sind in diesem Zeitraum der Entwicklung ihres Kindes oft verwundert, irritiert, wissen es nicht einzuordnen. Manche bremsen den Forscherdrang – nach dem Motto: *„Was soll mein Kind dann noch in der Schule lernen?“* Wir haben eine Mutter kennengelernt, die ihrem Kind das Lesen vor der Einschulung schlichtweg verboten hat. Unbewusst hat sie ihre Tochter damit massiv unter Druck gesetzt: Die Entwicklungsbedürfnisse des Kindes auf der einen Seite und die Normerwartung der Mutter auf der anderen Seite haben zu einem inneren Zwiespalt geführt, der für die Entwicklung nicht gut ist.
Die intellektuellen Anforderungen der Grundschule bewältigt ein besonders begabtes Kind spielend. Dank seines hervorragenden Gedächtnisses, seiner Fähigkeit, logisch zu denken, seines bereits vorhandenen Wissens verarbeitet es den Stoff sehr schnell. Es stößt nicht an seine Leistungsgrenzen. Das Risiko: Geringe Anforderungen können in der Grundschule zur Demotivation führen – und in der weiterführenden Schule dann zu Lernproblemen.
In unserer langjährigen Arbeit mit hochbegabten Kindern und Jugendlichen haben wir festgestellt, dass sich bei Hochbegabten, deren Entwicklung mit kleinen oder größeren Problemen behaftet ist, die Lern- und Arbeitstechniken verändert haben. Wir haben viele Eltern befragt, Schulunterlagen, Zeugnisse und Arbeitsmaterialien durchgearbeitet und bei vielen solcher Kinder eine Verschlechterung des Lern- und Arbeitsverhaltens entdeckt. Bei manchen setzt dieser Wechsel bereits im ersten oder zweiten Schuljahr ein.

Unsere Erkenntnisse haben wir in der folgenden Tabelle zusammengestellt:

Lern- und Arbeitstechniken im Entwicklungsverlauf von Hochbegabten mit Problemen

Lern- und Arbeitstechniken vor und zu Beginn der Grundschule	Lern- und Arbeitstechniken zu Beginn und in den ersten Jahren der weiterführenden Schule
Basisfähigkeiten: Neugier, Ungeduld, wissen wollen, Fragen stellen, hohe Selbstständigkeit (und Autonomie), überragende Gedächtnisfähigkeit, hohe Konzentration	**Basisfähigkeiten:** Sind reduziert, Tendenz zu Trägheit und Demotivation, Verantwortung wird an Eltern abgegeben
Lernverhalten: Wollen und können schnell und viel lernen, Bedürfnis nach Hinterfragen und Verstehen	**Lernverhalten:** Erfahrung: „Das weiß ich ja schon alles.“ Daher kein Lernen von Vokabeln, mathematischen Formeln; kein Lernen für Arbeiten
Arbeitsverhalten: Intensives Sammeln, Ordnen. Die Kinder erklären sich Dinge, gliedern und klassifizieren, stellen sich selbst intellektuell anspruchvolle Aufgaben.	**Arbeitsverhalten:** Hausaufgaben werden unsauber, spät oder nicht vollständig gemacht. Eltern müssen antreiben. Die Kinder meiden schulische Anstrengung.
Beobachtbares Verhalten: Kinder wollen eigenen Schreibtisch, verbringen viel Zeit mit „Lernen“, Interesse an Wissenszuwachs, hinterfragen abstrakte Konzepte oder Begriffe	**Beobachtbares Verhalten:** Klagen über Langeweile, passive Tätigkeiten werden häufiger (TV), Rückzug auf Lust-Laune-Prinzip
Leistungen: Gut bis sehr gut, Begeisterung für Schule	**Leistungen:** Werden schwächer, Langeweile, Tendenz zu Underachievement
Seelische Gesundheit: Gut	**Seelische Gesundheit:** Labil

Eltern hochbegabter Kinder erleben oft, wie sich in der Grundschule das Arbeits- und Lernverhalten verschlechtert. Intellektuelle Anforderungen werden in den Jahren der Grundschule spielend bewältigt. Auch die Anforderungen an Wissen werden in der Grundschule „mit links“ absolviert. Was gefordert und abgefragt wird, haben die Kinder im Vorbeigehen gelernt. Vieles an Wissen, das Ihr hochbegabtes Kind schon zu Beginn der Grundschule in sich angehäuft hatte, wird in der Grundschule gar nicht angefordert. Darunter leidet natürlich das Arbeits- und Lernverhalten.
Und in der weiterführenden Schule geht es dann manchmal so weiter. Vor allem, wenn die Eltern ihrem Kind in diesem Alter zu viel Verantwortung in die Hand geben, die es noch gar nicht übersehen und tragen kann. Ihr Kind kann noch nicht alle Entscheidungen selbst treffen. Auch hochbegabte Kinder brauchen Führung, damit sie sich ihren Fähigkeiten entsprechend anstrengen und ihr persönliches Potenzial ausschöpfen. Fordern und fördern Sie Ihr hochbegabtes Kind seiner Begabung entsprechend – und behalten Sie dabei die elterliche Führung in der Hand.

Entwicklungs-Partnerschaft: Fördern und Fordern im Team

Das Team

Im gesamten Kindes- und Jugendalter befinden sich hochbegabte Kinder – wie alle anderen auch – in Abhängigkeit von ihrer Umgebung. Weil sie in ihrer Entwicklung auf ihr Umfeld angewiesen sind, liegt es in unserer Verantwortung, eine angemessene Förderung für das Kind aufzubauen. Daher sollte dem hochbegabten Kind ein ganzes Team zur Unterstützung bereitstehen: Eltern, Erzieherinnen, Lehrer, Ärzte und Therapeuten. Damit sich das Kind optimal entwickeln kann, muss jeder im Team ganz bestimmte Aufgaben in seinem Bereich übernehmen.

Als Eltern können wir entscheiden, welche Möglichkeiten wir unserem Kind eröffnen. Das fängt bei den Freizeitaktivitäten und Hobbys an und führt bis hin zu Fernsehkonsum und Schulwahl. Der familiäre Einfluss – und besonders der der Eltern – ist daher sehr wichtig.

Gleiches gilt für den Bereich der Kindertagesstätten, in denen das hochbegabte Kind meist die ersten sozialen Rückmeldungen durch Gleichaltrige erfährt und sich zudem in vorgegebenen Strukturen entwickelt: Der erste Kontakt zu einer professionellen Bezugsperson wird hergestellt, das erste organisierte Spielen, Lernen und Bilden findet statt und erste soziale Erfahrungen werden gemacht.

Die Schule steht ebenfalls als wichtige Umwelt für das hochbegabte Kind da. Denn neben der persönlichen Beziehung zum Lehrer dienen auch die Leistungsaspekte der Schule – die ja letztlich das Denken und Handeln des Kindes bewerten – der persönlichen Entwicklung des hochbegabten Kindes.

Die Eltern haben eine besondere Bedeutung, weil sie die wichtigsten Personen für das Kind sind. Auch die Erzieherinnen und Lehrer spielen eine große Rolle, denn sie sind außerhalb des Elternhauses wichtige Bezugspersonen. Die Kinder- und Jugendärzte treten zwar seltener in das Leben des Kindes, sind aber ebenfalls sehr wichtig, weil sie als Experten die Entwicklung des Kindes einschätzen können.

Das gilt auch für Psychologen und Therapeuten, die Probleme analysieren und einen Maßnahmenplan entwickeln können.

Die Teamarbeit

Für jeden im Team ist es wichtig, sich über die Bereiche des anderen zu informieren, um zu erfahren, wo Schnittstellen liegen. Nur so kann die Zusammenarbeit gut gelingen.

Damit das Team gut arbeiten kann, ist es wichtig, dass alle Teammitglieder bestimmte Grundvoraussetzungen erfüllen. Denn nur dann ist das Team stark genug, um Erfolge herbeizuführen. Sie müssen ...

- wissen, dass das Kind hochbegabt ist
- darüber informiert sein, was eine Hochbegabung ist – und was sie nicht ist
- die Bereitschaft haben, sich mit dem hochbegabten Kind und Hochbegabung ernsthaft zu beschäftigen
- die Besonderheiten des Kindes kennen und verstehen
- daran interessiert sein, mit den anderen Teammitgliedern konstruktiv zusammenzuarbeiten
- bereit sein, sich für das hochbegabte Kind anderen gegenüber einzusetzen
- motiviert sein, immer wieder zu versuchen, sich in das hochbegabte Kind hineinzuversetzen und die Dinge aus seiner Perspektive zu sehen
- an das hochbegabte Kind und den gemeinsamen Erfolg glauben

Viele hochbegabte Kinder werden nicht automatisch zu Problemkindern. Sie entwickeln sich gut, suchen sich eigene Betätigungsfelder und fallen dann meist nur dadurch auf, dass sie einzelne Entwicklungsmeilensteine früher und schneller hinter sich bringen.
Deshalb brauchen Sie nicht gleich an Probleme zu denken, die auftreten könnten. Es ist vor allem wichtig zu beobachten, wie Ihr Kind sich entwickelt, und darauf zu achten, in welchen Bereichen seine Stärken und Schwächen liegen. Sie können dann anpassen,

was Sie Ihrem Kind an Förderung zukommen lassen. Vielleicht sucht sich Ihr hochbegabtes Kind seinen Weg auch allein, sodass Sie „nur“ aufmerksamer Beobachter sein müssen. Sie sind dann eher der Weichensteller – zum Beispiel, wenn es den ganz normalen Krach mit der besten Freundin gegeben hat. Wie ein Vater trefflich formuliert: *„Ich bleibe im Hintergrund, sorge ab und zu dafür, dass es was zu tun gibt, und achte darauf, wie es läuft. Und im Fall der Fälle schalte ich mich dann auch mal ein – leise oder auch etwas lauter.“*

Einbindung aller Teammitglieder

Das Teamkonzept wirkt dann am besten, wenn Sie für einen Austausch zwischen Elternhaus, Kindergarten oder Schule, Arzt und Psychologe sorgen. Das hilft dabei, ein möglichst vollständiges Bild von Ihrem hochbegabten Kind zu erhalten. Denn die verschiedenen Perspektiven können wichtige Aspekte ergänzen, die sonst vielleicht übersehen werden. Wichtig sind auch genaue Absprachen, die dabei helfen, dass Veränderungen herbeigeführt und wahrgenommen werden können.

Diesen Austausch zwischen allen Teammitgliedern können Sie im Rahmen einer „Förderkonferenz“ organisieren. Sie sollte von einem Experten für Hochbegabung moderiert werden. In diesem Entwicklungs-Partner-Team sprechen gleichwertige Partner miteinander. **Der wichtigste Partner ist das Kind.**

Zunächst wird der Ist-Zustand festgestellt und analysiert. Auf Grund der **Ist-Analyse** werden dann **Förderziele** formuliert und **Maßnahmen** geplant, mit denen die Förderziele erreicht werden sollen. Eine wichtige Informationsgrundlage für die Ist-Analyse ist der Bericht der Institution, die die Hochbegabung diagnostiziert hat. Weitere Informationen liefern die Beobachtungen von Eltern und Erzieherinnen bzw. Lehrern.

Schritt 1: Die Ist-Analyse

In der Ist-Analyse geht es darum, ...

- die besondere Struktur der Begabung des Kindes zu verstehen:
  - Allgemeines Intelligenzlevel
  - Besondere Leistungs-Schwerpunkte
  - Besondere Leistungs-Schwächen
  - Abstrakt-mathematische Begabung
  - Technische Begabung
  - Räumlich-visuelle Begabung
  - Sprachliche Begabung
  - Mehrsprachigkeit
  - Bevorzugter Lernstil
  - Bevorzugter Informationsaufnahme-Kanal (visuell, auditiv, kinästhetisch)
- Hindernisse auf dem Weg von der Begabung zu entsprechender Leistung und persönlicher Zufriedenheit aufzudecken:
  - Geringe Motivation, Hausaufgaben zu machen
  - Fehlende Lernstrategien
  - Geringes Selbstvertrauen
  - Underachievement
  - Unorganisiertes, planloses Arbeiten
  - Rebellion gegen Autoritäten
  - Ungünstiger Einfluss von Gleichaltrigen
- zusätzliche Handicaps wie Wahrnehmungs- und Integrationsstörungen, Lese-Rechtschreib-Schwäche und Dyskalkulie zu erkennen
- massive Lern- und Verhaltensstörungen wie ADS festzustellen
- den Stand des Vertrauens in Schule/Lehrer und den Stand der Lehrer-Schüler-Beziehung zu klären

Das Ergebnis nach der ersten Förderkonferenz kann eine präzise Bestandsaufnahme der Ist-Situation sein. Nach dem zweiten Teamgespräch kann ein individueller Förderplan für dieses eine Kind erstellt sein.

Schritt 2: Die Förderziele

Denkbare Förderziele:

- Adäquates Level zwischen Leistungsmöglichkeiten und Lernangebot finden
- Unterforderung abbauen
- Underachievement umkehren und Leistungswillen wecken
- Forderungs- und Leistungsanspruch erhöhen
- Spezielle Talente und Begabungsschwerpunkte ausbauen
- Selbstmanagement und Zeitmanagement verbessern
- Schulleistungen verbessern, um geplante Etappenziele (Schulabschlüsse) zu erreichen
- Arbeitsdisziplin lernen. Disziplin entwächst aus tiefem Vertrauen in die eigenen Fähigkeiten und Ziele.
- Soziale Integration in der Gruppe bzw. Klasse verbessern
- Lernen, Prozesse und kreative Problemlösungen planen
- Ggf. therapeutische Maßnahmen einleiten

Ein Rat an die Eltern: Erwarten Sie entsprechend hohe Schulleistungen und fordern Sie sie ein. Ein angemessener Anspruch heißt nicht, Druck auszuüben oder zu Höchstleistungen zu trimmen. Das wäre kontraproduktiv. Sorgen Sie für ein gesundes Klima, in dem Leistungen in angemessenem Maß erwartet oder als selbstverständlich vorausgesetzt werden. Bei den meisten hochbegabten Kindern, die sich ohne Probleme entwickeln, kann das sehr hilfreich sein. Denn so wird ein Level aufgebaut, das gut erreichbar ist, nicht unterschritten wird und mit Anreizen versehen ist.

Schritt 3: Die Fördermaßnahmen

Sobald die Förderziele definiert sind, werden entsprechende Maßnahmen geplant, mit denen die Ziele erreicht werden können.

Beispiele für schulische Förderangebote:

- Differenzierung und Individualisierung im offenen Unterricht

- Beschleunigung im Lernprozess
- Überspringen einer Klasse
- Profil-Klassen
- Enrichment des Unterrichtsstoffes
- Lernstrategien trainieren
- Motivationsaufbau bei Underachievement

Beispiele für innerfamiliäre Förderangebote:
- Ins familiäre Leben eingebettete Lernangebote (Museum, Konzert, Theaterbesuche, gemeinsame Reisen)
- Spezielle TV-Sendungen, die das Wissen der Welt öffnen
- Bücher, Bücher und Bücher
- E-Learning, Internetzugang ermöglichen zur freien Internet-Recherche, Internet-Spiele begrenzen, Internet-Kommunikation erlauben
- Früh schon im Vorschulalter ans Entwicklungsstadium angepasste Verantwortungsbereiche übergeben und klar absprechen (für die eigene Kleidung, das eigene Zimmer, die schulischen Pflichten)
- Gemeinsam einen Notenspiegel führen

Beispiele für Förderangebote im sozialen Umfeld:
- Kontakte zu anderen hochbegabten Kindern und Eltern hochbegabter Kinder schaffen
- Beratungsangebote spezieller Beratungsstellen und Praxen für Hochbegabung nutzen
- Überblick über Förderangebote im erreichbaren räumlichen Umfeld finden
- Teilnahme an Förderprogrammen, Kursen oder Projekten der regionalen Förderverbände ermöglichen
- In Sommercamps gemeinsame Projekte und Erlebnisse mit anderen hochbegabten Kindern und Jugendlichen ermöglichen
- Nachhilfe und Lernen in den Ferien bei speziellem massivem „Lack of knowledge“ organisieren
- Professionelle Trainings (z. B. bei sportlicher, musikalischer oder sprachlicher Hochbegabung) über Jahre zum Talentaufbau planen und organisieren

- Auslandsaufenthalte für Jugendliche, ggf. mit Sprachtraining, ermöglichen

Nachdem die Förderziele festgelegt, die dazu passenden Fördermaßnahmen vereinbart sind, beginnt die Umsetzungs- und Evaluationsphase, die je nach Problemstellung und Zielsetzung ein gemeinsamer Weg über längere Zeit ist.
In dieser Zeit lebt und wächst die Entwicklung-Partnerschaft und die Teammitglieder treffen sich in vereinbarten Abständen, um Hindernisse aus dem Weg zu räumen und sich an den Entwicklungsfortschritten zu erfreuen.

Im Mittelpunkt:
Das hochbegabte Kind

Du stehst im Mittelpunkt, denn du bist das wichtigste Mitglied im Team. Damit das Team erfolgreich arbeiten kann, ist vor allem deine Hilfe und Mitarbeit notwendig. Es ist wichtig, dass du mitmachst und den anderen aus dem Team sagst, wie du dich fühlst und ob etwas geändert werden soll. Bist du daran interessiert, mitzumachen und dein Bestes zu geben?

Dann stelle dich auf folgende Aufgaben ein:

- Informiere dich über deine Hochbegabung.
- Mach dir klar, dass du clever bist – ganz gleich, was in der Schule los ist.
- Finde selbst heraus, was du besonders gut kannst und wo deine Schwächen liegen.
- Arbeite, wenn vorhanden, Wissenslücken diszipliniert und konsequent auf.
- Lies die Tipps im Hochbegabten-Forum (Kapitel 10).
- Arbeite mit deinem Team zusammen, denn alle sind auf deiner Seite.
- Wähle deine Kontakte bewusst und suche dir Freunde, die zu dir passen.
- Mach dir klar, dass letztlich du am meisten für dich verantwortlich bist.
- Entwickle dir eine Vision für dich und dein Leben.
- Entwickle dir Ziele und arbeite konsequent darauf hin.

ENTWICKLUNGSPARTNER I: DIE ELTERN

Sie haben eine besondere Verantwortung, weil Sie nicht nur die wichtigsten Bezugspersonen Ihres Kindes sind, sondern auch wichtige Entscheidungen für Ihr Kind treffen müssen. Bei allem, was geschieht und wie Ihr hochbegabtes Kind sich entwickelt, steht fest, dass Ihre Gefühle immer stark beteiligt sind. Sie stehen Ihrem Kind am nächsten.

Ihre Aufgaben im Team:

- Informieren Sie sich über Hochbegabung.
- Erklären Sie Ihrem Kind, was eine Hochbegabung ist – und was sie nicht ist.
- Finden Sie heraus, was die persönlichen Stärken und Schwächen Ihres Kindes sind.
- Unterstützen, fordern und fördern Sie Ihr Kind in seinen persönlichen Begabungen.
- Geben Sie Ihrem Kind Möglichkeiten, sich frei und kreativ zu entfalten.
- Bremsen Sie nicht, was im Interesse Ihres Kindes liegt.
- Sprechen Sie mit Erzieherinnen/Lehrern über Ihr Kind und seine Hochbegabung.
- Gewinnen Sie Erzieherinnen und Lehrer dafür, im Team mit Ihnen zusammenzuarbeiten.
- Wenn sich Probleme zeigen, sprechen Sie mit einem Arzt und Psychologen.

Die Eigenaktivität Ihres Kindes ist wichtig

Wenn wir fördern, dann sollte unser Ziel stets sein, die Eigenaktivität des hochbegabten Kindes aufzubauen, zu steigern und aufrechtzuerhalten. Eigenaktiv bedeutet, dass Ihr Kind sich von selbst und von innen heraus Lernstoff aneignet, mit Gegenständen oder Gedanken experimentiert und dabei eine starke Lernfreude empfindet. Die

Aktivität Ihres Kindes wird durch die Tätigkeit und deren Ergebnisse belohnt, sodass sich eine Lernbereitschaft entwickeln kann.
Denken Sie daran, dass Sie sich selbst zurückhalten und allenfalls als Anstoßgeber und eher Beobachter tätig sind. Denn wenn Sie sich zu aktiv einmischen, kann sich Ihr hochbegabtes Kind erlauben, einfach passiv zu sein. Gerade bei Themen, die Ihr hochbegabtes Kind interessieren, lässt sich die Eigenaktivität einfach aufbauen und steigern.

Anreicherung der Umwelt

Ein guter Weg ist es, die Angebote für Ihr Kind zu erweitern und so einfach nur Möglichkeiten zur Verfügung zu stellen, die Ihr Kind zur Selbstentfaltung nutzen kann. So kommen Sie der Förderung der Eigenaktivität hervorragend entgegen. Im familiären Rahmen sollten Sie dabei auf Sachverhalte und Aktivitäten achten, die für Ihr Kind interessant sind und die zum Beispiel beim Spaziergang, beim Fernsehen und der Planung des Wochenendes eine Bedeutung haben. Greifen Sie dabei auf Informationsquellen in Ihrer Umgebung zurück, indem Sie nicht nur kindgerechte Wissenssendungen im Fernsehen anschauen, sondern auch ein Museum, einen Zoo oder einen botanischen Garten besuchen.
Viele Eltern berichten mit guten Erfahrungen davon, dass sie manchmal wie nebenbei ein interessantes Buch auf dem Küchentisch haben liegen lassen. Das hat sich jemand weggeschnappt und wortwörtlich „aufgefressen“. Damit wird die Selbstständigkeit und Eigenaktivität Ihres hochbegabten Kindes sehr unterstützt, weil das Kind auch Methoden und Kompetenzen lernt, sich Wissensinhalte anzueignen.

Sinnvolle Erziehungsstile für Eltern hochbegabter Kinder

Haben Sie sich nun auch schon die Frage gestellt, wie Sie Ihr hochbegabtes Kind erziehen? Ist es besser, dass Sie Ihr Kind streng und konsequent führen? Oder dass Sie es frei gewähren lassen?
Wie jedes Kind braucht auch das hochbegabte Kind eine Mischung aus Führen und

Gehenlassen, eine gute Mischung aus Freiraum und Struktur. Wie wir selbst erziehen, hängt von verschiedenen Dingen ab: Wie sind wir erzogen worden? Wie verstehen wir uns als Erziehende? Wie sehen wir das hochbegabte Kind? Und wie gut fahren wir mit unserem Erziehungsstil?

Dabei müssen Sie bedenken, dass Ihr Kind der eigene Akteur seiner Entwicklung ist. Gerade das hochbegabte Kind hat die Voraussetzung, sich eigenständig zu entfalten und früh Selbstständigkeit zu erlernen. Geben Sie Ihrem Kind die Möglichkeit, sich selbstständig zu entwickeln. Setzen Sie einen Freiraum mit klaren Grenzen und lassen Sie Ihrem Kind innerhalb dieses Freiraums freie Hand – wohlwollend seine Entwicklung beobachtend und sich über seine Fortschritte freuend.

In der Arbeit mit Familien erkennen wir oft, dass Sie als Eltern ein gutes Gefühl dafür haben, was Sie Ihrem hochbegabten Kind zumuten und abverlangen können. Viele Eltern schränken ihr hochbegabtes Kind kaum ein, geben ihm viel Raum für sich und seine Interessen und beschränken sich selbst darauf, Möglichkeiten zur Verfügung zu stellen und in einzelnen Bereichen bestimmte Anforderungen und Grenzen zu setzen.

Positives Lernumfeld: Die Voraussetzung für wirksame Förderung

Nur durch Setzen hoher Ansprüche erreicht man hohe Ziele. Aber nicht alle hochbegabten Kinder fordern viel von sich selbst („*Ich muss nicht lernen, weil mir alles zufliegt.*“). Manche sind schon demotiviert, durch Unterforderung oder Schulzwang resigniert. Doch auf die gesamte Schul- und Lebenszeit gesehen müssen Begabung und Leistung zueinander passen. Deshalb muss für hochbegabte Kinder ein Lernumfeld geschaffen werden, das zugleich fordert und fördert.

Ein förderndes und zugleich forderndes Lernumfeld schaffen Sie, indem Sie ...

- **mehr Fragen stellen als Antworten geben**
  Fragen Sie nach und interessieren Sie sich für die Gedanken und Überlegungen Ihres Kindes. Ihr Kind wird und will selbst experimentieren, auch mit seinen Gedanken und Überlegungen zur eigenen Familie und zu seinem Umfeld.

- **Ihrem Kind etwas zutrauen**
  Die Interessen Ihres Kindes dürfen wechseln, auch schnell hintereinander. Erlauben Sie Ihrem Kind Handeln zur Probe. Es darf auch mal etwas schiefgehen. Auch auf diesem Wege kann man lernen.

- **die hohe geistige Erregbarkeit Ihres Kindes berücksichtigen**
  Sie kann sich zeigen in psychomotorischer Energie, Bewegungsenergie, hoher sensorischer Sensibilität, hoher Erregbarkeit und Sensibilität im Imaginativen: Träume, Liebe, Ideen, ungewöhnliche Assoziationen, Fantasie, intellektuelle Übererregbarkeit, extremes Gefühl für Ungerechtigkeit, unendliches Fragen.

- **die schnelle Lern-, Denk- und Handlungsgeschwindigkeit Ihres hochbegabten Kindes mit Geduld und Aufmerksamkeit manchmal auch einfach nuraushalten**
  Hochbegabte Kinder können, wenn sie in ihrem Element sind, von morgens bis abends ununterbrochen lernen und arbeiten – und dann noch nachts aufstehen und etwas basteln oder lesen. Manchmal meinen Eltern, das sei nicht normal. Doch für besonders begabte Kinder ist es normal.

- **die wirklich notwendigen Anpassungen aktiv und konsequent einfordern**
  Hohe Begabung ist kein Freibrief für Regelübertretungen oder respektloses Verhalten (z. B. gegenüber Lehrern).

- **regelmäßige Lernzeiten für angemessenes Lernmaterial einfordern**
  Zum Beispiel können Sie mit Ihrem Kind nicht nur Hausaufgabenzeiten, sondern auch Zeiten fürs Klavierüben vereinbaren.

- **Arbeitsstrategien festlegen**
  Besonders in den ersten Jahren der weiterführenden Schule sind klare Arbeitsstrategien wichtig.

Entwicklungspartner 2:
Erzieherinnen und Lehrer

Als Erzieherin und Lehrer tragen Sie eine große Verantwortung, weil Sie neben dem Elternhaus zu den wichtigsten Bezugspersonen für das hochbegabte Kind gehören. Ihr pädagogisches Wissen und Können macht Sie zum Experten, der die Weichen für die Bildung des hochbegabten Kindes stellt und deshalb einen wichtigen Beitrag zu seiner Entwicklung leistet.

Im Team der Entwicklungspartner haben Sie folgende Aufgaben:

- Informieren Sie sich über Hochbegabung.
- Finden Sie heraus, welche Stärken und Schwächen das hochbegabte Kind hat.
- Unterstützen, fordern und fördern Sie das hochbegabte Kind in seinen persönlichen Begabungen.
- Bremsen Sie nicht, was im Interesse des Kindes liegt.
- Achten Sie auf Wissensdurst und emotionale Bedürfnisse des hochbegabten Kindes.
- Sprechen Sie mit den Eltern über das Kind und seine Hochbegabung.
- Gewinnen Sie die Eltern dafür, im Team mit Ihnen zusammenzuarbeiten.

Die Themen „Hochbegabte im Kindergarten“ und „Hochbegabte in der Schule“ werden in den Kapiteln 6, 7 und 8 ausführlich behandelt.

Entwicklungspartner 3: Ärzte und Therapeuten

Meist kommen Sie ins Spiel, wenn sich Probleme in der Entwicklung des hochbegabten Kindes zeigen oder wenn vonseiten der Eltern, des Kindergartens oder der Schule die Frage nach einer angemessenen Förderung gestellt wird. Dann muss zwar nicht zwingend ein Problem vorliegen, aber es kann sich um Prävention von Problemen drehen - Sie sind ein wichtiges Mitglied im Team. Denn Sie sind der Experte, der Weichen stellen und gegebenenfalls reparieren kann.

Im Team der Entwicklungspartner haben Sie folgende Aufgaben:

- Informieren Sie sich über Hochbegabung.
- Machen Sie sich fit für eine gute Diagnostik von Hochbegabung.
- Klären Sie Eltern, Erzieherinnen, Lehrer und das Kind über Hochbegabung auf. Achten Sie auf psychische und emotionale Auffälligkeiten.
- Treffen Sie mit den Eltern genaue Absprachen über das gemeinsame Vorgehen.
- Beraten Sie sich mit Erzieherin und Lehrer des hochbegabten Kindes – und mit Ihren Kollegen.

Kapitel 4: Das Wichtigste in Kürze

- Hochbegabte Kinder haben ein Recht auf angemessene Förderung.
- Förderung heißt in erster Linie Fordern und setzt auf eine optimale Entwicklung.
- Anreize motivieren und fordern das Entwickeln von Strategien heraus.
- Wenn angemessen gefördert wird, werden Probleme unwahrscheinlich.
- Grundlage notwendiger Förderung ist die fundierte Informationsbasis durch testdiagnostische Untersuchung.
- Die Testdiagnostik von Hochbegabung hat ihre Besonderheiten und sollte nur von einem erfahrenen Experten durchgeführt werden.
- Das Konzept der Entwicklungs-Partnerschaft führt Kinder und Jugendliche, Eltern, Pädagogen, Ärzte und Therapeuten im Team zusammen.

5

Typische Probleme hochbegabter Kinder

In diesem Kapitel erfahren Sie,

- dass Hochbegabung keine Störung, keine Behinderung und keine Krankheit ist
- dass aber ein kleiner Teil der Hochbegabten Probleme hat, die eine Therapie notwendig machen
- dass Hochbegabte körperliche und seelische Probleme haben können
- wie wichtig eine gute Diagnostik für die richtige Therapie ist
- welche Therapiemöglichkeiten es für Hochbegabte gibt, die Probleme haben

Therapie bei Hochbegabung?

Ein wenig komisch klingt das schon: Therapie bei Hochbegabung? Muss eine Hochbegabung therapiert werden? Darauf gibt es eine klare Antwort: Nein! Denn Hochbegabung ist keine Störung, keine Behinderung oder Krankheit. Und dass mit Hochbegabung gleich immer Probleme auftreten, stimmt auch nicht. Der Mehrzahl der Hochbegabten geht es gut. Sie kommen ohne gravierende Probleme in Schule, Familie und Freizeit durch ihr Leben. Nur ein kleinerer Teil der Hochbegabten bekommt Probleme, die dann auch zu einer Therapie führen. Sie werden zu Schulversagern, leiden an Ängsten oder sind sozial überhaupt nicht integriert und führen ein Einsiedlerdasein. Um diese Kinder wollen wir uns in diesem Kapitel kümmern.

Über die Entstehung solcher Probleme wird viel nachgedacht und untersucht. Dabei besteht das Interesse vor allem darin, die Zusammenhänge zwischen den Anteilen des Kindes und den Anteilen der Umwelt zu erforschen. Bringt das hochbegabte Kind bestimmte Merkmale mit sich, die zu den Problemen führen? Oder ist es die Umwelt wie Schule und Familie, die das Kind in seiner Entwicklung behindert und so Probleme hervorruft?

In einigen Fällen ist sie unumgänglich: eine Therapie, die dem hochbegabten Kind und auch den Eltern helfen soll, die aktuellen und auch chronischen Probleme zu bewältigen. Wenn die schulische Situation gravierend schlecht ist, wenn das Kind von anderen gemobbt wird, vielleicht selbst aggressiv und provokant ist oder wenn sich Ängste etabliert haben, dann wird die testpsychologische Untersuchung auf eine notwendige Therapie hinweisen.

Im pädagogischen Kontext verwenden wir gern den Begriff der Passung, der ein gut abgestimmtes Zusammenspiel zwischen den kindlichen Voraussetzungen und den pädagogischen Anforderungen beschreibt. Das gilt für die Schule und auch für den familiären Alltag.

Wenn es zu Problemen mit hochbegabten Kindern kommt, dann liegt keine optimale Passung vor. Mit diesem Gedanken begeben wir uns nun zu einzelnen Problemstellungen, die nach unserer Erfahrung in der Arbeit mit hochbegabten Kindern auftreten.

Aller Anfang ist gute Diagnostik

Zunächst ist es natürlich wichtig zu klären, welche Probleme überhaupt vorliegen. Sie selbst werden sicherlich einen Überblick haben, doch oft ist es gut, auch zu sehen, in welchen Bereichen es ganz gut oder zumindest nicht so schlimm läuft:

- Hat das Kind schulische Schwierigkeiten? Sind die Leistungen in einem oder in mehreren Fächern schwach? Ist es leicht ablenkbar und unruhig?
- Gibt es im sozialen Umfeld Probleme? Ist das Kind ein Außenseiter? Zeigt es aggressives oder störendes Verhalten?
- Hat das Kind emotionale Probleme? Steigert es sich leicht in Ängste? Gibt es psychosomatische Beschwerden?

Hochbegabte Kinder mit Problemen sollten in jedem Fall testpsychologisch untersucht werden. Wenn die Hochbegabung nur als Verdacht im Raum steht, kann das sehr ungünstig sein, wenn in Wirklichkeit gar keine Hochbegabung vorliegt. Denn mit einer Hochbegabung sind besondere Bedürfnisse verbunden, die bei den zu ergreifenden Maßnahmen eine wichtige Rolle spielen.

Grundsätzlich gilt: Ein hochbegabtes Kind, das nicht von schulischen und/oder seelischen Problemen begleitet ist, kommt meist gesund und gut durch die Schule. Aber auch für so ein Kind kann sich die Notwendigkeit einer Identifikation ergeben, wenn etwa die Frage der Art der weiterführenden Schule oder eine zusätzliche Fördermaßnahme ansteht. Dann kann eine testpsychologische Untersuchung ratsam sein, um dem Kind eine adäquate Behandlung zukommen zu lassen, damit es weder unter- noch überfordert wird.

Eine gute Intelligenzdiagnostik besteht aus mindestens zwei Intelligenz-Testverfahren, um die Ergebnisse zu sichern und gegenüber Fehlereinflüssen zu festigen. Darüber hinaus wird das Verhalten während der Testung beobachtet. Und anamnestische Angaben fließen in die Begutachtung ein. Das gilt – vor allem, wenn keine Probleme vorliegen – für die einfache Fragestellung, ob ein Kind hochbegabt ist oder nicht.

Bei hochbegabten Problemkindern aber ist eine umfassende Diagnostik mit individuellen Fragestellungen nötig. So ist beispielsweise bei den Underachievern eine tief gehende Untersuchung unbedingt notwendig, um Problemanalysen zu erstellen und entsprechende Lösungswege finden zu können.
Je früher Sie therapeutische Hilfe für Ihr Kind in Anspruch nehmen, desto schneller und effektiver wird Ihrem Kind geholfen. Bei allen Problembereichen, die wir im Folgenden schildern, sollten Sie eine kompetente Beratungsstelle oder therapeutische Einrichtung aufsuchen.

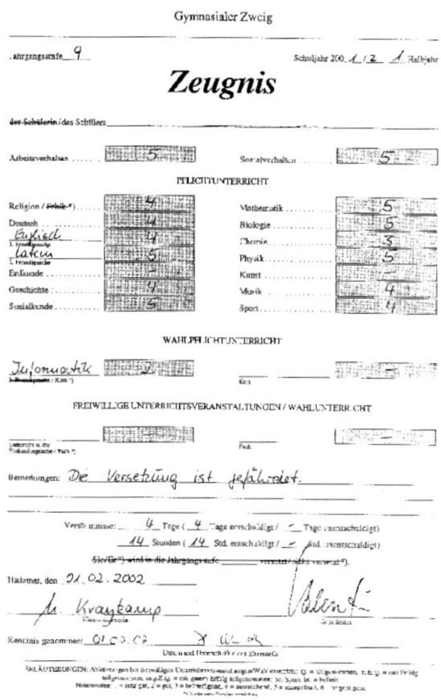
Gymnasialer Zweig

Jahrgangsstufe 9 — Schuljahr 2001/2002, 1. Halbjahr

Zeugnis

~~der Schülerin~~/des Schülers

Arbeitsverhalten 5 — Sozialverhalten 5

PFLICHTUNTERRICHT

Religion / ~~Ethik~~*)	4	Mathematik	5
Deutsch	4	Biologie	5
Englisch (1. Fremdsprache)	4	Chemie	3
Latein (2. Fremdsprache)	5	Physik	5
Erdkunde	–	Kunst	–
Geschichte	4	Musik	4
Sozialkunde	5	Sport	4

WAHLPFLICHTUNTERRICHT

Informatik 2

FREIWILLIGE UNTERRICHTSVERANSTALTUNGEN / WAHLUNTERRICHT

Bemerkungen: Die Versetzung ist gefährdet.

Versäumnisse: 4 Tage (4 Tage entschuldigt / – Tage unentschuldigt)
14 Stunden (14 Std. entschuldigt / – Std. unentschuldigt)

Hadamar, den 01.02.2002

Kenntnis genommen: 01.02.02

Realschulzweig

Jahrgangsstufe 9 — Schuljahr 2001/02, 2. Halbjahr

Zeugnis

~~der Schülerin~~/des Schülers

Arbeitsverhalten 4 — Sozialverhalten 3

PFLICHTUNTERRICHT

Religion / ~~Ethik~~*)	4	Mathematik	1
Deutsch	3	Biologie	4
Englisch (1. Fremdsprache)	2	Chemie	3
Erdkunde	4	Physik	3
Geschichte	2	Arbeitslehre	5
Sozialkunde	3	Kunst	4
Sport	2	Musik	/

WAHLPFLICHTUNTERRICHT

2. Fremdsprache / Kurs: / — Wirtschaft 3

FREIWILLIGE UNTERRICHTSVERANSTALTUNGEN / WAHLUNTERRICHT

Bemerkungen: Christoph hat am Betriebspraktikum teilgenommen

Versäumnisse: 1 Tag (1 Tag entschuldigt / Tage unentschuldigt)
0 Stunden (Std. entschuldigt / Std. unentschuldigt)

Sie/Er*) wird in die Jahrgangsstufe 10 versetzt/~~nicht versetzt~~*).

Hadamar, den 26.06.2002

Typisch hochbegabt:
Er könnte – wenn er wollte.
1. Halbjahr: Ein Zeugnis mit 7 Fünfen

2. Halbjahr:
In 5 Monaten in Mathe von 5 auf 1.
Er kann – wenn er will.

Körperliche und seelische Probleme

Die Entwicklung seelischer Probleme hochbegabter Kinder und Jugendlicher über die Jahre der Kindheit hinweg zeigt, dass eine Kombination von Leistungsproblemen, emotionalen und sozialen Problemen im späteren Kindesalter eine Spirale der Enttäuschungen schafft und zu einer zunehmenden Beeinträchtigung der Lebenssituation in allen Bereichen führt. Der erste Ansprechpartner für besorgte Eltern ist sicherlich der Kinder- und Jugendarzt oder der psychologische oder ärztliche Kinder- und Jugendlichen-Psychotherapeut. Organische Ursachen müssen zunächst ausgeschlossen werden. Anhaltende vielfältige und besondere wechselnde psychosomatische Beschwerden ohne körperlichen Befund sind Hinweise auf eine seelische Störung. Die Intelligenz- und Leistungsdiagnostik ist ein wichtiger integraler Bestandteil der Untersuchung der psychischen Problematik. Zudem werden Informationen gesammelt: Das Kind, die Eltern und andere Bezugspersonen werden befragt, um einzelne Symptome zu überprüfen. Intelligenz- und Leistungsmessung liefern gesicherte Daten gegenüber den mehr assoziativ gefärbten „weichen“ Daten der Beziehungs- und Alltagsdiagnostik. Im Kindergarten oder in der Schu-

Feines Gespür und hohe Sensibilität

Bei hochbegabten Kindern werden oft besonders sensitive Wahrnehmungsfähigkeiten festgestellt: Sie reagieren lärmempfindlich, nehmen Berührungen und Gerüche intensiv wahr und erwecken überhaupt oft den Eindruck, als registrierten sie sensorische Reize schneller und intensiver. Auch für emotionale Reize wird diese Besonderheit diskutiert: Die Verarbeitung von z.B. Spannung, Trauer, Wut und Freude vollzieht sich gesteigert – so wie auch Sorgen und Ängste über Geschehnisse oder potenzielle Gefahren intensiver durchlebt werden. Das fügt sich in der noch nicht belegten Annahme einiger Wissenschaftler zusammen, die bei Hochbegabten ein hervorragend ausgeprägtes Nervensystem vermuten.

le unglücklich zu sein, stellt für jedes Kind ein ernsthaftes Risiko dar, chronisch zu erkranken. Besonders bei begabten Kindern ist aufgrund ihrer hohen Sensibilität hier eine mögliche Quelle für Probleme verborgen. Auf manchen hochbegabten Kindern liegt ein innerer Druck, der sich aus ihrer hohen Feinfühligkeit und den „Ungereimtheiten" des Alltags ergeben kann. Daraus entstehen Schwierigkeiten, soziale Konflikte mit Gleichaltrigen zu lösen oder sich in Freundschaftsbeziehungen wohlzufühlen. Überhöhte Ansprüche an sich selbst können Probleme hervorrufen, die ein Spannungsmoment bilden, das wiederum zu verschiedenen Symptomen wie Apathie, Hoffnungslosigkeit, Depression oder expansiven Verhaltensproblemen führen kann. Doch eins ist klar: Eine Hochbegabung an sich ist kein allein verantwortlicher Faktor für die Entstehung von Problemen – das wäre zu einfach und kann die Komplexität der Realität nicht angemessen wiedergeben. Weitere Faktoren müssen mitwirken.

Hier einige Warnsignale für Störungen:

- Andauern der Auffälligkeiten (keine Phase, sondern persistent)
- Intensive Stimmungsschwankungen
- Zunehmender Leistungsabfall in der Schule
- Abdriften in eine Fantasiewelt
- Anhaltende Appetitlosigkeit, wenig Interesse am Essen
- Zunehmende Ängstlichkeit – zum Beispiel davor, nachts allein zu schlafen (obwohl schon gekonnt oder eigentlich aufgrund des Alters vorauszusetzen)
- Sozialer Rückzug (auch innerhalb der Familie)
- Auffällig aggressives Verhalten, Wutausbrüche
- Extremer Perfektionismus bis hin zur Zwanghaftigkeit
- Oft Gefühle von Kraft- und Energielosigkeit oder zunehmende negative Sicht oder negative Zukunftserwartungen
- Merkwürdiges Interesse am Thema Gewalt oder Tod

Im Folgenden orientieren wir uns an den Erfahrungen der Praxis und stellen Schwierigkeiten, Probleme und Erkrankungen dar, die wir in unserer diagnostischen und therapeutischen Arbeit mit hochbegabten Kindern, Jugendlichen und auch Erwachsenen kennengelernt haben. Dazu gehören:

- Körperliche und psychosomatische Beschwerden
- Sozialer Rückzug und soziale Ängstlichkeit
- Spezielle Ängste
- Perfektionismus und Zwanghaftigkeit
- Depressive Störungen und Suizidgefahr
- Mobbing
- Lese-Rechtschreib-Störung (LRS)
- Aufmerksamkeits-Defizit-Syndrom (ADS)
- Asperger-Syndrom (AS)

Körperliche und psychosomatische Beschwerden

Bauchschmerzen, immer wiederkehrende Übelkeit, Erbrechen, Kopfweh, Schlaflosigkeit und Essstörungen sind typische Anzeichen für seelische Probleme hochbegabter Kinder. Bei der ärztlichen Untersuchung stellt sich meist heraus, dass die Symptome keine organischen Ursachen haben, sodass der Verdacht auf sogenannte psychosomatische Reaktionen sich erhärtet. Wenn nun zeitliche Muster zu erkennen sind, werden psychische Prozesse bei der Entstehung der Beschwerden immer wahrscheinlicher: am Sonntagabend, am Vorabend vor Klassenarbeiten, nur in der Schulzeit auftretende Symptome – nicht aber in der Freizeit, an Freitagen, Samstagen und in den Ferien. Der Schluss liegt nahe: Das Kind fühlt sich in der Schule oder im Kindergarten nicht wohl – sei es wegen Unterforderung, wegen sozialer Konflikte oder aus anderen Gründen. Und weil es seine Probleme intensiv erlebt und nicht lösen kann, reagiert es mit körperlichen Warnsignalen, die unbedingt ernst genommen werden sollten.

- **Antonia** (vier Jahre alt) geht eigentlich ganz gern in den Kindergarten. Aber in letzter Zeit hat sie morgens immer Bauchweh und will gar nicht gern hin. Viel lieber möchte sie sich im Bett noch etwas ausruhen und ihrer Mutter dann beim Haushalt helfen. Nach anfänglicher Skepsis und konsequentem Verhalten der Mutter, die Antonia weiter in den Kindergarten schickt, häufen sich die Anrufe, dass Antonia aus dem Kindergarten abgeholt werden muss. Der Kontrollbesuch beim Arzt ergibt keinen körperlichen Befund. Auch das Abklären von vermuteten Lebensmittel-Unverträglichkeiten ist ohne Ergebnis.
  Nach einiger Zeit ohne Besserung suchen Antonias Eltern ein Gespräch mit der Erzieherin, die von einem stärkeren Rückzugsverhalten Antonias in den letzten Wochen berichtet. Erst nach mehreren Gesprächen, Beobachtungseinheiten und Absprachen zwischen Eltern und Erzieherinnen stellt sich ein innerer Konflikt heraus: Antonia hat Angst vor dem wilden Spiel einiger Jungen, die es einmal so weit getrieben haben, einem anderen Mädchen die Hose herunterzuziehen. Dieses Ereignis hat sich in ihr Gehirn „gebrannt“ und mit Sorge und Hilflosigkeit erfüllt. In der Folge hat sich für Antonia eine nicht zu lösende Spannung aufgebaut und dann zu Vermeidungs- und Rückzugsverhalten und psychosomatischen Reaktionen geführt.

Sozialer Rückzug und soziale Ängstlichkeit

Sozial ängstliche Kinder verstecken sich und ihr Potenzial und leben sozusagen mit angezogener Handbremse. Aber sie haben mehr Energie in sich, als sie spüren. Meist ist soziale Ängstlichkeit kombiniert mit Beschwerden wie Herzklopfen und Bauchweh und birgt daher das Gefahrenpotenzial in sich, auch psychosomatisch zu werden. Oft reduziert sich im Unterricht die mündliche Beteiligung – und soziale Aktivitäten werden vernachlässigt. Hochbegabte Kinder meiden ohnehin Auseinandersetzungen, lehnen in der Regel körperliche Konfliktlösungstrategien ab und suchen allenfalls verbale Lösungen.
Was passiert nun, wenn diese Strategien nicht helfen? Manche hochbegabte Kinder greifen auf die angesagten Strategien zurück: Wir boxen, raufen und wehren uns eben wie alle anderen. Ein besonderer Teil aber wird in den Weg des Rückzugs und der

Vermeidung „getrieben“: Streit wird gemieden, jegliche Auseinandersetzung gescheut. Selbst bei körperlichen Angriffen setzen sich die sozial gehemmten hochbegabten Kinder nicht oder kaum zur Wehr. Parallel bauen sich Ängste auf: Sie denken über die Ungerechtigkeit der Welt nach, wollen immer hundertprozentig gerecht sein und keinem wehtun. So geraten sie in eine Art Teufelskreis, zu gut und/oder zu sensibel für die Welt zu sein.

Worauf gilt es, bei Ängsten hochbegabter Kinder besonders zu achten?

In der Entstehung von Ängsten muss der Blick auf ein Zusammenspiel verschiedener Faktoren gerichtet werden: Damit sich tatsächlich Ängste etablieren können, müssen grundsätzliche Veranlagung, Persönlichkeitsanteile und ein Gemisch aus unterschiedlichen Lernerfahrungen und kritischen Ereignissen ungünstig zusammenwirken. Grundvoraussetzung für das Auftreten von Ängsten ist ein bestimmtes Ausmaß an Veranlagung. Das gilt auch für hochbegabte Kinder und heißt, dass bestimmte Besonderheiten der Persönlichkeit vorliegen müssen, damit Ängste auftreten. Bei einer Hochbegabung sollte ohnehin vorausgesetzt sein, dass aufgrund der enormen geistigen Fähigkeiten eine hervorragende Grundlage besteht, sich Gedanken und Sorgen zu machen. Hochbegabte Kinder können sich Gefahren und mögliche Gefahren eben super ausmalen und sogenannte katastrophisierende Befürchtungen besonders gut ausschmücken.

Die ersten Fragen richten sich auf familiäre (und somit auch genetische) Aspekte: Wie geht die Familie mit Gefahrensituationen um? Wie werden Ängste verarbeitet? Liegt bei den Eltern auch eine besondere Angst oder zum Beispiel eine grundsätzliche Übervorsichtigkeit vor? Danach schauen wir auf die Lernerfahrungen, die das Kind kontextbezogen gemacht hat, und beschäftigen uns zum Beispiel mit solchen Fragen: Welche beobachtbaren Ereignisse haben Ängste geschürt? Gibt es mögliche versteckte Ereignisse? Wie ist Ihr Kind mit diesen Ereignissen umgegangen?

- **Daniel** (elf Jahre alt) geht in die 5. Klasse des Gymnasiums an einer Gesamtschule. Er hat keine Freunde an der Schule, nur ein Nachbarsjunge aus der 7. Klasse dient ihm ab und zu als Austauschpartner. In seiner Klasse kommt Daniel eher mit den Mädchen zurecht als mit den Jungen. Die Jungen sind ihm zu wild, unberechenbar und flößen ihm Angst ein. In den Pausen geht Daniel allein durch die Schule, hie und da nickt er einem Bekannten zu, tut ansonsten aber so, als sei er mit seinem

Pausenbrot beschäftigt oder gerade auf dem Weg zu seinen Freunden.
Im Unterricht hat sich Daniel zunehmend aus dem Unterrichtsgeschehen zurückgezogen. Mit einigen Kommentaren und Gesichtsausdrücken seiner Mitschüler kann er nichts anfangen. Außerdem hat der Mathematiklehrer mal eine Mitschülerin richtig fertiggemacht, obwohl sie die Aufgabe richtig gerechnet hatte. Das ist Daniel zu gefährlich.
Zu Hause schläft Daniel nicht allein, sein jüngerer Bruder soll jede Nacht bei ihm schlafen. Außerdem kontrolliert Daniel jeden Abend sein Zimmer: Er schaut hinter dem Schrank, unter dem Bett oder hinter dem Vorhang nach und kontrolliert, ob „da jemand ist". Richtig erklären kann er sich sein Verhalten selbst aber nicht.

Manchmal sind Unsicherheit und Hilflosigkeit, mit den Gesetzen der Umwelt klarzukommen, hinter nahezu schrullig anmutenden Verhaltensweisen oder irrationalen Ängsten vor Dunkelheit und Gewitter, allein in seinem Zimmer oder außer Haus zu schlafen oder allein um die Ecke zu gehen, verborgen. Es liegt dann nicht immer auf der Hand, was die eigentliche Kernproblematik ist. Ein ängstliches Kind verhält sich oft still, zeigt keine Freude, reagiert in Gestik und Mimik für andere wenig emotional spürbar, wirkt angesprochen verlegen und ist leicht zu verunsichern von sogenannten Autoritäten oder potenziell gefährlichen Altersgenossen.
Die Ängste treten besonders dann verstärkt auf, wenn die gefährdende Situation kurz bevorsteht oder sich Ihr Kind gerade darin befindet. Besonders bei jüngeren hochbegabten Kindern steht der Aspekt der Hilflosigkeit im Vordergrund, denn hier fehlt es noch an positiven Kompetenzerfahrungen, entsprechende Angstsituationen konstruktiv bewältigt zu haben. Sie spüren selbst, dass sie der Situation einfach ausgeliefert sind. Jüngere hochbegabte Kinder, die aus dem familiären Kontext in den Kindergarten kommen, kennen in der Regel vor allem verbale und gewaltfreie Konfliktlösungsstrategien. Im Kindergarten finden sie dann oft etwas ganz anderes vor und wissen nicht, wie sie mit dem Verhalten der anderen Kinder und in der Folge auch mit der Situation an sich umgehen sollen. Weil sie oft auch körperlich unterlegen sind und die Gefahren einer körperlichen Auseinandersetzung gut abschätzen können, ist der Weg in den Rückzug wahrscheinlich.
Ängstliche hochbegabte Kinder können zum Beispiel in einem verhaltenstherapeu-

tischen Training lernen, negative Gedanken und Einstellungen zu sich und ihrer Persönlichkeit abzubauen. Bei hochbegabten Kindern und Jugendlichen ist besonders auf deren Gedankengüte und -vielfalt einzugehen. Denn die klassischen Sätze wie *„Da kann doch nichts passieren!“* helfen keinem weiter. Sie können mit professioneller Hilfe lernen, sich selbst zu ermutigen, Kontakte zu suchen, sich von Bezugspersonen auch trennen zu können und Dinge selbstständig zu bewältigen.

In diesem Zusammenhang müssen die betroffenen Eltern oft lernen, Überbehütung, Schonung und hinderliche Hilfestellung abzubauen. Nur wenn Selbstständigkeit eingefordert wird, zeigen Sie, dass Sie Ihrem Kind etwas zutrauen. Und daraus erwächst bei ihm Vertrauen in sich selbst.

Deshalb bezieht die Therapie immer die Familie ein. Im strukturierten Elterntraining können die Eltern lernen, sich selbst zu überdenken, die vielleicht hinter der Angst ihres Kindes verborgenen eigenen Ängste und übertriebenen Lebenssorgen zu erkennen und Konsequenzen für das eigene Handeln abzuleiten. Auf diese Art werden förderliche Bedingungen hergestellt, die im Zusammenspiel mit den Effekten der Therapie positiv wirken.

Spezielle Ängste hochbegabter Kinder

In unserer Praxisarbeit begegnen uns bei hochbegabten Kindern und Jugendlichen immer wieder spezielle Ängste und Sorgen. Manche hochbegabten Kinder interessieren sich schon früh für die Ereignisse in der Welt, auch für Krieg und Unglück. Sie denken über philosophische Fragen nach – zum Beispiel, was nach dem Leben kommt – oder ob ein im Krieg verstümmeltes Kind, dessen Bild sie in den Nachrichten gesehen haben, im Himmel wieder ganz und gesund sein wird. Auf solche Fragen erwarten sie von uns Erwachsenen ehrliche und sinnvolle Antworten.

Diese hochbegabten Kinder zeigen zum Beispiel bei Fernsehsendungen, dass sie mit der empfundenen Spannung kaum zurechtkommen und lieber zur Toilette gehen, als den aufregenden Showdown mitzuerleben. Ihre Feinfühligkeit und ihr empathischer Sinn führen die Gedanken immer wieder auf solche Fragen zurück. Schnell stellt sich das Bewusstsein ein, dass etwas Schreckliches passiert ist, für das es keine logische

Erklärung ergibt: Wie kann das sein, dass Menschen so etwas tun? Das führt zu einem disharmonischen Zustand. Denn die kindliche Natürlichkeit und Menschlichkeit stehen zum Beispiel völlig konträr zu Terroranschlägen.

Perfektionismus und Zwanghaftigkeit

Hochbegabte Kinder machen mit sich selbst die Erfahrung, dass sie viele Dinge viel schneller können als andere Kinder. Manchmal erwächst daraus der Anspruch: Lernen soll immer blitzschnell gehen. Es ist nachvollziehbar, dass ein solcher Anspruch Gefahren in sich birgt.

Viele Eltern hochbegabter Kinder berichten, ihr Kind sei perfektionistisch. In vielen Fällen sind diese perfektionistischen Züge sogar so stark ausgeprägt, dass sie das Kind selbst und die Eltern ebenso belasten.

Es liegt auf der Hand, dass ein perfektionistisches Streben dort erwächst, wo es den besten Boden vorfindet: beim hochbegabten Kind. Hochbegabten fällt so manches leicht und regelrecht in den Schoß. Sie können zuvor gedachte Dinge umsetzen und erfahren im Vergleich zu ihren Altersgenossen, wie gut es ihnen gelingt. Mit wenig oder auch keiner Übung können sie das erreichen, wofür andere viel Zeit und Anstrengung investieren müssen. Daraus entsteht eine interne Norm, gekennzeichnet durch einen hohen Anspruch, die das Kind gegenüber sich selbst als Maßstab festlegt.

Hochbegabte Kinder sind geistig in der Lage, sich ein perfektes Ziel vorzustellen. Sie bilden das Ergebnis ihrer Handlung bereits gedanklich ab, beachten dabei aber den Stand der eigenen Fertigkeiten – zum Beispiel der Fein- oder Grobmotorik –, der ja entwicklungsbedingt ist, nicht ausreichend.

Perfektionismus ist ein Problem, das das Kind nur mit sich selbst zu haben scheint. Gelingt es dem Kind nicht, das geplante Ziel zu erreichen, dann erlebt es einen Zustand der Frustration, der aus dem schmerzhaften Erkennen des eigenen Kompetenzdefizits resultiert. Das Kind nimmt seine eigene hervorragende Leistung als selbstverständlich wahr und setzt somit einen neuen Maßstab.

Daraus können zwanghafte Muster entstehen: merkwürdige Verhaltensweisen, die im Kindesalter als Überordentlichkeit oder Pedanterie ausgelegt werden können, oder auch gedanklich rigide Einstellungen, die im Kern ausdrücken, dass etwas so sein

muss und auf gar keinen Fall anders. Diese Dinge finden sich in Ritualen wieder, wenn hochbegabte Kinder nur einen bestimmten Ablauf beim Spielen oder Zubettgehen erlauben und sich ansonsten in Wut und Angst hineinsteigern.
Allerdings sollten wir auch den Blick auf die familiäre Kultur lenken: Oft stellen auch die Eltern einen extremen Leistungsanspruch an sich selbst und leben diesen als Verhaltensmodell vor. Deshalb muss das Problem auch mit den Eltern besprochen werden. Das Lebensmotto von Eltern perfektionistischer Kinder ist: *„Ich bin nur wertvoll, wenn ich leiste."* Unbewusst treiben sie sich und ihre Kinder an. Ein gefährliches Lernmodell, besonders bei unterforderten Erwachsenen.

Anzeichen für perfektionistisches Verhalten

- Mein Kind will etwas können und machen, ohne es zu üben.
- Mein Kind hat einen extremen Anspruch an sich selbst.
- Mein Kind hat Angst vor Fehlern, meldet sich im Unterricht absolut nur dann, wenn es sich der Antwort 100%ig sicher ist.
- Mein Kind legt besonders viel Wert auf die Beurteilung durch andere und unterschätzt eigene Fähigkeiten massiv.
- Mein Kind zeigt penible Ordnungsliebe und arbeitet unangemessen langsam.
- Mein Kind verzeiht sich eigene, auch kleine Fehler überhaupt nicht, hat eine sehr geringe Frustrationstoleranz gegenüber sich selbst.
- Gleichzeitig wertet es die Leistungen anderer unrealistisch auf.
- Mein Kind neigt dazu, an sich zu verzweifeln, wenn eine Tätigkeit oder Aufgabe nicht auf Anhieb perfekt gelingt, will sie dann erst gar nicht beginnen.
- Mein Kind denkt: *„Entweder gelingt es mir auf Anhieb perfekt -oder ich bin dumm."*

Depressive Störungen und Suizid-Gefährdung

Hochbegabte Kinder mit depressiven Symptomen und gar tendenzieller Suizidgefährdung befinden sich meist am Ende eines langen Weges, auf dem verschiedene ungünstige Bedingungen und Ereignisse zu finden sind. Eine depressive Verstimmung setzt immer einen Zeitraum voraus – Depression kommt nicht auf einmal und urplötzlich. Bei allen Kindern aber ist zu berücksichtigen, dass wir eine depressive Störung nicht nur mit den bekannten Symptomen wie Antriebslosigkeit, negativen Einstellungen und generellem Rückzugsverhalten beachten müssen, sondern auch aggressiv-gereiztes Verhalten ein Indikator für eine Depression sein kann. Das gilt auch für hochbegabte Kinder und Jugendliche.

Bei hochbegabten Kindern mit depressiven Störungen sehen wir oft eine Mischung aus Schwierigkeiten in der Schule, dann im sozialen Umfeld und auch in der Familie. Viele der hochbegabten Kinder, die wir psychotherapeutisch behandeln, haben schulische Leistungsschwierigkeiten. Allerdings nicht, weil alle Noten schwächer als ausreichend wären, sondern weil sie nicht auf dem erwarteten Niveau liegen. Das Potenzial wird nicht ausgeschöpft – und das Kind nimmt das wahr und verinnerlicht es.

„Verbrannte Hand“ –
im Wartezimmer gemalt
(Junge, 13 Jahre alt, IQ 135)

Ständige negative Erlebnisse sind die Folge. Im sozialen Bereich müssen nicht unbedingt Schwierigkeiten vorliegen. Oft aber liegen nur wenige Kontakte vor, die dem sozialen Bedürfnis Befriedigung verschaffen. So gibt es dann keine Möglichkeit des Austauschs – und das, was wir als „von der Seele reden“ bezeichnen, findet kaum statt. Oft beobachten wir, dass depressiv verstimmte hochbegabte Kinder anfangen, sich eine Art Fantasiewelt aufzubauen. Ihr innerer Trieb nach Betätigung, das Bedürfnis nach Anerkennung und Bestätigung bzw. nach Nicht-Abwertung suchen sich einen Weg zu Computerspielen, fiktiven Welten oder ganz besonderen Themenbereichen wie Programmieren oder antiker Geschichte. Hier können sie frei sein, positive Dinge erleben und sich unbewertet verhalten. Häufig ruft das Sie als Eltern auf den Plan: Sorgen machen sich breit – und der Druck, etwas gegen das Abdriften in Parallelwelten zu tun, wächst.

Typische Anzeichen für depressive Störungen bei Kindern

- Über längere Zeit hin Freudlosigkeit, Antriebslosigkeit
- Monotones, emotionsloses Sprechen ohne Energie
- Extremes Grübeln, Zweifeln, Abwerten eigener Leistung
- Zwanghaft langsames Arbeiten, Gehemmtheit
- Sich zurückziehen, Passivität
- Aggressiv-gereiztes Verhalten
- Gesteigert vermehrtes oder reduziertes Schlafbedürfnis
- Klagen über verschiedene Körperbeschwerden
- Appetitlosigkeit oder vermehrtes Essen
- Eigene Wünsche, Standpunkte und Interessen werden nicht mitgeteilt

Ein geschicktes Vorgehen sollte mit dem Therapeuten abgesprochen werden, denn eine Wegnahme der letzten positiven Insel darf nur geschehen, wenn entsprechende Alternativen aufgebaut sind. Daher achten Sie zunächst auf die positiven Bereiche – die sind sehr wichtig, um den Selbstwert zu stützen. Suchen Sie Kontakt zu Selbsthilfegruppen oder anderen Institutionen, in denen Kinder verkehren, die dem Ihren ähnlicher sind. Denn hier können Kontakte entstehen, in denen soziale Bedürfnisse befriedigt werden und gegenseitig Anerkennung gegeben wird. Manchmal sind Eltern buchstäblich „von Pontius zu Pilatus" gelaufen, haben ihr Kind hier vorgestellt und da. Vielleicht ist auch schon ein Intelligenztest gemacht, aber in seiner diagnostischen Bedeutung nicht erkannt worden.

Im Jugendlichenalter kann eine dauerhafte depressive Störung zu so negativen Einstellungen führen, dass das Leben sinnlos erscheint. Pubertätsprozesse, die auch bei Hochbegabten die Findung der eigenen Identität spannend gestalten können, machen die Jugendzeit ohnehin etwas unberechenbarer. Daher sind sogenannte Kurzschlussreaktionen niemals auszuschließen. Umso wichtiger sind Gefühle der Zugehörigkeit, der Bedeutung für andere und der Sicherheit, etwas im Leben leisten zu können.

Mobbing

Mobbing ist ein bekanntes Phänomen, das immer dann auftreten kann, wenn sich Gruppen zusammenfinden. Nicht nur in der Arbeitswelt der Erwachsenen ist Mobbing verbreitet, sondern auch in der Schule gibt es Mobbing, von dem auch hoch- begabte Schüler betroffen sind.

Allerdings sind die gruppendynamischen Prozesse innerhalb einer Schulklasse nicht immer vom Lehrer leicht zu durchschauen. Mobbing in der Schule ist die aktive, gezielte soziale Ausgrenzung eines Schülers, wobei Gerüchte und Unwahrheiten über ihn verbreitet werden und Sticheleien und Hänseleien vorkommen. Auch werden Arbeitsergebnisse ungerecht kritisiert oder öffentlich abgewertet, Beleidigungen mit gezielt ausgesuchten Schimpfwörtern ausgesprochen und körperliche Gewalt ausgeübt. Oder dem Opfer werden wichtige Informationen vorenthalten. Der gemobbte Schüler ist dann natürlich in seiner Konzentration und Arbeitsausführung behindert und befindet sich in andauerndem psychosozialem Stress.

Das Ziel des Mobbings ist immer soziale Ausgrenzung, Isolierung oder Maßregelung. Unterschiedliche Richtungen sind bei hochbegabten Kindern als Mobbing-Opfer denkbar: soziale Ausgrenzung aufgrund von Neid, Isolierung aufgrund von Anderssein und Maßregelung aufgrund von Leistungsexzellenz. Für die betroffenen Schüler sind die seelischen Folgen und die Folgen für die Leistungs- und soziale Entwicklung beträchtlich. Die Kinder drücken sich über psychosomatische Symptome wie Kopfschmerzen, Schlafstörungen oder Vermeidungsverhalten aus und machen sich so in ihrer Not ihren Eltern bemerkbar.

Doch wissen wir aus der Forschung, dass Mobbing-Opfer in besonderer Art und Weise attraktiv für das Mobbing sind. Sie entsprechen in Merkmalen wie Herkunft, Aussehen und Kleidung nicht der Norm oder verhalten sich anders.

Selbstverständlich kann man darüber streiten, was als Norm angesehen werden sollte. Es steht aber fest, dass in diesem Falle die Mehrheit bzw. die Autorität bestimmt. Sind Mobbing-Prozesse bereits eingefahren, ist es sehr schwierig, das vertrackte Zusammenspiel zu entwirren. Die Schuldfrage nach Auseinandersetzungen ist kaum einwandfrei zu beantworten, weil sich häufig auch aufseiten des Opfers falsche Verhaltensweisen eingeschlichen haben. Denn hier ist eine besondere Sensibilität eingekehrt: Nahezu automatisch reagiert das Opfer, als würde es angegriffen.

Daher sollten Sie so früh wie möglich aktiv werden: Sprechen Sie mit den zuständigen Autoritäten wie dem Klassenlehrer oder der Erzieherin, um auf die Täter einzuwirken. Diese werden sich dann dem Problem zuwenden, Beobachtungen und Befragungen anstellen und Maßnahmen einleiten. Lehrer können aktiv zur Mobbing-Bekämpfung beitragen – durch arbeitsorganisatorische Strukturen, unter den Kindern festgelegte Aufgaben und klare Verantwortlichkeiten. Gerade mit der Möglichkeit des positiven Lobes können Lehrer dirigierend und regulierend eingreifen, indem sie positives Sozialverhalten und positives Leistungsverhalten einzelner Schüler hervorheben. So können Lehrer dazu beitragen, dass Kooperation, gute emotionale Kommunikation der Kinder untereinander, Helfen und Integrieren auch der schwierigen Kinder in der Klasse zunehmend selbstverständlich werden.

Denken Sie als Eltern daran, mit Ihrem Kind erlebte Leidenssituationen mitfühlend nachzubesprechen, zu trösten und zu beruhigen – dann aber nach vorn zu schauen und einen Plan für die Zukunft zu entwickeln: Was könnte beim nächsten Mal helfen? Was kann Ihr Kind tun und was können Sie tun? Stellen Sie sich als Eltern schützend vor Ihr Kind, übernehmen Sie Ihre Aufgaben und zeigen Sie, dass Sie das Problem aktiv angehen. Das Motto lautet: *„Wir schaffen das schon!"*

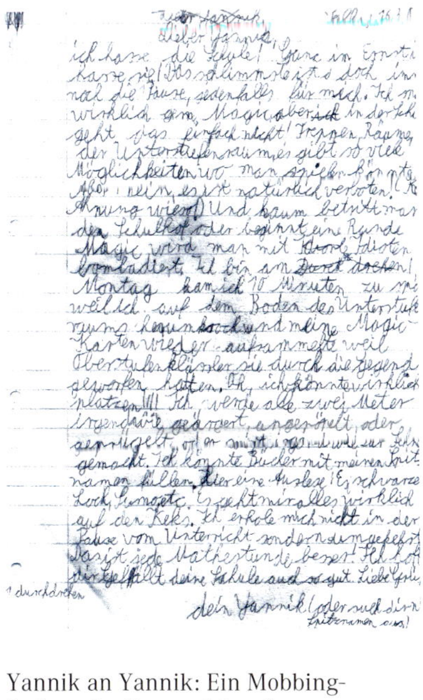

Lieber Yannik,
ich hasse die Schule! Ganz im Ernst, ich hasse sie! Das schlimmste ist doch immer noch die Pause, jedenfalls für mich. Ich [illegible] wirklich gern Magic, aber in der Schule geht das einfach nicht! Treppen, Räume, der Unterstufenraum, es gibt so viele Möglichkeiten, wo man spielen könnte. Aber nein, es ist natürlich verboten! (Keine Ahnung wieso!) Und kaum betritt man den Schulhof oder beginnt eine Runde Magic, wird man mit [illegible] Idioten bombardiert. Ich bin am [illegible]! Montag kam ich 10 Minuten zu spät, weil ich auf dem Boden des Unterstufenraums herumkroch und meine Magic-Karten wieder aufsammelte, weil Oberstufenklässler sie durch die Gegend geworfen hatten. Oh, ich könnte wirklich platzen!!! Ich werde alle zwei Meter irgendwie geärgert, angeröbelt, oder geprügelt, oft [illegible] gemacht. Ich könnte Bücher mit meinen Spitznamen füllen. Hier eine Auslese: Ey, schwarzes Loch, [illegible] Es geht mir alles wirklich auf den Keks. Ich erhole mich nicht in der Pause vom Unterricht, sondern umgekehrt! Da ist jede Mathestunde besser! Ich hoffe, dir gefällt deine Schule auch so gut. Liebe Grüße,
dein Yannik (oder such dir 'n Spitznamen aus!)

1 durchdrehen

Yannik an Yannik: Ein Mobbing-Opfer schreibt an sich selbst.

Hochbegabte Kinder mit Lese- und Rechtschreib-Schwierigkeiten

Gerade hochbegabte Kinder erkennen sehr früh die in der Rechtschreibung anzuwendenden Regelsysteme, müssen aber wie andere Kinder auch die Erfahrung machen, dass Rechtschreibung nicht immer logisch aus dem Wortklang abzuleiten ist. Gerade die deutsche Rechtschreibung mit dem Regelsystem für Groß- und Kleinschreibung und der gegenüber anderen Sprachen gehäuften Ansammlung von Konsonanten hintereinander schafft ein zusätzliches Risikopotenzial.
Schwächen im Bereich des Lesens, des Rechtschreibens und auch des Rechnens können ein leichtes Entwicklungsproblem darstellen, das durch ergänzendes schulisches oder häusliches Training behoben werden kann. Hier liegen meist auditive, aber auch visuelle Wahrnehmungsschwächen zugrunde, die durch eine komplexe Diagnostik aus medizinischen und psychologischen Verfahren aufgedeckt werden können. Nach genauer Eingrenzung des Problemkerns lassen sich dann auch gut angepasste Trainings- und Förderprogramme zusammenstellen.
Leichte Lese- und Rechtschreibschwächen unterscheiden sich von einer ausgeprägten Lese- und Rechtschreibstörung, die eine klar umschriebene Entwicklungsstörung darstellt und besonders intensiver Behandlung bedarf.
Wichtig ist, dass Sie als Eltern frühzeitig die Anzeichen erkennen, die auf drohende Schwierigkeiten hinweisen. Eine spezifische Diagnostik kann abklären, ob bei Ihrem Kind Schwierigkeiten beim Lesen und Rechtschreiben wahrscheinlich sind. Hier werden vor allem auditive Wahrnehmungsprozesse überprüft. Trauen Sie als Eltern Ihrem eigenen „Frühwarnsystem“ und warten Sie nicht ab. Schon im Vorschulalter kann man Wahrnehmungsschwierigkeiten bei Kindern gut diagnostizieren und behandeln, die in der Grundschule oft erst später auffallen.
So kann vermieden werden, dass Entwicklungsschwächen sich zu deutlichen Lernschwierigkeiten in den ersten Jahren der Grundschulzeit entwickeln, die zu spät erkannt nur mit größerem Aufwand wieder auszugleichen sind und die chronisch werden und zu Selbstwertproblemen führen können. In manchen Fällen wird das Schreibenlernen auch dadurch erschwert, dass die Passung von kindlichem Lernstil und Lehrstil des Lehrers nicht stimmt. Das liegt zum Beispiel vor, wenn das Kind einen Lernstil

hat, der eher über den visuellen Wahrnehmungskanal arbeitet, also eher visuelle Reize gut verarbeiten kann, während der Lehrer hauptsächlich verbal agiert und so eher den auditiven Kanal fordert.

Für die Entwicklung Ihres hochbegabten Kindes ist es im präventiven Sinne wichtig, Schwächenbereiche wie das Rechtschreiben akzeptieren zu können. Besonders bei einer gravierenden Lese-Rechtschreib-Störung liegt ein minimales und nur mit ordentlicher Anstrengung beeinflussbares Defizit vor, an dem so manches hochbegabte Kind verzweifeln kann. Während alle anderen Bereiche gut oder sehr gut laufen, eher spielerisch als angestrengt bewältigt werden und Ihr Kind für sich daher eine hohe Kontrollüberzeugung und Glauben in die eigenen Fähigkeiten entwickelt, so haben wir es hier mit einer regelrechten Behinderung zu tun, die am gesunden Gerüst sehr rütteln kann. Gleichzeitig aber gilt es, auf die individuellen Lernfortschritte zu achten, um Veränderung, Erfolg und Motivation aufzuzeigen.

Ein berühmtes Beispiel für ein Kind mit Lese-Rechtschreib-Schwäche ist Thomas Alva Edison. Als Kind hatte er viele Schulprobleme und war doch ein genialer Kopf, der es zu über 1000 Patenten brachte. Unter anderem erfand er den Phonographen und die Glühlampe.

Hochbegabung und ADS

„*Das Gehirn galoppiert einfach davon.*" Diese Beschreibung ist typisch für das, was Kinder mit ADS (Aufmerksamkeits-Defizit-Syndrom) ständig erleben. Aufgrund einer Neurotransmitterstörung im Gehirn können sie die vielen Eindrücke, die von außen auf sie einströmen, nicht angemessen verarbeiten – und deshalb auch nicht sortieren und gewichten. Alles – auch die kleinste Nebensache – wird vom Gehirn als gleich wichtig eingestuft. Wir sprechen dann von hoher Reizoffenheit. Wenn nun eine außergewöhnlich hohe Begabung dazukommt, entsteht eine hochexplosive Mischung aus schneller Auffassungsgabe, Power und einem hochenergetischen Chaos im Kopf.

- Werfen wir einen Blick auf **Clemens** (zwölf Jahre alt), der Forscher werden möchte: In kürzester Zeit entwickelt er zahlreiche Ideen für mögliche Erfindungen, bringt sie drängend vor und wechselt dann schnell zu einem Gedanken, der eher entfernt etwas mit dem Thema zu tun hat. Für kleine Aufgaben braucht unser Erfinder ungewöhnlich lange, verirrt sich in Nebentätigkeiten und macht enorm viele Flüchtigkeitsfehler. Viele Dinge werden begonnen, aber nur einiges wird zu Ende gebracht. Clemens verliert sich in hochfliegenden Träumen und philosophiert über wichtige Themen, nimmt aber im sozialen Kontext Signale von außen schlecht wahr und gilt oft als „zerstreuter Professor". Er kann bei Problemen sehr kreativ und weniger systematisch vorgehen. Clemens begreift Systeme und Spiele vom Verstand her schnell, scheitert aber bei der Umsetzung an einzelnen, oft kleinen Aufgaben.

Hochbegabt und hyperaktiv

- **Fridolin** (zehn Jahre alt) ist ein quirliger und aufgeweckter Junge, der gern ins Gymnasium geht. Zwar liebt er die Hausaufgaben nicht sonderlich, macht aber Latein und Mathe gern und liebt ganz besonders Sport. Denn da ist Bewegung angesagt!
  Fridolin ist hochbegabt. Seine Fähigkeiten, Zusammenhänge zu erkennen, sich Sachen zu merken und schnell und effektiv zu handeln, sind enorm. Bereits vor der Grundschulzeit war Fridolin anzumerken, dass er einfach fixer als andere ist.
  Fridolin ist hyperaktiv. Er hat ein Aufmerksamkeits-Defizit-Hyperaktivitäts-Syndrom (ADHS). Seine motorische Überaktivität bringt ihn immer wieder dazu, Unruhe zu verbreiten. Ständig ist er in Bewegung, zappelt auf dem Stuhl und fummelt mit den Händen oder Beinen an etwas herum. Auch seine Handschrift spricht von Unruhe im Quadrat.
  Fridolin besucht einen Kursus für besonders begabte Kinder. Er hat sich Elektrotechnik ausgesucht, weil ihn Strom und Elektrizität sehr interessieren. Wenn er mit seinen Schaltmodulen hantiert, scheinen seine feinmotorischen Schwierigkeiten wie weggeblasen. Und wenn er dem Kursleiter bei seinen Erklärungen zuhört oder etwas in der Gebrauchsanweisung für einen komplizierten Schaltkreis nachlesen muss, ist er hoch konzentriert und wirkt wie ein Profi bei der Arbeit.
  Fridolin soll in Biologie eine Zeichnung mit Erklärungen in sein Heft übertragen. Immer wieder verrutscht der Stift und zweimal muss Fridolin feststellen, dass er zu weit in der Mitte angefangen hat und das gesamte Bild nicht mehr auf die Seite passen wird. Während seiner Arbeit steht Fridolin auf und geht seinen Bleistift

spitzen. Dabei fällt ihm auf, dass der Lehrer heute eine schwarze Tasche mitgebracht hat, sonst hat er eine braune Ledertasche. Seine Neugier führt zur schnellen Frage: *„Herr Diehl, wieso haben Sie heute eine schwarze Tasche dabei?“* Und so geht es weiter. Auf jeden Fall wird Fridolin in der Stunde nicht fertig und muss daher die restliche Arbeit als Hausaufgabe erledigen.

Hochbegabt und unaufmerksam

- **Nathalie** ist sieben Jahre alt und besucht die Grundschule. Sie ist zu Hause ein offenes Mädchen, erzählfreudig und sehr fantasiereich. Nathalie kann sich sehr gut ausdrücken und fällt auch durch ihr breites Wissen über Tiere und Länder auf. In der Schule ist sie eher schüchtern. Sie hält sich sehr zurück und beteiligt sich kaum am Unterrichtsgeschehen. Außerdem hat sie echte Zeitprobleme: Irgendwie ist sie bei den Aufgaben immer eine der Letzten. Beim Abschreiben oder Fertigmalen braucht sie meist mehr Zeit als die anderen Kinder und hat so schon oft zu Hause einiges nacharbeiten müssen

  Nach dem ersten Schuljahr wendet sich die Lehrerin an die Eltern und spricht die Langsamkeit und Trödeligkeit von Nathalie an. Nathalie wirke oft so, als sei sie in Gedanken abwesend und nicht bei der Sache. Außerdem sehe man Nathalie zwar an den Aufgaben sitzen, aber viel weiter komme sie nicht. Aber Positives berichtet die Lehrerin auch: Nathalie könne manche Sachverhalte viel besser verstehen und erklären als die anderen Kinder. Allerdings komme das eben sehr selten vor. Nach dem Gespräch beschließen die Eltern, mit Nathalie zu einem Kinderpsychologen zu gehen.

  Nathalie ist hochbegabt. Das stellt der Kinderpsychologe fest, nachdem er einen Intelligenztest mit ihr gemacht hat. Nathalie ist auch unaufmerksam. Sie hat eine Aufmerksamkeitsstörung – ein ADS. Das heißt, dass sie ihre Aufmerksamkeit nicht immer konzentriert auf einen Punkt richten kann. Und das bedeutet, dass ihre Aufmerksamkeitsspanne noch nicht so weit entwickelt ist wie bei Kindern ihres Alters.

Explosiver Diskussionsstoff: Hochbegabung und ADS

Hochbegabung ist ein Phänomen intellektueller Begabung. Damit sind vom Grundsatz her viele positive Eigenschaften verbunden, die sich in erster Linie auf kognitive Fähigkeiten beziehen – nicht aber auf typische oder auffällige Verhaltensweisen.
Das ADS hingegen ist ein Syndrom, das viele verschiedene Symptome bündelt und unter sich vereint. Es ist ein Komplex verschiedener auffälliger Verhaltensweisen, zu denen Merkmale von Hyperaktivität, Unaufmerksamkeit und Impulsivität gehören. Mit einem ADS sind vom Grundsatz her eher negative Eigenschaften verbunden, die auffällige und störende Verhaltensmuster betreffen. Wir müssen also stets zwischen der Verhaltensseite und der kognitiven Seite unterscheiden.

Was ist ein ADS?

Das ADS ist mit einem Vorkommen von etwa 5 % – 8 % die häufigste Störung im Kindes- und Jugendalter. Gemeint sind verschiedene Verhaltensweisen von Kindern, die als auffällig und abnorm einzustufen sind. Dabei wird vorausgesetzt, dass die auffälligen Verhaltensweisen wie motorische Unruhe, Unaufmerksamkeit und Impulsivität zeitkonstant und situationsübergreifend vorliegen. Es gibt drei ADS-Typen:

Vorschnelle Urteile zum Thema Hochbegabung und ADS

- Wenn ein Kind hochbegabt ist, kann es kein ADS haben
- Jeder Hochbegabte, der schulisch unterfordert ist, zeigt ein ADS-Verhalten
- Alle problematischen Hochbegabten werden zu ADS-Kindern gemacht

- **Hyperaktiver Typus**
  Bei Kindern wie Fridolin gibt es hauptsächlich hyperaktive Merkmale. Das nennt man dann ADHS oder ADS+H.

- **Unaufmerksamer Typus**
  Bei Kindern wie Nathalie finden sich überwiegend Merkmale der Unaufmerksamkeit. Dann spricht man von einfachem ADS oder ADS-H.
- **Mischtypus: kombiniert hyperaktiv-unaufmerksam**
  Bei solchen Kindern treten Hyperaktivität und Unaufmerksamkeit gemeinsam auf. Das wird dann als ADS-Mischtypus oder ADS +/- H bezeichnet.

Aus psychologischer Sicht handelt es sich um eine Störung der Selbstkontrolle. Die Selbstkontrolle ist eine Art Selbststeuerungssystem, mit dem wir Menschen ausgestattet sind, um die Schwierigkeiten des Alltags zu meistern. Dabei sorgt dieses System dafür, dass wir die wichtigen Dinge beachten, wissen, wann wir was zu sagen haben und wie eine Handlung abzulaufen hat. Bei ADS ist die Selbststeuerung gestört: Bestimmte Impulse können bei einem ADS nicht gehemmt und kontrolliert werden, sondern werden wie beim Dazwischenrufen gleich umgesetzt. Das zeigt Fridolin mit seiner Frage an den Lehrer sehr deutlich: Seine Steuerung von Handlungen und Verbalisierung ist defizitär. Bei Nathalie sieht die Sache etwas anders aus: Ihre geschwächten Organisations- und Zeitmanagement-Funktionen führen dazu, dass sie vorgegebene Aufgaben nicht in angemessener Zeit löst.

Was bedeutet das aber für Fridolin und Nathalie?
Fridolin hat ein ADHS, Nathalie ein ADS. Fridolins Hauptproblem besteht in seiner Hyperaktivität und Impulsivität, bei Nathalie hingegen haben wir es mit Ablenkbarkeit und Unaufmerksamkeit zu tun.
Fridolins hyperaktives Bild zeigt sich in erster Linie durch eine Beobachtung des Verhaltens, das jedem Beobachter sofort ins Auge fällt. Kognitiv betrachtet, lässt sich bei ihm mittels Konzentrations- und Aufmerksamkeitstests kein wirkliches Defizit nachweisen. In der Testuntersuchung fällt er durch schnelles, manchmal zu schnelles Vorgehen auf, reagiert oft impulsiv und es kommt zu einem Auf und Ab bei den einzelnen Testaufgaben. Bei manchen Tests ist die Bearbeitungszeit hervorragend, dafür die Fehlerquote aber sehr hoch.
Bei Nathalie müssen wir der aufmerksamen Lehrerin danken. Denn meist werden

Verhaltensauffälligkeiten von ADS-Kindern

Unaufmerksamkeit

- Macht viele Flüchtigkeitsfehler
- Zeigt keine dauerhafte Aufmerksamkeit
- Ist öfter gedanklich abwesend
- Hat Schwierigkeiten, Aufgaben und Aktivitäten zu organisieren
- Ist bei Alltagstätigkeiten vergesslich
- Verliert oder verlegt Gegenstände
- Ist leicht ablenkbar

Hyperaktivität

- Ist zappelig und motorisch unruhig
- Kann nicht lange still sitzen bleiben
- Hat enormen Bewegungsdrang
- Hat Schwierigkeiten, sich ruhig zu beschäftigen
- Redet übermäßig viel

Impulsivität

- Platzt unangemessen mit Antworten heraus
- Unterbricht Gespräche oder andere beim Spielen
- Kann schlecht abwarten, ist ungeduldig

hochbegabte Kinder mit einem ADS-Unaufmerksamkeitsproblem nicht so früh entdeckt. Sie kompensieren vieles und fallen erst in der weiterführenden Schule auf. Nathalies ADS entdecken wir in den typischen Verhaltensweisen wie Träumen und Trödeligkeit, Unaufmerksamkeit und interne Ablenkbarkeit wieder. Die kognitive testpsychologische Untersuchung weist klar auf Schwächen in der Daueraufmerksamkeit hin, auf eine hohe Ablenkbarkeit auch bei internen Reizen und eine tendenzielle Schwäche im Arbeitsgedächtnis.

Wenn Sie den Verdacht haben oder vonseiten der Schule geäußert wird, dass Ihr hochbegabtes Kind ein ADS haben könnte, dann sollten Sie so früh wie möglich den Schritt zu einem Experten wagen. Vielleicht haben Sie ja auch ein ADS-Kind, von dem Sie annehmen, dass es auch hochbegabt ist. In allen Fällen ist es sehr wichtig, dass Sie sich an jemanden wenden, der sich mit Hochbegabung und ADS auskennt. Für die Feindiagnose zwischen Hochbegabung und ADS ist das von großer Bedeutung. Denn bei einer Therapie müssen die ADS-Methoden an die Hochbegabung angepasst werden.

Die testpsychologische Untersuchung wird dann in der Tat umfassender. Denn zur Diagnostik der intellektuellen Fähigkeiten kommen Aufmerksamkeits- und

Konzentrationstests und die Prüfung der Wahrnehmungsfähigkeit hinzu. Sie als Eltern – und manchmal auch die Lehrer Ihres Kindes – werden gebeten, das Verhalten Ihres Kindes in bestimmten Situationen und im Alltag einzuschätzen, damit der Psychologe oder Therapeut einen umfassenden Eindruck erhalten kann.
Je nach Ergebnis der testpsychologischen Untersuchung wird das gesamte Umfeld Ihres Kindes in die Therapie einbezogen: die Familie und besonders Sie als Eltern, Lehrer und gegebenenfalls weitere Bezugspersonen aus der Freizeit.

HOCHBEGABT UND AUTISTISCH – DAS ASPERGER-SYNDROM

Ein besonderes Phänomen finden wir bei hochbegabten Kindern, die sozial eher scheu und steif wirken, kaum Interesse an sozialen Kontakten haben und sich eher zu gegenständlichen Themen hingezogen fühlen. Ihr Erscheinungsbild ist oft „mechanisch" und sonderbar. Sie scheinen schon bei einer einfachen Begrüßung völlig überfordert und schaffen es nicht, Blickkontakt herzustellen und erwünschten „Small Talk" zu halten. Neue Situationen und Veränderungen im Ablauf bringen sie leicht aus der Bahn. Gemeint sind hochbegabte Kinder mit einem Asperger-Syndrom (AS), einer speziellen Form von Autismus. Was macht diese Kinder so besonders? Und was hat das überhaupt mit Hochbegabung zu tun?

- **Ben** ist zwölf Jahre alt und geht in die 6. Klasse des Gymnasiums. Ben hat keine Leistungsprobleme, er wirkt eher unterfordert. Während des Unterrichts beschäftigt er sich mit Themen aus der Physik oder sinniert über Programmiersprachen. Das, was ihm in der Schule wirklich schwerfällt, sind Interpretationen in Deutsch. Schlimmer noch wird es, wenn Aufgaben zu erledigen sind, bei denen man sich in andere hineindenken und -fühlen muss. Freunde hat Ben im eigentlichen Sinne nicht. Die meisten seiner Mitschüler behandeln ihn wie einen Einsiedler oder komischen Kauz, der spießig herumläuft und wie ein Professor daherredet. Mit einigen Mädchen in der Klasse versteht er sich besser. Denn *„die verhalten sich halbwegs erwachsen"*, erklärt er im Gespräch. Ihm fällt es schwer, sich auf andere Kinder einzulassen, und er fühlt sich dabei einfach nicht wohl. Ben weiß nicht, was er genau tun soll oder nicht, wenn ihn jemand anspricht oder gar mit ihm spielen will. Am liebsten ist es ihm, wenn etwas gemacht wird, bei dem man nicht reden muss: Computer oder Schach zum Beispiel.

Bens Mutter erzählt aus seiner Vergangenheit: *„Als Ben in der 3. Klasse war, sind uns beim Einkaufen zwei Kinder aus seiner Klasse begegnet, die ihn winkend mit einem freundlichen ‚Hallo, Ben!' begrüßten. Ben war völlig konsterniert, drehte sich zur Seite und tat so, als habe er die beiden gar nicht gesehen. Zu Hause habe ich mit ihm gesprochen und ihm gesagt, dass das unhöflich sei und er ja zumindest zurückgrüßen solle. Als wir einige Zeit später eine ähnliche Situation erlebten, schien er sich daran zu erinnern, hob den Kopf und winkte wie ein Roboter zurück. Seine Gestik war steif und wirkte so, als sei er programmiert. Damals wusste ich einfach nicht, was wir mit ihm tun sollten."*

Beim Asperger-Syndrom (AS) ist die intellektuelle und sprachliche Entwicklung nicht beeinträchtigt. Aber die kommunikativen und sozio-emotionalen Fähigkeiten sind nicht entwicklungsgemäß ausgeprägt. AS ist somit eine extreme Form einer Entwicklungs-Asynchronie.

Oft wirken Kinder mit einem Asperger-Syndrom so, als fände eine starke Rationalisierung aller alltäglichen Gegebenheiten statt. Sehr logisch und manches Mal unheimlich klar werden Dinge analysiert, die letztlich zwischen den Zeilen von Gefühlen, Beziehungskisten und Befindlichkeiten geprägt sind. Für Menschen mit Autismus scheint das keine Rolle zu spielen. Denn die sogenannte soziale Intuition fehlt ihnen. Hier können wir in Einzelfällen eine Brücke zur intellektuellen Hochbegabung finden. Denn auch hier besteht durchaus die Tendenz, Sachverhalte eher emotionslos und rational zu zerlegen und logische Handlungen abzuleiten.

Der Asperger-Autismus findet in erster Linie in der Schwierigkeit der Betroffenen Ausdruck, soziale Reize wahr-

Autismus

Autistische Störungen sind sogenannte tief greifende Entwicklungsstörungen, bei denen die sozialen Beziehungen, die Kommunikation und die Sprache qualitativ beeinträchtigt sind. Außerdem zeigen sich bei Menschen mit Autismus eingeschränkte und sich wiederholende Aktivitäten und Interessen.

nehmen und deuten zu können. Die Kombination von Hochbegabung und einem Asperger-Syndrom birgt ein enormes Spannungsfeld für das Kind, weil sich in ihm hervorragende Stärken, aber auch deutliche Schwächen vereinen. Weil die sozialen Defizite von hochbegabten Kindern mit AS chronisch und nicht als Phasen oder temporäre Entwicklungsverzögerungen einzustufen sind, werden die Kinder als sozial unreif verstanden und mit diesem Argument ein Jahr später oder nicht vorzeitig eingeschult. Oft müssen sie mit Maßnahmen leben, die sie zum sozialen Austausch zwingen. Gerade bei hochbegabten Kindern mit AS werden die mangelnden sozialen Fähigkeiten über Jahre hinweg beanstandet. Oft heißt es, das Kind ziehe sich zu sehr zurück, sei nicht an der Gemeinschaft interessiert usw.

Hochbegabte Kinder mit AS werden aufgrund ihrer vermeintlichen Gefühlsarmut oft in die Kategorie „gefühlskalt" gesteckt. Das deckt sich aber absolut nicht mit den feinfühligen und intensiven Gedanken und Aussagen, die hochbegabte Kinder mit AS treffen können. Ihre Schwierigkeit besteht eben darin, ihre Gefühle angemessen ausdrücken zu können – doch daraus dürfen wir nicht schlussfolgern, dass sie nicht fühlen.

Idiots savants – Kinder mit Inselbegabungen

Im Umfeld von autistischen Störungen, dem Asperger-Syndrom und sehr ausgeprägten Entwicklungs-Asynchronien taucht öfter ein Begriff auf, auf den wir ergänzend kurz eingehen wollen: Idiots savants (gelehrte Idioten) oder auch Kinder mit Inselbegabungen. Diese Kinder, die sehr, sehr selten sind, gelten als Extrembeispiel für eine bereichsspezifische und nicht breit angelegte Hochbegabung. Gemeint sind geistig retardierte Kinder, die also einen niedrigen allgemeinen Intelligenzquotienten haben und bei denen gleichzeitig in einem speziellen Bereich eine außerordentliche hohe Fähigkeit vorliegt. Solche Kinder können hochkomplexe Mathematikaufgaben lösen oder zeichnen wundervolle Gemälde, sind aber ansonsten stark geistig behindert.

Hinweise für Berater und Therapeuten

Die Arbeit mit hochbegabten Kindern und Jugendlichen ist in der Praxis eine besondere Herausforderung. Auf der einen Seite kostet sie viel Energie, auf der anderen Seite kann sie viel Positives zurückgeben. Die Auseinandersetzung mit besonderen Themen, die Entwicklung von Plänen und Alternativen wie auch die Analyse von Zusammenhängen ist stets spannend. Wir finden als Therapeuten ein Kind oder einen Jugendlichen vor, der uns immer wieder durch seine Sichtweisen und sein Verstehen verblüfft. Regelmäßig staunen wir über das emotionale Wahrnehmen und feinfühlige Empfinden, das wir beim hochbegabten Kind erleben.
Hochbegabte mit Problemen haben schnell gelernt, dass etwas mit ihnen nicht in Ordnung ist. Sie haben ihre Unzulänglichkeiten erfahren und haben verinnerlicht, dass entweder sie selbst das Problem sind oder die Eltern (und andere) ein Problem mit ihnen haben.

Wir haben sechs Punkte zusammengestellt, die wir als besonders wichtig in der therapeutischen Arbeit mit hochbegabten Kindern und Jugendlichen erachten:

- Pendeln zwischen Kopf und Bauch
- Löse den Blick vom Alter
- Transparenz im therapeutischen Prozess (Spiel mit offenen Karten)
- Echte Anerkennung durch echte Beziehung
- Finde dich und deine Hochbegabung
- Einbeziehung von Familie und Umfeld

Pendeln zwischen Kopf und Bauch

Etwas vorschnell, aber nicht unbedingt fälschlicherweise, wird oft der Punkt der Kopflastigkeit einer Therapie mit hochbegabten Kindern und Jugendlichen genannt. Damit ist gemeint, dass wir aufgrund der kognitiven Fähigkeiten – deren Sitz bekanntlich im Kopf ist – unsere Therapieinhalte, -methoden und auch -ziele streng rational (und eher gefühlsfern) behandeln. Das mag und muss auf einzelne Bausteine innerhalb der Therapie zutreffen, gilt aber nicht für alle Elemente der Therapie. Besonders im Beziehungsaufbau oder in der Bearbeitung von Ängsten oder Sorgen ist es nicht angemessen. Auch motivationale Komponenten brauchen emotionale Energie. Die Therapie muss aus rationalen und emotionalen Bausteinen bestehen – also zwischen Kopf und Bauch pendeln.

Löse den Blick vom Alter

Eine weitere Besonderheit der Therapie mit Hochbegabten liegt darin, dass wir unseren typischen Alters-Blick nicht anwenden können. Eine hohe Flexibilität ist angesagt. Denn gerade die problematischen Hochbegabten sind nicht als homogen einzustufen. Bereiche, denen wir intellektuell begegnen können, stehen anderen Bereichen gegenüber, die eine empathische und in erster Linie gefühlsorientierte Haltung brauchen. Daher muss sich der Therapeut individuell und situationsbezogen auf diese Besonderheiten einstellen: Zum Beispiel muss er einem Zehnjährigen möglicherweise intellektuell begegnen wie einem 13-Jährigen – in derselben Therapiestunde aber auch emotional wie einem Neunjährigen.

Transparenz im therapeutischen Prozess (Spiel mit offenen Karten)

Ganz unterschiedliche Folgen können aus den hervorragenden Wahrnehmungs- und Denkprozessen hochbegabter Kinder und Jugendlicher entstehen: Zum einen können Therapeut und Kind gemeinsam Probleme im Gespräch gut entwirren, der Therapeut kann über geschickte Fragen schnell auf einen Punkt abzielen oder auch leicht reflektiv arbeiten. Das kann das hochbegabte Kind leisten. Zum anderen aber hinterfragt das schnelle Gehirn von Hochbegabten auch die Behandlungsstrategien des Therapeuten und kann so Schwächen und Unklarheiten entdecken. Daher sollte der Therapeut sein Vorgehen vorher transparent machen und nicht im Nachhinein erklären, worauf er hinauswollte. Selbstverständlich sollte das auch umgekehrt gelten. Das ist leichter erreichbar, wenn der Therapeut mit den offenen Karten beginnt und sich deutlich für das hochbegabte Kind positioniert.

Echte Anerkennung durch echte Beziehung

Hochbegabte Kinder und Jugendliche akzeptieren die therapeutische Autorität nicht einfach automatisch. Das ist etwas Besonderes an der therapeutischen Arbeit mit Hochbegabten und nicht gleich als Widerstand zu verstehen. Handlungsvorschläge des Therapeuten können wirklich nur Vorschläge sein, denn stärker als in anderen Therapien gilt der Satz: *„Du bist letztlich der Experte für dich selbst."*
Therapeutisches Besserwissen und Drängen schafft nur Widerstand. Therapeutische Diskussion und Offenheit schaffen Lernen. Hochbegabte wollen in ihrer persönlichen Therapie nicht schon wieder das Gefühl haben, in ihrer Kapazität nicht erkannt zu werden, und dass jemand glaubt, besser über sie Bescheid zu wissen als sie selbst. Dafür kann der Therapeut sich aber über kritisches Mitdenken und manchmal sofortiges Umsetzen des Besprochenen freuen. Als Therapeuten müssen wir die Bereitschaft haben, hochbegabte Kinder und Jugendliche und ihre Fähigkeiten anzuerkennen und sie ernsthaft zu respektieren.
In allen Therapien - ganz gleich, ob Kind, Jugendlicher, Erwachsener, normal begabt, hochbegabt, ängstlich oder depressiv - gilt für den Therapeuten der Grundsatz der Authentizität: Sei echt und verstelle dich nicht! In besonderem Maße aber gilt das für den therapeutischen Umgang mit Hochbegabten, weil deren Antennen ein feines Gespür für die Natürlichkeit in der Beziehung haben. Sie spüren schnell, ob die Chemie stimmt. Eine Beziehung lässt sich nur aufbauen, wenn das hochbegabte Kind spürt, dass es ernst genommen wird. Und nur auf dieser Basis lässt sich bei hochbegabten Kindern therapeutisch arbeiten.
Manche ältere Kinder und Jugendliche betrachten ihre Therapie gleichzeitig auch von der Metaebene des eigenen Denkens aus. Sie können ja auch frühzeitig eine präzise

Distanz und kritische Position zu sich selbst entwickeln. Und sie lassen sich dann trotzdem emotional auf die Therapie ein. Sie wollen nur zuerst mit ihrem kritischen Verstand ernst genommen werden. Das gilt auch für die eher unwilligen hochbegabten Jugendlichen, die von den Eltern gebracht werden. Besonders hier ist der Kontaktaufbau von großer Bedeutung, weil die Eigenmotivation das Wichtigste zur tatsächlichen Veränderung ist.

Finde dich und deine Hochbegabung

Die Besonderheit, die Hochbegabte nun mal haben, ist gerade bei Problemkindern etwas, mit dem wir umzugehen lernen müssen. Wenn Probleme vorliegen, stimmt eben etwas nicht: Es gibt keine Passung. Allerdings gilt es gut zu überlegen, ob ich als Therapeut auf eine bessere Passung hinarbeite (Kind oder Bedingungen ändern) – oder auf die Akzeptanz der fehlenden Passung. Es kann selbstverständlich nicht darum gehen, eine „Normierung" des hochbegabten Kindes oder Jugendlichen als therapeutisches Ziel zu formulieren. Allenfalls kann eine tendenzielle Anpassung das Ziel sein. Voraussetzung dafür, dass eine fehlende Passung akzeptiert wird, ist, dass diese als solche erkannt wurde. Daher sollte ein Grundgedanke der Therapie lauten: Finde dich und deine Hochbegabung!
Damit ist nicht gemeint, dass wir eine ganze Persönlichkeit auf Intelligenz reduzieren wollen, sondern dass die Hochbegabung sich in vielen Bereichen des Alltags auswirkt und so entscheidend zur Entwicklung einer Identität beiträgt. Bei hochbegabten Problemkindern muss dieser Gedanke erst entwickelt werden.

Einbeziehung von Familie und Umfeld

Ein letzter Gedanke richtet sich auf das Umfeld von hochbegabten Kindern und Jugendlichen. Wie bei allen Therapien im Kindes- und Jugendalter sind auch die Familien in die Therapie einzubeziehen. Die Eltern spielen eine entscheidende Rolle dabei, die Selbstfindung ihres Kindes zu unterstützen. Gegebenenfalls sollten Bedürfnisse und Wünsche der Eltern hinterfragt werden, ob sie tatsächlich angemessen sind und zu welchem Zeitpunkt sie formuliert werden sollten. Der nicht ausgesprochene Druck vonseiten der Familie, den hochbegabte Problemkinder spüren, ist wichtig für den therapeutischen Prozess. Dieser Druck richtet sich auf Leistungen, Normalsein, Freunde haben, Sport treiben – also auf familiäre Erwartungen. Hochbegabte Kinder, die keine Probleme haben, empfinden solche Erwartungen gar nicht als Druck.

Bei den Hochbegabten mit Problemen kann der empfundene Druck förderlich sein, sofern er auch den Eltern gegenüber thematisiert und in der Folge kontrolliert wird. Er kann allerdings sehr hinderlich und kontraproduktiv sein, wenn er nicht angesprochen oder nicht kontrolliert wird.

Außerdem reden wir bei hochbegabten Kindern und Jugendlichen mit hoher Wahrscheinlichkeit meist auch über hochbegabte Eltern. Daher sollten die Lebenssituation und -geschichte der Eltern ins Gespräch einbezogen werden. Vielleicht finden sich deutliche Gemeinsamkeiten in der Schulgeschichte, dem damals schwierigen Umgang mit Gleichaltrigen, der jetzigen beruflichen Situation oder auch in der Offenlegung bestimmter kognitiver Schwächen wie zum Beispiel hoher Ablenkbarkeit. Besonders bei massiven Problemen ist durch die Einbeziehung der Eltern eine Grundlage für ein gemeinsames Miteinander und die vollständige Annahme des Kindes gegeben.

In eine Therapie sollten auf jeden Fall auch Kindergarten und Schule einbezogen werden. Denn nur dann können Therapieerfolge gefestigt werden. Am Anfang sollten die Erzieherin oder der Lehrer über die spezielle Problematik informiert oder aufgeklärt werden. Außerdem sind die Informationen, die aus dem Kindergarten und der Schule kommen, sehr wichtig für die therapeutische Arbeit. Oft machen sie die Probleme im sozialen Kontext oder bei Schulleistungen sehr deutlich und liefern gute Ansätze für die Therapie.

Der Kontakt zu Kindergarten und Schule sollte zu Beginn der Therapie und nach etwa dem ersten Drittel erneut stattfinden. Zu Beginn sollten Informationen ausgetauscht und mögliche Empfehlungen ausgesprochen werden.

Nach den ersten vier bis sechs Therapiesitzungen sollte der Therapeut abwägen, ob er ausreichend Informationen hat, um spezielle pädagogische Maßnahmen zu empfehlen. Dann sollte der Kontakt zum Kindergarten oder zur Schule erneut stattfinden, um über ein weiteres Vorgehen zu beraten. Welche Möglichkeiten sich ergeben, lesen Sie in den Kapiteln zum Kindergarten und zur Schule.

Mögliche Therapieziele und Behandlungsstrategien

Aus den oben beschriebenen Hinweisen gehen für eine Therapie mit Hochbegabten bereits einige Ziele und Methoden hervor. Im therapeutischen Prozess sind bestimmte Aspekte dauerhaft relevant, manche besonders zu Beginn und andere wieder eher in der Endphase der Therapie. Die Behandlung muss sich an den wichtigsten Punkten orientieren. Die massiven und übergeordneten Probleme sollten zuerst angegangen werden, sofern das umsetzbar ist. Manches Mal aber ist der Umweg über „kleinere" Schwierigkeiten erfolgversprechender als der direkte Zugang. Sie finden hier eine Auswahl an möglichen Therapiezielen und Behandlungsstrategien, die wir aus unserer Erfahrung mit hochbegabten Kindern und Jugendlichen getroffen haben:

- **Depression:**
  Selbstwert aufbauen, auf Besonderheiten eingehen, Erklärung für Misserfolge suchen, negative Einstellungen abbauen, positive Erlebnisse fördern, Gefühl der Hilflosigkeit und des Alleinseins abbauen, Selbstbehauptung fördern
- **Ängste:**
  Sicherheit geben, Bewältigungsmechanismen fördern, Erkennen von besonderer Wahrnehmung/Aufmerksamkeit fördern, kleinschrittige Erfolgserlebnisse schaffen
- **ADS:**
  Aufklärung über innere Diskrepanz, Akzeptanz für sich selbst fördern, Erkennen von „kritischen" Situationen, Kompensationsstrategien fördern, Konzentrationstraining, Selbstmanagement fördern, positive Seiten des ADS einbeziehen
- **Motivation:**
  Leistungsfähigkeit verdeutlichen, Erklärungen für Misserfolge suchen, kleinschrittige Erfolgserlebnisse fördern, verdeutlichen, wie Schulleistungen zustande kommen, Ziele suchen und angemessen setzen

- **Arbeits- und Lernverhalten:**
  Aufklärung über Lernprozesse: Wie funktioniert das Gehirn? Individuelle Stärken erkennen (What's my best strategy?), ggf. „experimentelle" Überprüfung machen, über kleine Zeiträume arbeiten
- **Soziale Schwierigkeiten:**
  Abbau von Isolation, Integration in die Schulklasse und in die Gruppe der Gleichaltrigen verbessern, eigene und systembezogene Problemanteile erkennen, Selbstwahrnehmung fördern, Kontakt zu Peers aufbauen (Eltern einbeziehen), Annahme der eigenen Identität fördern, differenzielle soziale Wahrnehmung schärfen, soziale Interaktionsfähigkeit und kommunikative Fertigkeiten aufbauen
- **Familienprobleme:**
  Familie einbeziehen, Problemeinsicht fördern, Systemprozesse verdeutlichen, Bereitschaft zu Familientherapie erwirken
- **Identität:**
  Über Fähigkeiten aufklären, alltägliche Beispiele suchen, Zukunftsträume und Visionen entwickeln, Kontakt zu Peers aufbauen, Verantwortung für sich aufbauen

Kapitel 5: Das Wichtigste in Kürze

- Bei Problemen ist es wichtig, sofort therapeutische Hilfe in Anspruch zu nehmen.
- Probleme entstehen interaktiv: Ein Zusammenwirken ungünstiger Bedingungen aufseiten des Kindes, der Schule und des weiteren Umfeldes lässt Probleme entstehen.
- Perfektionistische Ansprüche erhöhen das Risiko, zwanghaft, verbissen und selbstzweifelnd zu werden.
- Mobbing ist oft schwierig zu durchschauen: Sofortiges Handeln durch Eltern und Lehrer ist angesagt.
- Wahrnehmungsschwächen im Vorschulalter können frühe Hinweise auf spätere Rechtschreibstörungen sein.
- Hochbegabung und ADS ist eine hochexplosive Mischung aus schneller Auffassungsgabe, Power und einem hochenergetischen Chaos im Kopf. Verhaltenstherapie und zum Teil auch medikamentöse Therapie sind angezeigt.
- Therapien für hochbegabte Kinder berücksichtigen die Asynchronität der Entwicklung und besonders bei Jugendlichen deren Fähigkeit, Therapiemaßnahmen kognitiv schnell zu durchschauen und zu hinterfragen.

Besonders Begabte im Kindergarten: Die Begabung in die richtigen Bahnen lenken

6

In diesem Kapitel erfahren Sie,

- dass bereits die Zeit vor dem Kindergarten bedeutsam ist
- welche Erziehungsziele und Bildungsstandards im Kindergarten verfolgt werden
- welche Grundsätze in der Elementarpädagogik gerade für hochbegabte Kinder förderlich sind
- wie diese Grundsätze praktisch umgesetzt werden können

Krabbelnde Forscher: Bildung von Anfang an

Bevor wir uns der Kindergartenzeit widmen, wollen wir es nicht versäumen, einen Blick auf die so wichtige Zeit vor dem Kindergarten zu werfen, nämlich auf die Krabbel- und Krippengruppen.

Können Sie sich vorstellen, Ihr gerade mal 16 Monate altes Kind in eine Einrichtung zu geben, in der es gemeinsam mit anderen Kindern den Vormittag verbringt?

Bei den sogenannten Krabbel- und Krippengruppen ist das möglich. Hier finden sich meist sechs bis zehn Kinder im Alter von 0 bis 36 Monaten zusammen und „spielen“ miteinander. Die Kinder werden von einer pädagogischen Fachkraft betreut, die oftmals auch von Eltern unterstützt wird. In der Krabbelgruppe werden Bewegungsspiele durchgeführt, Lieder gesungen und verschiedene Materialien mit allen Sinnen wahrgenommen: eine organisierte „Spiel- und Forscherstätte“ für geballte Ladungen in Windeln.

Für die Entwicklungschancen aller Kinder wäre es wünschenswert, wenn solche Krabbelgruppen flächendeckend angeboten würden, denn so könnte man die sozialen Unterschiede ein bisschen minimieren. Auch würden soziale Fähigkeiten von Beginn an gefördert. Besondere Aufwertung aber erfahren Krippen- und Krabbelgruppen dadurch, dass die Hirnforschung immer wieder auf die enorme Bedeutung der Entwicklung in den frühen Jahren verweist: In keiner anderen Zeit – weder Schulzeit noch Ausbildung – lernen die Kinder so viel und können so viel lernen. Wichtig ist es für die Kinder in den Krabbelgruppen, ihre Sinneswahrnehmung zu schulen und sich Tag für Tag mit ihrer Umwelt ein bisschen vertraut zu machen. Dabei können sie sich selbst und ihre Mitmenschen erfahren, die belebte und unbelebte Natur begreifen und Konzepte über Formen, Muster und Zahlen entwickeln – und das alles im Spiel.

Gerade für hochbegabte Kinder sind gut organisierte Krabbelgruppen eine tolle Sache. Die „Altersöffnung nach unten“ – von der dann bei Kindertagesstätten gesprochen wird – richtet sich natürlich am biologischen Alter aus. Bei Hochbegabten aber spielt das eine untergeordnete Rolle. Denn wie Sie in Kapitel 2 bereits gelesen haben, entsprechen die kognitiven Fähigkeiten von hochbegabten Kindern dem Niveau älterer

Kinder. So manches hochbegabte Kind ist im Alter von zwei Jahren und sechs Monaten schon „kindergartenreif".

Mit einer Krabbelgruppe geben Sie dem hochbegabten Kind die Möglichkeit, angemessen und seiner individuellen Entwicklung entsprechend in den sozial geprägten Selbst-Bildungsprozess einzutreten. Für Kindertagesstätten, die sich einer ganzheitlichen und frühen Förderung von hochbegabten Kindern widmen wollen, ist der Weg zur Krabbelgruppe ein wichtiger Schritt. Denn nur über die Altersöffnung nach unten kann eine optimale Entwicklungschance geboten werden.

Für Sie als Eltern kann es verschiedene Wege zu einer Krabbelgruppe geben: Hören Sie sich unter Ihren Bekannten um, fragen Sie nach Adressen oder kontaktieren Sie die zuständige Behörde. Vielleicht finden Sie ja gleich um die Ecke eine Krabbelgruppe, der Sie sich anschließen können. Sie können aber auch an einen Kindergarten herantreten und mit dem dortigen Team überlegen, ob es nicht eine Möglichkeit gibt, eine Krabbelgruppe ins Leben zu rufen. Die Leitung der Kindertagesstätte weiß dann schon, was zu tun ist. Meist muss ein Antrag beim zuständigen Amt gestellt werden.

Und dann haben Sie noch eine weitere Möglichkeit: Sie gründen eine eigene Krabbelgruppe. Dafür brauchen Sie natürlich weitere Kinder und eine gute Beratung darüber, was Sie tun müssen und vor allem dürfen. Mittlerweile gibt es viele Elterninitiativen, die einen Verein gegründet haben und eine Krabbelgruppe betreiben.

Auf jeden Fall ist der Besuch einer Krabbelgruppe für Ihr Kind eine hervorragende Vorbereitung auf den Besuch des Kindergartens – das gilt in vielerlei Hinsicht, besonders aber im Hinblick auf die sozialen Kompetenzen Ihres Kindes.

Bildung und Erziehung im Kindergarten

Ihr Kind ist im Kindergarten. Die Kinder vertreiben sich unter der Aufsicht der Erzieherinnen spielend die Zeit. Eine vielleicht schöne, aber doch eher überflüssige Zeit, die eben überbrückt werden muss, bis es so richtig losgeht – nämlich in der Schule.

„Was Hänschen nicht lernt …“

- *„Was Hänschen nicht lernt, lernt Hans nimmermehr.“* Diese Volksweisheit ist zum Glück zwar nicht ganz richtig, aber sie enthält mehr als bloß ein Körnchen Wahrheit.
  Lenken Sie die Begabung Ihres Kindes in die richtigen Bahnen – jetzt! Das heute Versäumte werden Sie morgen nicht mehr nachholen können.
- Schon Tolstoi sagte: *„Habe ich nicht damals alles gelernt, wovon ich heute lebe, und habe ich nicht so viel und so schnell gelernt, dass ich im ganzen übrigen Leben nicht ein Hundertstel dazugelernt habe? Vom fünfjährigen Kind bis zu mir ist es nur ein Schritt. Aber zwischen einem Neugeborenen und einem fünfjährigen Kind liegt eine ungeheure Entfernung.“*

Wir brauchen Bildung vor der Schule!

Weit gefehlt! Die Zeit im Kindergarten gehört zu den wichtigsten Zeiten im Leben Ihres Kindes. In unserem Sozial- und Bildungssystem werden Kindertagesstätten und Kindergärten kaum ihrer eigentlichen Bedeutung angemessen beachtet. Weder die Erzieherin als Pädagogin noch die erzieherische Arbeit als Bildungsarbeit erhalten in der Öffentlichkeit die Aufmerksamkeit, die sie in Anbetracht der wissenschaftlichen Erkenntnisse verdienen müssen: Nie mehr lernen Kinder so viel wie in den ersten fünf bis sechs Lebensjahren. Hier werden die Grundlagen gelegt und die Weichen gestellt für ein ganzes Leben.

Bildung und Erziehung beginnen mit der Geburt – vielleicht sogar vor der Geburt. Für die allermeisten Kinder sind Kindergarten oder Kindertagesstätte die erste Bildungs- und Erziehungsinstitution, der sie in ihrem Leben begegnen.

War früher der Kindergarten dazu da, die Kinder auf die Schule vorzubereiten, so wird heute großer Wert auf ein eigenständiges Bildungswesen im Elementarbereich gelegt. Das eigenständige Bildungswesen im Kindergarten kommt allen Kindern zugute, besonders aber den hochbegabten, weil es deren Bedürfnisse so verstärkt berücksichtigt wie niemals zuvor.

Dabei sind drei unterschiedliche pädagogische Richtungen zu erkennen:

- Zum einen geht es darum, die Kinder in verschiedenen Bereichen speziell auf ein vorgegebenes Ziel hin zu fördern. Das Bildungsziel steht also im Vordergrund.
- Auf der anderen Seite geht es um eine „Pädagogik vom Kinde aus". Die individuelle Entwicklung und Förderung jedes einzelnen Kindes ist das Entscheidende. Dabei leiten sich die wichtigen Lerninhalte aus der Lebenswelt des Kindes ab.
- In einem dritten Ansatz wird eine allgemeine Qualitätsverbesserung der frühkindlichen Pädagogik befürwortet.

Eins haben alle Ansätze gemeinsam: Sie setzen den Schwerpunkt im Bereich der Sprachentwicklung. Neben der gesprochenen Sprache und dem Erlernen der deutschen Sprache steht die Anwendung von Regeln für das gemeinsame Gespräch. So sollen Kinder anderen zuhören können, sie sollen in der Lage sein, andere aussprechen zu lassen und nur dann zu reden, wenn sie selbst dran sind, usw. Weiterhin sollen sie lernen, ihre Konflikte auf sprachlicher Ebene und mit sprachlichen Mitteln zu lösen.
Auch der ästhetischen, musischen und kulturellen Bildung wird großes Gewicht beigemessen – als Förderung eines basalen Empfindungsvermögens. Wahrnehmung und die sich entwickelnde Fähigkeit zur Abstraktion werden mit ersten mathematischen und naturwissenschaftlich-technischen Kompetenzen verknüpft.
Diese Vorgehensweise erfordert einen ganzheitlichen pädagogischen Denkansatz, in dem es nicht darum geht, dem Kind kleine isolierte Wissenshäppchen einzutrichtern. Vielmehr stehen die Bezüge in der Lebenswelt des Kindes im Vordergrund. Das Kind lebt in einer Welt, die Erwachsene für Erwachsene geschaffen haben. Diese Welt birgt Probleme und Gefährdungen, mit denen Kinder konfrontiert werden. Die Kinder müssen lernen, damit umzugehen.

Bildung ist Selbst-Bildung

- Mit Bildung ist hier nicht gemeint, Kindern Wissen zu vermitteln, d.h. Antworten auf Fragen zu liefern oder Sachverhalte zu erklären. Bildung ist nicht etwas Messbares und schon gar nicht das, was man unter Allgemeinbildung versteht. Bildung ist immer Selbst-Bildung des Kindes: Das Kind eignet sich mit seinen Fähigkeiten ein Bild von der Welt an und lernt, dieses beständig neu zu konstruieren.

Daraus ergibt sich eine originäre Aufgabe der frühkindlichen Elementarpädagogik – nämlich den Kindern eine psychische Stabilität zu geben, die sie unter anderem befähigt, schwierige Lebenssituationen (wie z.B. die Auseinandersetzung mit Spielkameraden, aber auch die Trennung der Eltern) bestehen zu können. Dass der Kindergarten das nicht allein leisten kann, steht außer Frage. Aber er kann einen wesentlichen Teil dazu beitragen.

Ein bisschen Theorie

Die Wissenschaftler gingen noch in den 1970er-Jahren davon aus, dass Kinder gleichsam als „Tabula rasa", als „unbeschriebenes Blatt" auf die Welt kämen und dass die Erziehung darin bestehe, dieses Blatt zu beschreiben. Das ist falsch.
Jedes Kind bringt von Geburt an ein ganzes „Paket" an Entwicklungsmöglichkeiten mit, wie die Hirnforschung nach *W. Singer* (Leiter des Max-Planck-Instituts für Hirnforschung in Frankfurt a. M.) heute weiß. Diese Entwicklungsmöglichkeiten sind immer individuell ausgeprägt. Sie bedeuten für jedes Kind eine persönliche Chance, die genutzt werden sollte, die genutzt werden muss.
Das ist die eine wichtige Erkenntnis der Hirnforschung. Die zweite ist die, die Singer mit „Zeitfenster" beschreibt. Danach ist der Mensch in zeitlich begrenzten „sensiblen Perioden" besonders in der Lage, bestimmte Fähigkeiten zu entwickeln und Fertigkeiten zu erlangen. Das hängt mit der Reifung und Entwicklung des Gehirns zusammen. Bestimmte Hirnareale und -strukturen reifen früh und stabilisieren sich dann, während andere später reifen und für diesen Prozess auch wesentlich länger brauchen. Ist ein „Zeitfenster" offen, ist die Möglichkeit der Einwirkung und damit der Entwicklung in diesem bestimmten Bereich größer. Diese Zeitfenster sind oft kombiniert mit einem enormen Wissensdurst und hoher Motivation: Lernfreude pur! Ist eine solche Periode vorbei, ist zwar nicht alles verpasst, aber der Aufwand, das Versäumte nachzuholen, ist höher.
Zu den grundlegenden Entwicklungsprozessen gehören sprachliche Fähigkeiten genauso wie Fähigkeiten der nonverbalen Kommunikation, die gerade für soziale Kompetenz enorm wichtig sind. Unsere Hauptebene des Austauschs mit Kindern ist meist sprachlich, obwohl das der kindlichen Entwicklung nicht angemessen ist. Kinder brauchen „emotionale Sprache", die zum Beispiel über Mimik und Gestik transportiert wird. Werden innerhalb der frühen Jahre die „Zeitfenster" für die nonverbale Kommunikationsfähigkeit verpasst, dann sind Schwierigkeiten in der sozialen Interaktion bis hin zum autistisch gestörten Kind denkbar.
Außerdem müssen wir in der Kindergartenzeit auf die Grundprozesse der motorischen Entwicklung achten, wie Sie selbst vielleicht leidvoll beim letzten Skiurlaub feststellen mussten. Ihr Kind hat sich mühelos auf die Bretter gestellt und ist losgefahren, während Sie sich von Hang zu Hang gekämpft haben. Auch das ist in der Hirnentwicklung

begründet: Während wir Erwachsene bestimmte motorische Abläufe mit viel Mühe und Energie lernen (uns vielmehr erarbeiten) müssen, erfassen Kinder diese Abläufe so, als geschehe es nebenbei. Die Zeitfenster der Kinder sind geöffnet!
Ein wichtiger Grundprozess besteht in der kognitiven Entwicklung, die sich im Wahrnehmen, Erkennen und gedanklichen Handeln zeigt. Kinder, denen wenig bis keine Umwelt-Anregungen für ihre kognitive Weiterentwicklung gegeben wurden, zeigen in vielen Bereichen ihrer Entwicklung enorme Defizite: Sie verstehen Zusammenhänge wesentlich schlechter als andere Kinder, sie sprechen wenig oder können sich nicht gut ausdrücken und reagieren bei emotionalen oder sozialen Signalen nicht oder nicht angemessen. Fähigkeiten des Wahrnehmens, Erkennens und Denkens haben eine übergeordnete Bedeutung: Sie sind für alle Bereiche der Entwicklung von enormer Wichtigkeit.

Von der Theorie zur Praxis

Die Erkenntnisse der Hirnforschung haben eine nicht zu überschätzende Bedeutung für die Elementarpädagogik der frühen Kindheit und damit für die Hochbegabtenpädagogik im Bildungsbereich des Kindergartens. Es geht darum, bei jedem Kind das Sich-Öffnen der „Zeitfenster" zu beobachten und darauf adäquat zu reagieren. So wird Elementarpädagogik zur Basispädagogik. Denn sie legt die Basis für jedes weitere pädagogische Handeln.

In der Elementarpädagogik müssen prinzipiell immer zwei Wege gleichzeitig beschritten werden:

- Zum einen stellt die Gesellschaft an ihre Mitglieder bestimmte Anforderungen, auf die die Erzieherin die ihr anvertrauten Kinder vorbereiten muss. Das bedeutet, dass sie den Kindern helfen muss, bestimmte Fähigkeiten und Fertigkeiten zu entwickeln.

- Zum anderen stellt das Kind selbst Forderungen an die Gesellschaft, vertreten durch die Erzieherin. Diese gehen aus der kindlichen Lebenswelt, der Lebenserfahrung und dem kindlichen Lernbedürfnis hervor.

Bei den gesellschaftlichen Ansprüchen an Kinder zeichnen sich hochbegabte Kinder in der Regel dadurch aus, dass sie diese Ansprüche schon viel früher erfüllen als andere Kinder gleichen Alters und dass sie bald schon weit darüber hinausgehen.
Bei den eigenen Lernansprüchen zeichnen sich hochbegabte Kinder dadurch aus, dass sie diese früher entwickeln, dass sie vielseitiger und tiefer gehend sind und dass sie ihre Ansprüche auch oft viel hartnäckiger und intensiver durchzusetzen versuchen.

Praktische Umsetzung I: Grundsätze

Die Erzieherinnen als Elementar- und Basispädagoginnen haben die nicht immer leichte Aufgabe, die gesellschaftlichen und die kindlichen Förder-, Lern- und Entwicklungsansprüche pädagogisch sinnvoll miteinander zu verzahnen und umzusetzen. Dies wird besonders dann schwierig, wenn hochbegabte Kinder die einzelnen Meilensteine in der Entwicklung früher erreichen als ihre Altersgenossen und wenn sich bei ihnen die Zeitfenster eher öffnen. Das biologische Alter verliert seine Bedeutung. Noch schwieriger wird die Situation, wenn es außerdem noch zu Entwicklungs-Asynchronitäten kommt, also zu unterschiedlich weit fortgeschrittener Entwicklung in den einzelnen Entwicklungsbereichen. Dann ist eine altersgemäße Zuordnung kaum möglich.
Bevor wir auf spezifische Elemente der Hochbegabtenpädagogik eingehen, möchten wir auf die grundsätzlichen Voraussetzungen in der Elementarpädagogik eingehen. In der Praxis unterscheiden sich die verschiedenen Kindertagesstätten hinsichtlich ihrer räumlichen, personellen und auch konzeptionellen Voraussetzungen. Manche Einrichtungen haben neben ihren Gruppenräumen zusätzliche Räume für Werkstätten u.a. zur Verfügung, andere hingegen müssen solche Zweck-Räume in ihre Gruppenräume integrieren. Auch die personellen Möglichkeiten schwanken oft: Während in Modell- oder Sondereinrichtungen zwei Erzieherinnen mit etwa 16 Kindern arbeiten, besteht

in manchen Einrichtungen ein Verhältnis von 13 Kindern zu einer Erzieherin. Und hinsichtlich der Konzeption und inhaltlichen Ausrichtung sind die Unterschiede oft noch vielfältiger und größer.

Daher haben wir im Folgenden zehn wesentliche pädagogische Grundsätze aufgestellt, die sich an Rahmenplänen und Bildungsstandards für Kindergärten orientieren und eine Basis für eine gute Elementarpädagogik darstellen. Auf diesem Grundsatzgerüst lassen sich dann weitere spezifische Wege gehen, die Bedürfnisse hochbegabter Kinder separierend und integrierend zugleich zu berücksichtigen.

Für die Pädagogik mit hochbegabten Kindern gelten zunächst dieselben Grundsätze wie bei allen anderen Kindern. Erzieherinnen, die mit hochbegabten Kindern arbeiten, berichten oft davon, wie interessant und anspruchsvoll, ständig herausfordernd und auch anstrengend diese Arbeit sein kann. Nicht weil es häufig zu Problemen kommt – nein, vielmehr weil eine intensive Auseinandersetzung mit der Lebenswelt des Kindes Grundlage der pädagogischen Arbeit ist.

Das Fundament guter Elementarpädagogik: 10 Grundsätze für eine kindorientierte Pädagogik

- Lernen im Spiel
- Dem Lernen freien Lauf lassen
- Lernangebote machen
- *„Hilf mir, es selbst zu tun!“*
- Lernen auf der Handlungsebene
- Das soziale Lernen fördern
- Entwicklungsdefizite ausgleichen
- Mit Kinderaugen sehen
- Eltern einbeziehen
- Team einbeziehen

1. Grundsatz: Lernen im Spiel

Kinder lernen am besten spielerisch. Jede Erzieherin kennt das Spiel als elementares Prinzip der Kindergarten-Pädagogik.
Kinder haben Freude am Lernen. Und diese Lernfreude bleibt langfristig erhalten, wenn das Lernen im Spiel geschieht. In den meisten Kindergärten gibt es im letzten Jahr schulvorbereitende Kurse. Dabei wird den Kindern Schule spielerisch nahegebracht: *„Wir spielen heute mal Schule."*
Bei der Einrichtung dieser Kurse sollten Sie als Erzieherin auch schon die hochbegabten jüngeren Kinder im Blick haben, die möglicherweise vorzeitig eingeschult werden könnten.
Ansonsten sollte die Erziehungs- und Bildungsarbeit im Kindergarten aber nicht in Richtung „vorweggenommener schulischer Unterweisung" stattfinden. Auch davon gibt es die Ausnahme, wenn die Kinder das selbst wünschen. Besonders hochbegabte Kinder haben oft das Bedürfnis nach Schule, weil sie meinen, dann gehe es erst so richtig los. Sie haben vielleicht über ihre älteren Geschwister das „schulspezifische Lernen" kennengelernt und möchten schon jetzt damit anfangen. Für diese Kinder können Sie hin und wieder schulische Unterweisung „spielen". Die Kinder werden das auch als Spiel begreifen. Denn sie haben Freude daran – und sie müssen ja nicht, wenn sie nicht wollen.

2. Grundsatz:
Dem Lernen freien Lauf lassen – mehr noch: das Lernen fördern

Der Motor der Lernfreude ist die Neugierde. Fast alle Kinder haben diese „Gier nach Neuem". Aber bei hochbegabten Kindern ist die Neugier besonders ausgeprägt. Ein auffallendes Neugierverhalten gilt sogar als erstes Indiz für eine hohe Begabung.
Der „Kick des Neuen" sorgt im Gehirn für eine Ausschüttung des Neurotransmitters Dopamin – und der wiederum macht „Lust auf mehr". Die Befriedigung der Neugier weckt wieder neue Neugier. So entwickelt sich eine Aufwärtsspirale – getrieben aus Neugier und Lernfreude. Als Erzieherin und Eltern sollten Sie das Kind nun auf keinen Fall bremsen, sondern es so gut fördern, wie es Ihnen eben möglich ist.
Neugier zeigt sich in Fragen. Und an den Fragen können Sie erkennen, welches „Zeit-

Fragen auf höherem Niveau

Fast alle Kinder kommen in ein Fragealter. Aber hochbegabte Kinder unterscheiden sich von anderen Kindern oft durch die Intensität, die Ausdauer und die Art der Fragen. Sie fragen gewissermaßen auf höherem Niveau. Schon weit vor Schuleintritt fragen sie den Erwachsenen „Löcher in den Bauch", wodurch sie Eltern und Erzieherinnen manches Mal überfordern. Diese Überforderung kann auf zwei Ebenen stattfinden:

- Zum einen sind Eltern und Erzieherinnen oft nicht mehr in der Lage, die Fragen ihrer Kinder hinreichend richtig und erschöpfend zu beantworten, ohne ein Lexikon oder das Internet zu Hilfe zu nehmen. Die Fragen sind dann schon so speziell und präzise, dass das allgemeine und spezielle Wissen (fast) jedes Erwachsenen auf Dauer nicht mehr zur Beantwortung ausreicht.
- Zum anderen bedeutet allein schon die Fülle der Fragen eine Zerreißprobe für die Geduld der Erwachsenen - und dadurch manchmal eine nervliche Belastung. Die Kinder lassen einfach nicht locker.

fenster" sich gerade öffnet oder offen ist. Beantworten Sie alle Fragen des Kindes möglichst erschöpfend - soweit es das Kind verstehen kann. Aber unterschätzen Sie das Kind nicht. Nicht nur ein hochbegabtes Kind versteht wahrscheinlich viel mehr, als Sie ihm zutrauen.
Auch wenn es schwerfällt: Versuchen Sie, dem Kind alle Fragen zu beantworten. Das ist die beste Investition, die Sie in die Zukunft eines Kindes tätigen können. Ebnen Sie dem Kind alle Lernwege, die es selbst gehen möchte.

3. Grundsatz: Lern*angebote* machen - keine Lernvorschriften

Die Entwicklung von Kindern verläuft nicht gesetzmäßig, sondern immer nur nach individuellen Gegebenheiten. Wie und wann ein Kind sein eigenes Paket an Entwicklungsmöglichkeiten aufschnürt, liegt immer am Kind selbst. Deshalb machen Sie einem Kind keine Vorschriften, wann es was zu lernen hat. Das funktioniert einfach nicht und nimmt den Kindern ihre Lernfreude.
Machen Sie den Kindern dagegen in einer „vorbereiteten Umgebung" vielseitige Lernangebote, von denen sich jedes Kind die ausuchen kann, die für es gerade geeignet sind. Beobachten Sie, welche Ange-

bote das Kind annimmt, mit welchem Material es sich beschäftigt, ob es allein oder mit anderen zusammen „arbeitet“ bzw. spielt - und wie lange es bei der Sache bleibt. So können Sie wiederum darauf schließen, welches „Zeitfenster“ gerade offen ist und wo die derzeitigen Interessen des Kindes liegen. Manchmal wird es Sie verwundern, wenn ein dreijähriges Kind ein Lernangebot annimmt, das Sie für die Fünfjährigen geplant hatten. Vielleicht hat dieses Kind ja einen großen Entwicklungsvorsprung - oder es ist einfach „nur“ hochbegabt.

Weil Kinder also ganz unterschiedliche Begabungen in ganz unterschiedlichen Bereichen haben können und auch tatsächlich haben, also ein individuelles Profil aufweisen, ist es wichtig, mit den Lernangeboten auch ganz unterschiedliche Bereiche abzudecken. Gerade auch hohe Begabungen in unterschiedlichen Feldern und mögliche Asynchronitäten können so frühzeitig erkannt werden. Diese Kinder können dann individuell und gezielt gefördert werden.

Einige wichtige Begabungsfelder,
die Sie bei Ihren Lern-Angeboten berücksichtigen sollten:

- Psycho-motorische Begabung
- Körperliche Geschicklichkeit beim Sport
- Handwerkliches Geschick
- Musische und künstlerisch-ästhetische Begabung und Kreativität
- Besonderes sprachliches Geschick
- Räumliches Vorstellungsvermögen
- Besonderes Interesse an der Natur
- Besondere technische Interessen
- Hohes Einfühlungsvermögen und soziale Begabung

Beobachten Sie die Kinder und lenken Sie schon jetzt ihre hohen Begabungen durch angemessene und gezielte Lernangebote in die richtigen Bahnen. Wenn Sie als Erzieherin bei einem Kind eine hohe Begabung für ein spezifisches Begabungsfeld erkennen, sprechen Sie seine Eltern darauf an und überlegen Sie gemeinsam, welche Fördermaßnahmen im Kindergarten und im häuslichen Umfeld angebracht sein können. So eröffnen Sie dem Kind die besten Entwicklungs- und Bildungschancen, die seiner hohen Begabung entsprechen.

4. Grundsatz: *„Hilf mir, es selbst zu tun!“* – Unterschätzen Sie die Kinder nicht

Erwachsene haben oft recht konkrete Vorstellungen davon, wie Kinder sein sollten, wie sie sich verhalten sollten und was sie in welchem Alter können sollten und können dürfen. So können die Grenzen im Denken der Erwachsenen zu den Grenzen der Kinder werden. Manchmal werden wir von einem Kind total überrascht – wir hätten es nicht für möglich gehalten, dass ein Kind das überhaupt kann.

Sich um seine Kinder zu kümmern, ist sicher eine elementar wichtige Aufgabe. Sie besteht aber nicht nur darin, das Kind zu versorgen, ihm zu helfen und ihm alles zu geben, was es braucht – besonders Liebe und Zeit. Der eigentliche Anspruch der elterlichen Erziehung und jeder Erziehung ist es, sich selbst überflüssig zu machen – sein Kind also zur Selbstständigkeit und Mündigkeit zu erziehen. Liebe, Zuwendung und Anerkennung sind die Grundlagen dieser Erziehung.

Kein Kind wird durch Verwöhnen gefördert. Wenn Sie Ihrem Kind alle Anstrengungen abnehmen, halten Sie es unmündig. Was lernt es langfristig daraus? Es kommt zu dem Schluss: *„Ich kann das nicht, das muss meine Mutter oder die Erzieherin machen.“* So entwickelt das Kind ein Selbstbild des eigenen Unvermögens und der eigenen Unfähigkeit – und dieses Selbstbild setzt sich tief im Inneren fest. Obwohl Kinder etwas leisten wollen, verliert so ein Kind die Lust an der Leistung – es erfährt ja nie die tiefe innere Befriedigung, etwas selbst geschafft zu haben, auf das es stolz sein kann.

Viele Kinder, besonders hochbegabte, rebellieren gegen das Vorgehen ihrer Eltern, indem sie ganz deutlich machen, dass sie dieses oder jenes allein machen wollen. Und es ist gut, wenn sich das Kind in diesem „Kampf“ gegen die Eltern durchsetzt. Gewinnen die Eltern, dann ist das Kind der Verlierer – und zwar langfristig, vielleicht ein Leben lang.

Kinder sind stolz auf alles, was sie selbst können. Sie streben nach Selbstständigkeit und machen riesige Schritte in diese Richtung, wenn man sie nur lässt. Dann entwickeln Kinder ein ganz anderes Bild von sich: *„Ich kann etwas, ich bin nicht (kaum) auf Hilfe angewiesen. Ich bin klasse!“* Ein solches Selbstbild ist eine Investition für ihr ganzes Leben. Es ist das Beste, was Eltern und Erzieherinnen den Kindern mitgeben können. *Trauen* Sie nicht nur den Kindern etwas zu, sondern *muten* Sie ihnen auch etwas zu. Halten Sie sich zurück – auch wenn das Kind gerade etwas falsch macht.

Das gilt für alle Kinder – nicht nur für die hochbegabten. Aber bei hochbegabten Kindern ist es schwieriger, sich zurückzuhalten. Denn plötzlich macht da ein Kind etwas, was in diesem Kindergarten noch nie ein Kind geschafft hat. Glücklich sind die Kinder, die entwickeln dürfen, was in ihnen steckt.

5. Grundsatz: Lernen auf der Handlungsebene – und auf der Reflektionsebene

Seit alter Zeit gilt für Kinder die Devise: *„Lernen mit allen Sinnen!“ „Nichts ist im Intellekt, was nicht vorher in den Sinnen war“*, erkannte schon John Locke vor über 300 Jahren. Und tatsächlich ist es so, dass die Sinnes- und Bewegungserfahrung und ihre Verarbeitung im Gehirn und Nervensystem bei Kindern gar nicht hoch genug eingeschätzt werden kann. *A. J. Ayres* konnte zeigen, wie die anregende Arbeit der Sinne – das Wahrnehmen, Zusammenführen und Verarbeiten von Reizen – zu psycho-emotionalen und kognitiven „Endprodukten“ führt. Die Tabelle auf der nächsten Seite zeigt die Erkenntnisse von *Ayres* in stark vereinfachter Form.

Es mag überraschen, aber es ist tatsächlich so, dass Eigenschaften wie akademisches Lernvermögen, Selbstvertrauen, Konzentrationsfähigkeit usw. stark von den frühkindlichen Sinnes- und Bewegungserfahrungen abhängen. Daraus resultiert die wesentliche elementar-pädagogische Forderung, den Kindern genau diese Erfahrungen in vielfältiger Weise auf der Handlungsebene zu ermöglichen.

Die Definition des Menschen als „das Wesen mit Mund und Hand“ bringt die Verknüpfung zwischen den verschiedenen Ebenen eindrucksvoll zum Ausdruck. Der Mund steht für die Fähigkeit, mit anderen Menschen kommunikativ und sozial-interaktiv in Kontakt zu treten. Die Hand befähigt zum gestalthaften und absichtsvollen Handeln. Mit der Hand „be-greift“ das Kind die Dinge seiner Lebenswelt. Und aus dem Begreifen entsteht dann der Begriff.

Wahrnehmen durch die entsprechenden Sinne	Verarbeitung der Sinnesreize im Nervensystem, besonders im Gehirn	„Endprodukte“
Auditives System (Hören)		
Vestibuläres System (Schwerkraft und Bewegung)	→	Konzentrationsfähigkeit Organisationsfähigkeit Selbsteinschätzung
Propriozeptives System (Muskeln und Gelenke)		Selbstkontrolle Selbstvertrauen Akademisches Lernvermögen
Taktiles System (Berührung, Tastsinn)		Fähigkeit zum abstrakten Denken und Verarbeiten von Gedanken
Visuelles System (Sehen)		Spezialisierung jeder Seite des Körpers und Gehirns (Lateralität)

(Quelle: Ayres, Jean: Bausteine der kindlichen Entwicklung, Springer Berlin)

- Haben Sie schon einmal von einem Kind die Frage gehört: *„Wenn ich das Wort ‚Pferd' höre, dann habe ich das Bild von einem Pferd in meinem Kopf. Das funktioniert sogar über das Telefon. Wie kommt das nur?"* Der hochbegabte **Stefan** (fünf Jahre alt) stellte diese Frage und viele andere mehr.

Daran sieht man, dass Kinder zu ganz erstaunlichen Leistungen und Fragestellungen fähig sind, die weit über die Handlungsebene hinausgehen. Versuchen Sie doch einfach einmal, solche Fragen aufzugreifen und mit den Kindern darüber zu sprechen. Gerade hochbegabte Kinder werden Ihnen dankbare Gesprächspartner sein.
Für Sie als Erzieherin kann es genauso spannend sein wie für die Kinder selbst, wenn sie mit Ihnen nicht nur auf der Handlungsebene lernend die Welt entdecken, sondern auch über das eigene Lernen reflektieren. Beginnen Sie dazu mit einfachen Fragen und beobachten Sie, wie das Kind darauf reagiert. Geht es den Fragen nach, dann „bleiben Sie am Ball". Geht es nicht auf die Fragen ein, dann lassen Sie das Kind in Ruhe. „Eröffnungsfragen" für Gespräche mit Kindern sollten sich zuerst einmal an der Handlungsebene orientieren, um sie dann aber gegebenenfalls zu verlassen.

Eröffnungsfragen auf verschiedenen Ebenen:

- **Handlungsebene:**
  „Du hast da eben einen ganz hohen Turm gebaut.
  Wie hast du es nur geschafft, dass der nicht umfällt?"
- **Produktebene:**
  „Dein Bild sieht ja wirklich toll aus.
  Was hast du denn dargestellt?
  Warum hast du es gerade so gemalt?"
- **Gefühlsebene:**
  „Christina hat dich eben für dein schönes Bild so nett gelobt.
  Was empfindest du, wenn du gelobt wirst?"

Solche Fragen zielen allesamt auf die Verstandesebene ab. Das Kind lernt, über sein Tun und sich selbst nachzudenken. Es lernt zu reflektieren. Bei solchen Gesprächen erfahren Sie sehr viel über die Kinder - und Sie merken auch sehr schnell, welche Kinder eventuell eine hohe Begabung haben könnten. Es sind die Kinder, die solche Gespräche interessant finden und sich darauf einlassen.

6. Grundsatz: Fördern Sie das soziale Lernen - auch über den Kopf

In einer Zeit, in der viele Kinder in Kleinfamilien oft als Einzelkinder aufwachsen, ist das soziale Lernen im Kindergarten wichtiger denn je. Auch intellektuell hochbegabte Kinder brauchen den Umgang mit anderen Kindern, um soziale Kompetenzen zu entwickeln. Dazu brauchen sie Freiheit - aber sie brauchen auch klare Grenzen. Denn der Umgang der Kinder untereinander regelt sich leider nicht immer von allein.

Kinder müssen nicht nur lernen, im Umgang miteinander Regeln einzuhalten. Sie müssen auch einsehen können, warum diese Regeln für das tägliche Zusammenleben so wichtig sind. Gerade hochbegabte Kinder akzeptieren Autoritäten und deren Regelvorgaben nur, wenn sie sie auch verstehen und einsehen, warum diese Regeln wirklich sinnvoll sind.

Sicher gibt es Kinder, die Regeln einhalten, ohne sie zu hinterfragen. Sicher gibt es auch Kinder, die soziale Regeln gefühlsmäßig begreifen - gleichsam aus dem Bauch heraus. Aber hochbegabte Kinder wollen oft Erklärungen für den Kopf.

Es hat dann keinen Sinn, Anordnungen und Vorschriften zu erlassen. Sie müssen sich dem kritischen Gespräch mit dem Kind stellen, um bei ihm ein ethisch-moralisches Bewusstsein zu wecken, auszubilden und zu festigen.

Das Gespräch über Regeln ist gut - aber nicht der „Königsweg“. Der Königsweg im Kindergarten ist es, die Regeln für das gemeinsame Zusammenleben mit den Kindern gemeinsam zu erstellen und auch gemeinsam Maßnahmen für Regelverstöße festzulegen. Kinder - und besonders hochbegabte Kinder - sind dazu durchaus in der Lage und auch gern bereit. Besonders dann, wenn sich das Regelwerk an konkreten Situationen entwickelt und sich immer mehr in gemeinsamen Diskussionen aufbaut und erweitert.

Geben Sie den Kindern Gelegenheit, sich mit den Regeln auf ihre Art auseinanderzusetzen und sie anschaulich zu machen, zu visualisieren. Lassen Sie zum Beispiel die Kinder zu der gerade erarbeiteten Regel ein Bild malen oder ein kleines Theaterstück erfinden, das sie dann zusammen einüben und vorführen – etwa zu der Regel: *„Du darfst andere Kinder nicht schlagen!“* Nun können Sie die Regeln als Bilder an der Regelwand – für alle gut sichtbar – aufhängen. Außerdem kann jedes Kind einen Regelordner anlegen, in dem es die Regeln hin und wieder nachsehen kann.

7. Grundsatz: Entwicklungsdefizite ausgleichen

Fünf Bereiche in der Entwicklung von Kindern

- Motorischer Bereich
- Emotionaler Bereich
- Sozialer Bereich
- Sprachlicher Bereich
- Kognitiver Bereich

Was soll das Wort „Defizite“ in einem Buch über hochbegabte Kinder? Defizite sind doch eher so etwas wie Mängel oder Schwächen. Es ist ein großer Irrtum zu glauben, hochbegabte Kinder seien rundum perfekt. Diese Vorstellung ist nicht nur falsch, sondern sogar gefährlich – und zwar in erster Linie für das hochbegabte Kind. Mit der falschen Vorstellung vom „Rundum-perfekt-Kind“ sind nämlich oft Ansprüche an das hochbegabte Kind verbunden, die es nicht erfüllen kann. Weil es so ein perfektes Kind nicht gibt. Denn die Entwicklung von Kindern verläuft asynchron, d.h.: in verschiedenen Bereichen unterschiedlich schnell.

Wenn wir ein hochbegabtes Kind vor uns haben, dann bezieht sich der Begriff „Hochbegabung“ gewöhnlich auf den kognitiven Bereich (also auf das Denkvermögen) – wenn nicht ausdrücklich etwas anderes gesagt wurde. Kognitiv hochbegabte Kinder sind auch oft – aber nicht immer – im sprachlichen Bereich hochbegabt, weil das Denken mit der Sprache eng verknüpft ist. Wir denken immer in der Sprache – auch wenn wir nicht sprechen.

Es ist aber durchaus nicht so, dass eine kognitive Hochbegabung gleichzeitig auch eine motorische, emotionale oder soziale Hochbegabung nach sich zieht.

•

- **Martin** (fünf Jahre alt) sprüht vor Ideen. Wenn ihm etwas einfällt, erzählt er davon – und ihm fällt jede Menge ein. Oft sitzt er im Kindergarten mit anderen Kindern in der Ecke und erzählt ihnen Märchen, die ihm seine Mutter vorgelesen hat. Damit aber nicht genug. Schon früh fing er an, diese Märchen weiter auszuschmücken und sie zu verändern. Inzwischen erfindet er gern eigene Geschichten und Märchen. Und er findet immer interessierte Zuhörer – nicht nur die Kinder, sondern auch die Erzieherinnen hören Martin gespannt zu.
  Wenn Martin seine Geschichten erzählt hat, gehen manche Kinder hin und malen ein Bild zu dieser Geschichte. Nur einer macht das nie, nämlich Martin selbst. Darauf angesprochen erklärte Martin der Erzieherin: *„Ich kann nicht malen."* Noch vor einem halben Jahr hat Martin hin und wieder – dann immer seltener – ein Bild gemalt. Er war aber nie zufrieden damit. Mittlerweile hat er das Malen ganz aufgegeben.

Martin ist sicher im sprachlich-kognitiven Bereich besonders begabt und kreativ. Er setzt seine Ideen in Erzählungen um, in denen er seine Kreativität auslebt. Die Umsetzung in bildliche Darstellungen ist ihm allerdings nicht gelungen. Dazu muss man wissen, dass er wirklich Probleme hat, den Stift richtig zu halten und mit all den Malutensilien sachgerecht umzugehen. Martin hat Probleme mit der Feinmotorik. So fällt es ihm schwer, das in Bilder umzusetzen, was er im Kopf hat. Deshalb ist er mit den erreichten Ergebnissen nicht zufrieden. Vermutlich kommt bei Martin ein weiteres Problem hinzu: der Perfektionismus. Er möchte alles perfekt machen, kann es aber nicht. So macht er dann lieber nur das, was er perfekt kann – und sonst gar nichts.
Am Beispiel von Martin sehen Sie also, dass ein in einem oder zwei Bereichen hochbegabtes Kind durchaus in anderen Bereichen Defizite haben kann. Martin ist im kognitiven und sprachlichen Bereich hochbegabt, im motorischen Bereich aber eher unterdurchschnittlich. Weiterhin zeigt sich, dass er auch im emotionalen Bereich bisher nur eine geringe Stabilität hat. Denn er ist offenbar emotional nicht in der Lage, mit seiner feinmotorischen Schwäche umzugehen.

- **Manuel** (fünf Jahre alt) kann bereits lesen. Er hat in der Zeitung gelesen, dass eine Frau von einem Mann überfallen wurde. Nun hat er ständig Angst, dass seiner Mutter so etwas passiert, wenn sie außer Haus ist.

Auch hier klaffen die kognitiven und die emotionalen Kompetenzen auseinander. Manuel eignet sich Wissen an, mit dem er emotional nicht umgehen kann.
Ein weiteres Beispiel dafür, dass die Entwicklung in verschiedenen Bereichen asynchron verlaufen kann: Manchmal fragen Erwachsene ein Kind, das sich falsch verhalten hat: *„Du bist doch ein so kluges Kind. Warum verhältst du dich dann so?"* Hier verwechseln die Erwachsenen in ihrer Unkenntnis eine hohe kognitive Begabung mit sozialer Kompetenz, die dieses sonst so hochbegabte Kind eben (noch) nicht hat.
Erzieherinnen und Eltern müssen also wissen, dass die kindliche Entwicklung in den verschiedenen Bereichen nicht immer synchron verläuft. So kann etwa ein vierjähriges Kind in der kognitiven Entwicklung einem Sechsjähren entsprechen, in einem anderen Bereich aber durchaus einem Dreijährigen.
Wie Sie bei Martin sehen, sind die Probleme manchmal recht komplex – besonders bei hochbegabten Kindern. Nehmen Sie jede Hilfe in Anspruch, die Sie bekommen können, damit Ihr Kind zufrieden und glücklich werden kann.
Wenn Sie als Eltern bei Ihrem Kind eine Entwicklungs-Asynchronität beobachten – wenn Ihr Kind also in einem Entwicklungsbereich zurückbleibt – kann es passieren, dass Sie von der Erzieherin hören: *„Das wächst sich von allein aus."* Das mag für Sie tröstlich sein – und auch so bequem, denn Sie brauchen ja nichts zu unternehmen. Aber glauben Sie es nicht! Obwohl die Erzieherinnen damit manchmal recht haben, stimmt es zu oft nicht, als dass Sie als Eltern jetzt getrost die Hände in den Schoß legen könnten. Handeln Sie! Und sprechen Sie mit den Erzieherinnen über Ihre Bedenken. Bitten Sie sie, Ihnen zu helfen, obwohl sie anderer Meinung sind als Sie selbst.

8. Grundsatz: Mit Kinderaugen sehen

Irgendwann ist uns Erwachsenen die Fähigkeit abhandengekommen, die Welt mit Kinderaugen zu sehen. Trotzdem sollten Sie als Erzieherin und als Eltern immer wieder den Versuch machen. Sie können natürlich nicht mehr zum Kind werden, aber versuchen Sie doch einfach einmal, die Welt aus der Perspektive des Kindes zu sehen.
Dazu wollen wir zwei Dimensionen betrachten, nämlich die räumliche und die emotional-kognitive.

- In die räumliche Dimension eines Kindes können Sie sich relativ leicht hineinversetzen. Sie ist gekennzeichnet durch Kleinheit und Erdnähe. Gehen Sie einmal in die Hocke und überlegen, wie groß ein erwachsener Mensch ist, wie hoch die Türklinken angebracht sind und wie unerreichbar für Sie das obere Regalbrett ist, auf dem die Mutter immer die Süßigkeiten aufbewahrt. Wenn Sie etwas erreichen wollen, müssen Sie hoch hinaus - besonders dann, wenn Sie klein sind. Kinder müssen erfinderisch sein, um das angestrebte Ziel zu erreichen. Das gilt nicht nur für das obere Regalbrett mit den Süßigkeiten, sondern für alle Ziele ihres Lebens. Die körperliche Kleinheit bringt Sie aber auch der Erde näher. Plötzlich sehen Sie Dinge und Kleinlebewesen ganz dicht vor Ihren Augen, die Sie schon lange nicht mehr gesehen haben oder denen Sie zumindest schon lange keine Beachtung mehr geschenkt haben. Versuchen Sie es einfach mal.
- Ungleich schwieriger ist es, sich in das emotional-kognitive Leben eines Kindes hineinzudenken. Dieser Bereich ist so komplex und vielschichtig, dass wir uns hier nur auf zwei Begriffe konzentrieren wollen - nämlich das emotionale Vertrauen und das kognitive Staunen.

Das Vertrauen: Kinder kommen auf die Welt und lernen sehr schnell: *„Ich bin nicht allein, da ist jemand, der für mich da ist. Da ist jemand, der meine elementaren Bedürfnisse nach Nahrung, Wärme, Beachtung und Liebe befriedigt.“* Was hier in einem Kind durch die Liebe und Fürsorge der Eltern grundgelegt wird, trägt ein ganzes Leben lang - nämlich Vertrauen!
Kommt das Kind nun in den Kindergarten, dann können Sie als Erzieherin beobachten, wie es mit diesem Urvertrauen bei den einzelnen Kindern bestellt ist: Hat das Kind

Trennungsängste, die sich bis hin zur Kindergarten-Phobie steigern können? Oder ist das Vertrauen in die Mutter so tief verwurzelt, dass es weiß, dass Mama auf jeden Fall wiederkommt, um es abzuholen?
Für Kinder ist der Kindergarten die Nahtstelle zu einer anderen Welt. Und Sie als Erzieherin haben die Aufgabe, das Vertrauen der Kinder in dieser neuen Welt weiter zu stärken, zu festigen und auf es selbst zu projizieren. Aus dem Vertrauen auf die Mutter, den Vater und die Erzieherin wird Vertrauen des Kindes auf sich selbst - nämlich Selbstvertrauen.
Das Staunen: Ist Vertrauen eine sichernde Rückbindung an das Vertraute, so ist das entdeckende Staunen die Begegnung mit dem Unbekannten. Erst die sichernde Rückbindung an das Vertraute macht dem Kind die spannende Entdeckungsreise in die Welt des Unbekannten möglich.
Über das Staunen entwickelt sich auch die Begabung weiter. Beobachten Sie doch einmal die Kinder nicht nur im Hinblick darauf, *was* sie sehen, sondern auch im Hinblick darauf, *wie* sie es sehen. Am „Wie" werden Sie schon bald hochbegabte Kinder von anderen unterscheiden können. Da sind ganz banale Dinge, die wir Erwachsenen keines Blickes würdigen, die aber Kinder in ihren Bann ziehen. Die Fantasie der Kinder erfüllt diese Dinge mit Leben. Gerade hochbegabte Kinder wollen ihnen „auf den Grund" gehen.

- **Jessica** (vier Jahre alt) sitzt am Fenster. Es ist Herbst. Hin und wieder blickt die Erzieherin zu ihr hin. Es tut sich nichts. Jessica sitzt da und schaut hinaus zu der alten Buche, die dort steht. Nach einiger Zeit spricht die Erzieherin Jessica an, und Jessica fragt: *„Warum fallen die Blätter eigentlich alle nach unten - und nicht nach oben?"*

Ist es nicht erstaunlich, dass alle Blätter nur immer nach unten fallen und nicht ein einziges nach oben? Und ist es nicht noch erstaunlicher, dass ein vierjähriges Mädchen diese Frage stellt? Was haben diese Kinder uns voraus?
Begeben Sie sich selbst auf diese spannende Entdeckungsreise ins Reich der Kinder. Es lohnt sich.

Urlaubsreise – mit den Augen einer Vierjährigen gesehen

9. Grundsatz: Eltern immer einbeziehen

„Es braucht ein ganzes Dorf, um ein Kind zu erziehen“, sagt ein afrikanisches Sprichwort. *„Bei einem hochbegabten Kind braucht es mehr als ein ganzes Dorf“*, möchte man hinzufügen. Niemand kann also ein Kind allein erziehen, die Eltern nicht, die Erzieherin nicht und auch später nicht der Lehrer – und ein hochbegabtes Kind mit seinen vielfältigen Forderungen schon gar nicht.

Haben die Eltern bisher ihr Kind allein oder mit Unterstützung anderer familiennaher Personen, zum Beispiel den Großeltern, erzogen, dann treffen sie nun, wenn ihr Kind in den Kindergarten kommt, meist erstmals auf professionelle Erzieherinnen mit einer pädagogischen Ausbildung. Die Vorstellungen von Erziehung in diesen beiden Gruppen können sehr unterschiedlich sein. Dass das zu Problemen führen kann, liegt auf der Hand.

Daher ist es sehr wichtig, dass sich die Eltern und Erzieherinnen mit ihren jeweiligen

Einstellungen, Wertvorstellungen und Verhaltensweisen kennenlernen, bevor das Kind in den Kindergarten kommt. Elternabende sind dafür wichtig, aber bei Weitem nicht ausreichend. Persönliche Gespräche im Vorfeld sind auf jeden Fall anzuraten.
Gilt das schon allgemein, dann besonders für möglicherweise „problematische" Kinder. Unter „problematisch" verstehen wir hier alle Kinder, die sich in irgendeiner Weise von den meisten anderen Kindern unterscheiden – und dazu gehören auch hochbegabte Kinder.
Oft wissen Sie als Eltern zu diesem frühen Zeitpunkt noch gar nicht, dass Ihr Kind möglicherweise hochbegabt ist. Deshalb sollten Sie von vornherein sehr wachsam sein, Ihr Kind gut beobachten und in seiner Entwicklung mit anderen Kindern vergleichen. Dieses Vergleichen sollte allerdings keinen bewertenden Charakter haben im Sinne von *„Mein Kind ist besser"*. Sondern es geht darum, Unterschiedlichkeiten festzustellen, also Abweichungen von der Norm.
Gerade junge Eltern haben bei ihrem ersten Kind noch keine Erfahrung mit der Entwicklung von Kindern. Sie sehen nicht, ob sich ihr Kind motorisch oder sprachlich normgerecht entwickelt oder ob es schnellere oder langsamere Fortschritte in dem einen oder anderen Bereich macht als die meisten anderen Kinder.
Eine gute Möglichkeit, das zu beobachten, sind die frühkindlichen Spielgruppen, die für jedes Kind dringend zu empfehlen sind. Auch in Ihrer Gegend finden Sie, liebe Eltern, solche Spielgruppen. Wenn das ausnahmsweise einmal nicht der Fall sein sollte, dann gründen Sie selbst eine. Andere Eltern werden Ihnen dankbar sein und Sie gern unterstützen.
Wenn Sie also nun festgestellt haben, dass sich Ihr Kind in seiner Entwicklung von den meisten anderen Kindern unterscheidet, sollten Sie auf jeden Fall bereits vor dem Kindergartenbesuch mit den Erzieherinnen Ihres Kindes darüber sprechen. In gravierenden Fällen haben Sie natürlich schon längst den Kinderarzt aufgesucht.
Bitten Sie die Erzieherinnen, die ja sehr große Erfahrung mit Kindern dieser Altersgruppe haben, Ihre Aussagen und Vermutungen zu überprüfen, wenn Ihr Kind dann im Kindergarten ist. Gerade die diagnostische Beobachtung von Kindern ist eine besondere Stärke vieler Erzieherinnen. Sie sehen vieles, was die Eltern nicht sehen. Und sie sind in der Lage, es im „richtigen Licht" zu sehen, es also richtig einzuschätzen und einzuordnen.
Ist Ihr Kind nun im Kindergarten, dann schieben Sie nichts auf die „lange Bank". Nach

wenigen Wochen sollten Sie das erneute Gespräch mit der Erzieherin suchen und sie nach ihren Beobachtungen fragen. Lassen Sie sich von den Erzieherinnen beraten und informieren Sie sich zusätzlich über eventuell auftretende Probleme. Das tun Sie ja auch gerade, indem Sie dieses Buch lesen. Weiterhin sollten Sie die Erzieherinnen auch mit zusätzlicher Information über hochbegabte Kinder versorgen. So könnten Sie ihnen zum Beispiel dieses Buch empfehlen.

Durch häufige Gespräche beim Bringen oder Abholen des Kindes kann eine Vertrauensbasis zwischen Eltern und Erzieherinnen geschaffen werden. Diese Vertrauensbasis wird Ihrem Kind zugutekommen und die gemeinsame Erziehungsarbeit sehr erleichtern.

Zu dieser Vertrauensbasis gehört es auch, keine ungerechtfertigten Ansprüche an die Erzieherinnen zu stellen. Erzieherinnen sind Fachkräfte in der Elementarpädagogik, aber keine Psychotherapeuten, Ergotherapeuten oder Ärzte. Sie können und werden Sie in Erziehungsfragen beraten und Ihnen ansonsten andere Fachkräfte empfehlen. Erzieherinnen wirken also im Gespräch mit den Eltern beratend, familienunterstützend und -ergänzend.

Das gilt auch für „ausgefallene" und ganz herausragende Begabungen. Obwohl Erzieherinnen aufgrund ihrer eigenen Kompetenzen sehr viel für hochbegabte Kinder tun können, sind sie bei speziellen Fördermaßnahmen oft selbst überfordert. Wenn ein Kind zum Beispiel eine sehr hohe musikalische Begabung hat, dann kann niemand erwarten, dass es im Kindergarten Geigenunterricht erhält. Um eine solche Förderung müssen sich die Eltern selbst kümmern. Dass diese musikalische Hochbegabung auch im Kindergarten wahrgenommen, gefördert und zum Beispiel durch Vorspielen kleiner Musikstücke „genutzt" wird, wird jede Erzieherin gern bestätigen.

Bilden Sie, die Erzieherinnen und Eltern, eine Erziehungs-Partnerschaft für das hochbegabte Kind. Beraten Sie sich gegenseitig und miteinander in beiderseitigem Respekt und Vertrauen. Das hochbegabte Kind erfährt so die beste Förderung.

10. Grundsatz: Das Team einbeziehen

Wenn es schon „ein ganzes Dorf braucht, um ein Kind zu erziehen“, dann kann das eine einzelne Erzieherin nicht leisten – auch nicht im Verbund mit den Eltern. Daher ist es unbedingt erforderlich, dass im Kindergarten alle Erzieherinnen zusammenarbeiten und sich untereinander absprechen, um allen Kindern möglichst viele verschiedene Fördermöglichkeiten zu bieten.
Diese kindergarten-interne Teamarbeit bezieht sich auf alle Ebenen und Bereiche, die für die Arbeit im Kindergarten und mit den Kindern von Bedeutung sind. Dazu gehören allgemeine Diskussionen über Rahmenpläne, Beratungen über ein pädagogisches Grundkonzept bis hin zur gemeinsamen Beratung von Fördermöglichkeiten für ein spezielles Kind – mag dieses nun behindert oder hochbegabt sein. Neben diesen pädagogischen Fragestellungen fallen aber auch andere an, die direkt oder indirekt auf die Pädagogik Einfluss nehmen: Fragen der Organisation, der Raumverteilung, der Elternarbeit usw.
Über dieses interne Team des einzelnen Kindergartens hinaus ist auch die Zusammenarbeit in einem erweiterten Team sinnvoll. Dazu gehören natürlich in erster Linie die Eltern, aber auch verschiedene Therapeuten, Ärzte, andere Kindergarten-Teams und unterschiedliche Institutionen wie beispielsweise die Kirchen, Sport- und Spielvereine, Bildungseinrichtungen usw.
Besonders eng sollte auch die Zusammenarbeit mit der zuständigen Grundschule gestaltet werden. Die gemeinsame Erarbeitung von verschiedenen Übergangskonzepten, die auch die besonderen Bedürfnisse hochbegabter Kinder berücksichtigen, gegenseitige Hospitationen und gemeinsame Eltern-Informationsabende dienen nicht nur als vertrauensbildende Maßnahmen, sondern sie kommen letztlich den Kindern selbst zugute.

Praktische Umsetzung 2: Ausstattung

Sie haben nun zehn Grundsätze zur Erziehung, Bildung und Förderung von Kindern im Elementarbereich kennengelernt. An einigen Stellen ist deutlich geworden, dass diese Basisgrundsätze für alle Kinder wichtig sind. Die Beachtung dieser Grundsätze stellt

daher auch sicher, dass kein hochbegabtes Kind mehr durch die Maschen unserer Bildungsinstitutionen fällt, dass es angemessen gefördert und gefordert wird und dass seine besondere Begabung zur rechten Zeit in die richtigen Bahnen gelenkt wird.
Zur Umsetzung dieser Grundsätze sind allerdings bestimmte äußere Bedingungen notwendig. Gerade für hochbegabte Kinder muss das Umfeld sehr anregend sein, damit sie ihre Begabungen auch entfalten können. Das erfordert von den Erzieherinnen Flexibilität und Fantasie, aber auch planendes und vorausschauendes Denken.

Raum, Raum und nochmals Raum

Bei den Räumen im Kindergarten sollten Sie nicht auf Perfektion setzen, sondern auf kindgemäße Flexibilität. Räume sollen Raum geben. Das bedeutet, dass Sie die Räume im Kindergarten auf keinen Fall mit Tischen, Stühlen, Regalen, Schränken, Spielgeräten usw. überfrachten sollten. Kinder brauchen Platz, um sich bewegen zu können. Da stellen dann all die überflüssigen Möbel und Gegenstände nur zusätzliche Gefahrenquellen dar.
Kinder lieben Labyrinthe. Solche Räume können Sie schaffen, indem Sie zum Beispiel verschiedene Ebenen einziehen und diese mit Treppen für die Kinder erreichbar machen. Wie gern schlafen die meisten Kinder in Hochbetten und bauen darunter Höhlen. Sie können Räume unterteilen, indem Sie Stellwände oder herabhängende Tücher benutzen. Schaffen Sie Nebenräume, Experimentier-, Forscher- und Ruhe-Ecken. Schaffen Sie interessante und „geheimnisvolle" Nischen. Stellen Sie den Kindern einen großen Bewegungsraum zur Verfügung – mit Matten zum Toben und Turnen, mit Schaukeln, Klettergerüsten usw., um ihnen umfängliche Bewegungserfahrungen zu ermöglichen.
Verändern Sie die Räume hin und wieder, lassen Sie einmal eine Zeltstadt entstehen und ein andermal eine Pferdekoppel. Die Fantasie kennt hier kaum Grenzen – und vor allem: Nutzen Sie die Fantasie der Kinder selbst. Gerade hochbegabte Kinder haben Einfälle, auf die die meisten Erwachsenen kaum noch kommen.
Nutzen Sie die Raumgestaltung aber auch zur gemeinsamen Reflektion mit den Kindern, wie Sie sie in den Grundsätzen kennengelernt haben. Nehmen Sie die Ideen der Kinder auf, sammeln Sie sie – und sprechen Sie dann mit ihnen über die Möglichkeit

der Durchführung. Beteiligen Sie die Kinder an den Entscheidungen und an der Umsetzung. So werden die engagierten Väter und Mütter, die ja gewöhnlich gern bei solchen zusätzlichen Arbeiten helfen, von ihren Kindern „unterstützt".
Schaffen Sie in Ihrem Kindergarten eine „Schatzkammer". Wenn Sie sich vor Augen halten, welche „Schätze" Kinder manchmal hüten, dann können Sie ermessen, was sich alles in der Schatzkammer finden mag. Dinge, denen Erwachsene keinerlei Wert beimessen, können für Kinder eine große Bedeutung haben, wenn sie sie mit ihrer Fantasie beleben. All solche Dinge finden sich neben denen des täglichen Gebrauchs in der Schatzkammer. Natürlich müssen Sie sich darauf einstellen, dass die heilige Ordnung in der Schatzkammer durch ein kreatives Durcheinander ersetzt werden wird.
Auch die Gestaltung der Außenanlage sollte ansprechend für Kinder sein. Der Garten wird zum Erlebnisspielplatz durch einen kleinen Berg, durch ein oder zwei Buden mit Platz zum Verstecken, durch Höhlen, durch große Sandkästen mit der Möglichkeit, mit Wasser zu spielen, zu matschen, zu planschen und zu buddeln. Es sollte natürlich auch viel Platz bleiben zum Spielen und Laufen, eventuell mit Fußballtoren. Schaukeln, Wippen, Balancierbalken und Klettergerüste, auch Bäume zum Klettern dürfen nicht fehlen. Hier können auch gerade hochbegabte Kinder die für sie so wichtigen Bewegungserfahrungen machen. Und reservieren Sie auch ein Eckchen zum Anlegen von Beeten. Hier können die Kinder selbst Blumen züchten oder Gemüse, Kräuter und Kartoffeln anbauen. Die Ernte wird für sie ein großartiges Erlebnis werden.

Kreatives Spielmaterial

Entsprechend ansprechend sollte auch die Sachausstattung gestaltet werden. Fertiges Spielzeug, das nur eine einzige Verwendung zulässt, ist für die meisten hochbegabten Kinder sehr schnell langweilig und regt ihre Fantasie in keiner Weise an. Es liegt dann in der Ecke, wird kaum noch benutzt und nimmt nur Platz weg.
Schaffen Sie dafür lieber unfertige Materialien und vielseitig einsetzbares Spielzeug an, das die Kreativität der Kinder herausfordert und mit dem sie experimentieren können. Weil Kinder viele Gegenstände, die für Erwachsene keinerlei Bedeutung mehr haben, hochinteressant finden, sollten Sie auch auf diese Ihr Augenmerk richten. Machen Sie doch einmal mit den Kindern einen Gang durchs Dorf oder den Stadtteil, wenn

der Sperrmüll draußen steht, und lassen Sie es zu, dass die Kinder all die „wertvollen" Sachen, die sie finden, auch mitnehmen dürfen, wenn sie nicht gerade gefährlich sind. Es wird Ihnen vielleicht schwerfallen, all diese Gegenstände im Kindergarten zu horten, aber die Fantasie der Kinder belebt solche Dinge zu wertvollem Spielzeug. Denken Sie daran: Der nächste Sperrmüll kommt bestimmt; dann können Sie diese Dinge ja wieder entsorgen.
Wenn Sie sich an diesen Empfehlungen orientieren, dann schaffen Sie den hochbegabten Kindern – und natürlich allen anderen Kindern auch – ein Lebensfeld, das Kreativität fördert, Fantasie herausfordert und zu eigenem Tun motiviert.

Praktische Umsetzung 3: Methoden

Die Methode ist der Weg zu einem Ziel. Wenn die Grundsätze pädagogischen Handelns geklärt sind und wenn die äußeren Bedingungen hinsichtlich der Raum- und Sachausstattung wenigstens im Groben erfüllt sind, dann kommt es nun darauf an, Wege zu finden, wie Kinder entsprechend ihren hohen Begabungen gefördert werden können. Für diese Kinder ist es wichtig, Kompetenzen erwerben zu können, mit denen sie ihre Begabungen in Leistung umsetzen und für sich selbst als Kind den ihnen angemessenen Platz finden können – in der Gesellschaft von Kindern und Erwachsenen.

Im Folgenden haben wir auf der Basis der zehn Grundsätze ein Konzept für die Praxis entwickelt, das auf drei Bausteinen fußt:

- **Beobachten und Erkennen**
- **Fördern und Begleiten**
- **Schulvorbereitung**

Dabei verfolgen wir drei Bezüge, die in ihrer Komplexität immer im Blick zu halten sind: Wir betrachten das Kind …
… im Hinblick auf es selbst
… im Hinblick auf die anderen Kinder im Kindergarten
… im Hinblick auf seine räumlich-sächlichen Bezüge

Im Grundsatz gilt dieses Konzept für alle Kinder, ist jedoch von uns speziell für die Arbeit mit hochbegabten Kindern im Kindergarten zusammengestellt. Dabei sind die Bausteine nicht voneinander getrennt, sondern sie greifen oft ineinander und führen so zu kleinen, aber wichtigen Optimierungen der pädagogischen Arbeit. Wenn das Fördern von Beobachten begleitet ist oder sich bei der Schulvorbereitung ein neuer Förderbedarf ergibt, ist das Ineinandergreifen sehr wichtig, um der individuellen Entwicklung des hochbegabten Kindes gerecht werden zu können.
In diesem Kapitel werden wir auf die zwei Bausteine „Beobachten und Erkennen" und „Fördern und Begleiten" eingehen. Der Schulvorbereitung, vorzeitigen Einschulung und dem Einschulen widmen wir uns ausführlich im nächsten Kapitel.

Baustein 1: Beobachten und Erkennen

Als Erzieherin werden Sie uns zustimmen: Erst beobachten, dann handeln. Und auch in der Pädagogik mit hochbegabten Kindern ist das nicht anders. Der erste Schritt auf dem Weg, gute Hochbegabtenpädagogik zu leisten, besteht im Beobachten und Wahrnehmen von besonderen und schnellen Prozessen bei Kindern.
Dafür heißt es zunächst, sich einige Informationen zum Thema Hochbegabung zu beschaffen. Meist haben wir ja Ideen und Einstellungen, wenn wir uns mit einem Thema beschäftigen. Leider wird gerade das Thema Hochbegabung unwissenschaftlich und oft auch verzerrt dargestellt. Im ersten Schritt sollten Sie sich mit typischen Anzeichen und Merkmalen von hochbegabten Kindern vertraut machen. Schauen Sie sich dazu in Kapitel 2 die zehn Anzeichen für eine Hochbegabung an und überlegen Sie, ob Sie vielleicht ein Kind vor Augen haben, auf das viele dieser Merkmale zutreffen. Oder greifen Sie ein Kind heraus, das Ihnen durch ein Merkmal (z. B. durch Lesen und Rechnen) aufgefallen ist. Überprüfen Sie dann, ob nicht noch mehr Anzeichen vorliegen. Am besten ist es ja immer, wenn man theoretisches Wissen gleich mit der praktischen Arbeit verbindet.
Nun kennen Sie sich theoretisch und ein bisschen praktisch aus. Der nächste Schritt besteht meist darin, die eigenen Ressourcen zu überprüfen, wann und in welchem Umfang Sie gute Beobachtungseinheiten leisten können. Wie wir wissen, ist das nicht immer einfach, denn der Erzieheralltag ist oft völlig überfrachtet. Besprechen Sie sich mit

Ihrer Kollegin und versuchen Sie trotz aller Unwegsamkeiten, einen Weg zu finden, in Ihre Arbeit auch Beobachtungseinheiten einfließen zu lassen. Denn bei allen Kindern ist Beobachtung ein wichtiges Instrument der Pädagogik. So können Sie erkennen, in welchen Bereichen und wie weit sich ein Kind bereits entwickelt hat.

Wieso ist gerade bei hochbegabten Kindern Beobachtung so wichtig? Weil sie sich von anderen Kindern auch darin unterscheiden, dass sie bestimmte Inhalte und Themen wesentlich schneller und leichter erfassen können. Auch diese Schnelligkeit ist ein wichtiges Anzeichen für Hochbegabung. Die Geschwindigkeit können Sie nur wahrnehmen, wenn Sie Zeit darauf verwenden, das hochbegabte Kind zu beobachten. Und: Die Schnelligkeit der Hochbegabten braucht außerdem in der Entwicklung konstante Beobachtung, damit das pädagogische Handeln angepasst werden kann.

Um ein hochbegabtes Kind zu erkennen, sollten Sie stets auf den Bereich der kognitiven Fähigkeiten achten. Denn hier finden Sie in den sogenannten Kern-Merkmalen die wichtigsten Anzeichen für eine Hochbegabung. Auch der sprachliche Bereich hat einen hohen Stellenwert für das Erkennen von Hochbegabung, weil Denken und Sprache eng miteinander verknüpft sind.

Achten Sie bei der Beobachtung auch auf:

- **Sprachliche Fähigkeiten und Fertigkeiten:**
  Wortschatz und Ausdruck, Satzbau und Grammatik, Artikulation
- **Motorische Fähigkeiten und Fertigkeiten:**
  Fein- und Grobmotorik, koordinative Abläufe
- **Kognitive Fähigkeiten:**
  Wahrnehmen, Denken und Verstehen, Gedächtnis, Konzentration
- **Sozialverhalten:**
  Kontaktaufnahme, Einzel- und Gruppensituationen, Umgang mit Regeln, Spielverhalten
- **Psychische Verfassung:**
  Selbstwert und -sicherheit, Eigenschaften und Persönlichkeit, Regulation von Emotionen

Jetzt befinden wir uns im Übergang von Baustein 1 (Beobachten und Erkennen) zu Baustein 2 (Fördern und Begleiten):
Für den nächsten Schritt – nämlich das Fördern und Begleiten des hochbegabten Kindes – ist eine wichtige Voraussetzung ein individuelles Entwicklungsprofil. Es basiert auf der Beobachtung und auf Informationen aus Elterngesprächen und wird durch Expertenbefunde ergänzt. Im Verlauf des Förderns und Begleitens wird das Entwicklungsprofil durch weitere Beobachtung stetig angeglichen. Mit der Beobachtung der oben genannten Bereiche lässt sich leicht ein individuelles Profil für das hochbegabte Kind zusammenstellen. Damit finden Sie schnell Antworten auf die Fragen: Wo liegen die Stärken des Kindes? Wo liegen die Schwächen des Kindes? Was ist schwierig für das Kind? Was sind die Ressourcen des Kindes?
Um eine ganzheitliche Förderung für das hochbegabte Kind vornehmen zu können, führen Sie aufgrund Ihrer Beobachtungen erst einmal eine Bestandsaufnahme seiner Stärken und Schwächen durch. Besonders bei Kindern mit einer asynchronen Entwicklung ist das von enormer Bedeutung.
In der erzieherischen Praxis gibt es eine Vielzahl an Methoden und Techniken, um ein solches Entwicklungsprofil zusammenzustellen und abzubilden. Wie Sie dabei vorgehen, sollten Sie der Struktur in Ihrer Einrichtung und Ihren eigenen Stärken anpassen.

- Unsere Erfahrungen mit hochbegabten Kindern zeigen, dass auf jeden Fall vier Bereiche berücksichtigt werden sollten: Stärken, Schwächen, kritische Situationen und Ressourcen des Kindes. Diese sehen bei **Miguel** (4 Jahre) so aus:

Stärken z. B. logisches Denken, Zählen und Rechnen	**Schwächen** z. B. Feinmotorik, sozial unsicher
Kritische Situationen z. B. Morgenkreis, Spiel in der Kleingruppe, Mal-/Bastelaktivitäten	**Ressourcen** z. B. geduldig, „Nachdenker-Typ“, ein guter Freund

Baustein 2: Wie Sie fördern und begleiten können

Sind nun ausreichend Informationen vorhanden, um ein Entwicklungsprofil zu erstellen, steht das eigentliche Fördern und Begleiten an. Dabei ist es wichtig, sich am Entwicklungsprofil zu orientieren, denn das teilt uns mit, was wir tun oder auch nicht tun sollten. Vom Grundsatz her ist das Vorgehen recht einfach: Nutze Stärken und Ressourcen, um Schwächen zu kompensieren und zu bessern und um kritische Situationen zu bewältigen! Somit sagt uns der Förderplan, was zu tun ist: In starken Bereichen sollten Entfaltungsmöglichkeiten zur Verfügung und Herausforderungen gestellt, in schwächeren Bereichen Hilfestellungen gegeben und gefördert werden.

Wichtig ist es auch, Schwächen nicht mit kritischen Situationen zu verbinden. Denn das überfordert das Kind auf jeden Fall. In unserem Beispiel sollte von Miguel nicht verlangt werden, von den anderen Kindern im Sitzkreis zu seinen Bastelarbeiten befragt zu werden. Das wäre für die konstruktive Bewältigung seiner kritischen Situation keine gute Ausgangslage, weil die Bastelarbeiten negativ besetzt sind und seine Unsicherheit so noch mal verstärkt würde. Beides würde verknüpft – und das ist nicht gut. Weil Miguel gut schlussfolgern kann, würde sein Fazit lauten: *„Meide Sitzkreise und Bastelarbeiten.“*

Daher sollten sich die pädagogischen Bemühungen vielmehr daran orientieren, Miguels Rechenkünste in einen Kontext zu stellen, in dem er sich mit anderen Kindern austauschen kann bzw. muss. Das muss nicht in einem besonderen Kurs, einer Arbeitsgruppe oder Fördereinheit geschehen, sondern kann beim Tischdecken, beim Aufräumen oder Stühlerücken passieren – also im einfachen Alltagsgeschehen.

Besonders für die Arbeit mit hochbegabten Kindern ist der Blick auf die Stärken und Ressourcen wichtig. Denn die sind Motor des Entdeckens und Forschens. In ihnen liegt der Schlüssel verborgen, der die Tür zu dem immensen Wissensdurst und der Freude am Lernen öffnet und der sich dann auf andere Tätigkeiten ausweiten lässt. Das Vorgehen speziell bei Hochbegabten lautet: Mute ihnen – in ihren Stärke-Bereichen – viel zu und fordere sie heraus, damit sie Denk- und Handlungsstrategien entwickeln und sich selbst bilden. Wir als Erziehende müssen geschickt sein: Hier und da gilt es, Herausforderungen an Schwäche-Bereiche zu stellen oder die ein oder andere kritische Situation in den Entdeckerprozess einzubauen. Solche pädagogisch durchdachten Maßnahmen zeichnen Sie als gute Hochbegabtenpädagogin aus.

Wichtig: Dialogische Grundhaltung

Wie wir uns Kindern gegenüber verhalten, ist oft Ausdruck unserer Einstellungen und unseres Rollenverständnisses. Oft rutschen uns Belehrungen raus, oft stellen wir etwas richtig oder wissen in der Regel alles besser: *„Das hab' ich dir doch gesagt, dass das passiert!“* Diese Art, mit Kindern umzugehen, hemmt das eigenaktive, freie und zwanglose Denken und Handeln von Kindern.
Äußerungen von Kindern fassen wir oft als belustigend, kindisch oder komisch auf. Ob das aber für den Entwicklungsprozess des Kindes sinnvoll ist?
Besser ist es, wenn Sie prinzipiell die Überlegungen des Kindes absolut ernst nehmen und versuchen, sie zu verstehen. Dafür brauchen Sie Respekt vor der Welt des Kindes und die Anerkennung, dass die kindlichen Ideen und Gedanken einen hohen Gehalt haben.
Wir benötigen als Grundhaltung eine hohe Wertschätzung für das Kind und seine Fähigkeiten. Dialogforscher verwenden den Begriff des „radikalen Respekts“ und meinen damit, dass wir einander nicht nur akzeptieren, sondern auch daran interessiert sind, den anderen zu verstehen. Das bedeutet nicht, dass hochbegabte Kinder durch Gegenfragen oder geschickte Gesprächsführung zur Problemlösung geleitet werden. Es bedeutet, dass Sie ein tatsächliches Interesse daran haben, die Überlegungen des Kindes wirklich zu verstehen. Die Kinder wollen dazulernen.
Oft ist der erste Moment, in dem Kinder ihre Überlegungen äußern, entscheidend. Wir reagieren oft zu schnell, liefern automatisiert unsere Erklärungen und freuen uns dann auch noch darüber, die Wissbegierde der Kinder befriedigt zu haben. Hier heißt es: STOPP! Hören Sie erst zu, tauchen Sie in die Aussagen der Kinder ein und versuchen Sie, diese zu hinterfragen. Geben die Kinder den Sachverhalt nicht doch richtig, aber nur mit kindlichen Worten wieder? Liegt in der Aussage nicht doch die Erklärung verborgen?
Beispiel: Als die Kinder draußen auf dem Freigelände des Kindergartens spielen, kommt auf einmal ein Schauer auf. Schnell huschen alle in die Gruppenräume hinein und schauen erstaunt dem heftigen Platzregen zu. Richtige Pfützen bilden sich auf den Terrassenplatten und auch auf der Wiese entstehen kleine Teiche. Laura und Rick beobachten, wie die vielen Tropfen auf die Erde herunterfallen. Was die Erde wohl damit macht?

Schon nach kurzer Zeit ist der Regen vorüber und die Sonne kehrt zurück. Nach dem Mittagessen dürfen die Kinder wieder aufs Spielgelände, denn der Boden ist wieder trocken. Laura und Rick laufen auf die Wiese und berühren den Boden: Wo ist denn der Regen hin? Mit einem fragenden Gesicht wenden sie sich an die Erzieherin und wollen wissen, was mit dem Wasser passiert ist. Laura fragt: *„Hat die Wiese das Wasser getrunken?"*

Nun reagiert die Erzieherin geschickt: Sie gibt nicht schnell eine Erklärung oder sagt beiden, dass das nicht so wichtig sei, sie sollten lieber was mit den anderen spielen. Vielmehr hört sie zu und versucht, die Gedanken der Kinder zu verstehen. Sie antwortet: *„Stimmt: Der Regen hat die Erde ganz nass gemacht. Und jetzt ist sie wieder fast ganz trocken. Jetzt muss ich mal überlegen: Ihr meint, dass die Wiese das Wasser getrunken hat?"* Darauf meldet sich Rick zu Wort: *„Schau mal: Die Platten sind schon alle wieder trocken, die haben keinen Durst gehabt!"* Laura staunt nicht schlecht, denn Rick hat recht: Die Platten sind tatsächlich trocken! Das kann auch daran liegen, dass die Platten keine Löcher zum Trinken haben! Aber wo ist das Wasser, das auf den Platten war, geblieben?

Durch solches Vorgehen wird eigenständiges Denken der Kinder angeregt. Es dauert nicht lange, da kommen Laura und Rick auf die Idee, Erde und flache Steine in eine Schüssel zu geben und diese mit Wasser zu übergießen. Das Experiment wird beobachtet: Was passiert jetzt? Trinkt die Erde das Wasser? In der Einrichtung von Laura und Rick gibt es verschiedene Funktionsräume und die Kinder kennen sich bereits methodisch gut aus. Daher können Laura und Rick ihre Experimente selbsttätig durchführen.

Baustein 3: Schulvorbereitung

Zu diesem Baustein erfahren Sie alles in Kapitel 7: *„Vom Kindergarten in die Schule"*.

Kindergarten-Arbeit einer Fünfjährigen

Lernen im Spiel: Bremsen los – und los!

Hochbegabte Kinder sind wie schnelle Autos, die fast ständig auf Hochtouren laufen. Wer gibt uns das Recht, die Bremse zu ziehen?

- **Florian** (fünf Jahre alt) beschäftigt sich mit Zahlen. Zahlen sind seine Welt – wenigstens ein großer Teil seiner Welt. Er liebt Zahlen – und große Zahlen liebt er ganz besonders.
  „Ich habe schon mal bis 4000 gezählt", lässt er mich wissen. Ich glaube es nicht. Aber seine Mutter nickt mir zu. Ich glaube es immer noch nicht und frage, welche Zahl denn vor 4000 kommt. *„3999"*, ist seine kurze Antwort – mit mitleidigem Blick, als wolle er sagen: *„Wie, das weißt du nicht?"*
  Die vier grundlegenden mathematischen Operationen hat er längst begriffen und kann sie auch anwenden. Und er weiß auch, dass immer zwei zusammengehören. Die Frage, die Florian stellt, ist einfach: *„Zu ‚Plus' gehört ‚Minus', zu ‚Mal' gehört ‚Geteilt' und was gehört zu ‚Hoch 2'?"*
  Genau wegen dieser Frage haben mich die Eltern zu einem Gespräch gebeten. Florians Wissensdurst im mathematischen Bereich kommt ihnen mittlerweile „unheimlich" vor. Sie beschäftigt die Frage: Sollen sie Florian weiterhin seine Fragen beantworten? Oder sollen sie ihn lieber etwas bremsen?

Obwohl Florian sicher eine Ausnahmeerscheinung ist, was die Höhe seiner mathematischen Leistungsfähigkeit und Interessen anbelangt, ist er bestimmt keine Ausnahmeerscheinung bezüglich der Fragestellung, ob Kinder schon das lernen dürfen, was wir Erwachsene noch nicht für altersgemäß halten.
Die Antwort auf diese Frage lautet eindeutig und ohne Wenn und Aber: *„Ja! Sie dürfen."* Bremsen Sie auf keinen Fall ein Kind aus. Ermöglichen Sie ihm, alles zu lernen, was es lernen möchte – und fördern Sie es, so gut Sie können. Achten Sie aber darauf, dass Ihr Kind das lernt, was es selbst lernen möchte – das, wozu es reif ist, und nicht das, von dem Sie möchten, dass Ihr Kind es lernt. Projizieren Sie nicht Ihren Ehrgeiz auf Ihr Kind. Sonst werden Sie es langfristig überfordern und ihm die Lernfreude nehmen, die für seine Entwicklung unerlässlich ist.

Wichtig: Die Wünsche und Vorstellungen der Kinder

Sie haben bereits bei den Grundsätzen die „vorbereitete Umgebung“ nach Maria Montessori kennengelernt. Entwickeln Sie nun im Team Lern-, Förder- und Beschäftigungsangebote für die Kinder, die sehr vielfältig sein sollten und die Sie an einzelnen Stationen anbieten sollten. Orientieren Sie sich dabei an den Begabungsfeldern, die Sie beim dritten Grundsatz kennengelernt haben (Lernangebote machen – keine Lernvorschriften). Machen Sie diese Angebote aber nie unreflektiert. Richten Sie also Angebotsstationen ein – aber nicht nur nach Ihren eigenen Vorstellungen, sondern beachten Sie in besonderer Weise die Wünsche und Vorstellungen der Kinder.

Sie haben bereits gelesen, wie wichtig es ist, genau auf die Fragen von Kindern zu achten. Notieren Sie sich diese Fragen und überlegen Sie sich, wie Sie diese bei Ihren nächsten Angeboten berücksichtigen können. So treffen Sie „ins Schwarze“, weil Sie es den Kindern ermöglichen, sich genau mit dem zu befassen, was sie zurzeit besonders interessiert.

„Unreflektiert“ sind Angebote, wenn sie an den Interessen der Kinder vorbeigehen – mögen sie Ihnen selbst noch so sinnvoll und reizvoll erscheinen. Manchmal könnte es Ihnen schwerfallen, auch die oft sehr speziellen Interessen von hochbegabten Kindern zu berücksichtigen. Scheuen Sie sich nicht, in solchen Fällen die Eltern anzusprechen. Die helfen Ihnen in der Regel gern, wenn ihr Kind dadurch eine angemessene Förderung erfährt.

Gestalten Sie die Alltagswelt der Kinder auch im Hinblick auf das Interesse hochbegabter Kinder an der Zahlen- und Buchstabenwelt: Zum Beispiel können Sie die Treppenstufen in den Gruppenräumen oder die Terrassenplatten im Außengelände mit Zahlen versehen, sodass Gehen mit Zählen verbunden wird. Das ist für das Verständnis von Mengen, Zahlen und Zahlensystemen, die später in der Schule furchtbar abstrakt werden, eine sehr wichtige Erfahrung – für alle Kinder! Buchstaben können Sie ganz unterschiedlich platzieren. Meist passiert das ja bei den Vorschulgruppen, bei denen spielerischer Umgang mit Buchstaben und Zahlen gepflegt wird. Seien Sie kreativ und überlegen Sie, was zu Ihnen und Ihrer Gruppe gut passt: Vielleicht können Sie die Bilder der Kinder jeweils mit dem Anfangsbuchstaben des Namens versehen. Oder arbeiten Sie mit Bildern einer Anlauttabelle. Dabei wäre es sehr hilfreich für die Kinder, wenn Sie sich an der Anlauttabelle orientieren, die möglicherweise in der Schule der

Kinder verwendet wird. Eltern sind oft nicht nur bereit, entsprechende Materialien zu besorgen, sondern sie helfen auch gern persönlich aus, wenn sie Zeit haben. Falls eine Mutter oder ein Vater hin und wieder stundenweise im Kindergarten mithilft, sollte dieser Elternteil sich nur in Ausnahmefällen um das eigene Kind kümmern. Besser ist es, wenn dieser Elternteil eine Station übernimmt, die gerade nicht für das eigene Kind interessant ist, sodass sich dadurch die Erzieherin für das hochbegabte Kind etwas mehr Zeit nehmen kann.

Die einzelnen Stationen der „vorbereiteten Umgebung“ sollten die Erzieherinnen natürlich im Team gemeinsam besprechen und planen, damit es nicht zu ungewollten Überschneidungen kommt. Wie viele Angebotsstationen die einzelne Gruppe machen kann, hängt von verschiedenen Faktoren ab – wie Aufwand der Station, personelle Besetzung, räumliche Voraussetzungen usw. Zwei bis drei Angebote pro Gruppe können als Richtwert gelten. Nutzen Sie alle Ihnen zur Verfügung stehenden Räumlichkeiten und, wenn es das Wetter zulässt, natürlich auch das Außengelände.

Sogenannte Funktionsräume oder -bereiche bieten Kindern die Möglichkeit, die Welt selbst und eigenaktiv zu entdecken. Besonders für hochbegabte Kinder sind Labore, Ateliers und Werkstätten wichtig. Denn dort können sie die Fragen, die sie brennend interessieren, untersuchen und ihre selbst konstruierten Hypothesen überprüfen. Hochbegabte Kinder sind mit den besten Voraussetzungen ausgestattet, kleine Forscher, Künstler und Handwerker zu sein. Sie brauchen diesen Weg der Selbsterfahrung, da ihre Fähigkeiten nun mal eine gedankliche Welt aufbauen können, deren Konstruktion sie dann in ihrer experimentellen Handlung ausprobieren. Natürlich brauchen „kleine Forscher“ Untersuchungsgeräte wie Lupen, eventuell ein einfaches Mikroskop, Handwerkszeug usw. Ein Computer mit entsprechenden Programmen wäre auch nicht schlecht. Es gibt Eltern von hochbegabten Kindern, die dem Kindergarten Dinge zur Verfügung stellen, die gerade auch für ihr hochbegabtes Kind von besonderem Interesse sind.

- So hat gerade die Mutter von **Paul** (vier Jahre alt) dem Kindergarten einen Computer zur Verfügung gestellt, den alle Kinder nutzen dürfen. Paul ist hochbegabt, hat aber zusätzlich ein Asperger-Syndrom mit erheblichen Schwierigkeiten im sozialen und kommunikativen Umgang. Er erschließt sich seine Welt in großen Teilen durch die „Arbeit“ mit dem Computer, mit dem er bereits besser umgehen kann als mancher Erwachsene. Da Paul bereits mit drei Jahren lesen konnte – und

zwar deutsch und englisch – stellt der Umgang mit dem Computer für ihn kein Problem dar.
Im Kindergarten muss er jetzt lernen, den Computer mit den anderen Kindern zu „teilen“, wodurch er seinerseits die eigenen sozialen Kompetenzen weiterentwickeln kann. Vielleicht gelingt es sogar, ihn dazu zu bewegen, auch anderen Kindern am Computer etwas beizubringen. So könnte Paul gleichzeitig an seinen Stärken und an seinen Schwächen arbeiten.

Schon bei der Ausarbeitung der Stationen können Sie die Kinder mit einbeziehen, wenn die das mögen und können. Bei der Durchführung ist auf jeden Fall das Prinzip der „offenen Tür“ anzuwenden. Allen Kindern sollten alle Stationen aller Gruppen als Angebote zur Verfügung stehen. Je nach dem jeweils „offenen Zeitfenster“ werden sich die Kinder schon die richtigen Stationen aussuchen.
Beobachten Sie aber besonders die Kinder, die nicht die richtigen Stationen finden. Helfen Sie ihnen, die Angebote wahrzunehmen und Interessen zu wecken, und erkunden Sie gegebenenfalls, warum diese Kinder sich trotz Ihrer Bemühungen von den Angeboten nicht angezogen fühlen. Genau das macht das Prinzip der „reflektierten Angebote“ aus. Bemühen Sie sich darum, auch diesen Kindern das zu bieten, was sie gerade brauchen. Greifen Sie die Ideen der Kinder auf, die Sie bisher vielleicht übersehen haben.
Wie lange den Kindern die Stationen angeboten werden sollten, müssen Sie als Erzieherinnen selbst entscheiden. Wichtig ist aber, dass Sie die Stationen genau wie die Gruppenräume selbst immer wieder den „offenen Zeitfenstern“ der Kinder anpassen und dabei die Weiterentwicklung jedes einzelnen Kindes genau im Auge behalten.

Wichtig: Individuelle Freiräume

Jeder Mensch lebt in der Gemeinschaft und ist auf die Gemeinschaft anderer Menschen angewiesen. Außerhalb der Gemeinschaft gibt es keine menschliche Entwicklung, wie Sie alle von Hospitalismus-Erscheinungen und vom Kaspar-Hauser-Syndrom her wissen. Trotzdem braucht jeder Mensch – auch jedes Kind – seine individuellen Freiräume. Auch die sind für die menschliche Entwicklung unverzichtbar.

Lassen Sie es zu, dass sich das hochbegabte Kind in eine Ecke zurückzieht, um zu lesen, oder dass es sich in der Experimentier-Ecke allein seinen „Forschungsarbeiten" widmet. Zwingen Sie ein Kind nicht, an gemeinsamen Unternehmungen teilzunehmen, wenn es jetzt gerade einmal Zeit für sich selbst braucht, auch wenn Ihnen dabei die Zeit zu lang erscheint. Denken Sie daran, was schon *Piaget* sagte: „Kindheit ist Zeit zum Verschwenden!" Auch und gerade hochbegabte Kinder brauchen viel Zeit für sich und ihre oft vielfältigen Interessen. Wenn das Kind das Bedürfnis hat, wieder mit anderen Kindern zu spielen, wird es schon von allein in die Kindergarten-Gemeinschaft zurückkommen.

- **Rebecca** (fünf Jahre alt) liest für ihr Leben gern. Wenn sie im Kindergarten ist, nimmt sie sich am liebsten Bücher, die sie oft von zu Hause mitbringt, setzt sich auf ein Kissen in die Ecke und liest. Sie ist ein ruhiges, introvertiertes Mädchen, das keinerlei Probleme macht. Probleme hat lediglich ihre Gruppenleiterin – mit Rebecca. Sie ist nämlich der Auffassung, dass Kinder miteinander spielen sollten, dass sie miteinander reden sollten, dass sie miteinander ... Es ist nicht so, dass Rebecca nicht auch mit anderen Kindern spielt, aber sie zieht sich halt ziemlich oft zum Lesen zurück – zu oft, wie die Gruppenleiterin meint. Den Freiraum und den selbst gewählten Rückzug, den Rebecca so dringend braucht, kann die Gruppenleiterin nicht akzeptieren – und so unterbindet sie ihn, wann immer sie es für richtig hält: *„Rebecca, leg das Buch weg und komm jetzt in den Morgenkreis." „Rebecca, leg das Buch weg und geh raus zu den anderen Kindern!"*
  Rebecca will nicht mehr in den Kindergarten gehen. Jeden Morgen bekommt sie Bauchschmerzen und weint. Die Mutter meldet sie nach einigen ergebnislosen Gesprächen mit der Gruppenleiterin vom Kindergarten ab.
  Rebecca würde lieber in die Schule gehen. Und tatsächlich: Das zuständige Schulamt ermöglicht ihr eine Einschulung während des laufenden Schuljahres. Jetzt ist Rebecca wieder ein glückliches Kind – und Bauchschmerzen hat sie auch keine mehr.

Wichtig: Altersgemischte Gruppen

Gerade für hochbegabte Kinder sind altersgemischte Gruppen wichtig. Da können sie einerseits ihre sozialen Kompetenzen entwickeln und stärken und andererseits Partner für ihre kognitive Entwicklung finden.

In altersgemischten Gruppen haben die Kinder die Möglichkeit, das zu lernen, was Kinder früher im Verband einer Großfamilie mit vielen älteren und jüngeren Geschwistern lernen konnten. Das ist besonderes für Einzelkinder wichtig, denen die Bezüge zu älteren und jüngeren Geschwistern bisher gefehlt haben.

Kinder suchen sich ihre Freunde gewöhnlich nicht unter Altersgleichen, sondern unter Entwicklungsgleichen. Diese bezeichnet man mit dem aus dem Englischen stammenden Begriff „Peers". Hochbegabte Kinder sind ja den altersgleichen in bestimmten Bereichen weit voraus. In Krabbel- und Kleinkindgruppen hatte ein Kind wahrscheinlich mit altersgleichen Kindern zu tun. Im Kindergarten aber nimmt das hochbegabte dreijährige Kind eventuell in der altersgemischten Gruppe mit einem fünfjährigen Kind Kontakt auf, in dem es einen Freund findet. Trotz des Altersunterschieds können diese beiden Kinder in bestimmten Bereichen auf dem gleichen Entwicklungsstand sein und sich deshalb besonders gut verstehen. Die Interessenlage kann gleich oder ähnlich sein, das kognitive Niveau des einen mag dem des anderen entsprechen. So können die beiden Kinder sehr viel voneinander lernen – und sie werden im gemeinsamen Spiel und im gemeinsamen Lernen zufrieden und glücklich sein.

Käme unser dreijähriges hochbegabtes Kind in eine Gruppe von lauter Gleichaltrigen, wäre es ein Außenseiter, der mit den anderen Kindern nichts anzufangen weiß. Und auch die anderen Kinder

Vorzeitige Einschulung?

Denken Sie als Erzieherin auch immer an eine vorzeitige Einschulung, wenn ein jüngeres Kind fast durchgängig mit älteren Kindern auf deren Niveau spielt. Sprechen Sie mit den Eltern darüber und beziehen Sie das Kind gegebenenfalls in Ihre Vorbereitung für den Schulbesuch mit ein, auch wenn es im nächsten Jahr noch nicht schulpflichtig wird. In einem solchen Fall sollten die Eltern möglichst bald auch schon mit der zuständigen Grundschule Kontakt aufnehmen.

wüssten mit ihm nichts anzufangen. Die Spiele, die die Kinder spielen möchten, würden sich unterscheiden. Auch die Kommunikation wird in vielen Fällen kaum funktionieren. Oft haben ja hochbegabte Kinder eine viel ausgefeiltere Sprache, die der von Erwachsenen näher ist als der Sprache der gleichaltrigen Kinder. Schwierigkeiten und Probleme sind vorprogrammiert. Es ist dann oft nur eine Frage der Zeit, bis das hochbegabte Kind Schaden nimmt – zuerst in seiner Psyche, dann aber auch nicht selten in seiner körperlichen Gesundheit (als psychosomatische Reaktion).
In einer altersgemischten Gruppe findet das hochbegabte Kind also viel eher einen entwicklungsgleichen Spiel- und Kommunikationspartner. Aber auch im sozial-interaktiven Bereich sind altersgemischte Gruppen den altersgleichen Gruppen weit überlegen. Hier können die Kinder lernen, sich um jüngere Kinder zu kümmern, schwächeren Kindern zu helfen und gerade auch die Bedürfnisse der Kinder zu sehen und zu achten, die ihnen in vielen Bereichen unterlegen sind.
Bilden Sie als Erzieherinnen also möglichst altersgemischte Gruppen im Kindergarten. Das kommt allen Kindern zugute. Für hochbegabte Kinder sind diese altersgemischten Gruppen ein absolutes Muss, wenn sie ihre Begabungen im sozialen Miteinander entfalten sollen.

Wichtig: Wissen „aus erster Hand“

Der Kindergarten ist keine Welt für sich. Trotz aller Bemühungen der Erzieherinnen können die Bedürfnisse hochbegabter Kinder im Kindergarten als „geschlossene“ Institution auch nicht annähernd befriedigt werden.
Kinder fordern Förderung. Wenn diese Förderung ausbleibt, holen sie sich ihr Wissen eben da, wo ihnen die Möglichkeit dazu geboten wird – zum Beispiel im Fernsehen. Immer wieder erzählen Kinder von ihren Lieblingssendungen. Dabei handelt es sich bei hochbegabten Kindern meist um naturwissenschaftlich-technische Sendungen, die den Kindern die jeweiligen Bereiche kindgemäß nahebringen. Dieser Wissenserwerb aus „zweiter Hand“ legt es nahe, den Kindern in möglichst vielen Bereichen einen Wissenserwerb aus „erster Hand“ zu ermöglichen. Kindergärten haben dazu vielfältige Gelegenheiten, die sie auch intensiv nutzen sollten. Einige wenige sollen hier genannt werden:

Wissenswertes „aus erster Hand"

- Laden Sie immer wieder „Experten" in den Kindergarten ein, die den Kindern interessante Dinge erzählen können. Das können zum Beispiel Mütter und Väter der Kinder sein, die über ihre beruflichen Tätigkeiten oder ihre besonderen Interessen oder Hobbys berichten. Bitten Sie solche Eltern, immer auch viel Anschauungsmaterial mitzubringen, damit die Kinder nicht nur etwas hören, sondern sehen und anfassen können. Oft ist es noch besser, wenn die interessierten Kinder zusammen mit einer Erzieherin den jeweiligen Arbeitsplatz auch besuchen können, wo sie dann eine kindgemäße Führung erhalten. Die Mutter von David ist vielleicht Schreinerin, der Vater von Jens leitet eine Naturschutzstation, Lauras Vater hat eine Bäckerei und Frederik kommt von einem Bauernhof. Manche Kinder sind tatsächlich sehr überrascht zu sehen, dass die Milch nicht im Supermarkt hergestellt wird, sondern dass sie aus dem Euter von Kühen kommt.
- Nehmen Sie als Kindergarten zu allen nur erdenklichen Institutionen und Vereinen in Ihrer Umgebung Kontakt auf. Eine Exkursion in den nahe gelegenen Wald unter der Leitung eines Försters kann für Kinder genauso interessant sein wie der Besuch des Stadttheaters, des Judo-Vereins um die Ecke oder der großen Fabrik in Ihrer Nähe. Bei Ausflügen zu weiter entfernten Zielen, zum Beispiel zum Zoo, werden Eltern meist bereit sein, Sie als zusätzliche Aufsichtsperson zu begleiten.
- Bei all den Möglichkeiten, unter denen Sie aussuchen können, gibt es allerdings eine „Pflichtveranstaltung" – nämlich den Besuch der für Ihren Bereich zuständigen Grundschule. Sorgen Sie auf jeden Fall dafür, dass alle Kinder, die im nächsten Schuljahr eingeschult werden, diese Schule schon vorher kennenlernen. Denken Sie aber auch daran, die hochbegabten Kinder mitzunehmen, die eventuell vorzeitig eingeschult werden sollen oder wollen. Die meisten Grundschulen sehen es bereits von sich aus als ihre Pflicht an, ihre zukünftigen Schüler einmal oder gar zweimal einzuladen, wobei die Kinder meist auch für einige Zeit am Unterricht teilnehmen können.

Achten Sie bei allen Angeboten und Exkursionen darauf, dass die Kinder mit allen Sinnen lernen können. Machen Sie die jeweiligen „Experten" in Vorgesprächen darauf aufmerksam, dass sie möglichst viele Sinne ansprechen und dass die Kinder auch Handlungsmöglichkeiten zum Lernen brauchen.

Bei den Angeboten und Exkursionen müssen nicht immer alle Kinder des Kindergartens oder alle Kinder einer Gruppe teilnehmen. Es ist durchaus sinnvoll, nur die Kinder teilnehmen zu lassen, die zurzeit Interesse am Thema haben – auch wenn sie aus verschiedenen Gruppen kommen. Gerade hochbegabte Kinder sind oft sehr vielseitig interessiert und werden daher jede sich bietende Gelegenheit nutzen, sich Anregungen zu holen und etwas zu lernen – und zwar „aus erster Hand".

Wichtig: Projektarbeit

Ungeahnte Ressourcen bietet die Projektarbeit, eine Methode, von der viele glauben, sie gehöre in die Schule. Doch weit gefehlt! Gerade im Kindergarten sind die Voraussetzungen für Projektarbeit hervorragend, denn die Kinder gehen völlig frei an Themen heran, haben ein natürliches Interesse an Wissen und Erklärungen und folgen gern ihrem Entdeckertrieb. Gerade hochbegabte Kinder entdecken in ihrer Umgebung ständig Rätsel, denen sie auf den Grund gehen möchten. Projekte können oft aus alltäglichen Ereignissen entstehen, wenn Kinder etwas Interessantes aus den Ferien mitbringen oder ein kleines Problem mit Interesse beobachten:

Luis und Ummo unterhalten sich nach den Osterferien beim Mittagessen über das Meer und die Tiere, die darin leben. Luis hat einen kleinen Delfin aus Spanien mitgebracht und erzählt: *„Ich war in Spanien am Mittelmeer. Da gibt es ganz viele Fische und Krebse. Die leben alle im Wasser."* Ummo kennt sich mit Fischen ein wenig aus: *„Wir haben zu Hause ein Aquarium mit Fischen. Die können unter Wasser atmen, das können wir Menschen nicht. Die haben nämlich Kiemen, damit geht das. Aber Delfine, die kommen immer nach oben und holen sich da die Luft. Die haben nämlich keine Kiemen."* Angeregt durch dieses Gespräch spielen beide anschließend „Fische im Meer" und kommen später zur Erzieherin und möchten einiges mehr über Fische und Meer erfahren.

Das sind sogenannte Projektinitiativen, die von den Kindern ausgehen und die wir Pädagogen nutzen sollten. Beim Projektthema ist allerdings darauf zu achten, dass es für die Umsetzung geeignet ist. Sie brauchen vor allem das Interesse und eine gewisse Nähe des Themas zu der Welt der Kinder; außerdem Ressourcen, um Informationen zu beschaffen – und selbstverständlich geeignete Materialien, das Projekt gestalterisch durchzuführen.

Es folgt dann die Planungsphase, die meist damit beginnen sollte, dass Sie in der Teamsitzung mit Ihren Kolleginnen das Projektthema prüfen, ob es geeignet ist und welche Vorbereitungen von den Erzieherinnen getroffen werden müssen. Zum Beispiel gilt es, einen Zeitplan zu erstellen, Materialien zu besorgen oder Termine mit Museen oder Firmen zu koordinieren. Danach heißt es, in der Einstiegsphase mit den Kindern das Thema anzusprechen und Aufmerksamkeit und Interesse dafür zu wecken. Meist lässt sich das durch direkte Fragen und auch Querfragen gut erreichen. Die Kinder entdecken so schnell ihre Nähe zu dem gewählten Projektthema.

Nun sollen in der Durchführung zunächst Informationen für eine Basis beschafft werden: Zeitschriften, Bilder, Kataloge, Befragungen der Eltern und Großeltern, Malen des Lebens im Meer, Spiele rund ums Meer und vieles mehr. Wichtig ist eine Abwechslung der Tätigkeiten, damit Interesse und Motivation der Kinder aufrechterhalten werden. Auch ein Besuch von Fachleuten in der Einrichtung oder eine Exkursion können da sehr hilfreich sein. Bei hochbegabten Kindern werden Sie schnell die Intensität und Qualität

Projekte sollten …

- vom Kind ausgehen, aus Kinderinteressen erwachsen
- eine gewisse Nähe zur Welt der Kinder besitzen
- zur Umsetzung geeignet sein
- die möglichen Ressourcen, die zur Informationsbeschaffung, Verarbeitung und Gestaltung notwendig sind, nicht übersteigen
- vom Team geplant und vorbereitet werden
- zum Abschluss präsentiert werden. (Hierzu können auch die Eltern, Großeltern und andere Personen eingeladen werden.)
- letztlich auch noch mit den Kindern reflektiert werden. Das ist besonders für hochbegabte Kinder wichtig, die aus dieser Reflektion für weitere Projekte enorm viel lernen können.

der Projektarbeit kennen- und schätzen lernen. Viele hochbegabte Kinder gehen in einem Teil des Projekts völlig auf, sie besorgen sich detaillierte Informationen, fertigen Zeichnungen an und machen sich zu kleinen Experten. Die Projektarbeit tut ihnen gut: Sie macht sie frei, ihr Thema intensiv und auf ihre eigene Art und Weise zu erkunden. Der Abschluss jedes Projektes sollte an den Verlauf des Projektes angepasst werden. Sicherlich wissen Sie, dass zum Ende eines Projektes das Interesse am Thema immer mehr sinkt. Daher kann es gut sein, besonderes Interesse auf die Gestaltungen zum Präsentationstag zu richten. Dabei verbinden Sie den Lernprozess auch mit der Frage, wie Erlerntes und Erlebtes dargestellt werden kann. Denken Sie daran, Dritte einzuladen: Andere Kindergruppen, Eltern, Großeltern und auch die Nachbarschaft sollten herzlich willkommen sein. Aber aufgepasst: Nicht die Aufführung steht im Vordergrund, sondern die Wertschätzung der Forschungsarbeiten der Kinder. Es muss ja auch nicht gleich ein Theaterstück oder ein Buch sein. Oft dienen Bilder und Plakate, Lieder oder ein Ausflug dem runden Abschluss eines Projektes.
Ein Projekt ist aber dann noch nicht vorbei. Abgesehen davon, dass sich bei Projekten immer wieder Folgeprojekte ergeben, sollte auf jeden Fall das Nachbereiten und Reflektieren mit den Kindern über den Projektverlauf nicht vergessen werden! Hier liegen große Lernschätze für die Kinder und auch Sie als Erzieherinnen verborgen. Was ist gut gelaufen? Gab es bei der Arbeit Schwierigkeiten? Was war besonders toll? Worauf sollten wir beim nächsten Mal achten?

Wichtig: Kinder werden Experten

In vielen Schulen gehören Expertenteams zum Standard: Kinder, die sich über einen bestimmten Zeitraum hinweg um ein spezielles Thema gekümmert haben. Dies ist auch für die Arbeit im Kindergarten eine gute Möglichkeit, begabten Kindern gute Entfaltungsmöglichkeiten zu liefern. Meist sind diese Lernprozesse hervorragend in die Projektarbeit einzubinden, da hier die größtmögliche Freiheit für die Kinder besteht. Das Wichtigste ist die intensive Auseinandersetzung mit einem bestimmten Thema, in der das hochbegabte Kind aufgeht und ständig die Welt neu entdeckt. Dabei steht das Kind vor kleinen Herausforderungen, die eine bestimmte Anstrengung erfordern: So können zusätzliche Denk- und Handlungsstrategien entwickelt werden. Aber aufgepasst: Ein Experte muss nicht immer ein Fachmann für Strom oder Japanisch sein, es können auch ganz alltägliche Dinge wie die Ordnung des Spielplatzes oder Fragen zur Sicherheit sein. Möglichkeiten zur Vertiefung gibt es viele.

Bei den Experten können Sie nun ganz unterschiedliche Akzente setzen, um die Grundgedanken Ihres Förderplans ins Spiel zu bringen: Wenn zum Beispiel feinmotorische Schwächen vorliegen, kann es ein geschicktes Vorgehen sein, alle wichtigen Inhalte in einer Gestaltungsform zusammenzufassen, bei deren Erstellung motorische Fertigkeiten gefordert werden. Wenn Ihr hochbegabter Experte im sozialen Bereich eher sehr zurückhaltend und unsicher ist, überlegen Sie, ob es nicht eine gute Möglichkeit gibt, die tollen Leistungen vor der Gruppe darzustellen. Da es ein Thema mit hohem Interesse und Fachwissen zugleich ist, sind die Voraussetzungen für eine gleichzeitige Arbeit an der Schwäche-Seite optimal. Denken Sie an Miguel, den eine solche Maßnahme auch an seinen Entwicklungsdefiziten fördert.

Zunächst taucht immer die Frage auf, wer das denn machen soll. Schauen Sie sich um. Vielleicht gibt es in Ihrem Team jemanden, der sehr gut Englisch oder Französisch spricht, der gern Schach spielt oder sich im technischen Bereich gut auskennt. Vielleicht finden Sie auch in der Elternschaft eine Mutter oder einen Vater, die bestimmtes Know-how mitbringen und Interesse daran haben, einen Kursus für die Kinder zu geben. Meist besteht bei Erzieherinnen eine gewisse Scheu, sich in den naturwissenschaftlich-technischen Bereich zu trauen, doch helfen hier gute Bücher weiter.

Diese Kurse sind natürlich für alle Kinder da und sollten gruppenübergreifend angeboten werden. Eine gute Mischung eben. Wer mitmachen darf und kann, sollten Sie gut abwägen. Meist ist es sinnvoll, sich im Team darüber zu beraten und dann mit den Eltern zu sprechen. Die Anzahl der Kinder für einen Kurs hängt von der Art des Kurses ab: Am Chor können viele teilnehmen, am Experimentkursus eher nur fünf oder sechs Kinder.

Aus der Praxis können wir sagen, dass dieses Kurssystem allen Beteiligten Freude bereitet – es lohnt sich, den Schritt zu wagen. Wenn Sie mit Kursen beginnen wollen, achten Sie darauf, dass zunächst nur zwei Kurstage stattfinden. Die Umstrukturierung braucht Zeit für eine Anpassung. Jedes Kind sollte zu Beginn auch erst nur einen Kursus besuchen dürfen. Später lässt sich das auch auf zwei Kurse erweitern. Außerdem sollte zu Beginn das Kursangebot für die älteren Kinder und nur in Ausnahmefällen für die jüngsten gelten.

Das Kurssystem im Kindergarten

Eine Fördermaßnahme, die verschiedene Grundsätze und Methoden miteinander verbindet, ist das sogenannte Kurssystem. Es kann ein wichtiger Bestandteil der Begabtenpädagogik sein. Was ist damit gemeint? Stellen Sie sich ein kleines Volkshochschul-Kurssystem im Alltag des Kindergartens vor: Montags werden Englisch, Tanzen und Experimente angeboten, mittwochs gibt es Schach und Basteln und am Donnerstag kann man zum Denker-Klub oder Chor gehen. Dienstags und freitags sind kursfreie Tage, damit die Gruppe für sich arbeiten kann. Der Alltag an Kurstagen sollte allerdings nicht zu Zeitproblemen führen, denn Rituale wie der Morgenkreis oder das Singen in der Gruppe sind wichtig für Struktur und Bindung.

Hier ein Beispiel:
Kursplan:

Mo	Di	Mi	Do	Fr
10-10.30 Uhr	kursfrei	9.30 –10 Uhr	09.30 -10 Uhr	frei
Englisch		Schach	Chor	
11-11.30 Uhr		10.30-11 Uhr	11-11.30 Uhr	
Tanzen		Basteln	Denker-Klub	
12-12.30 Uhr				
Experimente				

Kapitel 6: Das Wichtigste in Kürze

- Die wichtigste aller Bildungsinstitutionen ist der Kindergarten. Hier werden die Grundlagen für den gesamten weiteren Bildungsweg gelegt.
- Die Bedeutung von Lernen und Bilden während der Kindergartenzeit ist immens: In keiner Zeit des „Bildungslebens" kann das Gehirn so viel lernen.
- Die Kindergartenpädagogik orientiert sich als Elementarpädagogik an eigenständigen Erziehungszielen und Bildungsstandards, die aber in einen Gesamt-Bildungsplan eingebettet sind.
- Spezifische Grundsätze der Elementarpädagogik sind in besonderer Weise für hochbegabte Kinder förderlich. Ihre praktische Umsetzung erfordert bestimmte äußere Bedingungen, spezifische Einstellungen der Erzieherinnen und ein besonderes methodisches Vorgehen.
- Erzieherinnen und auch Eltern sollten sich in ihren Erziehungs- und Bildungsanstrengungen an sogenannten Zeitfenstern orientieren. Das sind Zeiten, in denen die Kinder für bestimmte Lerninhalte besonders empfänglich sind.
- Der wichtigste aller Grundsätze in der Hochbegabtenpädagogik lautet: Kinder nicht bremsen!

7

Vom Kindergarten in die Schule: Rechtzeitig die richtigen Weichen stellen

In diesem Kapitel erfahren Sie,

- welche Vorschriften es zur Einschulung und zur vorzeitigen Einschulung von Kindern gibt
- woran Sie erkennen können, ob für Ihr Kind eine vorzeitige Einschulung angedacht werden sollte oder nicht
- unter welchen Bedingungen auch eine Einschulung in die 2. Klasse möglich ist

Vorzeitige Einschulung hochbegabter Kinder

Oft sind es gar nicht die Eltern, die ihr Kind vorzeitig einschulen lassen möchten. Oft sind es die hochbegabten Kinder selbst, die jetzt endlich in die Schule wollen - auch wenn sie eigentlich noch gar nicht schulpflichtig sind. Dem, was der Staat als „Pflicht" ansieht, kommen diese Kinder zuvor, nämlich durch ihre Lernfreude - und es gilt vor allem, den Kindern diese Lust am Lernen zu erhalten.

Wie vielen Kindern wurde die Einschulung versagt, weil sie angeblich noch zu jung oder sozial unreif seien. Sie quälten sich dann noch ein weiteres Jahr widerwillig durch den Kindergarten, verloren die Freude am Lernen und kamen dann - für sie ein Jahr zu spät - in die Schule. Der kaum wiedergutzumachende Schaden wird den Eltern oft erst sehr viel später bewusst, oft zu spät. Die Leidtragenden sind die Kinder.

Als Eltern eines hochbegabten Kindes stehen Sie vor der ersten wirklich schwierigen und weitreichenden Entscheidung: Sollen wir unser hochbegabtes Kind vorzeitig einschulen lassen?

Mit dieser Entscheidung sind Sie als Eltern aber nicht alleingelassen. Sie finden in den Erzieherinnen im Kindergarten Ihres Kindes kompetente Ansprechpartner. Sie erkennen, wann welches Kind schulfähig ist und welche Aspekte man in welcher Weise bei dieser Entscheidung zu berücksichtigen hat.

Allgemeines zur Einschulung

Wenn ein Kind ein gewisses Alter erreicht hat, wird es schulpflichtig. In der Regel sind das Kinder, die bis zum 30. Juni das sechste Lebensjahr vollendet haben. Diesen Tag nennt man den „Stichtag". Die Schulpflicht dieser Kinder beginnt dann am 1. August dieses Jahres.

Wie das Wort „Schulpflicht" schon sagt, muss das Kind nun die Schule besuchen. Und die Eltern sind für den regelmäßigen Schulbesuch, der natürlich von der zuständigen Schule kontrolliert wird, verantwortlich. Die zuständige Grundschule ist die Schule, in deren Einzugsbereich das Kind wohnt. Es gibt allerdings auch Ausnahmen.

Beim Anmeldeverfahren stellt die Schule fest, ob das Kind hinreichende Kenntnisse der deutschen Sprache besitzt. Gegebenenfalls muss es einen vorschulischen Sprachförderkursus verpflichtend besuchen.
Im Rahmen des Anmeldeverfahrens wird auch eine schulärztliche Untersuchung durch das Gesundheitsamt durchgeführt, bei der der allgemeine Entwicklungs- und Gesundheitszustand und die Leistungsfähigkeit der Sinnesorgane überprüft werden.
Viele Schulen gehen mittlerweile dazu über, die Kinder einen sogenannten Einschulungs-Parcours durchlaufen zu lassen. Dabei absolvieren die Kinder in spielerischer Form an unterschiedlichen Stationen kleine Aufgaben und Übungen, die den Lehrern Aufschlüsse über ihre Fähigkeiten und Fertigkeiten geben. So können Auffälligkeiten entdeckt werden, wodurch es möglich wird, Eltern gezielt zu beraten. Das bezieht sich sowohl auf die Schwächen als auch auf die Stärken der Kinder.

Allgemeines zur vorzeitigen Einschulung

Es gibt allerdings auch die Möglichkeit, ein Kind einzuschulen, das noch nicht das schulpflichtige Alter erreicht hat. Eine Altersbeschränkung nach unten gibt es dabei nicht. Das Kind muss allerdings die für den Schulbesuch notwendigen körperlichen und geistigen Voraussetzungen mitbringen und auch in seinem Sozialverhalten ausreichend entwickelt sein. Eine schulärztliche Untersuchung beim Gesundheitsamt findet natürlich auch hier statt.
Die genauen Vorgaben zur Einschulung und zur vorzeitigen Einschulung sind in den einzelnen Bundesländern etwas unterschiedlich geregelt. Sie können sie bei den jeweiligen Grundschulen erfragen.

Vorzeitige Einschulung – Entscheidungshilfen für Erzieherinnen und Eltern

Für viele Eltern besonders begabter Kinder stellt sich die Frage, ob sie ihrem Kind mit einer vorzeitigen Einschulung eher schaden oder nutzen. Natürlich kann diese Frage nicht allgemein beantwortet werden. Hier einige Entscheidungshilfen: Wenn ein Kind gut oder sogar hochbegabt ist, kann es früher eingeschult werden oder eine Klasse überspringen. In beiden Fällen kann es die Grundschule bereits mit neun Jahren abschließen, um auf eine weiterführende Schule zu wechseln.
Statistisch gesehen kann das für etwa 16 % aller Kinder sinnvoll sein – unter der Voraussetzung, dass die Rundumförderung des Kindes stimmt. In einer Klasse von 20 Schülern sind das also immerhin drei Kinder. Weil die notwendige Förderung aber nicht immer gewährleistet ist, müssen wir den Prozentsatz realistischerweise auf etwa 10 % reduzieren. Das sind bei 20 Schülern aber immer noch zwei.

In der Realität liegen die Zahlen von Kindern, die die Grundschule im Alter von neun Jahren abschließen, weit unter den statistischen Erwartungen. Dafür gibt es vier Gründe:

- Die Kinder werden nicht hinreichend gefördert, sodass sie die notwendigen Leistungen erst gar nicht erbringen.
- Die Eltern haben Probleme mit der vorzeitigen Einschulung und dem Überspringen. Sie sind unsicher, ob das die richtige Maßnahme für ihr Kind ist.
- Die Kinder selbst lehnen eine solche Maßnahme ab, weil sie ihr soziales Umfeld nicht verlassen wollen.
- Die Lehrer bzw. Erzieherinnen stehen solchen Maßnahmen – aus welchen Gründen auch immer – skeptisch gegenüber oder denken erst gar nicht darüber nach.

Ist es nun als Entscheidungshilfe für eine vorzeitige Einschulung unbedingt erforderlich, den Intelligenzquotienten des Kindes feststellen zu lassen? In der Regel nicht. Denn es gibt genügend andere Anzeichen, die auf eine gute Begabung hindeuten und die Eltern und Erzieherinnen beim Kind beobachten können. Eine Intelligenztestung kann natürlich als zusätzliche Entscheidungshilfe – in Grenzfällen und bei verunsicherten Eltern – genutzt werden, wodurch auch die Entscheidungssicherheit erhöht wird.

Anzeichen für eine besondere Begabung

Bevor Eltern an eine Intelligenztestung denken, sollten sie sich ihr Kind erst einmal auf andere Anzeichen für eine gute oder hohe Begabung hin anschauen (siehe Kapitel 2: „Zehn besondere Anzeichen für Hochbegabung"). Dabei sollten Sie beachten, ob die angegebenen Eigenschaften nicht nur vorhanden, sondern auch recht früh und ausgeprägt vorhanden sind. Das sollte am besten in Zusammenarbeit mit den Erzieherinnen des Kindergartens geschehen, die das Kind ja ebenfalls gut kennen und es auch besser mit den anderen Kindern der Kindergarten-Gruppe und dem „Norm-Kind" der eigenen Erfahrung vergleichen können. Außerdem kommt durch diese Erziehungsprofis eine objektivere Sichtweise ins Spiel, die Eltern nicht in jedem Fall haben.
Wichtig ist es zu bedenken, dass viele Anzeichen für eine besonders hohe Begabung einen Lernprozess in einer anregungsreichen und förderlichen Umgebung voraussetzen. Wenn beispielsweise Vorbilder im angemessenen Umgang mit Menschen fehlen, darf man von einem Kind nicht erwarten, dass es die Fähigkeit ausbildet, Menschen mit Einfühlungsvermögen, Höflichkeit und sozialem Respekt zu begegnen – auch, wenn es über die besten Anlagen verfügt.
Wenn Sie nun die folgenden Anzeichen für eine besondere Begabung sehen, überlegen Sie sich als Eltern, welche Sie für zutreffend, fast zutreffend oder nicht zutreffend halten. Sprechen Sie dann mit den Erzieherinnen Ihres Kindes darüber und bitten Sie sie ebenfalls um eine eigene Einschätzung zu den einzelnen Bereichen.

Der motorische Bereich

- Im motorischen Bereich fallen viele besonders begabte Kinder dadurch auf, dass sie sich früh entwickeln. Viele können schon recht früh laufen – so etwa mit zehn Monaten oder noch früher. Manche überspringen dabei die Krabbelphase.
- Auch bei der Feinmotorik, vornehmlich bei der Steuerung der Finger, haben diese Kinder einen Entwicklungsvorsprung von einigen Monaten vor Gleichaltrigen. Sie können dann schon vorsichtig kleine Gegenstände mit Zeigefinger und Daumen aufheben (Pinzettengriff), wenn andere noch mit einem Ganz-Handgriff nach größeren Gegenständen greifen. Auch diese Fähigkeit ist bei besonders begabten Kindern schon manchmal ab dem 9. Lebensmonat zu beobachten.
- Ihre gut entwickelte Feinmotorik fällt später beim Malen und Basteln auf, was auch eine gute Auge-Hand-Koordination voraussetzt.
- Weiterhin sind die Bewegungen von besonders begabten Kindern oft dynamisch und energiegeladen bei einer guten allgemeinen Körperspannung.
- Oft sind besonders begabte Kinder auch gute Sportler. Sie lernen frühzeitig Schwimmen und Fahrradfahren (natürlich nur, wenn die Eltern ihnen diese Lernprozesse ermöglichen).

Das Schlafbedürfnis

- Das Schlafbedürfnis ist bei den meisten besonders begabten Kindern normal. Man findet aber auch zwei Abweichungen. Etwa 20 % dieser Kinder kommen mit wenig, ja sogar sehr wenig Schlaf aus. Sie sind energiegeladen und ihr Gehirn kommt vor lauter Aktivität kaum zur Ruhe. Wenn diese Kinder dann schlafen, halten sie gewissermaßen ein „Powerschläfchen“ von hohem Erholungswert. Auch wenn das für Eltern oft sehr anstrengend ist, sollte man das – bis auf extreme Ausnahmen – nicht als „Krankheit“ verstehen. Es liegt in der Individualität des Kindes begründet. Bei weiteren 20 % dieser Kinder findet man das genaue Gegenteil. Sie brauchen sehr viel mehr Schlaf als die Norm.

Diese Kinder powern sich tagsüber dermaßen aus, dass ihr Gehirn eine längere Nachtruhe braucht, um am nächsten Tag wieder voll aktiv sein zu können.

Der sprachliche Bereich

- Im sprachlichen Bereich haben die meisten besonders begabten Kinder oft einen deutlichen Entwicklungsvorsprung vor anderen gleichaltrigen Kindern – manchmal sogar bis zu zwei Jahre. Viele dieser Kinder haben einen reichen passiven und aktiven Wortschatz. Sie sprechen schon sehr früh in ganzen, grammatikalisch richtigen Sätzen. Die Phase der Ein- und Zwei-Wörter-Sätze, die manchmal übersprungen wird, beginnt schon oft vor Vollendung des ersten Lebensjahres – und sie verstehen dann schon etwa hundert Wörter (passiver Wortschatz). Die meisten lernen sie dann auch sehr bald selbst zu gebrauchen (aktiver Wortschatz).
- Im sprachlichen Bereich gibt es allerdings auch eine Variante: Manche besonders begabten Kinder sprechen erst recht spät – dann aber sofort in einer Erwachsenensprache mit ganzen und grammatikalisch richtigen Sätzen. Diese Kinder überspringen die Phase der Ein- und Zwei-Wörter-Sätze. Wahrscheinlich haben sie einen ausgeprägten Perfektionismus, der ihnen das Sprechen erst „erlaubt", wenn alle dazu notwendigen Voraussetzungen – einschließlich der Mundmotorik – vorhanden sind.
- Ein – auf den ersten Blick unangenehmer – Nebeneffekt dieser sprachlichen Intelligenz sind manchmal auftretende Kommunikationsprobleme mit Gleichaltrigen. Die unterschiedlichen Kommunikationsstufen können – nicht „müssen" – zu Missverständnis und Unverständnis zwischen den Kindern führen. Diese Prozesse können mit Aggressionen oder Ausgrenzungen des einen oder anderen Kindes verbunden sein. Spätestens hier beginnt der Wunsch des hochbegabten Kindes, Kontakte mit älteren Kindern zu suchen, die auf dem gleichen Entwicklungsstand sind wie es selbst. Deshalb sind für hochbegabte Kinder altersgemischte Gruppen im Kindergarten unverzichtbar.

Der kognitive Bereich

- Im kognitiven Bereich fällt zuerst ein ausgeprägtes Neugierverhalten auf. Alles muss gründlich untersucht werden. Die Phase, in der die Kinder alles in den Mund stecken, wird schnell überwunden. Neben der Essbarkeit werden auch andere Funktionalitäten, die für diese Kinder wichtig sind, schon sehr früh mit den Händen und weiteren Sinnesorganen erforscht und be-griffen. So kennen diese Kinder beispielsweise die Funktion der Kleidung schon vor der Vollendung des ersten Lebensjahres.
- Das Neugierverhalten findet später eine weitere Ausprägung im Frageverhalten. Diese Kinder stellen Fragen über Fragen – sie fragen ihren Eltern und Erzieherinnen die berühmten „Löcher in den Bauch". Der Wissensdurst der Kinder ist unersättlich. Dass manche Eltern dadurch genervt oder überfordert sind, ist ein anderes Thema.
- Bei alldem findet sich eine schnelle Auffassungsgabe – gepaart mit einem hervorragenden Lernvermögen und einem sehr guten Gedächtnis.
- Außerdem sind diese Kinder auch emotional beteiligt. Lernen macht ihnen Spaß. Sie zeigen eine ausgeprägte Lernfreude, die sie immer wieder befriedigen wollen. Manche Erwachsene, die sich wohl selbst durch die Schule gequält haben, können gar nicht begreifen, dass Kindern das Lernen Spaß macht. Für sie bedeutet eine vorzeitige Einschulung: *„Das Kind wird um ein Jahr seiner Kindheit beraubt."* – so, als würde mit der Schule die Kindheit beendet. Das genaue Gegenteil ist der Fall. Die Lernfreude und das Lernbedürfnis der Kinder finden in der Schule ihren adäquaten Platz: Endlich werden jetzt die Neugier und das Bedürfnis, Neues in sich aufzusaugen, befriedigt.
- Das räumliche Vorstellungsvermögen ist ebenfalls gut ausgebildet – zum Beispiel beim Bauen mit Bauklötzchen oder beim Malen von Bildern.
- Bei ihren Gedankengängen gehen hochbegabte Kinder oft ungewöhnliche Wege, die Erwachsene nicht verstehen, weil sie vielfach nur noch in bestimmten Strukturen und Schemata denken können. Es lohnt sich für die Erwachsenen, die Gedanken dieser Kinder „nachzudenken". Es ist ein oft spannendes Erlebnis, die Genialität in Kinderköpfen zu erforschen und zu entdecken.

- Ein unabhängiges und logisch fortschreitendes Denken, das sich gegen jede Art von gedanklicher „Wiederkäuerei“ wehrt, ist für diese Kinder typisch.
- Besonders begabte Kinder gehen den Dingen gern „auf den Grund“. Dabei bilden sie schon frühzeitig – weit bevor sie sprechen können – die Fähigkeit aus, Ursache-Wirkung-Beziehungen zu analysieren und zu verstehen. So begreifen sie sehr früh, dass jemand ins Zimmer kommt, wenn sie das Geräusch der Tür hören.
- Um ihre Welt „wissenschaftlich“ zu klassifizieren, bilden sie Kategorien. So können sie beispielsweise schon früh zwischen Lebewesen und unbelebten Dingen unterscheiden.
- Besonders begabte Kinder können „vorausschauen“ und dementsprechend planen. Sie begreifen die Kontinuität in Prozessabläufen und erkennen eigene Steuerungsmöglichkeiten, durch die sie die Prozesse beeinflussen können.
- Sie entwickeln nicht selten spezifische Interessen, denen sie sich auch intensiv und lange widmen können – bei auffallend guter Konzentration.
- Weiterhin haben diese Kinder ein auffallendes und frühzeitiges Interesse an Kulturtechniken, besonders am Erlernen der Buchstaben. Sie lesen dann schon oft im Alter von vier bis fünf Jahren. Manchmal verlieren sie dadurch das Interesse an anderen Spielen.
- Nun ist es nicht mehr verwunderlich, dass diese Kinder meist über ein für ihr Alter enormes Wissen verfügen. Neben einem großen Allgemeinwissen haben sie auch oft ein Spezialwissen in Bereichen, die sie besonders interessieren. Dieses Spezialwissen ist oft größer als das der Erwachsenen – was die Erwachsenen dann manchmal verunsichert.
- Ab einem Alter von etwa drei Jahren entwickeln die besonders begabten Kinder bereits metakognitive Fähigkeiten. Das bedeutet, dass sie über ihr eigenes Denken nachdenken können. Plötzlich fällt ihnen auf, dass sie denken können. Damit eröffnet sich die Möglichkeit zum reflexiven Umgang mit ihrer Umwelt.
- Hochbegabte Kinder haben Humor. Er setzt neben sprachlichem Geschick die Fähigkeit voraus, „um die Ecke“ und „auf verschiedenen Ebenen“ zu denken. Humor ist ein ausgesprochen sicheres Indiz für Intelligenz. Der Umkehrschluss ist allerdings nicht zulässig: „Ein Kind, das keinen Humor hat, ist nicht intelligent“ ist eine falsche Schlussfolgerung, weil zum Humor neben der Intelligenz noch andere Persönlichkeitsmerkmale gehören.

Der psychische Bereich

- Schon im Alter von zwei Jahren sind besonders begabte Kinder in der Lage, sich in andere Menschen oder Lebewesen „einzudenken“ und deren Gefühle nachzuempfinden. Dieses Einfühlungsvermögen nennt man „Empathie“.
- Die Empathiefähigkeit ist eine wesentliche Voraussetzung für eine hohe soziale Begabung, die diese Kinder oft haben. Gepaart mit ihrer Fähigkeit, zu reflektieren und vorausschauend zu planen, sind sie dann in der Lage, soziale Prozesse und Verhaltensweisen ihrer Kommunikationspartner zu erkennen und gegebenenfalls auch zu beeinflussen oder gar zu steuern. Diese Fähigkeit nennt man „interpersonale Intelligenz“ oder besser noch „soziale Kompetenz“.
- Solche Kinder können mit verschiedenen Kommunikationspartnern unterschiedlich umgehen, wobei sie mit sicherem Instinkt den jeweils „richtigen Ton“ treffen. Es ist für Erwachsene oft erstaunlich, auf ein Kind zu treffen, das sich auf Kinder jeglichen Alters genauso einstellen kann wie auf Erwachsene – seien es nun die Eltern, der Arzt, die Erzieherin, die Verkäuferin oder sonst jemand. Immer trifft dieses Kind den richtigen Ton.
- Im Alter von etwa drei Jahren entwickeln diese Kinder bereits ein realistisches Selbstkonzept, indem sie sich mit anderen Kindern vergleichen. Sie erkennen ihre eigenen Stärken und Schwächen.
- Daraus resultiert, dass sie die Unterschiede zwischen sich und anderen Kindern – aber auch zwischen verschiedenen anderen Kindern – erkennen und darauf entsprechend eingehen können.
- Sie bilden meist eine eher positive Erwartungshaltung aus. Sie gehen mit „Mut“ an Probleme heran – in der Erwartung, sie auch meistern zu können (Erfolgserwartung). Das gelingt ihnen dann meist auch, wodurch die Erfolgserwartung weiter verstärkt wird.
- Besonders begabte Kinder sind aber nicht nur in der Lage, sich in andere hineinzudenken bzw. einzufühlen. Sie können auch die eigenen Empfindungen wahrnehmen und über ihre eigenen Gefühle reflektieren.
- In einem weiteren Schritt lernen sie, ihre Gefühle und Impulse zu kontrollieren und das daraus resultierende Verhalten sinnvoll zu steuern.

Nun erschrecken Sie nicht! Die Kinder, auf die alle hier beschriebenen Anzeichen zutreffen, gibt es äußerst selten. Ihre Anzahl liegt deutlich unter einem 1 %. Wir sprechen aber hier von etwa 16 % aller Kinder. Auf jedes einzelne Kind treffen meist nur einige der angegebenen Anzeichen zu oder aber nur die eine oder andere Gruppe.

Einschätzungshilfen für Erzieherinnen und Eltern

In den folgenden Tabellen können Sie ankreuzen, wie Sie Ihr Kind in den einzelnen Bereichen beurteilen. Eine „Objektivierung“ Ihrer Einschätzung lässt sich dadurch erreichen, dass Eltern und Erzieherinnen die Tabellen unabhängig voneinander ausfüllen und dann die Ergebnisse miteinander diskutieren. Dabei ist vor allen Dingen zu bedenken, dass Erzieherinnen durch ihren beruflichen Erfahrungshorizont in ihrer Einschätzung den Eltern in der Regel einiges voraushaben.

Die Zeichen in den Tabellen haben folgende Bedeutungen:

– – Die Aussage trifft auf mein Kind überhaupt nicht zu.
– Die Aussage trifft auf mein Kind eher nicht zu.
° Die Aussage trifft auf mein Kind mehr oder weniger zu.
\+ Die Aussage trifft auf mein Kind mit geringen Abstrichen zu.
++ Die Aussage trifft auf mein Kind voll zu.

Der motorische Bereich

Fähigkeiten und Fertigkeiten	– –	–	o	+	++
Konnte bereits früh laufen					
Frühe feinmotorische Fertigkeiten					
Gute Auge-Hand-Koordination (Malen, Basteln)					
Dynamische und energiegeladene Bewegungen					
Gute Körperspannung					
Guter Sportler/gute Sportlerin					
Konnte früh Fahrrad fahren					
Konnte früh schwimmen					

Der sprachliche Bereich

Fähigkeiten und Fertigkeiten	– –	–	o	+	++
Früher Sprachgebrauch					
Großer passiver Wortschatz					
Großer aktiver Wortschatz					
Recht später Sprachgebrauch, dann aber schon bald in vollständigen und richtigen Sätzen					
Überspringen der Phase der Ein- und Zwei-Wörter-Sätze					

Der kognitive Bereich

Fähigkeiten und Fertigkeiten	--	-	o	+	++
Ausgeprägtes Neugierverhalten					
Alles wurde/wird gründlich untersucht					
Ausgeprägtes Frageverhalten					
Großer Wissensdurst					
Schnelle Auffassungsgabe					
Hervorragendes Lernvermögen					
Gutes Gedächtnis					
Ausgeprägt große Lernfreude					
Großes Lernbedürfnis					
Gutes räumliches Vorstellungsvermögen					
Ungewöhnliche Gedankengänge					
Unabhängiges Denken					
Logisches Denken					
Abneigung gegen gedankliche „Wiederkäuerei"					
Frühes Erkennen von Ursache-Wirkung-Beziehungen					
Frühe Kategorienbildung (klassifizieren)					
Vorausschauendes Planen					
Spezifische Interessen					
Großes Wissen bei spezifischen Interessensgebieten					
Interesse an Kulturtechniken (besonders am Lesen)					
Großes Allgemeinwissen (altersspezifisch)					
Metakognition (Bewusstwerdung des eigenen Denkens; Nachdenken über das eigene Denken)					
Hat Humor					

Der psychische Bereich

Fähigkeiten und Fertigkeiten	– –	–	o	+	++
Frühes Einfühlungsvermögen in andere Menschen (oder Tiere)					
Hohe soziale Begabung					
Kann soziale Verhaltensweisen einschätzen					
Kann soziale Verhaltensweisen steuern					
Kann sich auf unterschiedliche Gesprächs- und Umgangspartner gut einstellen					
Erkennt eigene Stärken und Schwächen					
Erkennt die eigene Verschiedenheit zu anderen Kindern					
Erkennt die Verschiedenheit zwischen anderen Kindern					
Nimmt die eigenen Gefühle wahr und kann darüber reflektieren/nachdenken					
Kann eigene Impulse kontrollieren					

Wenn bei Kindern viele Indikatoren beobachtet werden können, dann sind sie nicht immer besonders ausgeprägt. Gerade diese Kinder haben sowohl für die Schule als auch meist fürs spätere Leben die besten Voraussetzungen. Sie zeigen eine homogene Begabungsstruktur auf hinreichend hohem Niveau – ohne die Nachteile einer extrem hohen Begabung in nur einem Bereich, wofür das Lebensumfeld der Kinder nur selten das nötige Verständnis aufbringt.
Wenn also viele dieser Indikatoren auf Ihr Kind – wenn auch nur in abgeschwächter Form – zutreffen, kann das auf eine gute oder hohe Begabung hinweisen. Wenn nur wenige zutreffen, bedeutet das noch lange nicht, dass es keine gute Begabung hat. Zum Beispiel kann eine einseitige Begabung vorliegen, die aber nicht von vornherein Erfolg in Schule und Leben garantiert.

Die wichtigsten aller Indikatoren sind schnelle Auffassungsgabe und Merkfähigkeit. Daraus resultiert die Lernfreude, gepaart mit Neugierde, der „Gier nach Neuem". Das gilt auch dann, wenn Sie sonst nicht von einer guten oder gar hohen Begabung ausgehen können. Schüren Sie das Feuer der Lernfreude bei Ihrem Kind. Lassen Sie es auf keinen Fall verkümmern oder gar verlöschen.

- Die Mutter von **Sebastian** (fünf Jahre alt) berichtet: *„Sebastian ist wirklich ein netter Kerl. Deshalb verstehe ich gar nicht, dass die anderen Kinder aus seiner Gruppe nicht mehr mit ihm spielen wollen. Nun, seit einem halben Jahr interessiert er sich für Buchstaben. Jeden Tag kommt er gelaufen und will wissen, wie dieser oder jener Buchstabe heißt. Die Erzieherin im Kindergarten meinte, das sei nicht normal und ich solle ihm nur ja keine Buchstaben beibringen, denn dann werde er sich später in der Schule langweilen.*
  Ich habe sie dann gefragt, ob Sebastian nicht vorzeitig eingeschult werden solle. Sie sagte, dass ich Sebastian ein Jahr seiner Kindheit raube und dass ich ihm dieses Jahr auf jeden Fall noch gönnen solle. Das habe ich auch eingesehen. Nun ‚bremse' ich ihn halt, so gut es geht. Aber ich habe doch ein etwas schlechtes Gewissen dabei. Denn ich merke, dass Sebastian das gar nicht gefällt.
  Eigentlich hatte ich gedacht, dass die anderen Kinder jetzt wieder mit Sebastian spielen würden. Aber es ist noch schlimmer geworden. Jetzt will Sebastian auch nicht mit den anderen spielen. Morgens im Kindergarten sitzt er in der Ecke und schaut sich Bücher an oder spielt allein und ziemlich lustlos im Sandkasten. Nachmittags geht er nie zu anderen Kindern aus dem Kindergarten. Nur mit Marius will er noch spielen – das finde ich schon etwas seltsam, denn der ist schon im 2. Schuljahr und fast drei Jahre älter."

Die Mutter von Sebastian macht den größten Fehler, den sie überhaupt machen kann. Sie „bremst" Sebastian aus, anstatt ihn zu fördern, so gut sie eben kann. Nach und nach wird Sebastian seine Freude am Lernen verlieren, seine Neugier wird verkümmern. Er spürt, dass er so, wie er jetzt ist, nicht gewollt und akzeptiert wird – und er wird sich darauf einstellen, wenn er das überhaupt kann.
Die Folgen können für ihn und auch für die Familie fatal werden. Sie reichen von allgemeinem Desinteresse über Clownerie, Aggressivität bis hin zu massiven psychosomatischen Störungen. In der Schule ist dann mit mangelhaften Lern- und Arbeitstechniken bis hin zu einem ausgeprägten Underachievement zu rechnen.

Wie Sie bereits gelesen haben: Unter Underachievement („Unterleistertum") versteht man die Unfähigkeit, gute Begabung in gute (schulische) Leistung umzusetzen. Underachiever sind also Kinder, die zwar eine hohe Begabung haben, aber nicht in der Lage sind, diese Begabung auch in Leistung umzusetzen.

Synchronität und Asynchronität in der Entwicklung

Bereits beim 7. Grundsatz der Elementarpädagogik (Entwicklungsdefizite ausgleichen) haben Sie den Begriff „Asynchronität in der Entwicklung" kennengelernt. Eine mögliche Entwicklungs-Asynchronität kann für Ihre Entscheidung für oder gegen eine vorzeitige Einschulung wichtig, ja sogar entscheidend sein.

Synchronität

Ideal ist es, wenn die Entwicklung Ihres Kindes in den verschiedenen Bereichen synchron, also gleichlaufend, verläuft – wenn sich Ihr Kind also in allen Bereichen auf einem ähnlich hohen Niveau befindet. Nehmen wir zuerst einmal ein „normales Kind", bei dem alle vier Bereiche im Normbereich liegen.
Auf solche Kinder haben sich unsere Bildungs- und Erziehungseinrichtungen, Kindergärten und Schulen, bestens eingestellt und vorbereitet. Kleine Abweichungen werden, sofern sie noch innerhalb des Normbereiches liegen, toleriert oder erst gar nicht wahrgenommen.
Bei einem hochbegabten Kind mit synchroner Entwicklung in allen Bereichen liegt die Sache aber bereits völlig anders: Alle Bereiche sind gut bis sehr gut ausgeprägt – sie liegen alle oberhalb des Normbereichs. Das bedeutet, dass das Kind den meisten altersgleichen Kindern in seiner Entwicklung voraus ist. So ein Kind muss in vielen Bildungseinrichtungen mit Problemen rechnen, weil sich noch längst nicht alle Pädagogen, Erzieherinnen und Lehrer auf solche Kinder eingestellt haben. In vielen Einrichtungen fehlen leider noch die entsprechenden Konzepte.

Allerdings ist die Lösung des Problems verblüffend einfach: Ob mit oder ohne Intelligenztest – ein solches Kind sollte unbedingt vorzeitig eingeschult werden.
Kommt es mit älteren Kindern, die in ihrer Entwicklung schon weiter fortgeschritten sind, in eine Klasse, dann findet es sich plötzlich unter Entwicklungsgleichen wieder. Es wird sozusagen zum „Normkind" – auch wenn es das jüngste Kind der Klasse ist. Mit besonderen Schwierigkeiten ist nicht zu rechnen – jedenfalls vorerst nicht. Es können natürlich später in der Pubertät Probleme dadurch auftreten, dass die Klassenkameraden bereits die Diskothek besuchen, während das jüngste Kind der Klasse das noch nicht darf oder auch noch nicht will.

- Schauen wir uns an, was die Mutter von **Marvin** (fünf Jahre alt) zu berichten hat:
  „Im November war Marvin zum ersten Mal in der Schule. Dort fand so ein Parcours statt, wie ihn jetzt viele Schulen durchführen. Die Kinder sollten ein paar Stationen mit kleinen Spielen und Übungen machen, damit die Lehrerinnen sehen konnten, was die Kinder schon alles können oder in welchen Bereichen sie noch etwas lernen sollten.
  Während die Schulleiterin mit den Eltern sprach, waren die Kinder in der Turnhalle, um ihre Übungen zu machen. Was die Kinder dort genau machten, wusste ich nicht. Als Marvin fertig war, war er richtig begeistert. Er erzählte und erzählte und fand das Ganze richtig toll.
  Ein paar Tage später rief die Schulleiterin an und bat uns zu einem Gespräch in die Schule. Sie erklärte, dass Marvin für sein Alter auffallend weit entwickelt sei und dass er bei den meisten Übungen sehr gut abgeschnitten habe. Sie schlug vor, Marvin einer Lehrerin, die sich auf besondere Begabungen spezialisiert hatte, vorzustellen. Die sollte sich ihn noch einmal genauer ansehen.
  Auch die Tests mit dieser Lehrerin waren für Marvin das reinste Vergnügen.
  Nach einem weiteren Gespräch mit der Schulleiterin und der Lehrerin kamen wir überein, Marvin einmal probeweise am Unterricht der Klasse 1 teilnehmen zu lassen. Die Erzieherinnen des Kindergartens hatten zwar gewisse Bedenken, standen der Sache aber letztlich recht offen gegenüber.
  Nach dem Okay des Schulrats und der schulärztlichen Untersuchung war es dann so weit. Anfangs war Marvin natürlich schon noch etwas unsicher. Aber er merkte bald, dass er die Sachen, die in der Schule verlangt wurden, schon recht gut konnte, obwohl er noch ein Jahr jünger war als seine Mitschüler. Bald schon war er begeistert. Als ich fragte, ob er nicht doch wieder in den Kindergarten wolle, sagte er: ‚In der Schule ist es viel schöner.'

Heute ist Marvin im 2. Schuljahr. Er gehört mittlerweile zu den besten Schülern der Klasse – und er braucht sich kaum anzustrengen. Manchmal findet er es sogar etwas langweilig in der Schule – weil für ihn alles sehr leicht ist.“

Marvin hätte auch schon vorzeitig eingeschult werden können. Aber durch die Einschulung mitten im Schuljahr konnte das Versäumnis noch ausgebügelt werden.

Asynchronität

Leider ist es nicht bei allen Kindern so einfach für die Eltern und die beteiligten Pädagoginnen, eine Entscheidung zu treffen.
Bei manchen Kindern läuft die Entwicklung in den verschiedenen Bereichen eben nicht synchron, sondern asynchron, also nicht gleichlaufend. Die einzelnen Entwicklungs-Bereiche unterscheiden sich in ihrem Entwicklungsstand ganz deutlich voneinander, sodass es durchaus vorkommen kann, dass ein Kind in der Intelligenz-Entwicklung bereits zwei Jahre Vorsprung vor der altersgleichen Norm hat – aber im sozial-integrativen Bereich einen Rückstand von ein bis zwei Jahren. Oft haben diese Kinder dann auch noch Probleme im psycho-emotionalen Bereich: Sie merken, dass mit ihnen etwas anders ist, wissen aber weder, was es ist, noch wie sie damit gefühlsmäßig zurechtkommen können. Manchmal durchschauen solche Kinder auch die Situation, in der sie sich befinden, können sie aber emotional nicht verarbeiten.

- Ein solches Kind ist **Christian** (vier Jahre alt). Seine Mutter berichtet:
  „Christian war eigentlich immer unproblematisch. Er konnte schon recht früh laufen und ist nie wie die anderen Kinder auf dem Boden herumgekrochen. Mit dem Sprechen ging es noch schneller.
  Problematisch wurde es, als wir in eine Spielgruppe für Kleinkinder gingen. Irgendwie wollten die anderen Kinder nicht mit ihm spielen. Die spielten aber auch ganz anders als Christian. Und wenn sie nicht Christians Spiele spielen wollten, hat er sie geschlagen. Das war ein ewiger Stress. Es dauerte auch gar nicht lange, da ließen mich die anderen Mütter deutlich spüren, dass ich mit meinem Sohn in der Gruppe unerwünscht war. Dabei war der Kontakt mit anderen Kindern für Christian so wichtig – er ist ja ein Einzelkind.

Als er dann in den Kindergarten kam, hatten wir dasselbe Problem. Keiner wollte mit ihm spielen. Und er schlug die anderen Kinder, wenn sie nicht mit ihm spielten. Es war ein ganz schönes Stück Arbeit, bis er gelernt hatte, dass er die anderen Kinder so nicht zum Spielen bringen konnte. Die Erzieherinnen sind dabei sehr konsequent vorgegangen. Nun versucht Christian, die anderen Kinder durch einen Wortschwall dazu zu bringen, mit ihm seine Spiele zu spielen. Aber die meisten sind zu seinen Spielen noch gar nicht in der Lage - und sie verstehen ihn auch nicht. Und so wollen sie eben nur ‚ihre' Spiele spielen.
Christian sitzt dann oft verzweifelt in der Ecke und hängt seinen Gedanken nach. Die Gruppenleiterin meint, dass sich bei Christian das Spielen ‚im Kopf abspielt'.
Leider hat Christian keine Freunde. Manchmal macht er was mit Jan. Der ist auch vier Jahre alt und kann schon lesen. Aber Freunde sind die beiden nicht. Und irgendwie braucht Christian auch gar keine anderen Kinder. In letzter Zeit will er nicht mehr in den Kindergarten. Das ist ein ständiger Kampf - jeden Morgen. Wenn er dann zu Hause bleiben darf, freut er sich sehr.
Die Erzieherinnen haben aber noch gar nicht bemerkt, dass Christian nur sehr ungern in den Kindergarten geht. Wahrscheinlich passt er sich mittlerweile so gut an, dass er kaum noch auffällt.
Vielleicht kann er ja früher in die Schule. Wenn er noch ein Jahr in den Kindergarten müsste - das wäre schlimm für uns, besonders aber für Christian."

Bei Christian verlief die Entwicklung in den einzelnen Bereichen asynchron. In der Intelligenzentwicklung ist er allen anderen weit voraus. Aber im sozial-interaktiven und psycho-emotionalen Bereich hat er Probleme. Wie konnte es dazu kommen? Was kann man jetzt noch tun? Was muss man jetzt tun?
Christians gesamte Entwicklung verlief rasant - zuerst sogar in allen Bereichen. Allerdings hatte er in seiner ersten Lebenszeit kaum Kontakte zu anderen Kindern seines Alters. Seine Kontaktpersonen waren die Eltern und die Großeltern. Er lernte, mit ihnen altersadäquat umzugehen, sodass wir durchaus von einer guten Begabung im sozial-interaktiven und psycho-emotionalen Bereich ausgehen können.
Wenn man in diesem Alter auch noch nicht von wirklichem sozialen Verhalten sprechen kann, so lernen die Kinder doch schon, wie sie die Erwachsenen zum Beispiel durch herzergreifendes Weinen oder strahlendes Lachen so beeinflussen können, dass

ihre elementaren Bedürfnisse nach Essen und Trinken und besonders nach liebevoller Zuwendung befriedigt werden.

Als Christian aber erstmals Kontakt mit gleichaltrigen Kindern in der Spielgruppe bekam, war das total neu für ihn. Die zwischenmenschlichen Regeln und Interaktionsstrukturen, die er mit seinen erwachsenen Kontaktpersonen so gut gelernt hatte, stimmten plötzlich nicht mehr. All die anderen kleinen Kinder um ihn herum verhielten sich ja – für ihn völlig überraschend – total anders, als er das von Mama, Papa, Oma und Opa her kannte. Sie hatten nicht das geringste Interesse daran, seine Bedürfnisse zu befriedigen – und waren auch sonst wie „Wesen von einem anderen Stern".

Natürlich ist ein so pfiffiges Kerlchen wie Christian schon sehr bald auf der Suche nach neuen Strategien im Umgang mit diesen kleinen Wesen, die doch so anders sind als seine Eltern und Großeltern.

Sicher hat Christian zuerst auf bereits im Umgang mit Erwachsenen gelernte Interaktionsstrukturen zurückgegriffen, diese dann modifiziert oder ähnliche entwickelt. Nur – all diese Versuche waren bei den Gleichaltrigen vermutlich recht erfolglos. Den Erwachsenen fielen diese Versuche nicht auf, weil Christian sich aus Erwachsenensicht normal verhielt. Deshalb wurden sie wohl auch nicht beobachtet, obwohl das sicher hochinteressant gewesen wäre.

Nun entwickelte Christian andere Strategien, die gesellschaftlich geächtet sind – was er natürlich nicht wusste: Er schlug die anderen Kinder, wenn sie nicht das taten, was er wollte.

Erst jetzt reagierten die Mütter – und Christian wurde samt seiner Mutter aus der Spielgruppe ausgeschlossen. Das Tragische daran ist, dass er nun nicht mehr die Möglichkeit hatte, ein angemessenes Verhalten im Umgang mit altersgleichen Kindern zu lernen – und das zu einem Zeitpunkt, an dem sich das „Zeitfenster" des sozialen Lernens gerade weit zu öffnen begann.

Christian stagniert in seiner sozialen Entwicklung. Deshalb bleibt er in diesem Bereich hinter den sich weiterentwickelnden anderen Kindern zurück. Dagegen macht seine kognitiv-sprachliche Intelligenz im weiteren Umgang mit Erwachsenen große Fortschritte.

Diese Stagnation im sozial-interaktiven Bereich wurde beim Eintritt in den Kindergarten deutlich. Christian fing da an, wo er in der Spielgruppe aufgehört hatte – nämlich mit dem Schlagen anderer Kinder.

Durch das konsequente Vorgehen der Erzieherinnen lernte er, dass Schlagen nicht geduldet wird. Und er erfuhr durch die Reaktionen der anderen Kinder, dass er mit Schlagen sein Ziel – dass die anderen nämlich mit ihm spielen – nicht erreichte.
Nun verlegte er sich auf den sprachlichen Bereich, in dem er ja sehr weit fortgeschritten ist. Wahrscheinlich benutzte er Argumente oder versuchte einfach zu überreden. Wieder geschah etwas für ihn vollkommen Unvorhersehbares. Weil seine sprachliche Entwicklung viel weiter fortgeschritten ist als die der anderen Kinder, traf er nie den „richtigen Ton" – die Kommunikationsebenen sind einfach zu verschieden. Erschwerend kommt hinzu, dass seine Spiele vornehmlich „Kopfspiele" sind, die bei den anderen Kindern nur selten Anklang finden.
Dass sich Christian mehr und mehr sozial isoliert, ist leicht nachvollziehbar. Er hat sich innerlich längst aus dem Kindergarten verabschiedet. Dabei legt er mittlerweile ein sozial angepasstes Verhalten an den Tag, sodass die Erzieherinnen das noch nicht einmal bemerken. Glücklich ist er nicht.
Es ist klar, dass bei einem Kind wie Christian keine sozialen Kompetenzen entwickelt werden. Die werden ihm ein Leben lang fehlen. Das soziale Defizit wird ihn auch im Erwachsenenalter noch sehr belasten – im privaten wie im beruflichen Bereich.

- Um zu retten, was noch zu retten war, konnte Christian dank seiner hohen kognitiven Kompetenzen vorzeitig eingeschult werden. Das hatte auch besonders positive Auswirkungen auf seine sozialen Kompetenzen. Nun trifft er auf Kinder, die bis zu zweieinhalb Jahre älter sind als er, mit denen er besser kommunizieren kann, die ihn besser verstehen und die er besser versteht. Langsam, aber stetig, kann er in diesem neuen Lebensumfeld seine sozialen Kompetenzen im Umgang mit Entwicklungsgleichen verbessern.

Wenden wir uns nun noch einem weiteren Fall zu, der unter besonders begabten Kindern immer wieder vorkommt.

- **Anna** (viereinhalb Jahre alt) lernte ich im Supermarkt kennen. Sie saß im Einkaufswagen ihrer Mutter und zeigte auf einen Buchstaben einer Packung. *„Was ist das für ein Buchstabe?"*, fragte sie. *„Aber den kennst du doch; das ist ein S"*, antwortete ihre Mutter. Ich wurde aufmerksam, weil die Mutter den Buchstaben lautierte.

Sie sagte also nicht *„es“*, sondern nur den Laut *„s“*. Anna schaute sich die Packung an und sagte nach einer Weile – nicht ohne Stolz: *„Apfelmus. Da ist Apfelmus drin!“*
Ich sprach die Mutter an und erfuhr, wie alt Anna war und was sie so alles machte und konnte. Ich erfuhr aber auch, was sie nicht konnte. Anna war körperlich für ihr Alter recht klein. Sie malte nicht gern, wobei sie die Malstifte etwas ungelenk hielt. Ihre Bilder gefielen ihr selbst gewöhnlich nicht. Immer war sie unzufrieden mit den Ergebnissen. Sie spielte lieber mit größeren Sachen und mit ihren Freundinnen, von denen sie sehr viele hatte. Sie war in ihrer Gruppe im Kindergarten sehr beliebt, war pfiffig und hatte immer eine Idee, was sie mit den anderen Kindern spielen könnte. Obwohl sie sehr klein war, nahm sie eine „Führungsposition“ in der Gruppe ein. *„Wo Anna ist, ist es nie langweilig“*, hatte die Mutter eines anderen Kindes der Gruppe gesagt.
Ich fragte Annas Mutter, ob sie sich schon einmal Gedanken darüber gemacht habe, Anna vorzeitig einzuschulen. Sie sagte, dass sie das bereits mit der Erzieherin besprochen habe – und die habe abgeraten.
Die Erzieherin meinte, Anna sei noch so klein und zart und sie sei den Anforderungen in der Schule körperlich wohl kaum gewachsen. Außerdem habe sie noch große Probleme in der Feinmotorik, was sicherlich auch Auswirkungen aufs Schreiben haben werde.
Und letztlich sei Anna im Kindergarten glücklich und zufrieden. Es sei sicherlich gut, wenn sie noch ein Jahr für ihre Entwicklung habe.

Bei Anna ist das Problem die körperliche Entwicklung. Auch wenn sie geistig, sozial und emotional ihren Spielgefährtinnen weit voraus ist, so ist sie ihnen doch körperlich nicht ebenbürtig – und das betrifft nicht nur die körperliche Größe und Kraft, sondern auch die (fein-)motorische Entwicklung.
Anna ist ein zufriedenes Kind, das sich seine geistige Nahrung selbst holt – und sie wird dabei von ihrer Mutter unterstützt. So wird ihre Lernfreude erhalten bleiben. Und sie wird wahrscheinlich bei der Einschulung so weit sein, dass sie schon bald an den Unterrichtsinhalten des zweiten Schuljahres wird mitarbeiten können.
Wie sieht es aber nun mit Annas Feinmotorik aus? Anscheinend ist sie ziemlich perfektionistisch. Und es ist ihr gar nicht recht, dass sie die Bilder, die in ihrem Kopf sind, nicht auch aufs Papier bringen kann. Da malt sie dann lieber überhaupt nicht.

Das hat aber nun wiederum zur Folge, dass durch diese Verweigerungshaltung keine weitere Schulung der Feinmotorik stattfindet.

Entwicklung braucht ihre Zeit – und „das Gras wächst nicht schneller, wenn man daran zieht“. Auch hier müssen sich zur optimalen Entfaltung die Anforderungen, denen sich das Kind stellt oder die an das Kind gestellt werden, der natürlichen Entwicklung des Nervensystems anpassen, das die Feinmotorik steuert.

Kinder üben im Spiel. Aufgabe der Eltern und Erzieherinnen ist es, für Anna Tätigkeiten zu finden, die ihr Freude bereiten und ihr motorisches (spielerisches) Üben ermöglichen. Wenn sich das Kind weigert, solche Übungen durchzuführen, halten wir einen gemäßigten Druck für vertretbar. Das hat ja zusätzlich den pädagogischen Wert, dass das Kind lernen muss, bestimmte Pflichten zu übernehmen, auch wenn sie ihm lästig sind. In der Schule wird es das auch müssen. Bei sehr ausgeprägten Defiziten im motorischen Bereich muss man natürlich auch an eine Ergo- oder SI-Therapie (Sensorische Integration) denken. Dazu ist eine ärztliche Untersuchung notwendig.

Manchmal sind die Entscheidungen, die Eltern zu treffen haben, wirklich nicht einfach. Das gilt besonders, wenn man eine Studie der Universität Essen „Bildungsforschung/Bildungsplanung“ betrachtet, nach der etwa 30 % der vorzeitig eingeschulten Kinder bis zum Abschluss der zehnten Jahrgangsstufe mindestens einmal sitzen geblieben sind. Bei regulär eingeschulten Kindern sind es „nur“ 18 %. Das bedeutet für die betroffenen vorzeitig eingeschulten Kinder, dass sie beim Verlassen der Schule nicht nur nicht jünger sind als die regulär eingeschulten, sondern dass sie außerdem die schmerzliche Erfahrung des persönlichen Scheiterns gemacht haben.

Die Frage ist: Hat eventuell die Schule an den Kindern versagt, indem sie sich nicht hinreichend auf diese besonderen Kinder eingestellt hat? Gibt es in der Schule besondere Förderkonzepte für Kinder, die sich durch eine besondere Begabung auszeichnen? Wäre es den begabten Kindern nicht eventuell noch schlechter ergangen, wenn sie nicht vorzeitig eingeschult worden wären? Sicher war zum Zeitpunkt dieser Studie, also 1996, das Bewusstsein für Hochbegabung noch nicht so geschärft wie heute. Aber ist es heute schon hinreichend vorhanden – und hat es in pädagogischen Konzepten seinen Niederschlag gefunden?

Empfehlung an die Eltern

Es reicht nicht aus, dass Ihr Kind schulfähig ist. Vielmehr stellt sich zusätzlich die Frage: Ist die Schule, in die Sie Ihr Kind eventuell vorzeitig einschulen möchten, auch „kindfähig" - speziell für Ihr Kind?

Lassen Sie sich das Schulprogramm der Schule geben und prüfen Sie, ob diese Schule darin ein Konzept zur Förderung von hochbegabten Kindern entwickelt hat - oder ob zumindest etwas darauf hindeutet, dass diese Kinder an dieser Schule eine entsprechende Förderung erfahren. Suchen Sie ein Gespräch mit der Schulleitung, in dem Sie genau dieses Problem ansprechen.

Wie gesagt: Manchmal sind die Entscheidungen, die Eltern zu treffen haben, wirklich nicht einfach. Eine weitere Entscheidungshilfe sollten Sie als Eltern, aber besonders als beratende Erzieherin, unbedingt nutzen - nämlich den Einschulungs-Parcours.

Auch ein Zeichen für Schulreife: Bild eines Sechsjährigen

Der Einschulungs-Parcours

Viele Grundschulen führen mit den Kindern, die im nächsten Schuljahr schulpflichtig werden, einen Einschulungs-Parcours durch. Dabei können die Lehrer die Kinder mit ihren Stärken und Schwächen kennenlernen und die Eltern beraten. Sie können Empfehlungen aussprechen und sich selbst auf die Kinder vorbereiten.
Sie als Eltern eines hochbegabten Kindes können diesen Einschulungs-Parcours als zusätzliche Entscheidungshilfe für eine eventuell angedachte vorzeitige Einschulung nutzen.
Weil Ihr Kind im nächsten Schuljahr noch nicht schulpflichtig wird, werden Sie wahrscheinlich auch nicht von der Schule zum Einschulungs-Parcours eingeladen. Deshalb müssen Sie selbst aktiv werden. Sprechen Sie mit den Erzieherinnen im Kindergarten darüber und nehmen Sie mit der Schule Kontakt auf. Bitten Sie die Schulleitung darum, auch Ihr Kind am Einschulungs-Parcours teilnehmen zu lassen. So bekommen Sie eine gezielte Rückmeldung und Beratung durch die Lehrer, ob sie Ihr Kind bereits für schulfähig halten oder nicht.
Zwar kann jede Schule ihren Einschulungs-Parcours selbst gestalten. Aber alle Kinder sollten für den Schulbesuch ziemlich genau definierte Fähigkeiten und Fertigkeiten haben. Deshalb können wir Ihnen ziemlich genau sagen, was höchstwahrscheinlich von Ihrem Kind erwartet wird.
Die folgenden Aufgaben sollten die Erzieherinnen im Kindergarten als pädagogische Fachkräfte mit den Kindern durchführen. Hierbei handelt es sich um eine nicht-standardisierte Einschätzungsskala, die bei der individuellen Einschätzung auf große und langjährige Erfahrung im Umgang mit vielen verschiedenen Kindern zurückgreift.
Da Eltern in der Regel über solche vielseitigen Erfahrungen nicht verfügen, bleibt ein möglicher „Selbsttest“ der Eltern mit ihrem Kind sehr im Subjektiven verankert. Die Aussagen dürften in der Regel sehr viel weniger zuverlässig sein, als wenn Erzieherinnen die Aufgaben mit dem Kind durchführen und beurteilen.
Wenn Sie als Eltern nun ein Ergebnis von den Erzieherinnen bekommen haben, können die unten aufgeführten Aufgaben dazu dienen, das zu üben, was Ihr Kind noch nicht so gut kann. So können Sie Ihr Kind ganz gezielt auf den Einschulungs-Parcours

und damit letztlich auch auf die Schule vorbereiten. Denken Sie beim Üben aber immer daran, dass das alles spielerisch und ohne Druck geschehen sollte.
Bei manchen Aufgaben werden Sie den Zusammenhang mit der Schule leicht erkennen. Bei anderen werden Sie sich vielleicht fragen, was das mit der Schule zu tun hat. Lassen Sie sich dadurch nicht verwirren. Den Lehrern - und den Erzieherinnen - geht es darum, in entwicklungspsychologisch relevanten Bereichen eine breit gefächerte „Auskunft" über Ihr Kind zu erhalten.
Zu den einzelnen Bereichen haben wir einige wenige, aber wichtige Aufgaben zusammengestellt. Sie können das für das jeweilige Kind Zutreffende ankreuzen:

Die Zeichen bedeuten:

- -	Die Aussage trifft auf das Kind überhaupt nicht zu
-	Die Aussage trifft auf das Kind eher nicht zu
o	Die Aussage trifft auf das Kind mehr oder weniger zu
+	Die Aussage trifft auf das Kind mit geringen Abstrichen zu
+ +	Die Aussage trifft auf das Kind voll zu

Feinmotorik

(Finger- und Handgeschicklichkeit; Koordination zwischen Augen und Händen)
Als Material brauchen Sie Papier, Stifte und eine Kinderschere. Falls das Kind Linkshänder ist, nehmen Sie eine Linkshänderschere.

Fähigkeiten und Fertigkeiten	--	-	o	+	++
Eine Malvorlage mit Buntstiften ausmalen, ohne über die Linien zu malen					
Zwischen zwei vorgegebenen geraden Linien (Abstand 0,5 cm) mit einem Stift eine dritte Linie malen, ohne die anderen zu berühren					
Auf einer vorgegebenen Wellenlinie diese nachzeichnen					
Stifthaltung: Gelingt der Pinzettengriff (Stift zwischen Zeigefinger, Mittelfinger und Daumen - wie beim Schreiben)?					
Ist der Maldruck angemessen oder zu stark/ zu schwach?					
Mit der Schere entlang einer geraden Linie schneiden					
Mit der Schere einen Kreis (Durchmesser 10 cm) ausschneiden					

Grobmotorik

(Wahrnehmung des Gleichgewichts; Koordination von Bewegungen)
Als Material brauchen Sie eine Kordel oder ein Seil.

Fähigkeiten und Fertigkeiten	**– –**	**–**	**o**	**+**	**++**
Einbeinstand rechts (10 bis 12 Sekunden)					
Einbeinstand links (10 bis 12 Sekunden)					
Balancieren über einen Balken (Bürgersteigkante, Teppichrand) ohne starke Ausgleichsbewegungen mit den Armen im Seiltänzergang					
Einbeinhüpfen: rechts auf der Stelle oder sich fortbewegend (7 bis 10 Hüpfer ohne abzusetzen)					
Einbeinhüpfen: links auf der Stelle oder sich fortbewegend (7 bis 10 Hüpfer ohne abzusetzen)					
Seitliches Überhüpfen eines am Boden liegenden Seiles (Teppichkante) mit beiden Beinen gleichzeitig (4 bis 5 Überhüpfer ohne abzusetzen)					
Scherenschritt über ein am Boden liegendes Seil (Teppichkante), der rechte Fuß setzt links vom Seil auf, der linke rechts vom Seil (4 bis 5 Scherenschritte)					
Auf Zehenspitzen gehen – möglichst hoch (8 bis 10 Schritte)					

Augenmotorik

(Augenmuskelkontrolle)
Als Material brauchen Sie einen Stift oder Ähnliches.

Fähigkeiten und Fertigkeiten	--	-	o	+	++
Gegenstand fixieren: Halten Sie dem Kind einen Buntstift o. Ä. im Abstand von ca. 50 cm vor die Augen. Es soll die Spitze des Stiftes anschauen, ohne davon abzuweichen. (Das Kind sollte das für ca. 10 Sekunden schaffen.)					
Gegenstand verfolgen: Führen Sie nun den Stift auf Bahnen (Kreise, Wellen usw.) vor den Augen des Kindes hin und her. Kann es dem mit den Augen folgen, ohne den Kopf zu bewegen?					

Phonologische Bewusstheit

(Erkennen der sprachlichen Lautstruktur)

Fähigkeiten und Fertigkeiten	--	-	o	+	++
Anlaute erkennen: *„Ohr beginnt mit …?“ oder „Was hörst du am Anfang von Mond?“* (Beginnen Sie mit Wörtern, die mit einem Vokal beginnen. Dann nehmen Sie Wörter, die mit einem Konsonanten beginnen.)					
Silben klatschen: *„Klatsche mal Au-to!“* (Beginnen Sie mit zweisilbigen Wörtern, dann dreisilbig usw. bis fünfsilbig, z. B. „Po-li-zei-au-to“.)					

Fähigkeiten und Fertigkeiten	– –	–	o	+	++
Laute zu einem Wort verbinden (Sprechen Sie Laute in der „Roboter-Sprache“ vor. Das Kind muss die Laute zu einem Wort verbinden, z. B. B-all, Ei-m-er, N-a-s-e. Das Kind sollte vier Laute verbinden können und das Wort erkennen.)					
Reimpaare entdecken (Sagen Sie dem Kind drei Wörter, von denen sich zwei reimen. Die muss es finden, z. B. „Hund, Auto, Mund“ oder „Hase, Nase, Mond“.)					

Kognition/Sprache

(Erfassen und Verständnis von Beziehungen und Zeitkonzept; Planen und Voraussehen von Konsequenzen; Verständnis des Prinzips von Ursache und Wirkung)
Als Material brauchen Sie einige Bildergeschichten mit drei bis sechs Bildern.

Fähigkeiten und Fertigkeiten	– –	–	o	+	++
Bildergeschichten: Legen Sie dem Kind Bildergeschichten in falscher Reihenfolge vor. Es muss die Bilder in die richtige Ordnung bringen und die dargestellte Geschichte erzählen können. (Fangen Sie mit einer Geschichte mit 3 Bildern an und steigern Sie bis auf Geschichten mit 5 bis 6 Bildern.)					

Mengen und Zahlen

(Erfassen von Mengen und Menge-Zahl-Zuordnung)
Als Material brauchen Sie 10 Perlen, Streichhölzer oder Ähnliches und einen Würfel.

Fähigkeiten und Fertigkeiten	– –	–	o	+	++
Mengenerfassung: *„Gib mir 5 Perlen."* usw. (Der Mengenbegriff des Kindes sollte wenigstens bei 6 liegen.)					
Simultane Mengenerfassung: Lassen Sie das Kind mit einem Würfel würfeln. Kann es die Anzahl der Augen – gleichsam mit einem Blick – erfassen, ohne sie vorher abzuzählen?					
Mengen abzählen: Sie legen Perlen vor das Kind. *„Wie viele Perlen sind das?"* (Der Mengenbegriff des Kindes sollte wenigstens bei 6 liegen.) Ordnungszahlen erkennen: Legen Sie 10 Perlen in einer Reihe vor das Kind und zeigen Sie auf die erste.) *„Das ist die erste Perle. Zeige mir die 4. Perle."* usw.					
Mehr-weniger-Relation: Legen Sie in zwei Felder verschieden viele Perlen und fragen Sie: *„Wo sind mehr/weniger Perlen?"*					
Menge-Zahl-Zuordnung: Schreiben Sie auf ein Blatt die Zahlen von 1 bis 6 untereinander und lassen Sie hinter jede Zahl die entsprechende Anzahl von Perlen legen.					
Menge-Zahl-Zuordnung: wie oben, aber schreiben Sie nun die Zahlen in beliebiger Folge.					

Auditives Kurzzeitgedächtnis

(Kurzzeitiges Speichern und Wiedergeben gehörter Laute)

Fähigkeiten und Fertigkeiten	– –	–	o	+	++
Klatschrhythmus nachklatschen: Klatschen Sie dem Kind einen Klatschrhythmus vor, z.B. klatsch (Pause) klatsch-klatsch. (Vier bis fünf Klatscher sollte das Kind nachklatschen können.) Telefonnummern nachsprechen: Sprechen					
Sie dem Kind eine Zahlenfolge vor, z.B. 4-2-7. (Vier bis fünf Ziffern sollte es nachsprechen können.)					
Zauberspruch nachsprechen: Sprechen Sie dem Kind einen (sinnlosen) Zauberspruch vor, z.B. ba-lu-wo. (Vier bis fünf Silben sollte es nachsprechen können.)					

Visuelles Kurzzeitgedächtnis

(Kurzzeitiges Speichern und Wiedergeben gesehener Reize)
Sie brauchen sechs Stäbchen, zum Beispiel Streichhölzer, Papier und einen Stift. Weiterhin benötigen Sie farbige Plättchen, die Sie auch selbst herstellen können, indem Sie farbige Pappe zerschneiden oder Papierstückchen farbig anmalen.

Fähigkeiten und Fertigkeiten	– –	–	o	+	++
Formen nachlegen: Malen Sie auf ein Blatt Formen (Dreieck, Viereck, Stern usw.), die sich mit 3 bis 6 Stäbchen nachlegen lassen. Zeigen Sie dem Kind eine dieser Figuren für etwa 5 Sekunden. Dann decken Sie die Figur ab. Das Kind soll die Figur dann mit Stäbchen nachlegen. (Fangen Sie mit leichten Figuren für 3 Stäbchen an und steigern Sie die Schwierigkeit bis auf 6 Stäbchen.)					
Farbplättchen: Legen Sie dem Kind (erst 3, dann bis zu 5) farbige Plättchen vor und decken Sie diese nach 5 Sekunden ab. Ihr Kind muss nun die Farben in der richtigen Reihenfolge benennen oder selbst mit anderen Plättchen der gleichen Farben nachlegen. (Dabei wird auch überprüft, ob das Kind die Farben kennt. Denken Sie daran, dass es Menschen gibt, die farbenblind sind, z.B. Rot-Grün-Blindheit.)					
Folgende Farben sollte das Kind kennen: Rot, Grün, Blau, Gelb, Braun, Schwarz, Weiß.)					

Körperschema

(Körperorientierung)
Als Material brauchen Sie Papier und Stifte.

Fähigkeiten und Fertigkeiten	– –	–	0	+	++
Mensch-Zeichnung: Das Kind malt einen Menschen, z. B. sich selbst, so genau wie möglich. (Die menschliche Gestalt sollte wenigstens 6 Teile zeigen, wobei Paariges, z. B. Augen, Ohren, Arme, nur einmal zählt.)					
Die wesentlichen Körperteile benennen (Kopf, Auge, Ohr, Hals, Bauch, Arm, Hand, Finger, Bein, Fuß)					

Taktile Wahrnehmung

(Wahrnehmung von Berührungen; Tastwahrnehmung)
Sie brauchen eventuell ein Blatt und einen Stift.

Fähigkeiten und Fertigkeiten	– –	–	0	+	++
Punkte lokalisieren (1): Das Kind legt beide Hände mit gespreizten Fingern auf den Tisch und schließt die Augen. Sie tippen nun leicht auf einen Finger/Daumen. Es soll zeigen, wo Sie es berührt haben.					
Punkte lokalisieren (2): Das Kind hat die Augen geschlossen und Sie berühren es irgendwo am Körper, Beinen oder Armen. Es soll zeigen, wo Sie es berührt haben.					

Hautzeichnungen erkennen: Das Kind hat die Augen geschlossen und Sie malen mit einem leicht spitzen Gegenstand eine Form in seine Handfläche (Kreis, Viereck, Welle, Kreuz oder Dreieck). Kann das Kind wahrnehmen, was Sie gemalt haben? Falls es die Namen der Figuren noch nicht kennt, legen Sie ihm ein Blatt vor, auf das Sie die Figuren gezeichnet haben. Das Kind soll dann die in die Handfläche gemalte Figur auf dem Blatt wiedererkennen und zeigen.					

Kinästhetische Wahrnehmung

(Wahrnehmung der Muskeln und der Bewegung)

Fähigkeiten und Fertigkeiten	– –	–	o	+	++
Finger-Nase-Versuch: Das Kind streckt die Arme seitlich aus. Kann es den Zeigefinger bei geschlossenen Augen zur Nase führen (rechts und links)?					
Zeigefinger-Kreisen: Das Kind streckt die Arme seitlich aus. Kann es mit einem Zeigefinger, erst rechts dann links, Kreise machen, ohne die Arme und Hände mitzubewegen?					
Daumen-Finger-Versuch: Kann das Kind mit allen Fingern nacheinander den Daumen berühren (rechts und links)?					

Wenn Sie, liebe Erzieherinnen, diese Übungen einmal spielerisch mit dem Kind durchgeführt haben, bekommen Sie selbst einen Eindruck davon, ob das Kind bereits „schulreif" ist. Sie können dann die Eltern entsprechend beraten. Wenn Sie noch in einzelnen Bereichen Mängel feststellen, üben Sie - und auch die Eltern - ruhig mit dem Kind. Wenn Sie dabei spielerische Wege ohne jeden Druck finden, wird es gern mitmachen. Jetzt können Sie, die Eltern, den Schritt zum Einschulungs-Parcours in der Schule mit Ihrem Kind wagen.
Neben den hier bereits aufgeführten Aufgaben wird man in der Schule vermutlich noch zwei weitere Bereiche in den Blick nehmen:

- Ihr Kind wird einer „Sprachstandsfeststellung" unterzogen. Dazu wird sich eine Lehrperson oder die Schulleiterin mit Ihrem Kind unterhalten, um festzustellen, ob es die deutsche Sprache beherrscht, d. h., ob es die deutsche Sprache versteht und sich selbst hinreichend verständlich ausdrücken kann. Das ist besonders für Kinder wichtig, deren Muttersprache nicht Deutsch ist. Falls Ihr Kind mit der deutschen Sprache noch Probleme hat, aber ansonsten alle Bedingungen zur Schulreife erfüllt, kann es bis zur Einschulung an einem Sprachförderkursus teilnehmen. Erkundigen Sie sich dazu beim zuständigen Schulleiter.
- Weiterhin können Sie davon ausgehen, dass Ihr Kind von den Lehrern auch im Hinblick auf seine sozialen Kompetenzen beobachtet wird. Wie das geschieht, können wir Ihnen hier nicht sagen. Auch das regelt jede Schule selbst. Mit Sicherheit wird das Verhalten Ihres Kindes im Zusammenspiel mit anderen Kindern - mindestens in einer Kleingruppe - beobachtet.

Weitere Hinweise:

Bei der Sprachstandsfeststellung - aber auch an weiteren Stationen des Einschulungs-Parcours - werden die Lehrkräfte auch auf eventuell vorhandene Lautfehlbildungen bei Ihrem Kind achten. Falls Sie als Eltern das bisher noch nicht getan haben, sollten Sie es jetzt nachholen. Dabei stellt sich die Frage, ob Ihr Kind in der Lage ist, alle Laute richtig auszusprechen. Vielfach beobachtet man bei Kindern Probleme bei der Aussprache von Zisch-Lauten (s, sch, st, sp) und bei der Aussprache des Buchstaben

K. Aber auch andere Laute können betroffen sein. Hinter Lautfehlbildungen verbirgt sich nicht immer ein therapiebedürftiges Krankheitsbild. In diesem frühen Alter kann auch lediglich eine mundmotorische Entwicklungsverzögerung vorliegen. Das sollten Sie aber auf jeden Fall durch Ihren Kinder- und Jugendarzt abklären lassen.

Falls Sie die Vermutung haben, dass Ihr Kind Probleme mit der akustischen und visuellen Wahrnehmung hat – dass es also schlecht hören oder sehen kann –, sollten Sie ebenfalls auf jeden Fall einen entsprechenden Arzt aufsuchen und das überprüfen lassen.

Besondere Hinweise bei asynchroner Entwicklung

Sie haben ja schon erfahren, dass die Entwicklung gerade bei hochbegabten Kindern gar nicht so selten asynchron verläuft. Zeigt das Kind also hervorragende Eigenschaften im kognitiven Bereich bei gleichzeitigen Mängeln in anderen Bereichen, zum Beispiel in der Motorik, dann gilt mehr denn je der Grundsatz: Bremsen Sie das Kind nicht aus – niemals!

Diesem Grundsatz sollten Sie sich verpflichten – Sie als Eltern und Sie als Erzieherinnen – und das ohne „Wenn und Aber".

Jedes Kind braucht „Futter" auf seinem Niveau – und zwar in allen Bereichen. Besonders gilt das aber für den kognitiven Bereich, in dem sich ein „Bremsen" längerfristig besonders negativ auswirkt – bis hin zum Underachievement.

Für die Praxis bedeutet das, dass ein hochbegabtes Kind vorzeitig eingeschult werden sollte, wenn es durch seine kognitiven Fähigkeiten dazu in der Lage ist. Es ist nicht zu rechtfertigen, ein Kind ein Jahr lang in seinen kognitiven Ansprüchen auszubremsen, nur weil es zum Beispiel aufgrund einer asynchronen Entwicklung feinmotorische Probleme hat. Welchen Nutzen hat es, wenn das Kind ein Jahr später zwar ohne feinmotorische Probleme eingeschult wird – aber dann auch ohne Lernfreude, Neugierde und Wissensdurst?

Dabei ist noch zu bedenken, dass die Asynchronität oft nur dadurch zustande kommt, dass das Kind im kognitiven Bereich besonders gut entwickelt ist, während die anderen Bereiche „normal" entwickelt sind. Natürlich kann es auch sein, dass das Kind in einem Bereich hinter der Altersnorm zurückbleibt. Dann ist nach ärztlicher Untersuchung und Verordnung eine Therapie angezeigt. Das ist aber auch kein Grund, das Kind im kognitiven Bereich auszubremsen.

Einschulung in die zweite Klasse

Es geschieht immer wieder, dass bei Kindern eine vorzeitige Einschulung versäumt wird oder erst gar nicht infrage kommt – und dass diese Kinder dann im letzten Kindergartenjahr einen riesigen Entwicklungsschub machen, lesen und rechnen lernen und sich im Kindergarten langweilen. In problematischen Fällen ist dann eine Einschulung in das laufende Schuljahr angezeigt und in Ausnahmefällen auch durchführbar – wie wir ja schon gesehen haben.
Ansonsten sollte zum normalen Einschulungstermin gleich eine Einschulung ins zweite Schuljahr in Erwägung gezogen werden. Dabei darf es aber nicht geschehen, dass die Kinder gleichsam ins „kalte Wasser" geworfen werden. Sondern dieser Prozess ist sinnvoll vorzubereiten und zu begleiten, damit er gelingt und das Kind nicht überfordert. Wie es gelingen kann, sehen Sie an folgendem Beispiel:

- **Florian** (fünf Jahre alt) ist noch nicht schulpflichtig, fällt aber im Kindergarten durch seine besondere Intelligenz und sein „schulisches" Können auf. Er kann bereits gut lesen und im Zahlenraum bis 20 rechnen. Eine Testung von Florian ergibt einen Intelligenzquotienten von 143.
  Den Eltern von Florian wird zu einer vorzeitigen Einschulung geraten. Nur – Florian selbst will es nicht. Er fühlt sich im Kindergarten wohl, hat dort seine Freunde und ist bei allen Kindern sehr beliebt.
  Im Dezember aber ist es dann so weit. Florian ist im Kindergarten doch nicht mehr ganz so zufrieden und liebäugelt mit der Schule.
  Die Eltern nehmen nun mit der zuständigen Grundschule Kontakt auf und stoßen bei der Schulleiterin auf großes Verständnis. Sie hat sich mit der Problematik von hochbegabten Kindern auseinandergesetzt und hat auch bereits entsprechende Erfahrungen.
  Jetzt wird mit allen Beteiligten ein flexibles Modell zur Einschulung in die zweite Klasse erarbeitet, das die Bedürfnisse von Florian berücksichtigt. So darf Florian zunächst in seiner späteren Klasse als „Gast" einmal pro Woche „hospitieren", um die Kinder im schulischen Umfeld kennenzulernen. Viele kennt er allerdings schon aus dem Kindergarten. Von der Lehrerin bekommt er dann auch verpflichtende Hausaufgaben. Die schafft Florian problemlos.

> Bei der Einschulung ist Florian fast auf dem Stand eines durchschnittlichen Zweitklässlers. Er meistert den Schritt der Einschulung in die zweite Klasse ohne größere Probleme. Beim Schreiben fehlt ihm noch die Übung, sodass seine Schrift noch etwas ungelenker ist als die der meisten anderen Kinder. Aber das holt er schnell auf.

Hier war es ganz wichtig, dass nicht die Mutter die Hausaufgaben aufgab. Denn das wird in der Regel von Kindern nicht akzeptiert. Wenn die Aufgaben von der Lehrerin als „Autoritätsperson" aufgegeben werden, dann machen die Kinder sie meist gern. Die Mutter wird vom Kind dabei allenfalls als „Erfüllungsgehilfin" akzeptiert. Meist wollen die Kinder ihre Hausaufgaben ganz allein schaffen – umso besser.

Kapitel 7: Das Wichtigste in Kürze

- Neben der Regeleinschulung gibt es auch eine vorzeitige Einschulung.
- Vorzeitig eingeschult werden können alle Kinder - es gibt nach unten keine Altersbeschränkung. Das Kind muss allerdings die für den Schulbesuch notwendigen körperlichen, geistigen und emotionalen Voraussetzungen mitbringen und auch in seinem Sozialverhalten ausreichend entwickelt sein.
- Beim Anmeldeverfahren zur Einschulung stellt die Schule fest, ob das Kind hinreichende Kenntnisse der deutschen Sprache besitzt. Gegebenenfalls muss das Kind einen vorschulischen Sprachförderkursus verpflichtend besuchen. Das ist besonders für hochbegabte Kinder wichtig, deren Muttersprache nicht Deutsch ist.
- Im Rahmen des Anmeldeverfahrens wird auch eine schulärztliche Untersuchung durch das Gesundheitsamt durchgeführt, bei der der allgemeine Entwicklungs- und Gesundheitszustand und die Leistungsfähigkeit der Sinnesorgane überprüft werden.
- Bei Kindern, die nicht vorzeitig eingeschult wurden und dann im letzten Kindergartenjahr einen großen Entwicklungsschub gemacht haben, ist auch eine Einschulung in die 2. Klasse möglich.
- Letztlich entscheidet über die (vorzeitige) Einschulung der Schulleiter, mit dem Sie bereits sehr frühzeitig in Kontakt treten sollten.

8

Hochbegabte in der Schule: Probleme, Förderkonzepte und Integrationsstrategien

In diesem Kapitel erfahren Sie,

- auf welche Konflikte Sie sich gegebenenfalls einstellen müssen
- was Sie tun können, um solche Konflikte zu vermeiden oder zu beheben
- warum Unterforderung für Ihr Kind negative Folgen haben kann
- woran Sie erkennen können, ob Ihr Kind in der Schule unterfordert ist
- welche Maßnahmen Sie zusammen mit der Schule ergreifen sollten
- wie man den Lernprozess für hochbegabte Schüler beschleunigen kann
- warum das Überspringen einer Klasse fast immer erfolgreich ist
- wie der Unterrichtsstoff angereichert werden kann
- wie Schüler ohne Lust am Lernen zu motivieren sind
- wie Lehrer mit Hochbegabten am besten umgehen

Den Blick schärfen – Hochbegabungen in der Schule erkennen

Kinder freuen sich, wenn sie in die Schule kommen. Sie sind voller Tatendrang und Lernfreude. *„Endlich bin ich ein Schulkind!“*
Leider läuft für hochbegabte Kinder in der Schule nicht immer alles so reibungslos, wie sich das die Kinder und deren Eltern wünschen. Plötzlich können Hürden auftreten, mit denen keiner gerechnet hat:

- Entweder werden hochbegabte Kinder nicht erkannt – und dann auch nicht gefördert.
- Oder hochbegabte Schüler werden zwar erkannt, aber nicht richtig gefördert. In beiden Fällen sind diese Kinder langfristig unterfordert. Das hat ganz erhebliche Folgen.
- Außerdem können verschiedene Ansichten, Vorkenntnisse und Erwartungen von Eltern, Lehrern und Schülern aufeinandertreffen – sodass Konflikte gleichsam vorprogrammiert sind.

Auf solche Hürden werden Sie in diesem Kapitel vorbereitet. Außerdem erhalten Sie Hilfen im Umgang damit. Bei schwerwiegenden Problemen ist es allerdings manchmal auch notwendig, außerschulische Hilfen von Experten in Anspruch zu nehmen. Zum Glück gibt es in der Begabtenpädagogik eine ganze Reihe von Fördermöglichkeiten, die den besonderen Bedürfnissen eines hochbegabten Schülers gerecht werden. Die Schule hat also viele Möglichkeiten, die Eltern und Lehrer kennen sollten. Wenn diese zur Anwendung kommen, kann die Schullaufbahn hochbegabter Kinder sehr zufriedenstellend, erfolgreich und glücklich verlaufen. Aber auch die Schule hat in Bezug auf die Förderung von Hochbegabten ihre Grenzen. Denn ihre Förderung bezieht sich natürlich auf die typischen schulspezifischen Bereiche. Nur hier dürfen Sie von der Schule einen entsprechenden Einsatz erwarten.
Wenn Ihr Sohn allerdings zum Beispiel ein „kleiner Mozart“ ist, dann ist die Schule wahrscheinlich überfordert. Hier ist eine außerschulische ergänzende Förderung

angebracht, für die in erster Linie Sie als Eltern verantwortlich sind. Gerechterweise können Sie hier von der Schule bestenfalls eine begleitende Unterstützung erwarten. Wenn nicht irgendwelche zusätzlichen Informationen – wie zum Beispiel ein Intelligenztest und -gutachten – vorliegen, ist es durchaus nicht immer ganz einfach, bei einem Schüler eine Hochbegabung zu erkennen. Das gilt ganz besonders für bestimmte Schülergruppen, die man als Lehrer leicht übersehen kann.

Der blinde Fleck: Hochbegabt und nicht erkannt

Sie als Lehrer sollten diesen Schülergruppen gegenüber besonders wachsam sein. Warum, das sehen Sie am Beispiel der Mädchen:
Von allen getesteten hochbegabten Kindern sind etwa 75 % bis 80 % Jungen. Das bedeutet nicht, dass es mehr hochbegabte Jungen als Mädchen gibt, sondern es hängt damit zusammen, dass Jungen im Allgemeinen auffälliger sind als Mädchen und daher

Es gibt – bei aller Hochbegabten-Diagnostik – bestimmte Gruppen von hochbegabten Schülern, die ein hohes Risiko aufweisen, nicht als Hochbegabte erkannt zu werden. Weil man bei ihnen keine Hochbegabung erwartet. In erster Linie sind das:

- Kinder von Ausländern, besonders von ausländischen Arbeitnehmern
- Kinder aus sozial niedrigen, besonders bildungsfernen Schichten
- Kinder von Eltern, die selbst Probleme haben, zum Beispiel Suchtprobleme
- Kinder, die in irgendeiner Weise behindert sind, zum Beispiel durch eine Körperbehinderung, eine Seh- oder Hörbehinderung usw.
- Kinder mit zusätzlichen Lern- oder Verhaltensschwierigkeiten, zum Beispiel ADS (Aufmerksamkeits-Defizit-Syndrom mit und ohne Hyperaktivität)
- Kinder mit zusätzlichen Lern- oder Entwicklungsschwierigkeiten, zum Beispiel LRS (Lese-Rechtschreib-Schwäche)
- Mädchen

eher getestet werden. Während sich hochbegabte Jungen mehr in den Vordergrund des Unterrichtsgeschehens drängen oder bei nicht adäquater Förderung eher meist sehr unangenehme Verhaltensauffälligkeiten zeigen, halten sich Mädchen mehr zurück.
Hochbegabte Mädchen möchten nicht auffallen – weder angenehm noch unangenehm. Sie möchten nicht etwas Besonderes sein. Ob man dieses Verhalten auf eine hohe soziale Kompetenz zurückführt oder auf eine falsch verstandene Bescheidenheit und Zurückhaltung, bleibt dahingestellt. Das ist auch für die Tatsache an sich unerheblich.
Auf jeden Fall werden die Erwachsenen – Lehrer und Eltern – auf die hochbegabten Jungen sehr viel schneller aufmerksam, während die hochbegabten Mädchen oft schlicht und einfach übersehen werden. Wenn Sie als Lehrer zwanzig hochbegabte Jungen in Ihrer Schule haben, dann können Sie davon ausgehen, dass da auch zwanzig hochbegabte Mädchen sind. Suchen Sie sie.

Merkmale für Hochbegabung in der Schule

Wie Sie bereits in Kapitel 2 erfahren haben, unterscheidet man zwischen Kern- und Rand-Merkmalen für eine Hochbegabung. Den Rand-Merkmalen wollen wir uns jetzt in Bezug auf das Lernen im schulischen Lebens- und Sozialfeld zuwenden, um Ihnen anhand einer Checkliste eine eigene Einschätzung zu ermöglichen.
Das Bundesministerium für Bildung und Forschung veröffentlichte eine Liste von Merkmalen, die zumindest in gewissen Grenzen auf eine hohe Begabung bei Schülern schließen lässt. Die Liste gliedert sich in drei Bereiche und überprüft damit Lernen und Denken, Arbeitshaltung und Interesse und das Sozialverhalten des Schülers.

In den folgenden Tabellen, die auf der Liste des Ministeriums basieren, können Sie ankreuzen, wie Sie Ihr Kind bzw. Ihren Schüler in den einzelnen Bereichen beurteilen.

Dabei haben die Zeichen folgende Bedeutungen:

– –	Die Aussage trifft überhaupt nicht zu.
–	Die Aussage trifft eher nicht zu.
o	Die Aussage trifft mehr oder weniger zu.
+	Die Aussage trifft mit geringen Abstrichen zu.
+ +	Die Aussage trifft voll zu.

Fähigkeiten und Fertigkeiten	– –	–	o	+	++
Der Schüler hat in einzelnen Bereichen ein sehr hohes Detailwissen.					
Der Wortschatz des Schülers ist für sein Alter ungewöhnlich groß.					
Die Sprache des Schülers ist ausdrucksvoll, ausgearbeitet und flüssig.					
Der Schüler kann sich Fakten schnell merken.					
Der Schüler durchschaut sehr genau Ursache-Wirkung-Beziehungen.					
Der Schüler sucht nach Gemeinsamkeiten und Unterschieden.					
Der Schüler erkennt bei schwierigen Aufgaben die zugrunde liegenden Prinzipien.					
Der Schüler kann leicht gültige Verallgemeinerungen herstellen.					
Der Schüler kann außergewöhnlich gut beobachten.					
Der Schüler liest sehr viel von sich aus und bevorzugt Bücher, die über seine Altersstufe deutlich hinausgehen.					
Der Schüler gibt in seinen Ausführungen zu erkennen, dass er kritisch, unabhängig und wertend denkt.					

Merkmale des Lernens und des Denkens

Fähigkeiten und Fertigkeiten	– –	–	o	+	++
Der Schüler geht in bestimmten Themen völlig auf.					
Der Schüler ist bemüht, Aufgaben stets vollständig zu lösen.					
Der Schüler ist bei Routine-Aufgaben leicht gelangweilt.					
Der Schüler strebt nach Perfektion.					
Der Schüler ist selbstkritisch.					
Der Schüler gibt sich mit seinem Arbeitstempo oder -ergebnis nicht schnell zufrieden.					
Der Schüler arbeitet gern unabhängig, um hinreichend Zeit für das Durchdenken eines Problems zu haben.					
Der Schüler setzt sich hohe Leistungsziele und löst (selbst) gestellte Aufgaben mit einem Minimum an Anleitung und Hilfe durch Erwachsene.					
Der Schüler interessiert sich für viele „Erwachsenen-Themen“ wie Religion, Philosophie, Politik, Umweltfragen, Sexualität, Gerechtigkeit in der Welt usw.					

Fähigkeiten und Fertigkeiten	– –	–	o	+	++
Der Schüler beschäftigt sich viel mit Begriffen wie Recht/Unrecht oder Gut/Böse – und ist bereit, sich gegen „Autoritäten" zu engagieren.					
Der Schüler geht nicht um jeden Preis mit der Mehrheit. Er ist individualistisch.					
Der Schüler akzeptiert keine Meinung von Autoritäten, ohne sie kritisch zu prüfen.					
Der Schüler kann gut Verantwortung übernehmen und erweist sich in Planung und Durchführung als zuverlässig.					
Der Schüler sucht seine Freunde bevorzugt unter Gleichbefähigten, häufig Älteren.					
Der Schüler neigt schnell dazu, über Situationen zu bestimmen.					
Der Schüler kann sich gut in andere einfühlen und ist daher für soziale Probleme aufgeschlossen.					

Arbeitshaltung und Interessen

Merkmale des sozialen Verhaltens

Beachten Sie die folgenden Auswertungs-Richtlinien:

Wenn Sie vornehmlich im positiven Bereich angekreuzt haben, ist es sehr wahrscheinlich (aber nicht sicher!), dass der Schüler hochbegabt ist und diese Begabung auch auslebt. Sonst hätten Sie die Begabung ja auch gar nicht erkennen können. Sie sollten bei Ihrer Auswertung aber auch immer das Alter des Kindes bzw. Jugendlichen berücksichtigen: Sind die angekreuzten Eigenschaften für dieses Alter überdurchschnittlich? Je älter der Jugendliche ist, den Sie bewerten, desto unsicherer ist die Aussage dieser Tabelle bezüglich einer Hochbegabung, weil sich viele der angeführten Kriterien mit zunehmendem Alter gleichsam von selbst entwickeln. Es gilt aber auch der Umkehrschluss: Bei jüngeren Kindern, bei denen die aufgeführten Kriterien zutreffen, kann viel eher von einer hohen Begabung ausgegangen werden.
Bedenken Sie außerdem, dass sich hohe Begabungen nicht immer in allen Bereichen zeigen müssen und können. Durch Ihre Bewertungen in den drei verschiedenen Merkmalsbereichen erhalten Sie ein Begabungsprofil des Kindes. Schüler, bei denen fast alle Abfragen im positiven Bereich liegen, sind eher die Ausnahme – auch wenn sich die Hochbegabung längst durch einen Test bestätigt hat.
Umgekehrt gilt nicht, dass keine Hochbegabung vorliegt, wenn Sie vornehmlich im negativen Bereich angekreuzt haben. Es ist nämlich durchaus möglich, dass der Schüler zwar hochbegabt ist, es sich aber nicht zeigt. Dafür kann es viele Gründe geben: So kann der Schüler zum Beispiel aufgrund seiner fehlenden Motivation und Arbeitshaltung einfach nicht in der Lage sein, seine Begabung auch in exzellente Leistung umzusetzen. Oder er entwickelt aufgrund seines sozialen Umfeldes einfach nicht die Interessen, die auf eine hohe Begabung schließen lassen.
Für Lehrer – aber auch für Eltern – gilt immer der Grundsatz: Jedes Kind braucht Förderung. Fördern Sie deshalb ruhig auch schon „auf Verdacht“.

Erfolgs-Intelligenz

Intelligenz ist zwar eine wichtige Voraussetzung für Erfolg in Schule und Gesellschaft – aber sie ist noch keine Erfolgsgarantie. Um Erfolg zu haben, bedarf es weiterer wichtiger Eigenschaften, die *Robert J. Sternberg* unter dem Begriff *„Erfolgs-Intelligenz“* zusammengefasst hat. Es geht nach Sternberg darum, *„Herz und Verstand so mit Kreativität zu paaren, dass daraus der entscheidende praktische Erfolg wird“*. Und in dieser wichtigen Frage geht es um Erfolg in der Schule – und um Erfolg im späteren Leben.
Für Sie als Eltern und Lehrer ist es dabei wichtig zu wissen, dass Erfolgs-Intelligenz nicht etwas ist, was man hat oder nicht. Erfolgs-Intelligenz ist – wenn auch in gewissen Grenzen – auf der Grundlage der vorhandenen Intelligenz entwickelbar. Das bedeutet, dass Kinder und Jugendliche lernen können, wie sie ihre Anlagen in praktischen Erfolg umsetzen können. Dazu brauchen sie die Hilfe ihrer Lehrer und Eltern – also Ihre Hilfe.
Die folgende Tabelle zur Erfolgs-Intelligenz ist also nicht einfach eine Liste „zum Abhaken“, sondern jeder einzelne Punkt ist mit einem Entwicklungs- und Lernanspruch an die pädagogisch arbeitenden Erwachsenen verbunden.
Jedes Kreuzchen, das Sie als Lehrer oder Eltern im Negativbereich machen, bedeutet für Sie die Aufgabe, dem Kind oder Jugendlichen gerade in diesem Bereich zu helfen, sich zu entwickeln und sich zu verbessern.
In dieser Tabelle zur Erfolgs-Intelligenz, die die 20 von Sternberg genannten Eigenschaften enthält, können Sie ankreuzen, wie Sie Ihr Kind bzw. Ihren Schüler beurteilen. Dabei haben die Zeichen folgende Bedeutungen:

– –	Die Aussage trifft überhaupt nicht zu.
–	Die Aussage trifft eher nicht zu.
o	Die Aussage trifft mehr oder weniger zu.
+	Die Aussage trifft mit geringen Abstrichen zu.
+ +	Die Aussage trifft voll zu.

Hinweis auf Erfolgs-Intelligenz

Der Schüler (die Schülerin) ...	--	-	o	+	++
... motiviert sich selbst					
... weiß, seine Fähigkeiten einzusetzen und das Beste daraus zu machen					
... glaubt an seine Fähigkeiten und schätzt sie realistisch ein					
... setzt seine Gedanken auch in Taten um					
... ist ergebnisorientiert					
... bringt seine Aufgaben zu Ende					
... ist initiativ					
... scheut weder Fehler noch Fehlschläge					
... schiebt nichts auf die lange Bank					
... akzeptiert Kritik, wenn sie berechtigt ist					
... lehnt Selbstmitleid ab					
... ist unabhängig					
... versucht, persönliche Schwierigkeiten selbst zu überwinden					
... kontrolliert seine Impulse					
... verfügt über Durchhaltevermögen					
... verliert seine Ziele nicht aus dem Auge und konzentriert sich auf sie					
... kann „den Wald und die Bäume sehen"					
... kennt den schmalen Grat zwischen Über- und Unterforderung					
... erwartet Belohnungen nicht sofort, sondern kann auf sie warten					
... denkt nicht nur analytisch, sondern gleichermaßen auch kreativ und praktisch					

Vielfach wird von den Schülern analytisches Denken gefordert. Dabei kommt kreatives und praktisches Denken oft zu kurz. Achten Sie als Lehrer bitte darauf, in allen Fächern auch kreatives und praktisches Denken zu fördern und zu fordern.

Intelligenztest? „Nein, danke!" – „Ja, bitte!"

Im schulischen Kontext geht es nie darum, einem Kind oder Jugendlichen den Stempel „hochbegabt" aufzudrücken – sei es nun im positiven oder im negativen Sinne. In der Schule geht es um die richtige Förderung jedes einzelnen Schülers.
Zu der Frage, ob aus schulischer Sicht ein Intelligenztest durchgeführt werden sollte, gibt es eine allgemeingültige Antwort: Immer dann, wenn es zur Klärung der Situation oder zur Findung einer Entscheidung hilfreich oder gar notwendig ist, sollten Sie bei Ihrem Kind einen Intelligenztest durchführen lassen.

Dazu einige Beispiele:

- **Carina** (sieben Jahre alt) besucht die zweite Klasse einer Grundschule. Sie ist mit weitem Abstand die beste Schülerin der Klasse – und zwar in allen wichtigen Fächern. Obwohl das Schuljahr gerade erst begonnen hat, kann sie bereits alle Einmaleins-Reihen vorwärts und rückwärts, sie schreibt kleine Geschichten fast fehlerfrei und kann schon Nomen, Adjektive und Verben sicher voneinander unterscheiden. Die Lehrerin hat den Eltern empfohlen, Carina eine Klasse überspringen zu lassen und ins dritte Schuljahr zu versetzen.

Intelligenztest? – *„Nein, danke!"* Bei Carina ist ein Intelligenztest sicher nicht nötig. Bei ihr kann der Versuch des Überspringens auch ohne die wissenschaftliche Bestätigung einer Hochbegabung gewagt werden.

- **Marc** (sieben Jahre alt) besucht die zweite Klasse einer Grundschule. Im ersten Schuljahr war er ein sehr guter Schüler, ist aber nun in seinen Leistungen sehr zurückgefallen. Er hat sich zum Klassenclown entwickelt, stört ständig und nachhaltig den Unterricht und hindert seine Klassenkameraden am Lernen. Sein Sozialverhalten wird immer auffallender und er wird zunehmend von den Mitschülern gemieden. Seine Schrift und seine Heftführung sind äußerst unsauber, seine Arbeitshaltung und Motivation gehen gegen null. Nur hin und wieder - bei ihn besonders interessierenden Themen - blitzt sein wahres Können auf. Dann ist er auch kurzfristig motiviert und arbeitet recht gut im Unterricht mit.

Intelligenztest? - *„Ja, bitte!“* Bei Marc sollte ein Intelligenztest durchgeführt werden. Die Wahrscheinlichkeit, dass er hochbegabt ist, ist groß. Das könnte durch einen Intelligenztest abgeklärt werden. Es kommt immer wieder vor, dass Kinder durch ständige Unterforderung ihre Lernfreude verlieren und sich in Arbeitshaltung und Verhalten sehr negativ entwickeln. Sie brauchen dann eine adäquate Förderung, um wieder ins Lot zu kommen. Vielleicht ist Marc ja so ein Fall.

- **Sabrina** (zwölf Jahre alt) besucht die sechste Klasse im Gymnasium. Sie ist eine gute Schülerin und bringt nur gute und sehr gute Noten mit nach Hause. Stets arbeitet sie in allen Fächern gewissenhaft und ordentlich. Sabrina ist für die Profil-Klasse, die im nächsten Jahr für diesen Jahrgang gebildet werden soll, vorgesehen. Die Eltern sind sich nicht sicher, ob Sabrina in diese Profil-Klasse wechseln soll - oder ob sie als gute Schülerin in der Regelklasse bleiben soll. Erbringt sie die guten Leistungen aufgrund ihrer Intelligenz? Ist sie eventuell hochbegabt - oder arbeitet sie durch ihre gute Arbeitshaltung schon jetzt „am Limit“?

Intelligenztest? - *„Ja, bitte!“* Bei Sabrina ist ein Intelligenztest sicher angezeigt und auch notwendig. Nur so kann entschieden werden, ob sie auch die erhöhten Ansprüche einer Profil-Klasse schaffen kann, ohne dort überfordert zu werden.
Sie sehen, liebe Eltern, dass Sie mit einem Intelligenztest nicht nur selbst eine Entscheidungshilfe - wenn sie denn notwendig ist - erhalten können. Ein Intelligenztest schützt Ihr Kind auch vor Unterforderung (wie bei Marc) oder vor Überforderung (wie eventuell bei Sabrina).
Mit einem Intelligenztest können Sie Ihrem Kind also eventuelle Enttäuschungen und Misserfolgs-Erlebnisse mit all ihren negativen Folgen für sein Selbstbild ersparen.

Diese Entscheidungshilfe sollten Sie, wenn irgend möglich, zum Wohle Ihres Kindes nutzen.
Beachten Sie also: Die einzige wissenschaftlich gesicherte Methode zur Feststellung einer Hochbegabung ist der Intelligenztest. Hier wird natürlich vorausgesetzt, dass die Schule und das Elternhaus auch die notwendigen Konsequenzen aus dem Testergebnis ziehen.

Das Wissen um die eigene Hochbegabung – Segen oder Belastung?

Die Frage, ob Eltern ihren Kindern sagen sollten, dass sie hochbegabt sind, kann nur individuell beantwortet werden. Eine Entscheidung in dieser Frage ist oft nicht leicht zu treffen.
Wenn es darum geht, Ihr Kind aufzubauen, ihm seine Möglichkeiten vor Augen zu führen und es zu motivieren, seine Anlagen tatsächlich zu entfalten, kann es durchaus sinnvoll sein, ihm seine Begabungen vor Augen zu führen. Ob Sie dabei den Begriff „Hochbegabung" verwenden, ist eine andere Frage.
Wenn Sie denken, dass sich Ihr Kind durch die Etikettierung „hochbegabt" unter Druck gesetzt fühlt, sollten Sie es auf keinen Fall mit dem Wissen um die eigene Hochbegabung belasten. Es wird diese Last langfristig nicht tragen können.
Sie als Eltern stehen hier also vor einer schwierigen Frage. Beraten Sie sich gegebenenfalls mit den Lehrern Ihres Kindes, die es ja auch gut kennen und Ihnen sicher wichtige Hinweise geben können.
Grundsätzlich empfehlen wir, Ihrem Kind gegenüber den Begriff „Hochbegabung" zu vermeiden, weil der im Lebensumfeld Ihres Kindes oft mit gewisser Skepsis und Voreingenommenheit betrachtet wird. Das könnte zu einer Ausgrenzung Ihres Kindes führen, die von Ihnen sicher nicht beabsichtigt ist.

besondere Beachtung fordert, sondern jedes einzelne Kind hat einen Anspruch auf individuelle Förderung. Hinzu kommt, dass auch hinter jedem anderen Kind Eltern stehen - mit ihren Vorstellungen und Ansprüchen.
Wenn Sie sich also einmal vorstellen, was ein Lehrer in einer Klasse mit 25 bis 35 Schülern zu leisten hat, um allen Kindern gerecht zu werden, dann können Sie vielleicht abschätzen, wie viel „Lehrer-Energie" für Ihr Kind bleibt. Dabei sollten Sie außerdem im Auge behalten, dass ein Lehrer nicht nur eine Klasse zu unterrichten hat. In Grundschulen, in denen aus pädagogischen Gründen sinnvollerweise das Klassenlehrer-Prinzip vorherrscht, sind diese Probleme meist etwas geringer. Aber an Gymnasien ist eine individuelle Förderung wegen des Fachlehrerprinzips doch sehr erschwert.

Es ist richtig: Ihr Kind ist wichtig. Aber auch die anderen Schüler sind wichtig. Auch deren Eltern stellen berechtigte Ansprüche. Und Lehrer sind in ihrer Arbeit auch nicht unendlich belastbar. Bedenken Sie das bei Ihren Ansprüchen und bei jedem Gespräch mit den Lehrern Ihres Kindes. Erwarten Sie nicht mehr, als Sie berechtigterweise erwarten können. Seien Sie aber bereit, den Lehrer zu unterstützen. So tun Sie selbst etwas für Ihr Kind - auch in Bezug auf den Unterricht. Ein Lehrer wird Ihre Unterstützung gern annehmen.
Konkret könnte das so aussehen: Wenn Ihr Kind zum Beispiel im Mathematik-Unterricht ständig unterfordert ist, könnten Sie als Eltern dem Lehrer zusätzliches Material an die Hand geben, das er Ihrem Kind als Pflichtaufgabe gibt und womit sich Ihr Kind im Unterricht und zu Hause beschäftigen muss, sobald es den Unterrichtsstoff der anderen Schüler beherrscht. Der Umweg über den Lehrer ist deshalb anzuraten, weil Kinder Aufgaben ihrer Eltern oft nicht wirklich ernst nehmen und nur als Angebot verstehen. Auch der Lehrer darf Ihrem Kind dieses zusätzliche Material nicht als „Angebot" zur Verfügung stellen, sondern als Pflichtaufgabe, die es bearbeiten muss - über den Lernstoff hinaus, den Ihr Kind bereits beherrscht. Günstig ist es auch, wenn in solche Maßnahmen noch einige andere Kinder mit einbezogen werden können.

Die Frage nach dem Schuldigen

Wenn bei Ihrem hochbegabten Kind während seiner gesamten Schulzeit keine Probleme auftauchen, gehören Sie zu den wenigen glücklichen Eltern mit einem solchen Kind. Leider ist es aber oft so, dass es irgendwann zu Problemen kommt – wie etwa Leistungsabfall durch Unterforderung mangels Lern- und Arbeitstechniken, Verhaltensauffälligkeiten, Depressionen oder was auch immer.

Sobald Probleme auftauchen, ist die Frage nach dem Schuldigen nicht weit – zum Beispiel:

- Wer ist an dem Problem schuld? (Natürlich der Lehrer)
- Wer muss das Problem beseitigen? (Natürlich der Lehrer)

Eine solche Fragestellung der Eltern führt zwangsläufig zu Konflikten zwischen Eltern und Lehrern, durch die das Problem weder zu lösen noch überhaupt konstruktiv anzugehen ist. Im Gegenteil: Zum bestehenden Problem wird ein weiteres hinzukommen – nämlich ein Beziehungsproblem zwischen Eltern und Lehrer. Beide Probleme werden sich gegenseitig verstärken und das Kind noch mehr belasten.

Eine konstruktive Vorgehensweise der Eltern sieht so aus:

- Was genau ist das Problem? (Problemanalyse)
- Wie konnte es dazu kommen? (Ursachenanalyse)
- **Was habe ich als Elternteil zur Entstehung des Problems beigetragen?** (Reflexion eigener Ursachen-Komponenten)
- Welche Anteile hat die Schule/der jeweilige Lehrer an der Entstehung des Problems? (Reflexion fremder Ursachen-Komponenten)
- **Was kann ich als Elternteil zur Behebung des Problems tun?** (Reflexion eigener Möglichkeiten)
- Was kann die Schule/der jeweilige Lehrer zur Behebung des Problems beitragen? (Reflexion fremder Möglichkeiten)

- Was kann mein Kind zur Behebung des Problems tun?
- Wer kann sonst noch bei der Behebung des Problems helfen? (Hier muss – je nach Schwere des Problems – an weitere professionelle Hilfe, zum Beispiel durch Psychologen, gedacht werden.)

Schauen Sie sich als Eltern besonders die dritte und die fünfte Frage ganz genau an.
Merke:

- Es gibt kein Problem in der Schule, an dessen Entstehung Sie als Elternteil nicht in irgendeiner Weise beteiligt sind.
- Es gibt kein Problem in der Schule, zu dessen Behebung Sie als Elternteil nichts beitragen können.

Wenn Sie sich mit diesen acht Fragen – genau in der vorgegebenen Reihenfolge – gewissenhaft auseinandergesetzt haben, sollten Sie das Gespräch mit den Lehrern Ihres Kindes suchen und dabei die eigenen Anteile klar und deutlich herausstellen.
Wollen Sie etwas für Ihr Kind erreichen, dann sollten Sie das Gespräch von vornherein nicht als Konfliktgespräch sehen. Streben Sie ein Beratungsgespräch an, in dem Sie sich zusammen mit dem Lehrer beraten – als gleichberechtigte Bildungs- und Erziehungspartner. Das bedeutet, dass Sie gemeinsam eine Problem- und Ursachenanalyse angehen, zusammen Lösungsmöglichkeiten suchen und entsprechende Absprachen zum weiteren Vorgehen treffen. Dabei sollte – möglichst schriftlich – festgehalten werden, wer welche Aufgaben übernimmt und wann ein weiteres Gespräch stattfinden soll.
Diese Vorgehensweise stellt eine (fast) konfliktfreie Problemlösungsstrategie dar, weil sie – ohne persönlichkeitsbelastende Anteile auf beiden Seiten – vornehmlich auf der Sachebene abläuft. Zum Wohle Ihres Kindes.

Konfliktpotenzial aufseiten der Schüler

Schüler – auch hochbegabte – reflektieren ihr Verhalten in der Regel weniger als Erwachsene. Viele Erwachsene erwarten von besonders begabten Kindern und Jugendlichen, dass sie sich auch in ihrem sozial-interaktiven Verhalten ihrer Intelligenzentwicklung entsprechend verhalten. Das ist ein Fehler – ein Fehler der Erwachsenen. Wir haben ja schon auf die mögliche Asynchronität in der Entwicklung hingewiesen. Hohe kognitive Intelligenz bedeutet eben nicht auch automatisch eine hohe soziale Kompetenz. Und so verhalten sich Schüler oft so, wie es Erwachsene eben nicht erwarten. Dass das zu Konflikten führen kann, ist klar.
Wenn Sie das als Eltern oder Lehrer bedenken und den jeweiligen Schülern in Gesprächen vor Augen führen, können Sie solche Konflikte leicht entschärfen. Oft sind nämlich gerade die Schüler mit einer besonderen Begabung durchaus in der Lage, über solche Dinge nachzudenken, sie zu verstehen und ihr Verhalten zu ändern. Sie kontrollieren nämlich dann ihr Verhalten gewissermaßen vom Kopf her – und nicht aus dem „Bauch", wie das die anderen Schüler gemeinhin tun.
Die Asynchronität ist aber nicht das einzige Konfliktpotenzial, das vom Schüler ausgeht. Hier sind die Punkte, die bei hochbegabten Schülern zu Konflikten führen können:

Fragen, Fragen, Fragen

„Ein Tor kann mehr Fragen stellen, als zehn Weise beantworten können", sagt der Volksmund. Wenn das aber schon ein „Tor" – also ein Dummkopf – kann: Um wie viel mehr kann dann ein intelligentes Kind einen Lehrer, der ja nicht immer und unbedingt ein Weiser sein muss, mit intelligenten Fragen an seine Grenzen bringen?
Wenn die Kinder in die Schule kommen, sind sie meist noch im Fragealter – aber manche Kinder kommen aus dem Fragealter auch als ältere Schüler nie so richtig raus.

- **Mirjam** (17 Jahre alt) ist Schülerin einer gymnasialen Oberstufe. Sie will immer noch alles ganz genau wissen. Das gilt für alle Bereiche und Fächer. Obwohl sie an Mathematik nicht besonders interessiert ist, gibt sie sich nicht – wie die meisten anderen Schüler ihrer Jahrgangsstufe – damit zufrieden, mathematische Algorithmen anwenden zu können, sondern sie will immer auch genau wissen, warum die funktionieren. Ständig fragt sie im Unterricht nach dem Warum. Da höhere Mathematik für die meisten Menschen nicht gerade einfach ist und weil auch nicht jeder Mathematiklehrer immer alle Beweise präsent hat oder mal gerade aus dem Ärmel schütteln kann, kommt es schon mal vor, dass ihr Mathematiklehrer nicht sofort alle ihre Fragen beantworten kann.

Dass Schüler unermüdlich nachfragen, so wie Mirjam das tut, bedeutet für Lehrer aber nicht nur eine Geduldsprobe. Manche Lehrer sehen darin auch eine „Gefahr“ für ihr Ansehen bezüglich ihrer Fachkompetenz – besonders dann, wenn sie nicht jede Frage auf Anhieb beantworten können. Mit dem Eingeständnis eines momentanen Nicht-Wissens können manche Lehrer nicht gut umgehen. Sie erleben dann die Fragen des Schülers als „persönlichen Angriff“ auf ihr Ansehen als Fachmann.
Grundschullehrer, die ja in der Regel viele Fächer unterrichten, können meist recht gut damit leben, wenn sie spezielle Fragen nicht auf Anhieb beantworten können. Das Eingeständnis eigenen Unwissens macht sie sogar den Schülern sympathisch. Und sie nutzen diese Unwissenheit zur Kompetenzerweiterung bei der Informationsbeschaffung für ihre Schüler – zum Beispiel so: *„Pascal, ich kann dir diese Frage jetzt nicht beantworten. Schau doch selbst mal im Lexikon oder im Internet nach, ob du da die Antwort findest. Wenn du sie gefunden hast, dann sag uns Bescheid. Das interessiert uns nämlich alle.“*
Solche Methoden müssen natürlich mit den Schülern eingeübt werden. Oft reicht es für den Anfang, wenn ein Schüler der Klasse bereits entsprechende Kompetenzen im Umgang mit dem Lexikon oder dem Computer hat. Er kann den anderen helfen, wobei die dann die entsprechenden Kompetenzen ebenfalls schnell erwerben.
Kein Mensch kann alles wissen – noch nicht einmal in seinem Fachgebiet. Und gerade die Fragen intelligenter Schüler können dermaßen speziell, präzise und knifflig sein, dass die Antwort nicht so leichtfällt.
Auf jeden Fall sollte der Lehrer nicht davon ausgehen, dass Schüler Fragen stellen, um ihn zu zermürben oder gar vor den anderen Schülern vorzuführen. Deshalb sollte er

die Fragen einfach ernst nehmen und offen sagen, dass auch er nicht alles weiß. Das gehört zur professionellen Souveränität. Wenn ihm allerdings die eigene Unwissenheit peinlich ist, dann gibt es sicher auch Schüler, die diese Schwäche ausnutzen wollen und werden – und schon ist der Konflikt da.

Kritik als Profilierungs-Instrument

„Wer viele Fragen stellt, bekommt auch viele Antworten." Auch diese Volksweisheit dürfte hinreichend bekannt sein.
Weil hochbegabte Kinder meist auch ein gutes bis hervorragendes Gedächtnis haben, speichern sie das Wissen, das sie als Antworten auf all ihre Fragen bekommen, in der Regel auch nachhaltig. Hinzu kommt das Wissen, das sie sich durch Lesen, Schauen von meist sach- und naturkundlichen Fernsehsendungen oder auf anderen Wegen erworben haben.
Hochbegabte Kinder sind meist vielseitig interessiert, haben aber darüber hinaus auch oft besondere Spezialinteressen – also Wissensgebiete, auf denen sie selbst bereits „Spezialisten" mit einem großen Detailwissen sind.
Kommen wir in diesem Zusammenhang zurück auf die Lehrer. Lehrer können nicht nur nicht alle Fragen beantworten, sondern sie machen auch hin und wieder Fehler. Ob diese Fehler auf Wissenslücken oder auf eine momentane Unaufmerksamkeit zurückzuführen sind, ist nebensächlich.

- **Max** (15 Jahre alt) ist Schüler der Klasse 10 einer Realschule. Max ist ein absoluter „Spätzünder" und „Durchstarter" – und das recht einseitig im Fach Mathematik. In den übrigen Fächern sind seine Leistungen durchschnittlich – bis auf Deutsch, das ihm wegen einer Lese-Rechtschreib-Schwäche (LRS) besonders schwerfällt. Im neunten Schuljahr hatte Max einen Mathematiklehrer, dem schon mal Fehler bei Rechnungen an der Tafel unterliefen. Die entdeckte Max sofort und korrigierte sie natürlich auch offen: *„Herr Jansen, Ihnen ist da ein kleiner Fehler unterlaufen."*
  Herr Jansen war nicht gerade erfreut, als das zum ersten Mal passierte, und reagierte auch dementsprechend. Das löste bei Max ein „Vorführverhalten" aus. Max kommentierte Fehler von Herrn Jansen mit leicht ironischem Unterton: *„Herr Jan-*

sen, ich glaube nicht, dass Sie so zu einem richtigen Ergebnis kommen werden." oder „*Herr Jansen, Mathematiker würden das aber etwas anders rechnen.*"
Es ist verständlich, dass Herr Jansen schon jedes Mal verunsichert war, wenn Max auch nur den Finger hob, um etwas zu sagen. Und so war er dann auch froh, dass er die Klasse im zehnten Schuljahr an einen Kollegen abgeben konnte, dessen Hobby ausgerechnet Mathematik war.
Natürlich unterliefen auch Herrn Kirchhoff, dem neuen Mathematiklehrer, Fehler. Aber das war weiter kein Problem – Max bekam sie nämlich nicht mit und hätte bei Herrn Kirchhoff sicher auch ganz anders reagiert.
Was war geschehen? Herr Kirchhoff hatte Max' mathematische Hochbegabung sehr schnell erkannt. Deshalb brachte er ihm einfach Lehrbriefe der Fern-Uni mit in die Schule. Max durfte (musste) in jeder Mathematikstunde daran arbeiten, was ihm einfach viel mehr Spaß machte als die mathematischen Anforderungen eines zehnten Schuljahres. Lediglich eine Stunde, bevor eine Klassenarbeit geschrieben wurde, musste er am Unterricht teilnehmen.
Es ist sicher eine absolute Ausnahme, dass ein Realschüler der Klasse 10 am Stoff des universitären Grundstudiums im Fach Mathematik arbeitet. Aber Max schaffte es. Er besuchte nach Abschluss der Realschule das Gymnasium, schaffte trotz seiner LRS das Abitur und ist heute promovierter Mathematiker an einer deutschen Universität.

An diesem Beispiel zeigt sich, wie unterschiedlich Lehrer auf hochbegabte Schüler reagieren.
Dass besonders begabte Schüler ihre Lehrer durch offene Kritik und Widerspruch herausfordern können, wird besonders dann keinen verwundern, wenn diese Schüler auch zusätzlich noch in der Pubertät sind, in der sie sich ja konfrontativ von Erwachsenen abheben müssen, um ihre eigene Identität zu finden.
Lehrer, die die besonderen Begabungen ihrer Schüler erkennen und adäquat mit Verständnis und fordernder Förderung darauf reagieren, tun nicht nur ihre Pflicht als Erziehungs- und Bildungsexperte, sondern sie gewinnen zusätzlich einen partnerschaftlichen „Freund", der es nicht mehr nötig hat, sich auf Kosten seines Lehrers vor der Klasse profilieren zu müssen.

Endlose Diskussionen und das letzte Wort

Viele hochbegabte Schüler hinterfragen alles und jedes sehr kritisch, bis sie sich selbst ein Urteil gebildet haben. Dabei erkennen sie gewöhnlich keine Autorität an, auch keine Lehrer-Autorität, der sie sich beugen. Sie lassen nur ein Kriterium gelten: ihre eigene Einsicht.
Nichts ungeprüft zu übernehmen, nur weil es diese oder jene „Autorität" gesagt und behauptet hat, ist eine Grundvoraussetzung für innovatives und wissenschaftliches Denken, das die Ketten unserer überkommenen Denkstrukturen sprengt und die Gesellschaft auf allen Gebieten weiterbringen kann.
Eigentlich müsste es Pflicht der Schule und aller Bildungseinrichtungen sein, genau diese Art des Denkens herauszufordern und zu fördern. Alle wirklich großen Denker haben sich dadurch ausgezeichnet, nicht angepasst die Denkstrukturen der vorherigen Generation zu übernehmen, sondern sie zu hinterfragen, um dadurch Neues zu entdecken und zu entwickeln (siehe Galileo Galilei: *„... und sie bewegt sich doch!"*).
In der Schule kann das nur durch den Dialog als grundlegendes und durchgängiges Unterrichtsprinzip geschehen. Ein solches dialogisches Verfahren muss natürlich bestimmten Regeln folgen und bestimmte Voraussetzungen erfüllen, damit gerade auch hochbegabte Schüler „damit leben" können. Sie wollen – und das ist ihr gutes Recht – ernst genommen werden. Das gilt für alle Kinder und Jugendlichen – unabhängig von Alter und Begabung.

Bei Gesprächen mit hochbegabten Schülern sollten Sie folgende Punkte berücksichtigen:

- Nehmen Sie die Kinder und Jugendlichen ernst und lassen Sie sie das auch spüren.
- Stellen Sie sich dem Gespräch und verweigern Sie es nicht.
- Begründen Sie Ihr Handeln und Ihre Anweisungen. Gerade hochbegabte Schüler suchen nach Gründen.
- Seien Sie ehrlich und authentisch.
- Aber: Verlangen Sie das gleiche Diskussionsverhalten auch von den Schülern.

Wenn diese Regeln im Dialog mit hochbegabten Schülern eingehalten werden, dann ist die Grundvoraussetzung für ein gelingendes Gespräch gelegt.
In der schulischen (und familiären) Wirklichkeit sieht das alles leider oft sehr viel anders aus. Wenn Erwachsene „mit ihrem Latein am Ende sind“ und einfach nicht mehr diskutieren möchten, dann sagen sie schon einmal: *„Dafür bist du noch zu jung. Das kannst du noch nicht verstehen.“* Sie können sicher sein: Das wird nicht akzeptiert - und von Hochbegabten schon gar nicht. Mit einem solchen Diskussionskiller kann man zwar das Gespräch beenden, aber beim Kind oder Jugendlichen erreicht man damit ein Gefühl der Abwertung, das mittelfristig zu einem Gesprächsklima führt, das längerfristig ein negatives Konfliktverhalten nach sich zieht. Der Erwachsene - sei es nun der Lehrer oder ein Elternteil - hat sich als Gesprächspartner disqualifiziert. Besser wäre es, die unangenehme Diskussion auf einen späteren Zeitpunkt zu verlegen und das mit dem Kind zu vereinbaren: *„Wir reden heute Abend noch einmal darüber.“*
Geht der Lehrer aber im Unterrichtsgeschehen ungebremst auf das Diskussionsbedürfnis des hochbegabten Schülers ein, dann kommt es zu endlosen Diskussionen, die Folgendes bewirken können:

- Der Lehrer hat seinen Unterricht nach seinen Vorgaben geplant und muss seinen Lehrplan erfüllen. Der lässt ihm einfach nicht genug Zeit für endlose Diskussionen mit einzelnen Schülern, selbst wenn er das möchte. Wenn er sich ein- oder zweimal auf eine längere Diskussion mit einem Schüler eingelassen hat, wird er doch früher oder später ungeduldig werden - mit Blick auf die Stoff-Fülle, die er zu vermitteln hat. Er wird sich dann entweder erst gar nicht mehr auf Diskussionen einlassen oder sie irgendwann abbrechen. Beides wird beim Schüler zu Irritationen führen.
- Während ein oder zwei Schüler eine lange Diskussion mit ihrem Lehrer führen, werden sich die Mitschüler ziemlich langweilen, weil sie entweder das Thema nicht interessiert oder aber weil die Diskussion auf einem Niveau stattfindet, dem sie nicht folgen können. Was diese Schüler dann machen, kann jeder abschätzen, der selbst einmal Schüler war: Sie suchen sich eine Nebenbeschäftigung, die schnell zu erheblicher Unruhe führen kann. Beendet der Lehrer dann die Diskussion, dann hat er es meist schwer, die übrigen Schüler wieder auf die Unterrichtsinhalte zu konzentrieren.

- Häufig gerät die Diskussion eines Schülers mit einem Lehrer zu einem Streitgespräch, in dem es nicht mehr um die Sache geht, sondern darum, wer am Ende recht behält. Wenn eine solche Diskussion gut geführt wird, ist sie meist auch für die Mitschüler interessant – aber eben nicht der Sache wegen, sondern der Personen wegen, die sich da mehr oder weniger argumentativ auseinandersetzen. Es geht dabei also um die Frage: *„Wer hat letztlich die Nase vorn? Wer hat das letzte Wort?"* Für die zuhörenden Schüler kann diese „Diskussion" hohen Unterhaltungswert haben. Dass ein solches Diskussionsscharmützel lediglich der Profilierung des Schülers (oder des Lehrers) dient und nicht in den Unterricht gehört, liegt auf der Hand. Kein Lehrer sollte sich auf so etwas einlassen.

Der Lehrer befindet sich also in einer Zwickmühle: Einerseits möchte er den ehrlichen Dialog mit dem hochbegabten Schüler führen, um ihn zu fördern – andererseits aber muss er auch den anderen Schülern gerecht werden und seine Lehrpläne erfüllen. Was kann der Lehrer tun? Das Zauberwort heißt „Metakommunikation". Das bedeutet: das „Gespräch über das Gespräch". Der Lehrer sollte also mit dem Schüler – unter vier Augen – über das gemeinsame Gesprächsverhalten sprechen. Er sollte ihm darlegen, welche Probleme er mit langen Diskussionen im Unterricht hat, dass er einen Lehrplan zu erfüllen hat, dass sich die anderen Schüler eventuell langweilen und Unsinn machen usw. Weiterhin sollte er mit dem hochbegabten Schüler Vereinbarungen treffen, die der mitgestalten und mittragen sollte. Wenn diese Vereinbarungen auch individuell erarbeitet werden müssen, so gelten doch einige generelle Hinweise:

- Wenn der Schüler ein Thema anschneidet, das zu einer längeren Diskussion führen könnte, dann darf der Lehrer ad hoc für sich entscheiden, ob das seines Erachtens zum Thema gehört und von allgemeinem Interesse für die übrigen Schüler ist. Falls er nicht dieser Meinung ist, findet die Diskussion jetzt nicht statt. Der Schüler verpflichtet sich, das vorerst zu akzeptieren.
- Wenn dem Schüler das Thema trotzdem sehr wichtig ist und er die Meinung des Lehrers nicht nachvollziehen kann, bittet er den Lehrer um einen Termin außerhalb des Unterrichts. Der Lehrer verpflichtet sich, dem nachzukommen.
- Wenn es zu einer längeren Diskussion im Unterricht zwischen dem Schüler und dem Lehrer kommt, sollte von vornherein eine Zeitbeschränkung festgelegt wer-

den. Wenn sich nach Ablauf dieser Zeit keine Lösung abzeichnet, sollte die Diskussion – auch ohne Ergebnis – beendet werden, wenn sie nicht mittlerweile zu einem belebenden Unterrichtsgespräch mit sachlichem Hintergrund geführt hat. Beide Gesprächspartner haben das – diskussionslos – zu akzeptieren. Sie können aber die Diskussion außerhalb des Unterrichts, nach Terminabsprache, weiterführen.

Hochbegabte Schüler sind gewöhnlich durchaus in der Lage, solche Regeln zusammen mit dem Lehrer zu entwickeln, sie einzusehen und sich dann auch daran zu halten.

Stören und Nebenbeschäftigung im Unterricht

Wie oft beklagen sich Lehrer über Schüler, die den Unterricht stören oder – was für die Lehrer etwas angenehmer ist – in aller Ruhe, Gelassenheit und unterrichtlicher Teilnahmslosigkeit einer Nebenbeschäftigung nachgehen. Man kann solche Schüler zur Ordnung rufen oder ermahnen, aufzupassen und sich aktiv am Unterricht zu beteiligen. Aber was soll das bringen – solange nicht nach den Ursachen für das unverwünschte Schülerverhalten geforscht wird?

Der Lehrer hat das Ziel, das Schülerverhalten zu verändern. Dafür muss er nach den Ursachen forschen und genau an ihnen ansetzen. Bei dieser Ursachenforschung fängt der Lehrer am besten bei sich selbst an. Denn sich und sein Verhalten kann er am ehesten selbst steuern. Aber es gibt meist nicht nur eine Ursache, sondern ein ganzes Ursachengeflecht. Deshalb brauchen Lehrer in solchen Fällen manchmal Hilfe von außen – von Eltern und/oder Psychologen.

Es gibt viele Vermutungen, die ein Lehrer über störendes Unterrichtsverhalten anstellen kann. Aber die Menschen sind so verschieden, dass die möglichen Ursachen auch nicht annähernd aufgezählt werden können.

Und doch können bei hochbegabten Schülern immer wieder bestimmte Ursachen beobachtet werden. Deshalb sollten Sie als Lehrer bei hochbegabten Schülern besonders auf folgende Aspekte achten:

- **Unterforderung.** Langfristige Unterforderung von hochbegabten Kindern ist ein Schlüsselproblem, das viele weitere Probleme nach sich zieht.
- **Desinteresse am Unterrichtsinhalt.** Hochbegabte Schüler haben sich oft schon früh auf bestimmte Themen und Arbeitsbereiche spezialisiert. Manchmal sind sie deshalb in ihrer Interessenlage dermaßen eingeschränkt, dass es ihnen schwerfällt, sich auf andere Gebiete und Problemstellungen einzulassen. Das gilt besonders dann, wenn diese unter ihrem Anspruchsniveau liegen und sie sich nicht herausgefordert fühlen. Wir haben es hier also mit einem Motivationsproblem zu tun.

Neben diesen bei Hochbegabten häufig vorkommenden Ursachen für unerwünschtes Schülerverhalten sollten immer noch zwei weitere mitbedacht werden, die ebenfalls in die Kategorie „erste Wahl“ fallen, aber nicht typisch für hochbegabte Schüler sind:

- Wunsch nach Aufmerksamkeit und Beachtung
- Überforderung

Jeder Mensch wünscht sich Aufmerksamkeit und Beachtung. Und er hat auch ein Anrecht darauf. Das ist weder abwegig noch krankhaft. Krankhaft werden kann dieser Wunsch allerdings in einer übersteigerten Form. Aber der übersteigerte Wunsch nach Beachtung kann sich nicht nur in unerwünschtem Schülerverhalten äußern, sondern durchaus auch in erwünschtem.

- **Lydia** (15 Jahre alt) war schon immer eine gute Schülerin. In der Grundschule hatte sie viele Freunde, ihre Lehrerinnen waren ganz begeistert von ihr – und brachten das auch ständig zum Ausdruck. Lydia war rundherum eine „Musterschülerin“. Das war auch den Eltern sehr wichtig.
  Als Lydia im zweiten Schuljahr war, machte die Klassenlehrerin den Vorschlag,

Lydia überspringen zu lassen. Nach anfänglichem Zögern stimmten die Eltern zu – sie waren sehr stolz auf ihre Tochter.
Da sie den Stoff eines ganzen Schuljahres nachholen musste, hatte Lydia zunächst nachmittags kaum noch Zeit, mit ihren Freundinnen zu spielen. Im Hauruck-Verfahren erlernte sie die Schreibschrift, das kleine Einmaleins und die wichtigsten Grammatikregeln.
Schon nach kurzer Zeit blieben die Kinder aus, die sie früher immer zum Spielen abgeholt hatten. Dafür schrieb Lydia aber bereits die erste Deutscharbeit in der neuen Klasse „sehr gut", die erste Mathematikarbeit war allerdings „nur" gut. Lydia fand in der neuen Klasse schnell Anschluss und neue Freundinnen. Auch hier war sie schon bald wieder sehr beliebt.
Dass Lydia nach der vierten Klasse aufs Gymnasium wechselte, war reine Formsache. Hier traf sie auf Schüler, die ebenfalls sehr gute Leistungen erbrachten, was ihren Ehrgeiz nur noch mehr anspornte. Und tatsächlich gelang es ihr, sich wieder nach oben abzusetzen, obwohl sie die Jüngste in ihrer Klasse war.
Ab der siebten Klasse wechselte sie in eine „Profil-Klasse". In diese Profil-Klasse kamen nur die besten Schüler aus den drei städtischen Gymnasien, die miteinander kooperierten.
Lydia ist nun 15 Jahre alt und immer noch eine sehr gute Schülerin. Ihre Lehrer sind mit ihr mehr als zufrieden. Trotzdem hat sich etwas Grundlegendes geändert. Sie hat keine Freunde mehr und ist bei ihren Klassenkameraden als „Streberin" verschrien. Keiner möchte etwas mit ihr zu tun haben – sie ist innerhalb und außerhalb der Schule sozial isoliert.
Ist Lydia deshalb unglücklich? Nein! Sie genügt sich selbst. Die Beachtung, die sie braucht, bekommt sie von ihren Eltern und Lehrern – wegen ihrer herausragenden Leistungen.

Lydia ist sicher ein Extremfall von anerzogenem Perfektionismus und Ehrgeiz, der krankhaft übersteigert ist. Welcher Lehrer tut es sich an, in einem solchen Fall den Eltern zu einer Psychotherapie zu raten – zumal diese auch die Eltern mit einbeziehen müsste?
So viel zum Konfliktpotenzial aufseiten der Schüler. Und wie steht es mit den Lehrern?

Konfliktpotenzial aufseiten der Lehrer

Die meisten Lehrer, die heute im Schuldienst tätig sind, haben sich in ihrem Studium nicht oder kaum mit hochbegabten Schülern und der für sie entwickelten Begabtenpädagogik befasst. Denn bis vor wenigen Jahren war die Förderung von hochbegabten Schülern einfach „kein Thema".
Eher das Gegenteil war der Fall: Der Lehrerblick wurde defizit-orientiert geschärft - sozusagen auf Fehler und Leistungsdefizite programmiert. Schüler mit Lernproblemen wurden sofort erkannt, und entsprechende Maßnahmen wurden eingeleitet - meist selektive Maßnahmen zur Aussonderung von Schülern, die dann die Sonderschule besuchen mussten. In den sogenannten Förderunterricht in der Grundschule wurden nur die schwachen Schüler bestellt. Um gut und hochbegabte Schüler kümmerte sich fast niemand. Das hat sich zum Glück inzwischen ziemlich geändert. In der Lehrerfortbildung werden immer mehr Fortbildungs-Seminare zum Thema „Begabtenförderung" angeboten. Die Zahl der teilnehmenden Lehrkräfte ist allerdings immer noch vergleichsweise gering.

Im Prinzip kann man in Bezug auf Begabtenpädagogik drei Gruppen von Lehrkräften unterscheiden:

- Da sind einmal die Lehrer, die sich noch nie ernsthaft mit der Problematik von hochbegabten Schülern befasst haben und im Unterricht keine (wissenschaftlich fundierten) Anstalten machen, auf diese Kinder einzugehen. Nicht selten kann man bei diesen Lehrkräften sogar ein abweisendes Verhalten gegen das Phänomen „Hochbegabung" beobachten. Der Umgang mit hochbegabten Schülern ist von Unwissenheit und Vorurteilen geprägt - sehr zum Schaden aller Beteiligten, besonders aber zum Schaden der Schüler.
- Dann gibt es Lehrer, die nicht nur wissen, dass es hochbegabte Schüler gibt, sondern die auch wissen, dass diese Schüler Probleme haben können - und dadurch natürlich auch Probleme machen können. Diese Lehrer haben schon einmal etwas über diese Thematik gelesen. Sie sind lernbereit und auch bereit, sich auf die hochbegabten-spezifische Problematik

einzulassen. Wenn Eltern daran liegt, dass die Lehrer ihres Kindes sich der Hochbegabtenproblematik annehmen, sollten sie ihnen nicht selbst irgendwelche Vorträge halten, sondern Literatur von Experten – wie eben dieses Buch – an die Hand geben. Gerade der hier angesprochene Lehrerkreis ist in der Regel für so eine Unterstützung dankbar.

- Ein leider noch sehr kleiner Lehrerkreis hat sich bereits durch Fortbildung und Eigenstudium intensiv mit der Begabtenproblematik befasst und besucht regelmäßig Seminare und Kongresse zur Weiterbildung und zum fachlichen Austausch. Diese Lehrer verfügen in der Regel über fundiertes Wissen – meist auf dem neuesten Stand der Wissenschaft – und setzen ihr Wissen auch praktisch im Schulalltag um. Sie haben erkannt, dass die intensive Förderung von hochbegabten Schülern nicht nur eine persönliche pädagogische Aufgabe ist, sondern eine gesellschaftliche Verpflichtung – eine sinnvolle Investition in die Zukunft.

Denn: *„Die Zukunft liegt in den Köpfen unserer Kinder.“*

Wir gehen nun auf mögliche Konfliktbereiche ein, die von Lehrern ausgehen können.

Falsche Vorstellungen von Hochbegabung

„Für uns ist hochbegabt, wer exzellente schulische Leistungen erbringt.“ Bei dieser Vorstellung von Hochbegabung machen sich die Lehrer selbst überflüssig. Denn solche Schüler lernen ja wohl von ganz allein.

Dass eine solche Vorstellung von Hochbegabung ziemlich neben der Realität liegt, davon können viele Eltern, die mit ihren hochbegabten Kindern schmerzliche Erfahrungen in der Schule gemacht haben, nur allzu oft berichten.

Denn das, was in Kindern und Jugendlichen an Begabung steckt, ist leider nicht immer identisch mit dem, was an Leistung herauskommt.

Und genau hier setzt die Pädagogik an. Es ist eine originäre Aufgabe von Pädagogik und damit jedes einzelnen Pädagogen, das Potenzial, das in den Köpfen der Kinder

steckt, nach Kräften zur vollen Entfaltung zu bringen. Und das bezieht sich nicht nur auf den intellektuell-kognitiven Bereich, sondern gleichermaßen auf den psycho-emotionalen, den sozial-integrativen, den musisch-ästhetischen und den motorischen Bereich – um nur einige wichtige zu nennen.
Der Lehrer hat als Lernbegleiter des Schülers die Aufgabe, die hohe Begabung des Schülers zur Entfaltung zu bringen

Ignorieren, Blockieren und Etikettieren von hochbegabten Schülern

Manche Lehrer ignorieren hochbegabte Schüler einfach. Weil sie mit dem hochbegabten Schüler etwas Störendes oder gar „Unheimliches" verbinden. Wir erinnern uns an den 15-jährigen Max, unser Mathematik-Genie aus der Realschule, und seine beiden unterschiedlich reagierenden Lehrer.
Aber es gibt auch andere Gründe, die einen Lehrer dazu veranlassen können, einen hochbegabten Schüler einfach zu ignorieren.

- **Stephan** (16 Jahre alt) hat in der Grundschule eine Klasse übersprungen und ist problemlos aufs Gymnasium gewechselt. Ab der sechsten Klasse hatte er dann einen „Durchhänger", schaffte zwar immer das Klassenziel, erbrachte allerdings nur mittelmäßige Leistungen.
  Mit 15 Jahren sah Stephan eine Fernsehsendung über den griechischen Philosophen Sokrates – und es tat sich ihm eine neue Welt auf. Er kniete sich in die Geschichte der Philosophie und befasste sich mit philosophischen Problemen und Fragestellungen. Er verschlang ein Buch nach dem anderen.
  Zuerst bemerkten die Lehrer eine Veränderung im sprachlichen Bereich. Sein Sprachgefühl verbesserte sich enorm. Aber auch sein analytisches, kreatives und praktisches Denken machte einen Entwicklungssprung. Innerhalb eines Jahres war er mit ziemlichem Abstand der beste Schüler seiner Jahrgangsstufe – fast in allen Fächern.
  Sein Klassenlehrer liebte zur allgemeinen Begeisterung seiner Schüler den problemorientierten Unterricht und bereitete jede Stunde exakt vor: Problemstellung – Einzel-, Partner- oder Gruppenarbeit – Zusammentragen und Diskutieren der

> Ergebnisse – Festhalten der Problemlösung. Die Schüler mochten diese für sie interessante Vorgehensweise im Unterricht. Bisher hatte das auch immer sehr gut geklappt.
> Nur in letzter Zeit funkte Stephan immer dazwischen. Kaum war das Problem gestellt, hob Stephan den Finger – und die Lösung lag auf dem Tisch.

Es ist verständlich, dass ein Lehrer, der seinen gut strukturierten Unterricht plötzlich nicht mehr durchführen konnte, davon erst einmal nicht begeistert war. Wie sollte er darauf reagieren?
Für den Lehrer war die Sache klar: Er ignorierte Stephan einfach. Wenn er sich meldete, nahm er ihn nicht dran und verbot ihm, auch nur ein einziges Wort zu sagen. Bei Partner- oder Gruppenarbeit durfte Stephan nicht mehr mitmachen, weil er den anderen Schülern ja die Lösung vorwegnahm. Stephan war seit dieser Zeit zur Einzelarbeit „verurteilt".
Dass Stephan abschaltete, sich am Unterricht nicht mehr beteiligte und einer anderen Beschäftigung nachging, war die natürliche Folge.
Was hätte dieser Lehrer anders machen können? Er hätte beispielsweise die Problemstellung differenzieren können, indem er Stephan und anderen gut begabten Schülern ein „verschärftes" Problem zur Bearbeitung aufgegeben hätte. Aber das tat er nicht: Der Störenfried, der seinen ganzen Unterrichtsplan durcheinanderbrachte, wurde einfach ignoriert und damit blockiert.
Ist das alles für den hochbegabten Schüler schon schlimm genug, so gehen manche Lehrer in ihrer Ablehnung noch einen Schritt weiter: Sie kleben dem hochbegabten Schüler gleichsam ein Etikett auf, indem sie ihn vor den anderen Schülern vorführen und lächerlich machen.
Es fallen dann manchmal entwürdigende Äußerungen wie: *„Das weiß wohl nur unser Hochbegabter!"* Diese Äußerung tut der Lehrer natürlich nur dann, wenn er sich ziemlich sicher sein kann, dass der hochbegabte Schüler die Antwort nicht weiß. Dann setzt er noch einen drauf: *„Wie, das weißt du nicht? Ich dachte, du bist hochbegabt!"* Schüler können sich in der Regel gegen ein solches Vorgehen der Lehrer nicht wehren – jedenfalls nicht, ohne sich auf ein ähnlich niedriges Kommunikationsniveau zu begeben.
Zum Glück kommt ein solches Lehrerverhalten nur sehr selten vor. Wenn es aber auftritt, braucht der hochbegabte Schüler dringend die Hilfe seiner Eltern, die – nach

einem Gespräch mit dem Lehrer – gegebenenfalls dessen Vorgesetzten darüber informieren und ihn um Unterstützung bitten sollten.

Kreativität – „Nein, danke!"

Während das Denken von Kindern noch sehr offen ist, denken Erwachsene meist in erlernten und festgelegten Strukturen. Das hat zur Folge, dass Erwachsenen oft nichts Neues mehr einfällt. Die meisten wirklichen Genies erbrachten ihre erstaunlichen Leistungen, neuen Gedanken, Entdeckungen und Erfindungen in jungen Jahren. Lehrer sollten den größten Wert darauf legen, dass die Schüler nicht überkommene Denkstrukturen übernehmen und sich dadurch dem Denken der Erwachsenen anpassen, sondern eigenständig kreativ denken.

- Eigentlich ist **Renata** (zwölf Jahre alt) nicht direkt hochbegabt, wohl aber gut begabt. Sie hat nie eine Klasse übersprungen, ist aber eine Schülerin im oberen Mittelfeld der sechsten Klasse eines Gymnasiums. Hin und wieder gelingen ihr überraschende Leistungen.
  Sie kommt nach Hause und erzählt von ihrer Mathematikarbeit, die sie gerade geschrieben hat. Besonders die erste Aufgabe hat es ihr angetan. Stolz berichtet sie, wie sie sie gelöst hat – und das zum besonderen Erstaunen ihres Vaters. *„Ich hätte das total anders gemacht", meint er. „Aber deine Lösung ist einfach genial ungewöhnlich – und richtig!"* Als Renata nach zwei Wochen die Arbeit zurückbekommt, steht in roter Schrift neben der Aufgabe: *„Verstehe ich nicht! – 0 Punkte!"* Renata ist sehr enttäuscht.

Die Aufgabe:
Eine Baufirma soll auf einem Grundstück einen Aushub für den Keller vornehmen. Die Maße des auszuhebenden Loches sollen 145 m^3 betragen. Zur Baustelle wird ein Bagger geschickt, der mit jeder Schaufel im Durchschnitt etwa 200 cm^3 ausheben kann.

Wie viele Schaufeln sind für den Aushub nötig?

Renatas Rechenweg:

100 =	500
40 =	200
5 =	25
	725

Der erwünschte Weg (schriftliche Division):

145000 : 200 = 725
1400
 500
 400
 1000
 1000
 0

Hier sollte das Dividieren gelernt werden. Kreativität und eigene Problemlösungsstrategien waren nicht gefragt. Natürlich ist es manchmal für die Lehrer schwierig, die Gedankengänge von Schülern nachzuvollziehen. Aber sie könnten die Schüler danach fragen.

Mehrbelastung – „Nein, danke!"

Will ein Lehrer hochbegabte Schüler individuell fördern, dann muss er differenziert unterrichten. Das bedeutet, dass er sich für seinen Unterricht nicht nur einmal normal vorbereiten muss, sondern er muss sich für jede Unterrichtsstunde zusätzlich überlegen, wie er die hochbegabten Schüler speziell fordern – und damit fördern kann. Differenzierung bedeutet für den Lehrer also immer eine zusätzliche Mehrbelastung durch Mehrarbeit. Wenn ein Lehrer diese Mehrarbeit ablehnt, schadet das den hochbegabten Kindern.

Konflikte vermeiden – Konflikte beheben

Sie als Eltern, Lehrer und Schüler wissen nun, zu welchen Konflikten es in der Schule kommen kann, wenn hochbegabte Kinder oder Jugendliche „im Spiel sind".
Deshalb sollten Sie als Eltern eines hochbegabten Kindes mit den Lehrern ins Gespräch kommen, bevor es zu konfliktträchtigen Problemen kommt – und spätestens, bevor aus Problemen Konflikte werden.
Am besten ist es, wenn Sie die zukünftigen Lehrer auf Ihr Kind vorbereiten. Dabei hat es sich in der Praxis nicht bewährt zu sagen, Ihr Kind sei hochbegabt. Manche Lehrer reagieren auf solche Äußerungen „allergisch" und stellen Sie als Eltern dann sofort in eine bestimmte Ecke: *„Schon wieder so eine Mutter, die sich einbildet, ein hochbegabtes Kind zu haben. Das kann ja noch heiter werden!"*
Schildern Sie einfach, wie Ihr Kind ist – aber vermeiden Sie auf jeden Fall den Begriff „hochbegabt", deuten Sie ihn nicht einmal an. Und hüten Sie sich davor, die Leistungen Ihres Kindes allzu sehr „in gleißendem Licht erstrahlen" zu lassen. Das kann beim Lehrer nur zu einer Vollkommenheitsvorstellung von Ihrem Kind führen, die Ihr Kind niemals erfüllen kann. Damit hätten Sie Konflikte im Vorfeld nicht vermieden, sondern geradezu geschürt.
Wenn Sie mit dem zukünftigen Lehrer über Ihr Kind reden, dann besprechen Sie nicht mehr als vier Eigenschaften, die Sie für besonders wichtig halten – besser weniger. Denn mehr als vier Eigenschaften wird sich der Lehrer vorerst nicht merken können – er kennt ja Ihr Kind noch gar nicht. Mindestens eine der genannten Eigenschaften muss die „Unvollkommenheit" Ihres Kindes widerspiegeln, damit der Lehrer weiß, dass er gebraucht wird und dass Ihr Kind seine Hilfe benötigt.

Sehen wir uns ein Beispiel an:

- Die Mutter des fünfjährigen **Alex** kommt vor der Einschulung in die Schule und sucht ein Gespräch mit der zukünftigen Klassenlehrerin.

So ist es falsch:

- *„Also, Frau Meier. Unser Alex ist ein großartiges Kind. Sie müssen nämlich wissen: Er ist hochbegabt! Er hat einen IQ von 139. Ist das nicht überragend? Manchmal nennen wir ihn ‚unseren kleinen Einstein' – spaßeshalber, versteht sich. Nun gut, er kann immerhin* *schon fast perfekt lesen, rechnet schon bis 100 und … Also, ich könnte dranbleiben, wenn ich alles aufzählen wollte, was er schon kann. Aber im Kindergarten war er immer schon der Beste, auch in …"*

Armer Alex, kann man da nur sagen. Wenn die Mutter etwas falsch machen wollte, dann ist ihr das gründlich gelungen. Alex wird keinen guten Start in seinen neuen Lebensabschnitt haben, wenn er nicht auf eine besonders verständnisvolle Lehrerin trifft.

So ist es viel besser:

- *„Guten Tag, Frau Meier. Unser Sohn Alex ist vielleicht nicht ganz unproblematisch. Einerseits beschäftigt er sich zum Beispiel schon länger mit Buchstaben und kann auch schon etwas lesen, andererseits hat er aber noch große Schwierigkeiten, die Buchstaben zu schreiben. Er wollte das übrigens von sich aus. Wir, mein Mann und ich, sind da etwas zurückhaltend, weil wir nicht wissen, ob wir da alles richtig machen können - wir sind schließlich keine Pädagogen.*
  Wir waren mit Alex auch mal bei einem Psychologen, der ein Gutachten erstellt hat. Ich habe Ihnen das mal kopiert. Es wäre nett, wenn Sie es sich einmal anschauen könnten. Wenn Sie meinen, können Sie es ruhig in die Schülerakte von Alex einheften, damit die anderen Lehrer auch Zugriff darauf haben.
  Herzlichen Dank, dass Sie sich Zeit für mich genommen haben. Und was ich noch sagen wollte: Ich bin an einer Zusammenarbeit mit Ihnen sehr interessiert."

Wann und mit wem sollten Sie ein solches Gespräch im Vorfeld führen? Hier einige Hinweise:

- Vor der Einschulung Ihres Kindes
- Bei jedem Schulwechsel - besonders, wenn Ihr Kind von der Grundschule aufs Gymnasium wechselt
- Eventuell beim Wechsel des Klassenlehrers
- Immer dann, wenn Sie es für notwendig halten, aber nicht zu oft

Damit haben Sie als Eltern einen Grundbaustein des Vertrauens für die Zusammenarbeit mit den Lehrern Ihres Kindes gelegt und den Boden für gute Gespräche bereitet, die helfen, Konflikte zu vermeiden oder Konflikte zu beheben.

Unterforderung – die Mutter aller Übel

Diese etwas plakative Überschrift ist vielleicht nicht ganz richtig, aber sie zielt auf des „Pudels Kern“. Denn die Unterforderung von hochbegabten Kindern und Jugendlichen im schulischen Unterricht ist zwar nicht die Ursache sämtlicher Übel, aber doch die Ursache vieler Übel, die sich dann in vielfältiger Weise zeigen und zu Problemen entwickeln können. Ein Problem kann zum Beispiel sein, dass ein unterfordertes Kind zum Underachiever, zum Minderleister, wird.

Unterforderungssymptome

Eine langfristige Unterforderung von Kindern und Jugendlichen kann sogar über einen inneren Unterforderungsstress zu psychosomatischen Problemen führen, die oft – aber nicht immer – bei Jungen anders aussehen können als bei Mädchen.
Während Jungen oft gegen die für sie unerträgliche Situation rebellieren, fressen Mädchen ihre Unzufriedenheit meist in sich hinein. Jungen belasten dadurch in erster Linie ihre Umwelt, Mädchen belasten sich selbst. Diese „Regel“ trifft aber durchaus nicht immer zu. Auch Mädchen können die typischen Jungen-Symptome zeigen und umgekehrt.

Mögliche Anzeichen für Unterforderung, die Sie als Eltern zu Hause beobachten können:

- Ihr Kind will nicht mehr in die Schule gehen.
- Ihr Kind will die Hausaufgaben nicht mehr machen. Zwischen Eltern und Kind entwickelt sich ein täglicher Kampf ums Hausaufgabenmachen.
- Ihr Kind sitzt unverhältnismäßig lange – oft Stunden – an den einfachsten

Hausaufgaben und lässt sich oft ablenken. Es beschäftigt sich zwischendurch immer wieder mit anderen Tätigkeiten.

- Ihr Kind leidet unter Schlafstörungen, Kopfschmerzen und/oder Bauchschmerzen. Schmerzen treten meist morgens auf, bevor das Kind in die Schule muss. (Lassen Sie als Eltern durch einen Arzt abklären, ob diese Symptome nicht auf organische Ursachen zurückzuführen sind.)
- Ihr Kind zeigt (seltener) weitere Stresssymptome wie Knirschen mit den Zähnen (meist nachts), gesteigerte Hautfeuchtigkeit, Verspannungen, Atem- oder Verdauungsbeschwerden oder Herzrasen. (Auch in diesen Fällen sollten Sie zum Ausschluss organischer Ursachen einen Arzt aufsuchen.)
- Ihr Kind entwickelt Ängste.
- Ihr Kind reagiert durch häufige Wutanfälle – oder es wird depressiv.
- Die Persönlichkeit Ihres Kindes verändert sich.

Mögliche Hinweise auf Unterforderung, die in der Schule beobachtet werden können:

- Das Kind wirkt geistig abwesend. Es guckt ständig aus dem Fenster oder starrt motivationslos vor sich hin.
- Die ehemals gute Mitarbeit lässt merklich nach.
- Das Kind erbringt nicht mehr die geforderten Leistungen, obwohl es dazu ohne Frage in der Lage wäre.
- Das Kind entwickelt weder Lern- noch Arbeitstechniken.
- Das Kind zeigt Verhaltensauffälligkeiten. Es wird zum Klassenclown, stört den Unterrichtsablauf und hindert andere Kinder an der Arbeit.
- Das Kind rebelliert verbal oder auch tätlich-aggressiv gegen Lehrer und Mitschüler.
- Das Kind hält sich nicht (mehr) an Regeln, die das schulische Zusammenleben bestimmen.
- Das Kind verweigert bewusst die Mitarbeit und jegliche Leistung.
- Das Kind grenzt sich aus oder wird durch die Mitschüler ausgegrenzt. Es wird zum Einzelgänger und verliert seine Freunde.

Einzelne dieser Symptome können auftreten, ohne dass eine Unterforderung vorliegt. Wenn Sie aber mehrere der aufgeführten Symptome beobachten, dann sollten Sie nicht nur wachsam sein, sondern reagieren. Sprechen Sie mit Ihrem Kind – und suchen Sie den Kontakt mit seinen Lehrern, um gemeinsam Lösungen für das Problem der Unterforderung zu finden.

Hilfen bei mangelnden Lern- und Arbeitstechniken

Bei langfristig unterforderten hochbegabten Schülern leidet immer auch die Entwicklung der Lern- und Arbeitstechniken. Sie muss neben der Erhöhung der Anforderungen ebenfalls verbessert werden.
Dazu braucht der hochbegabte Schüler die Unterstützung von Eltern und Lehrern. Eine engmaschige Kontrolle nach gegenseitiger Absprache ist anfangs unerlässlich. Erst wenn der Schüler neben den Arbeitstechniken auch nach und nach seine Arbeitshaltung verbessert hat, sollte die Kontrolle zunehmend abgebaut werden – und der Schüler sollte wieder selbst die Verantwortung für sein Lernen übernehmen.
Folgende Punkte sollten bei der Verbesserung der Lern- und Arbeitstechniken in individuell angepasster Ausprägung Berücksichtigung finden:

Zuerst muss der äußere Rahmen stimmen.

- Jeder Schüler braucht nach Möglichkeit einen eigenen Arbeitsplatz.Dazu eignet sich der häusliche Küchentisch nicht. Der Arbeitsplatz sollte sauber, ordentlich aufgeräumt, gut beleuchtet und belüftet sein. Die Gefahr der Ablenkung sollte so gering wie eben möglich sein.
- Ablagefächer für Stifte, Lineal, Radiergummi, Taschenrechner usw. gehören genauso zum Arbeitsplatz wie Regale, in denen jedes Buch seinen festen Platz hat.
- In der Arbeitsumgebung sollte es möglichst ruhig sein, um eine optimale Konzentration zu ermöglichen. Manche Schüler glauben, mit Musik im Hintergrund besser lernen zu können. Das kann in Einzelfällen wahr sein. In der Regel stimmt das nicht.

- Eine genaue Zeitplanung, die auch in einem Zeitplan festgehalten wird, ist vorerst erforderlich. Die Zeitplanung wird meist von Tag zu Tag etwas anders aussehen, weil feststehende Termine (zum Beispiel Unterrichtszeiten, Training im Sportverein, Besuch der Musikschule) berücksichtigt werden müssen. Eine gewisse Regelmäßigkeit lässt sich aber in den meisten Fällen herstellen. Auf jeden Fall muss auch eine ausreichende Freizeit berücksichtigt werden.
- Der Schüler sollte einen Terminplaner haben, in den er alle anfallenden Termine frühzeitig einträgt, um sich darauf vorzubereiten (zum Beispiel auf Klassenarbeiten).
- Wenigstens ein Tag in der Woche sollte frei sein von jeglichen schulischen Verpflichtungen.
- Die Schultasche ist stets ordentlich aufgeräumt und vollständig gepackt. Die Arbeitsmaterialien sind stets einsatzbereit, die Blei- und Buntstifte angespitzt usw. Das sollten die Eltern auf jeden Fall bei jüngeren Schülern regelmäßig kontrollieren.
- Nach Beendigung der Hausaufgaben wird die Schultasche für den nächsten Tag gepackt. Auf keinen Fall geschieht das am nächsten Morgen – in aller Eile.
- Die Hausaufgaben werden vom Schüler ordentlich in ein eigens dafür angeschafftes Heft eingetragen – nach Tagen und Fächern geordnet. Erledigte Hausaufgaben werden vom Schüler abgehakt.
- Der Schüler führt nach Vorgabe des jeweiligen Lehrers für das entsprechende Fach Hefte, Mappen oder Ordner. Eine Lose-Blatt-Sammlung in der Schultasche gibt es nicht. Jedes Blatt wird sofort in den richtigen Ordner eingeheftet.

Die hier aufgeführten Punkte mögen banal und selbstverständlich erscheinen. Leider sind sie es nicht – und daran scheitern dann auch selbst hochbegabte Schüler

Neben den äußeren Bedingungen sind die Methoden der Informationsverarbeitung und -beschaffung wichtig.

- Der Schüler sollte neues Wissen mit eigenen Worten wiedergeben können. Für jüngere Schüler ist es besonders reizvoll, ihren Eltern dieses neue Wissen zu „erklären“. Wenn die Eltern dann noch einmal nachfragen, prägt es sich dem Kind besonders gut ein.
- Der Schüler kann eine nach Fächern geordnete Wissenskartei führen. Dabei werden neue wichtige Inhalte in Stichworten auf Karteikarten geschrieben. Anhand dieser Lernelemente kann der Schüler den Lernstoff durch lautes oder leises Wiederholen vertiefen. Vor Klassenarbeiten dient diese Wissenskartei zur Orientierung und Vorbereitung.
- Wichtige Lernstoffe kann der Schüler mit eigenen Worten schriftlich zusammenfassen.
- Der Schüler sollte neues Wissen mit bereits vorhandenem verknüpfen: *„Was hat das eine mit dem anderen zu tun?“*
- Zu neuem Wissen sollte sich der Schüler Beispiele oder Anwendungsmöglichkeiten ausdenken. Wenn diese ungewöhnlich oder gar komisch sind, bleiben sie besonders gut im Gedächtnis haften.
- Dasselbe gilt für die Herstellung von bildhaften oder verbalen Verknüpfungen.
- Bei neuen Texten kann das mehrmalige Lesen von bestimmten Textstellen notwendig sein.
- Bei Texten sollten Schlüsselbegriffe oder Hauptgedanken markiert bzw. unterstrichen werden.
- Bei komplexen Inhalten sollte der Schüler eine Gliederung erstellen.
- Die Visualisierung von Lerninhalten durch Skizzen, Lernplakate, Flussdiagramme usw. hilft, die Inhalte besonders effektiv im Gedächtnis zu speichern.
- Zur Informationsbeschaffung sollte der Schüler altersangemessene Lexika benutzen. Sie gehören zum Inventar seines Arbeitsplatzes. Ob die Lexika nun in Buchform oder auf dem Computer vorliegen, ist nebensächlich. Auch das Internet dient der Informationsbeschaffung.

- Der Gang in eine Bibliothek sollte selbstverständlich sein.
- Komplexe Aufgaben sollte der Schüler in kleinere Teilaufgaben zerlegen und diese gleichmäßig auf die zur Verfügung stehende Zeit, zum Beispiel eine Woche, verteilen.
- Der Schüler sollte seine Lernfortschritte regelmäßig selbst kontrollieren.

Nicht alle Methoden eignen sich für alle Schüler gleich gut. Auch sind sie nicht bei jedem Unterrichtsstoff einsetzbar. Jeder muss letztlich seine individuellen Methoden finden oder gar entwickeln, wobei es durchaus sinnvoll und effektiv ist, einzelne Methoden miteinander zu kombinieren.
Ein besonderes Problem bei schlechten Lern- und Arbeitstechniken ist das der Hausaufgaben. Hochbegabte Schüler, die ständig und langfristig unterfordert waren, scheuen sich oft vor den Anstrengungen, die Hausaufgaben mittlerweile für sie bedeuten. Auch wenn sie die Hausaufgaben können sollten, haben sie nicht gelernt, sich damit auseinanderzusetzen und daran zu arbeiten.
Gerade jüngere Schüler suchen dann Hilfe bei ihren Eltern, vornehmlich den Müttern, die in der Regel auch gern nur allzu bereit sind, ihren Kindern die Arbeit abzunehmen – was aber nicht der Sinn der Sache ist.
Deshalb sollten Sie als Eltern Folgendes beachten: Sollte Ihr hochbegabtes Kind Ihre Hilfe bei Hausaufgaben einfordern, von denen Sie den Eindruck haben, dass es sie mit einiger Anstrengung auch selbst bewältigen kann, müssen Sie diese Hilfe verweigern. Vielleicht versucht es, Sie in irgendeiner Weise unter Druck zu setzen. Geben Sie diesem Druck nicht nach. Ziel ist es, dass Ihr hochbegabtes Kind sich selbst anstrengt und das Problem allein löst.
Bei Problemen, die Ihr Kind nach Ihrer Einschätzung wirklich nicht selbst bewältigen kann, dürfen Sie Hilfen geben. Sie sollten aber dann von Ihrem Kind eine entsprechende (angemessen zeitintensive) Gegenleistung fordern, die Sie selbst in Ihrer Arbeit entlastet. Das könnten zum Beispiel das Ausräumen der Spülmaschine, Staubsaugen oder Rasenmähen sein. So könnte Ihr Kind lernen, bei Problemlösungen seine

eigenen Kapazitäten zu mobilisieren, dadurch sein Arbeitsverhalten zu verbessern und sein Selbstwertgefühl zu steigern.
So etwas müssen Sie allerdings vorher mit Ihrem Kind besprechen und ihm dabei den Sinn des Verfahrens deutlich machen und das Vorgehen mit ihm vereinbaren.

Auf dem Weg zum Minderleister

Unterforderung ist ein schleichender Prozess. Wird Ihr hochbegabtes Kind hin und wieder unterfordert, dann hat das im Großen und Ganzen keinen Einfluss auf seine seelische und körperliche Gesundheit. Wird die Unterforderung jedoch zum Dauerzustand, dann können sich die oben genannten Symptome einstellen – und das Kind kann sich in seiner Gesamtpersönlichkeit negativ entwickeln.
Anfangs konnte Ihr Kind wahrscheinlich alle Anforderungen „mit links" erledigen. Alles klappte auf Anhieb und ohne Mühen. Auf besondere Lern- und Arbeitstechniken brauchte es nicht zurückzugreifen. Es musste das Lernen nicht lernen. So konnten sich weder Arbeitshaltung noch Anstrengungsbereitschaft entwickeln.
Wenn dann aber Lern- und Arbeitstechniken notwendig werden, um die Aufgaben zu lösen und die Anforderungen zu erfüllen, beginnt sich die Abwärtsspirale zu drehen. Erste Misserfolge stellen sich ein, die immer häufiger werden. Das Selbstbild des Kindes verändert sich: Es empfindet sich selbst als Versager und als dumm. Das wiederum hat zur Folge, dass es resigniert. So ein Kind kann nach und nach jegliche Lernfreude und jegliches Interesse verlieren – nicht nur an der Schule, sondern auch an all den Bereichen, für die es sich bisher interessiert hat. Nun befindet sich das Kind eindeutig auf dem Weg zum Minderleister, zum sogenannten „Underachiever" – und eventuell gar zum Schulversager.
Irgendwann wird in diesem allgemeinen Abwärtstrend eine Grenze überschritten, hinter die es mit pädagogischen Mitteln allein kein Zurück mehr gibt. Das Kind hat das eigene Unvermögen als stabiles Persönlichkeitsmerkmal verinnerlicht. Wenn es so weit gekommen ist, ist das Kind ein Underachiever, ein Minderleister, bei dem die hohe Begabung, der hohe Intelligenzquotient und die erbrachte (schulische) Leistung weit auseinanderklaffen.

Spätestens jetzt ist eine professionelle psychologische bzw. psychotherapeutische Hilfe angezeigt, die die Maßnahmen in Schule und Elternhaus sinnvoll ergänzt. Nur im Team von Eltern, Lehrern, Psychologen und dem Kind selbst ist jetzt noch das Blatt zu wenden.
Schulische Möglichkeiten, Unterforderungen vorzubeugen und sie dadurch zu vermeiden, finden Sie als Eltern und Lehrer im nächsten Abschnitt.

Fördern durch Fordern – Möglichkeiten in der Schule

„Adler steigen keine Treppen", stellte schon der Reformpädagoge *Célestin Freinet* fest. Und genau das gilt auch für hochbegabte Schüler. Die wohlstrukturierte, von Pädagogen genauestens ausgearbeitete Treppe unseres Bildungssystems mag für das Fortkommen vieler Schüler hilfreich sein – für hochbegabte Schüler ist es oft langweilig und eher hinderlich, Stufe für Stufe vorwärtszuschreiten. Hochbegabte Schüler sind eben „Überflieger" – wie der Adler, der keine Treppen steigt.
Die Förderung der intellektuellen Fähigkeiten, der Kreativität und der Motivation ist bei allen Kindern (vornehmlich aber bei hochbegabten Kindern) auch eine besondere Herausforderung an die Schule – und hier an jeden einzelnen Lehrer – und das Elternhaus.
Bei den vielen Möglichkeiten zur angemessenen Förderung und zu angemessenen Forderungen im schulischen Bereich kommt es auf eine sinnvolle Differenzierung und Individualisierung an: Die individuellen Lernbedürfnisse jedes Schülers müssen beachtet werden. In einer Schule, die sich ausschließlich an den Bedürfnissen des „breiten Mittelfeldes" orientiert, müssen hochbegabte Schüler zwangsläufig zu kurz kommen. In einem solchen System sind „die klügsten Kinder eben die Dummen".
Jede Schule hat aber die Aufgabe, alle ihre Schüler entsprechend ihren Voraussetzungen zu fördern, sie herauszufordern und die in ihnen vorhandenen Begabungen zu aktivieren, damit sie die auch in Leistungen umsetzen können.

Differenzierung und Individualisierung

Ein Förderkonzept mit entsprechender Differenzierung und Individualisierung für hochbegabte Schüler setzt in erster Linie **offene Unterrichtsmethoden** voraus. Nur dadurch ist gewährleistet, dass Schüler auf unterschiedlichem Anspruchsniveau eventuell auch an unterschiedlichen Themen mit unterschiedlichem Arbeitstempo arbeiten können.

Das Gegenstück zu den offenen Unterrichtsmethoden sind die sogenannten instruktiven Unterrichtsmethoden, bei denen den Schülern von den Lehrern genau gesagt wird, was sie wann zu tun haben.

Instruktive Unterrichtsmethoden garantieren bei einer hohen Lehreffektivität einen hohen Lernerfolg. Die Effektivität lässt sich noch steigern, wenn sich der Lehrer die Mühe macht, die Instruktionen nach Schülergruppen oder gar nach einzelnen Schülern zu differenzieren, was bei hochbegabten Schülern manchmal notwendig ist. Das scheitert allerdings oft an der Realität des Unterrichtsalltags. Welcher Lehrer kann eine solche Mehrfachdifferenzierung für fast jede Unterrichtsstunde schon leisten?

Außerdem: Wenn die Schüler bei den instruktiven Unterrichtsmethoden auch inhaltlich und thematisch sehr viel lernen können, so lernen sie doch etwas sehr Wichtiges nicht, nämlich selbstbestimmtes bzw. selbstreguliertes und selbstverantwortetes Lernen – und damit Selbstbestimmung und Selbstverantwortung (siehe Kapitel 2: *Selbstreguliertes Lernen*).

Das ist anders bei **offenen Unterrichtsmethoden**: Der Schüler übernimmt die Verantwortung für sein Lernen, er bestimmt es und muss auch die Konsequenzen tragen – seien sie nun positiv oder negativ.

Genau in dem Punkt unterscheiden sich also offene von instruktiven Unterrichts- und Erziehungsmethoden.

allen Beteiligten statt. Das sind: der jetzige und der zukünftige Lehrer, die Eltern, die Schulleitung und der betroffene Schüler selbst (bei älteren Schülern).

- Die Eltern und der Klassenlehrer führen Gespräche mit dem Kind und eruieren dessen Bereitschaft zu den angedachten Maßnahmen (bei jüngeren Schülern).
- Ein Konzept mit einem individuellen Lehr- und Arbeitsplan für alle drei Phasen wird erstellt. Daran beteiligen sich mindestens die jetzigen und zukünftigen Lehrer. Die Eltern sind zu informieren und möglichst einzubeziehen. Auch dem Schüler sollte – natürlich in angemessenen, altersabhängigen Grenzen – ein Mitbestimmungsrecht eingeräumt werden. Die Schulleitung ist zu informieren.
- Der Schüler bleibt in der Vorbereitungsphase in seiner jetzigen Klasse. Die Anforderungen werden aber erhöht – vornehmlich im Hinblick auf den Unterrichtsstoff, den er wegen des Überspringens nicht im regulären Unterricht mitbekommt. Dabei sind die Reaktionen des Schülers genau zu beobachten und zu protokollieren. Folgende Schlüsselfragen sollten dabei in den Blick genommen werden:
  - Wie reagiert der Schüler auf die gesteigerten Anforderungen?
  - Bleibt er psychisch gesund? Bewahrt er sich eine „heile Seele“, ein realistisches Selbstkonzept – ohne einer krankhaften Selbstüberschätzung zu verfallen?
  - Entwickelt der Schüler mehr Leistungs- und Anstrengungsbereitschaft, falls vorher nicht oder nur unzureichend vorhanden?
  - Ist er motiviert?
  - Verbessert sich sein Arbeitsverhalten?
  - Meistert er den geforderten Lernstoff tatsächlich?
  - Wird der Schüler überfordert?
- Können diese Schlüsselfragen positiv beantwortet werden, dann kann zur zweiten Phase (Begleitung – Übergang) übergegangen werden. Sollte das nicht der Fall sein, muss das pädagogische Konzept, nachdem die Ursachen und Gründe für den Misserfolg ermittelt wurden, überdacht und eventuell

modifiziert werden. Bringt auch das keinen Erfolg, sollte der Schüler erst einmal in der Klasse bleiben und durch andere geeignetere Maßnahmen – zum Beispiel durch ein gezieltes Enrichment (Anreicherung des Unterrichtsstoffes) – weiterhin gefördert werden.

Phase 2: Begleitung – Übergang

- In dieser Phase wechselt der Schüler zwischen zwei Klassen. Er sollte nämlich schon teilweise am Unterricht der zukünftigen Klasse teilnehmen. Jetzt geht es darum, ob es ihm gelingt, in der neuen Klasse Fuß zu fassen und „anzuwurzeln". Die Schüler – und manchmal auch die Eltern – der neuen Klasse sollten in aufklärenden Gesprächen auf den Schüler vorbereitet werden. Auch jetzt sind wieder die Reaktionen des Schülers genau zu beobachten und zu protokollieren. Folgende Schlüsselfragen sollten dabei beachtet werden:
  - Wie reagiert der Schüler auf die neuen Mitschüler?
  - Wie reagieren die Schüler der neuen Klasse auf ihn?
  - Kann der Schüler in die neue Klasse sozial integriert werden?
  - Findet er in der neuen Klasse Freunde und Anerkennung?
  - Findet er einen positiven Zugang zum neuen Klassenlehrer?
  - Kann der Schüler den Anforderungen in der neuen Klasse – auf lange Sicht gesehen – gerecht werden?
  - Fühlt er sich in der neuen Klasse wohl?
- Wenn auch diese Fragen positiv beantwortet werden, dann kann zur dritten Phase übergegangen werden. Anderenfalls ist wiederum zu überlegen, welche konzeptionellen Änderungen doch noch zum Erfolg führen könnten. Dabei ist verstärkt auch die Situation der neuen Klasse zu berücksichtigen. Es darf nicht zu einer sozialen Isolation und Vereinsamung des Schülers in der neuen Klasse kommen. Sollte auch die überarbeitete Konzeption nicht den gewünschten Erfolg bringen, muss in Erwägung gezogen werden, den Schüler eventuell in der alten Klasse zu belassen und auf andere Weise angemessen zu fördern.

Phase 3: Integration

- Der Schüler sollte nun ganz am Unterricht der neuen Klasse – aber noch als Gastschüler – teilnehmen. Eine endgültige Versetzung sollte also noch nicht ausgesprochen werden, um alle Optionen offenzuhalten. Auch jetzt sind die Reaktionen des Schülers wieder genau zu beobachten und zu protokollieren. Die Schlüsselfragen der ersten und zweiten Phase müssen weiterhin beachtet werden. Dabei geht es besonders um drei Fragen:
  - Kann der Schüler den Anforderungen in der neuen Klasse auf lange Sicht gesehen gerecht werden?
  - Kann er in die neue Klasse sozial integriert werden?
  - Fühlt er sich in der neuen Klasse wohl?
- Wenn die Entwicklung des Schülers auch jetzt positiv verläuft, dann kann die endgültige Versetzung in diese Klasse ausgesprochen werden. Andernfalls sind die Maßnahmen aus der ersten und zweiten Phase erneut in Betracht zu ziehen.

Der gesamte Prozess des Überspringens sollte in maximal drei Monaten abgeschlossen sein, wobei er je nach individuellen Gegebenheiten auch wesentlich kürzer sein kann. Dabei können auch Phasen ausgelassen werden. Der Zeitpunkt des eigentlichen Überspringens sollte sich nicht an organisatorischen Gegebenheiten, sondern ausschließlich an pädagogischen Erfordernissen orientieren.

Dieses Drei-Phasen-Konzept ist als Rahmenkonzept zu verstehen, das sich einerseits an der Persönlichkeit und Entwicklung des Schülers und andererseits am pädagogischen Gesamtfeld zu orientieren hat. In alle Schritte sind die Eltern verantwortlich mit einzubeziehen.

Schwierigkeiten können am ehesten in der zweiten Phase auftreten. Der häufige Wechsel zwischen zwei Klassen bedeutet manchmal eine Überforderung. Die Schüler fühlen sich in dieser zweiten Phase manchmal „heimatlos“. Und sie möchten, dass nun endlich „Nägel mit Köpfen“ gemacht werden.

Das Drei-Phasen-Konzept sieht ja ausdrücklich eine individuelle Entscheidungsfin-

dung vor, sodass die zweite Phase abgebrochen werden kann, wenn der Schüler es wünscht – entweder um dann zur dritten Phase überzugehen oder in der alten Klasse zu bleiben.
Eine weitere Schwierigkeit tritt dann auf, wenn der Schüler seine jetzige Klasse nicht verlassen möchte. Bei älteren Schülern ist es dann sinnlos, eine Entscheidung gegen ihren Willen zu treffen. Bei jüngeren Schülern ist es manchmal sehr schwer abzuwägen, was für ihn und die übrigen Schüler der beteiligten Klassen richtig ist. Selbst dann, wenn Eltern und Lehrer vertrauensvoll zusammenarbeiten und alle anstehenden Fragen offen miteinander besprechen.

- **Sven** (sieben Jahre alt) besucht die zweite Klasse einer Grundschule. Weil er vom ersten Schultag an die gestellten Anforderungen einfach „aus dem Ärmel schüttelt", entwickelt er weder eine Arbeitshaltung noch macht er sich mit Lerntechniken vertraut. Seine Hefte und sonstigen Arbeitsmaterialien geben ein entsprechendes Bild ab. Im Unterricht langweilt er sich fast ständig und vertreibt sich die Zeit mit massivem Stören. Regeln hält er kaum ein – nur bei starkem äußerem Druck. Ansonsten läuft er einfach durch die Klasse, ruft lauthals in den Unterricht hinein oder schlägt und tritt andere Kinder. Die Lernatmosphäre in dieser Klasse ist dadurch schlecht.
  Wenn Sven allerdings etwas besonders interessiert, läuft er zur Hochform auf. Er beteiligt sich mit ausgezeichneten, weit über sein Alter hinausgehenden Beiträgen in einer ausgefeilten Sprache. Dabei bekundet er ein großes Allgemeinwissen, gepaart mit Kreativität und analytischem Denken. Wenn es dann allerdings darum geht, seine außergewöhnlichen Gedanken und Wortbeiträge auch zu Papier zu bringen, ist er dazu auch nicht annähernd in der Lage.
  Nach einer ausführlichen Beratung zwischen den Eltern und den beteiligten Lehrern nutzen die Eltern die anstehenden Ferien, um ihren Sohn nach Anleitung der Lehrer auf den vorzeitigen Sprung in die dritte Klasse vorzubereiten. Die Eltern sollen dabei selbst beobachten, wie Sven auf die erhöhten Anforderungen reagiert, und entscheiden, ob er probeweise am Unterricht der dritten Klasse teilnehmen soll.
  Nach den Ferien stellen sie dann einen entsprechenden Antrag – und ihr Sohn springt in die dritte Klasse. Bald merkt er allerdings, dass er sich jetzt anstrengen

Wunsch ihres Kindes nach mehreren Gesprächen mit den Lehrern nach. Dass diese Freundschaft zu einem Problem werden könnte, war bereits in den Vorgesprächen zwischen den Lehrern und Eltern deutlich geworden, aber in seiner Tragweite wohl unterschätzt worden. Nun war der Fall eingetreten, den keiner der Erwachsenen sich gewünscht hatte.
Das hatte zur Folge, dass die Gruppe „einen Knacks" bekam und nach und nach - aber in relativ kurzer Zeit - zerbrach. Josef zog Karl mit zurück in die 2. Klasse und dieser Franz. Matthias versuchte alles, um die anderen Schüler wieder „ins Boot zu holen". So erzählte er ihnen von dem viel interessanteren Stoff im dritten Schuljahr und dass das Arbeiten dort auch viel mehr Spaß mache. Aber die anderen Kinder hatten mit dem Projekt „Überspringen" innerlich schon abgeschlossen. An einem Montagmorgen stand dann auch Matthias vor der Tür der dritten Klasse und erklärte der Klassenlehrerin, dass er jetzt doch auch lieber in seine alte 2. Klasse zurückmöchte.
Keiner der Schüler dieser Gruppe schaffte das Ziel, die Klasse zu überspringen, obwohl sie intellektuell alle dazu in der Lage gewesen wären.

Ohne Josef (der sich nach seinem „besten Freund" zurücksehnte), hätten Karl, Franz und Matthias als Einzel-Springer und auch als Gruppen-Springer sicher eine Klasse übersprungen. Aus diesem Fallbeispiel kann man nur eine Lehre ziehen, die besonders für Sie als Lehrer wichtig ist: „Wackelkandidaten" fürs Überspringen gehören nicht in eine Überspringer-Gruppe. Sie sollten eher einzeln behandelt und gefördert werden.

Profil-Klassen – mit dem D-Zug durch die Schule

Was sind Profil-Klassen? Profil-Klassen sind gleichsam „D-Zug-Klassen", also Klassen, die die Schule mit höherer Geschwindigkeit durchlaufen – meist im Gymnasium. Die Organisation von Profil-Klassen kann von Schule zu Schule sehr unterschiedlich aussehen, zeichnet sich aber in der Regel durch folgende Kriterien aus:

- Profil-Klassen absolvieren vorgegebene Lerninhalte in kürzerer Zeit als normale Klassen.
- Profil-Klassen werden eigens gebildet. Große Gymnasien sind manchmal in der Lage, eigene Profil-Klassen zu bilden. Bei kleineren Gymnasien kann ein kooperativer Verbund benachbarter Schulen manchmal eine Profil-Klasse bilden.
- Die Schüler von Profil-Klassen werden nach vorher festgelegten Leistungskriterien ausgewählt. Dabei werden in der Regel bestimmte Noten in bestimmten Fächern vorausgesetzt, wobei meist auch eine positive Zukunftsprognose wichtig ist.

Dazu ein Beispiel aus einer Kleinstadt: Die zwei Gymnasien kooperieren im Oberstufenbereich schon sehr lange miteinander. Nun soll diese Kooperation ausgebaut werden. Für die beiden Gymnasien soll eine Profil-Klasse nach folgenden Prinzipien eingerichtet werden:

- Die Eltern der Kinder, die von der Grundschule aufs Gymnasium wechseln, werden über die Begabtenförderung durch Bildung von Profil-Klassen informiert.
- Diese Eltern können schon jetzt entscheiden, ob sie die Einrichtung einer Profil-Klasse für diesen Jahrgang nach der sechsten Klasse wünschen.
- Wenn genügend Eltern die Einrichtung einer Profil-Klasse wünschen, werden die Schüler, die für diese Klasse infrage kommen, am Ende der sechsten Klasse nach den vorgegebenen Kriterien ausgewählt.
- Die entsprechenden Eltern werden darüber informiert, dass ihr Kind für die Profil-Klasse infrage kommt, und um ihr Einverständnis gebeten.
- Wurde nun die Profil-Klasse gebildet, dann wird für diese Klasse der Unterrichtsstoff von fünf Jahren (7. bis 11. Klasse) in nur vier Jahren durchgenommen. Das bedeutet, dass alle Schüler der Profil-Klasse ein Jahr früher in die 12. Klasse wech-

seln als die übrigen Schüler der Schule und dadurch natürlich auch ein Jahr früher ihr Abitur machen.

Dieses Beispiel bezieht sich auf Gymnasien, die nach 13 Schulbesuchsjahren zum Abitur führen. In anderen Gymnasien kann das Profil-Klassen-Konzept ganz anders aussehen. Was aber alle diese Konzepte verbindet, ist das „D-Zug-Prinzip", die Beschleunigung des Lernprozesses für hochbegabte Schüler.
Es gibt immer wieder Lehrer und Eltern, die Profil-Klassen als „Elite-Klassen" kritisieren. Darauf gibt es eine einfache Antwort: Die Elite bringt durch innovatives Denken die Gesellschaft weiter. Eine Gesellschaft, die ihre Elite nicht schon in der Schule, ja bereits vor der Schule, fördert, beraubt sich selbst dieser Zukunftschancen. Um es mit *Alfred Herrhausen* noch einmal auf den Punkt zu bringen: *„Es ist kein Luxus, hohe Begabungen zu fördern. Es ist Luxus, und zwar sträflicher Luxus, das nicht zu tun."*

Erfolgreich übersprungen – und dann?

Leider gibt es beim Überspringen und bei den anderen hier erläuterten Akzelerationsmaßnahmen eine Gefahr, die meist nicht gesehen wird: Solche Beschleunigungs-Maßnahmen bedeuten für einen hochbegabten Schüler gewissermaßen einen „Zwischenspurt" im Leistungs- und Lernverhalten. Er muss zeigen, was in ihm steckt, um den Anschluss an die neue Klasse bzw. Lerngruppe zu finden. In den allermeisten Fällen gelingt das. Die Maßnahme an sich ist nicht das Problem. Aber was kommt danach?
Nach einem erfolgreichen Überspringen und nachdem der Schüler den Anschluss in der neuen Klasse gefunden hat, geschieht in der Regel nichts mehr. Die Verantwortlichen, Eltern wie Lehrer, haben in einem einmaligen Akt, der sich vielleicht über drei Monate erstreckte, den hochbegabten Schüler gefordert und gefördert. Damit glauben sie, ihre Aufgabe erfüllt zu haben und ihre Hände in den Schoß legen zu können. Aber genau das stimmt nicht.
Bleiben wir in unserem Bild: Der hochbegabte Schüler hat einen Zwischenspurt eingelegt, den Anschluss an die vor ihm laufende Gruppe gefunden und verfällt jetzt wieder in einen Trott, der viel zu langsam für ihn ist und ihn wiederum langfristig unterfordert.

Natürlich muss der Schüler nicht sein ganzes Leben „im Spurt" verbringen, aber auch jetzt – nach einer erfolgreichen Akzelerationsmaßnahme – muss er weiterhin angemessen gefordert werden. Überlässt man den hochbegabten Schüler sich selbst, läuft man Gefahr, den „Gewinn" wieder zu verspielen: Der Schüler lässt in seinem Lern- und Arbeitsverhalten nach und zeigt Symptome der Unterforderung. Das muss nicht so sein – aber die Gefahr besteht.

Deshalb seien Sie als Eltern und Lehrer sich Ihrer Verantwortung für den hochbegabten Schüler bewusst – auch und gerade nach einem erfolgreichen Überspringen. Denken Sie – nach den drei Phasen „Vorbereitung", „Begleitung und Übergang" und „Integration" – über eine vierte Phase nach: die Phase der Nachbetreuung. Und überlegen Sie sich, wie Sie den Überspringer weiterhin so fordern können, dass er nicht bald wieder unterfordert ist – zum Beispiel durch „Enrichment", eine auf den einzelnen Schüler zugeschnittene Anreicherung des Unterrichtsstoffs.

Bedenken gegen Akzelerationsmaßnahmen – meistens unbegründet

Eltern äußern hin und wieder Bedenken gegen Akzelerationsmaßnahmen. Sie meinen dann, dass ihr Kind Nachteile hat, weil es zum Beispiel nach dem Überspringen in der neuen Klasse das jüngste und eventuell kleinste Kind sein wird.

Kinder, die übersprungen haben, sind zwar oft die jüngsten und kleinsten, aber sie haben dadurch keine Nachteile. Meist sind die hochbegabten Kinder auf einem ähnlichen Entwicklungsniveau wie die anderen Kinder der Klasse. Sie befinden sich also unter Entwicklungsgleichen. Dadurch werden sie dann auch von den anderen Kindern als „Gleiche" anerkannt. In einzelnen Bereichen können die Überspringer natürlich gegenüber den anderen Kindern etwas „nachhinken" – zum Beispiel im Sportunterricht, wenn es auf körperliche Kraft ankommt. Das muss aber nicht sein.

Lediglich in einer relativ kurzen Entwicklungsphase kann es zu Verschiebungen der Interessen kommen – nämlich dann, wenn die anderen Kinder in die Pubertät kommen. Aber es kommen ja nicht alle Kinder zu einem altersabhängigen „Stichtag" in die Pubertät, sodass Differenzen von ein bis zwei Jahren eher die Regel als die Ausnahme sind. Diesbezügliche Probleme – wenn sie überhaupt auftreten – wirken sich in fast allen Fällen nicht im Unterricht aus, sondern eher im außerschulischen Lebensfeld der Schüler.

Wenn Sie als Eltern also Bedenken haben, dann wägen Sie die eventuell auftretenden Nachteile ab – aber bedenken Sie dabei, wie groß erst die Nachteile für Ihr Kind sein werden, wenn es nicht überspringt, langfristig unterfordert ist und sein Potenzial nicht entwickeln kann.

Anreicherung des Unterrichtsstoffs: Enrichment-Massnahmen

Die Anreicherung des Unterrichtsstoffs (Enrichment) ist für die meisten hochbegabten Kinder und Jugendlichen unumgänglich. Lehrer und Eltern müssen wissen, wie diese Anreicherungen im Unterricht ganz konkret aussehen und ablaufen können. Dazu sollten Sie drei grundsätzlich verschiedene Typen von hochbegabten Schülern kennen – und die daraus folgenden Konsequenzen für deren Unterrichtung:

- Es gibt hochbegabte Schüler, die sich auf jede Herausforderung stürzen, gern daran arbeiten und keine zusätzlichen Mühen scheuen. Dieser Schüler-Typ ist allerdings nur sehr selten anzutreffen.
- Die meisten Hochbegabten sind so wie alle anderen auch. Sie sind nicht unbedingt scharf darauf, mehr zu arbeiten als unbedingt notwendig – es sei denn, die Aufgabenstellung oder das Themengebiet interessiert sie. Oft machen wohlmeinende Lehrer hochbegabten Schülern besondere zusätzliche Angebote – und sind dann überrascht und enttäuscht, wenn sich die sonst so guten Schüler nicht auf diese Angebote stürzen. Die Folge ist, dass diese Lehrer nach einigen Versuchen „das Handtuch werfen“ und resigniert aufgeben.
- Es gibt hochbegabte Schüler, die nicht anders sein wollen als die anderen – und auch nichts anderes machen wollen. Sie lehnen Sonderaufgaben grundsätzlich ab. Im Grundschulbereich hat sich gezeigt, dass solche hochbegabten Schüler besonders gut in integrativen Klassen aufgehoben

sind, in denen im „Gemeinsamen Unterricht" Regelschüler zusammen mit Schülern mit einem sonderpädagogischen Förderbedarf unterrichtet werden. Das mag auf den ersten Blick überraschen. Der Grund ist aber einfach nachzuvollziehen: In diesen Klassen wird individuell differenziert. Es ist normal, verschieden zu sein. Und in diesen Klassen ist es normal, dass die unterschiedlichen Schüler in unterschiedlichen Bereichen und auf unterschiedlichem Anspruchsniveau arbeiten. Die Verschiedenheit wird als Normalität akzeptiert.

Daraus lassen sich für Enrichment-Maßnahmen drei Forderungen ableiten, die jeder Lehrer – auch in Absprache mit den Eltern – aufstellen sollte:

- Enrichment-Maßnahmen sollten nicht als freiwillige Angebote, die der Schüler annehmen kann oder nicht, gegeben werden, sondern sie sollten nach Absprache für die entsprechenden Schüler verpflichtend sein. Hochbegabte haben genauso wie alle anderen Schüler ihre Pflichten zu erfüllen – sonst verlaufen alle Enrichment-Maßnahmen sehr schnell im Sande. Ihre Aufgaben müssen genauso wie die Aufgaben der anderen Schüler überwacht, kontrolliert und gegebenenfalls benotet werden.
  Dabei ist bei zunehmendem Alter natürlich die Selbstverantwortung des Schülers mehr und mehr zu berücksichtigen.
- Die entsprechenden Sonder- oder Zusatzaufgaben sollten den hochbegabten Schülern zusätzlich zum Regel-Lernstoff angeboten werden. Es muss also sichergestellt werden, dass auch diese guten Schüler erst einmal den Regel-Lernstoff lernen. Wenn dann aber die übrigen Schüler an den für sie notwendigen Wiederholungs-, Übungs- oder Vertiefungsaufgaben arbeiten, müssen die hochbegabten Schüler ihre Sonder- oder Zusatzaufgaben bearbeiten. Das gilt auch für die Hausaufgaben, bei denen der Lehrer ebenfalls differenzieren sollte.

- Bei allen Enrichment-Maßnahmen ist es wichtig, dass auch andere Schüler – wenn eben möglich – mit einbezogen werden, damit die hochbegabten Schüler nicht in eine Sonderstellung geraten, die ihnen andere Schüler neiden, wodurch sie ins soziale Abseits geraten könnten.

Konkrete Umsetzung im Unterricht

Bei der konkreten unterrichtlichen Umsetzung von Anreicherungsmaßnahmen sind zuerst einmal **individuelle Projekte** zu empfehlen, die die hochbegabten Schüler allein oder – besser noch – mit einem bis zwei weiteren gut begabten Schülern immer dann bearbeiten können, wenn für die anderen Wiederholungs-, Vertiefungs- und Übungsphasen angesagt sind – oder Freiarbeit für alle.

Wenn in der entsprechenden Klasse kein Schüler ist, der mit dem hochbegabten Schüler auf einem ihm angemessenen Niveau zusammenarbeiten kann, kann man ein kleines Team von Schülern bilden und das Projekt in Teil- oder Unterprojekte mit unterschiedlichen Niveau- und Anforderungsstufen gliedern. Dann entsteht ein Endprodukt, an dem unterschiedliche Schüler mit unterschiedlichen Kompetenzen beteiligt waren. So wird auch die Teamfähigkeit geschult – und für den Lehrer ist es oft recht interessant und aufschlussreich, die dort ablaufenden sozialen Prozesse zu beobachten.

Manchmal ist es für die hochbegabten Schüler auch anregend, solche Projekte mit Schülern aus anderen Klassen durchzuführen. Dabei kann dann klassen- oder sogar jahrgangsübergreifend gearbeitet werden. So können zum Beispiel drei Schüler aus drei Parallelklassen ein Projekt miteinander erarbeiten oder ein Schüler der siebten Klasse zusammen mit

Fantasie und Kreativität in Farbe

zwei Schülern der neunten Klasse. Es gibt also sehr viele Möglichkeiten, die hochbegabten Kinder durch Projekte zu fördern.
Aber wie lässt sich das organisieren? Das kann nur die jeweilige Schule für jeden konkreten Einzelfall beantworten. Dass es aber vielfach gelingt, haben schon viele Schulen vorgemacht. Was die eine Schule kann, kann auch eine andere.

- **Robert** (sieben Jahre alt) besucht die fünfte Klasse eines Gymnasiums. Natürlich ist er mit Abstand der jüngste Schüler dieser Schule – vielleicht sogar der jüngste Gymnasiast in seinem Bundesland. Robert fühlt sich in seiner Klasse sehr wohl und wird von seinen Mitschülern trotz seines Alters voll akzeptiert.
  Es zeigt sich aber schon nach einiger Zeit, dass seine geistigen Interessen in dieser Klasse nicht genügend befriedigt werden können. Deshalb wird es ihm ermöglicht, teilweise am Unterricht in anderen Klassen oder an Kursen teilzunehmen.
  In dieser Schule ist das keine Ausnahme – bis eben auf das Alter von Robert. Der gesamte Unterricht an dieser Schule ist so strukturiert, dass er eine Förderung von vielen Schülern in ihren spezifischen Interessengebieten ermöglicht.

Der zweite wichtige Punkt bei Projekten ist die Themen- und Aufgabenstellung. Sie kann sich zum Beispiel am jeweiligen Unterrichtsstoff orientieren, der dadurch vertieft und erweitert werden kann. Das ist besonders dann angezeigt, wenn die gesamte Klasse inhaltlich von der Präsentation der Endprodukte profitieren soll.
Besonders motivierend ist es, wenn die Projekte aus Schülerinteressen erwachsen. Die entsprechenden Themenbereiche können dann vom Projektteam in Absprache mit dem Lehrer bearbeitet werden. Bei jüngeren Schülern ist eine intensivere, bei älteren eine weniger intensive Beratung durch den Lehrer notwendig.
Sie als Lehrer müssen aber auch damit rechnen, dass Ihre Schüler Sie mit Themen konfrontieren, über die sie mehr wissen als Sie selbst. Damit sollten Sie souverän umgehen und sich beraten lassen – auch von den Schülern. Es ist für den Lehrer oft erstaunlich und interessant, für welche Themen sich die Schüler interessieren.
Neben den Themen, die immer wieder auftauchen, zum Beispiel Dinosaurier, Weltall oder Alte Völker (Ägypter, Römer, Griechen, Babylonier usw.) – meist in Grundschulen – finden sich so Exoten wie zum Beispiel Geothermik, Mykologie der Ständerpilze, die Lebensweise der Axolotl oder Astrophysik (meist in Gymnasien).

In manchen Fällen müssen Interesse und Wissbegier beim Schüler allerdings erst einmal geweckt werden.
Die Erstellung eines Ergebnisses und die Präsentation vor der Klasse oder einem noch größeren Publikum sollte immer zur Pflicht gemacht werden. An Grundschulen werden dann schon einmal gern die Eltern der Kinder eingeladen. Zur Präsentation sollte von vornherein ein Termin gesetzt werden, damit sich das Projekt nicht bis zum „Sankt-Nimmerleins-Tag" hinzieht. Außerdem muss der Lehrer sich regelmäßig - anfangs täglich, später wenigstens zweimal pro Woche - über den Lernerfolg und den Arbeitsfortschritt informieren lassen. Bei älteren Schülern können die Intervalle auch größer sein. Besonders dann, wenn die Schüler an diese Arbeitsweise gewöhnt sind.
Bei jüngeren Schülern sollten die Eltern wenigstens bei der Beschaffung von Materialien mit einbezogen und in die Pflicht genommen werden. Das dürfte bei den meisten Eltern, die am Fortkommen ihrer Kinder interessiert sind, kein Problem sein. Aber auch die begabten Schüler selbst sollten bei der Beschaffung von Informationen mitwirken. Denn auch das ist ein wesentlicher Lernprozess.
Neben diesen „großen" Projekten können die Lehrer die besonders begabten Schüler auch zu „kleineren" Projekten, zu sogenannten „Vorhaben", anregen. Auch dabei sollten sie auf jeden Fall die Individualität der Schüler berücksichtigen.

- So kann der mathematisch Begabte je nach Alter selbst Aufgaben entwickeln und der übrigen Klasse „aufgeben" oder mathematische Zusammenhänge zu entdecken versuchen.
- Der sprachlich Begabte kann Gedichte, Kurzgeschichten oder gar Theaterstücke schreiben und sie dann auch aufführen.
- Der naturwissenschaftlich Begabte kann Experimente durchführen und Sachverhalte klären und aufzeigen.

Wettbewerbe können hochbegabte Schüler langfristig motivieren und zu Leistungen anregen. Für hochbegabte Schüler sind oft problemorientierte „offene" Fragestellungen interessant. Dadurch werden Kreativität und Fantasie in besonderer Weise gefordert und gefördert. Der Lösungsprozess, durch den Anstrengungsbereitschaft und Durchhaltevermögen entwickelt werden, ist für diese Schüler oft viel spannender als das Produkt, in dem sich die Spannung „auflöst". Für Lehrer, die der Kreativität Raum

geben, ist es manchmal sehr interessant, welche Wege diese Schüler beschreiten, um zu einem Ergebnis zu kommen, wie sie sich auf Um- und Holzwege begeben und es dann doch schaffen – oder auch nicht.
Dass es vielen Lehrern schwerfällt, sich in solchen Situationen zurückzuhalten – weil zum Beispiel bei Mathematikaufgaben eine strukturierte, algorithmische Vorgehensweise längst bekannt ist – ist nachvollziehbar. Aber die Erfahrung der Schüler mit dem eigenen Lernen ist durch keine noch so wohlmeinende Lehreranweisung zu ersetzen.
Besonders begabte Kinder und Jugendliche brauchen gerade da Forderung, Unterstützung und Förderung, wo ihre Begabungsspitzen liegen. Denn hier sind sie in der Regel interessiert. Und auf diesen Gebieten werden sie später beruflich tätig und erfolgreich sein.

Das Drehtür-Modell: Mal raus und wieder rein

Jeder weiß, was eine Drehtür ist – es geht rein und raus und rein und … Im Unterricht steht das „Drehtür-Modell" für das Lernen an unterschiedlichen Orten.
Dabei geht es um Individualisierung und Differenzierung. Durch das Drehtür-Modell wird die Schulklasse gewissermaßen nach außen geöffnet, um Schülern ein individuelles Lernen zu ermöglichen. So unglaublich es klingen mag: Schüler verlassen während des Unterrichts den Klassenraum, um an einem anderen Ort zu lernen. Natürlich wirft dieses Modell einige Fragen auf, auf die man zwar allgemein eingehen kann, die aber letztlich fast immer nur individuell und konkret zu beantworten sind:

- Wann darf der Schüler die Klasse verlassen?

Das kommt darauf an. Bei einem jungen Schüler ist es vorerst angebracht, genau zu verabreden, wann er die Klasse verlassen darf, wohin er geht, was er da macht und wann er wieder zurück in die Klasse kommt. Bei einem älteren Schüler, der seine Lernzeit selbstverantwortlich einteilen kann und soll, kann es sein, dass er immer dann die Klasse verlassen darf, wenn er selbst es für richtig hält. Zwischen diesen beiden Extremen gibt es alle möglichen Varianten, die dem jeweiligen Schüler und der Situation entsprechend verabredet werden sollten.

- **Wie steht es mit der Aufsichtspflicht?**

Sie als Lehrer können die Kinder und Jugendlichen nicht immer und überall beaufsichtigen – und brauchen das auch nicht. Die Schüler müssen aber immer das Gefühl haben, dass sie beaufsichtigt werden. Wenn Sie also hin und wieder im Gruppenraum erscheinen, in dem drei hochbegabte Kinder aus verschiedenen Klassen miteinander arbeiten, werden Sie dem Anspruch, die Kinder zu beaufsichtigen, gerecht. Solche Maßnahmen werden immer mit den Eltern abgesprochen. Lassen Sie sich von den Eltern dafür grünes Licht geben. Und da gibt es noch etwas: Vertrauen! Vertrauen Sie den Schülern – geschenktes Vertrauen motiviert zum Arbeiten und wird von den Schülern nur selten enttäuscht. Andererseits sollten Sie aber auch nur Schüler aus der Klasse lassen, wenn Ihrerseits berechtigtes Vertrauen vorhanden ist.

- **Was können die Schüler außerhalb der Klasse überhaupt machen?**

Es gibt viele Möglichkeiten, bei denen das Drehtür-Modell zur Anwendung kommen kann. Und je einfallsreicher die Schüler, Lehrer und Eltern sind, desto mehr Möglichkeiten eröffnen sich. Dabei sind natürlich immer das Alter und der Entwicklungsstand des Schülers zu bedenken. Hier einige Möglichkeiten:

- Zwei Schüler einer Klasse verlassen den Klassenraum, um auf dem Flur gemeinsam eine Zeitung zu erstellen, ein Referat zu schreiben, ein Plakat über ihr Lieblingstier anzufertigen.
- Ein Schüler verlässt seine Klasse, um mit zwei Schülern aus einer höheren Klasse Mathematik-Knobelaufgaben zu lösen und selbst welche zu erfinden. Diese Aufgaben werden dann zum Beispiel in der Freiarbeits-Ecke für andere interessierte Schüler ausgelegt – oder sie werden den Eltern als „Hausaufgabe“ aufgegeben.
- Der Schüler geht in den Computerraum, um dort zu arbeiten.
- Der Schüler geht in die Schul- oder Stadtbücherei, um sich Informationen für ein Thema zu beschaffen.
- Der Schüler nimmt am Unterricht einer anderen (höheren) Klasse teil.

So kann ein einseitig mathematisch besonders begabtes Kind regelmäßig den Mathematikunterricht einer höheren Klasse besuchen. Dasselbe gilt für bestimmte Kurse oder Arbeitsgemeinschaften.

- Der sprachlich begabte Schüler der siebten Klasse eines Gymnasiums lernt die beiden neu angebotenen Fremdsprachen gleichzeitig. Dazu wechselt er zwischen der Latein- und der Französisch-Gruppe.
- An Schulen, die in der Nähe einer Universität liegen, ist es mittlerweile keine große Seltenheit mehr, wenn besonders begabte Schüler während der Schulzeit bereits in bestimmten Fächern Vorlesungen und Seminare an der Universität besuchen.
- An Schulen, die keine Universität vor der Tür haben, können die Schüler Lehrbriefe von Fernuniversitäten anfordern. Diese bearbeiten sie dann zum Beispiel in der Bibliothek. Ein Lehrer fungiert dann in der Regel als Mentor.

- **Sollten die Lernprozesse und Ergebnisse kontrolliert werden?**

Grundsätzlich lautet die Antwort: *„Ja!“* Wie allerdings diese Kontrolle aussieht, kann sehr unterschiedlich sein, wobei der Begriff „Kontrolle“ nicht immer passend ist und bei hochbegabten Schülern auch schlecht ankommt. Denn die Schüler, denen Sie gestatten, die Klasse zu anderen Lernorten hin zu verlassen, sind doch in der Regel Schüler, die etwas Besonderes leisten wollen. Sie wollen ihre Ergebnisse von sich aus präsentieren. Sie möchten gern, dass ihre Ergebnisse von Ihnen (und anderen) beachtet und wertgeschätzt werden und dass Sie als Lehrer sich damit kritisch auseinandersetzen. Kontrolle im herkömmlichen Sinne ist dabei also nicht unbedingt notwendig. An ihre Stelle tritt der Dialog über den Arbeitsprozess und das Arbeitsprodukt des Schülers. Der Lehrer wird zum Lernbegleiter und Lernhelfer, er spricht mit dem Schüler über dessen Arbeitsfortgang, lässt sich von Schwierigkeiten berichten und davon, wie der Schüler diese Schwierigkeiten gemeistert hat. Er hilft dem Schüler, wenn er das möchte. Und letztlich „begutachtet“ er auch zusammen mit dem Schüler das Produkt seiner Arbeit.

- Dass das Drehtür-Modell funktioniert, sehen wir zum Beispiel an **Gina** und **Kim** (beide zwölf Jahre alt), die in der 7. Klasse des Gymnasiums zwei neue Fremdsprachen gleichzeitig lernen, indem sie zwischen der Latein- und der Französisch-Gruppe hin- und herpendeln. Sie nehmen so zwar nur jeweils an der Hälfte des Unterrichts teil, bewältigen aber das komplette Lernpensum für beide Sprachen. Das Ergebnis sehen Sie in Ginas Zeugnis:

ZEUGNIS

für Gina Sophia Victoria

Klasse **7c** Schuljahr **2004/2005** 1. Halbjahr

Versäumte Stunden: 30, davon unentschuldigt 0 Stunden.

Leistungen:

Religion	gut	Mathematik	befriedigend
Deutsch	gut	Naturwissenschaften	
Gesellschaftslehre		Physik	———
Geschichte	befriedigend	Chemie	befriedigend
Erdkunde	gut	Biologie	sehr gut (1. Halbjahr)
Politik	———	Musik	sehr gut
Englisch	gut	Kunst	———
Latein	gut	Sport	gut
Französisch	sehr gut		

Nicht ausreichende Leistungen können die Versetzung gefährden.
Zusätzliche Unterrichtsveranstaltungen:
———

Keine Hinweise zum Arbeits- und Sozialverhalten. *)
Bemerkungen:
———

Düsseldorf-Kaiserswerth, den **11. Februar 2005**

Gieseler StD i.K. i.A.d. Schulleiters — Viehmeister StD i.K., Klassenlehrer(in)

Kenntnis genommen:

Unterschrift des/der Erziehungsberechtigten

Lateinisch-französische „Drehtür“: Halber Unterricht – ganzes Pensum

Motivation – der Motor für exzellente Leistungen

Allzu oft bedauern Eltern und Lehrer, dass hochbegabte Schüler auf bestimmte Aufgaben keine Lust haben und sich deshalb nicht anstrengen. Sie sagen dann, dem Schüler fehle die Motivation. Was ist das eigentlich – Motivation?
Unsere Alltagserfahrung zeigt, dass Menschen von sich aus an verschiedene Tätigkeiten mit recht unterschiedlichem Engagement herangehen. Die eigene Motivation wird aber auch ständig durch äußere Faktoren beeinflusst – nämlich durch die Eltern (Familie), die Lehrer (Schule) und die Freunde.

Motivation bedeutet, ...

... dass man den Willen und das Durchsetzungsvermögen hat, eine bestimmte Aufgabe oder eine angefangene Arbeit zu Ende zu führen
... dass man sich von einer bestimmten Aufgabe angezogen fühlt
... dass man Spaß an etwas hat
... dass man Ziele setzen kann
... dass man Pläne machen kann
... dass man Risiken und Unsicherheitsfaktoren in Kauf nehmen kann

Motivation von innen

Die Eigenmotivation wird im Wesentlichen aus zwei Quellen gespeist: aus inhaltlichen Interessen und aus der intellektuellen Herausforderung.

Motivation
in Abhängigkeit von Interesse und Herausforderung

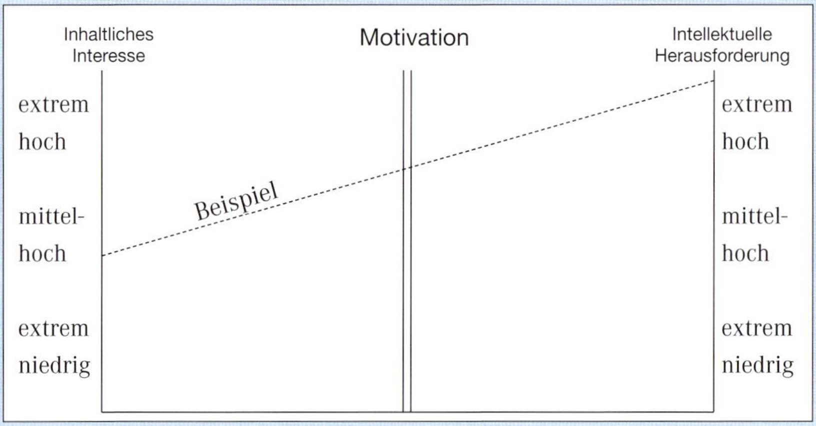

Die Grafik zeigt, dass die Motivation abhängig vom inhaltlichen Interesse und von der intellektuellen Herausforderung ist. Je größer diese beiden Variablen sind, desto größer ist auch die Motivation. Im Beispiel sieht man den Fall eines mittelhohen Interesses bei extrem hoher Herausforderung. Der Kreuzpunkt zwischen der gestrichelten Linie und dem Doppelstrich kennzeichnet die Höhe der Motivation.

Inhaltliches Interesse

Interesse ist eine aus dem Inneren kommende geistige Anteilnahme, die Aufmerksamkeit nach sich zieht. Das inhaltliche Interesse bezieht sich auf die Sache – in der Schule also auf den Lerngegenstand. An vielen Dingen bringen die Schüler bereits Interesse mit. Es wurde vielfach schon in früher Kindheit geweckt. An anderen Sachen entwickelt sich ein Interesse mit zunehmendem Alter. An wieder anderen Dingen muss Interesse erst noch geweckt werden – was für Lehrer zwar nicht immer einfach, aber immer lohnend ist.
Und es gibt auch Bereiche, an denen Schüler so gut wie kein Interesse finden oder entwickeln. Dann besteht für den Schüler die ihm von außen auferlegte Pflicht zur Beschäftigung mit einem bestimmten vorgeschriebenen Lerngegenstand. Das fällt vielen Schülern, besonders aber hochbegabten Schülern, nicht immer leicht. Denn Vorgaben von außen wecken kein Interesse.

Intellektuelle Herausforderung

Die intellektuelle Herausforderung hängt von der subjektiv empfundenen, „gefühlten" Aufgabenschwierigkeit ab. Und die wiederum hat etwas mit dem Handlungsausgang zu tun: *„Habe ich Erfolg oder Misserfolg?"*, *„Schaffe ich die Aufgabe oder nicht?"* Die Leistungsmotivation ist dort am stärksten, wo der Handlungsausgang (Erfolg oder Misserfolg) maximal ungewiss ist – bei subjektiv als mittelschwer empfundenen Aufgaben.
Deshalb sollte jede Aufgabe für einen Schüler immer eine Herausforderung darstellen – nämlich durch individuell als mittelschwer empfundene Aufgaben, deren Lösungsausgang maximal ungewiss ist und die er genau dann lösen kann, wenn er sich anstrengt und intensiv daran arbeitet.
Auf den Punkt gebracht: Zu leicht ist so schlimm wie zu schwer. Ist die Aufgabe zu leicht, verliert sie ihren Reiz. Der Handlungsausgang ist sicher: *„Ich schaffe es locker."*
Ist die Aufgabe zu schwer, ist sie ebenfalls reizlos. Denn auch jetzt ist der Handlungsausgang gewiss: *„Ich schaffe es nicht."*

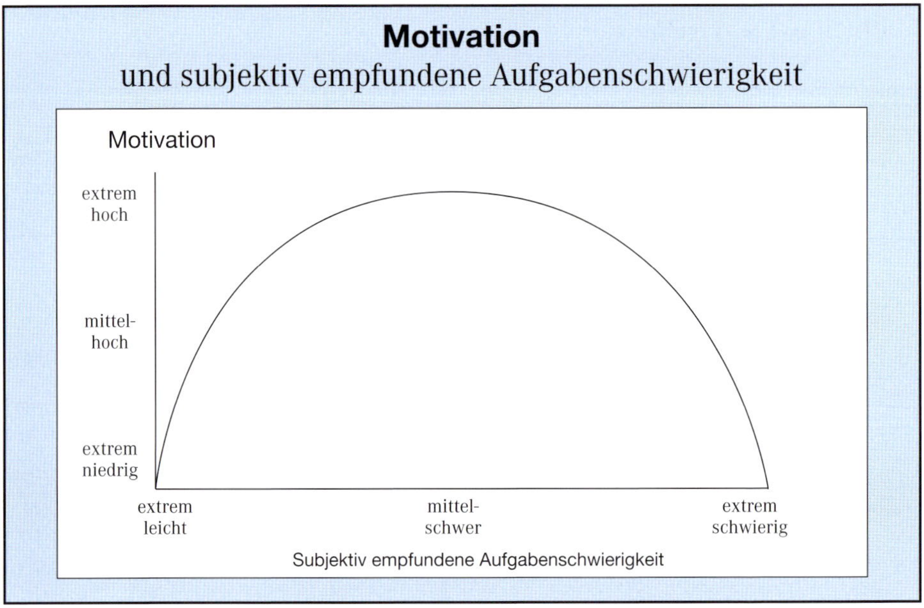

Die Grafik zeigt, bei welcher intellektuellen Herausforderung die Motivation am größten ist. An für ihn mittelschweren Aufgaben kann der Schüler am ehesten feststellen, was ihm gerade noch gelingt bzw. woran er bei zu geringer Anstrengung scheitert. Extrem leichte Aufgaben sind im Hinblick auf so eine Selbstbewertung reizlos. Man weiß ja, dass man sie kann. Extrem schwierige Aufgaben liefern dagegen keine Information über den aktuellen Stand der persönlichen Tüchtigkeit. Sie sind für den Schüler zurzeit unlösbar. Er kann bei konstanten Misserfolgen nicht feststellen, ob er besser geworden ist.

Motivation von aussen

Auf Lerngegenstände Einfluss nehmen und Situationen verändern zu können, reizt zum Handeln - besonders dann, wenn die Ergebnisse dem Schüler wichtig sind. So kann das Interesse des Schülers durch Vorgaben, die ihm Einflussnahme ermöglichen, gesteigert oder auch erst geweckt werden. Dann hat es der Lehrer zumindest teilweise in der Hand, durch äußere Faktoren selbst Einfluss auf innere Abläufe zu nehmen.

Wenn Sie als Lehrer sich bewusst machen, was in Schülern - bewusst oder unbewusst - vorgeht, können Sie Ihre Möglichkeiten kennenlernen und bewusst einsetzen. Dazu sollten Sie die „Motivationalen Schlüsselfragen“ der Schüler kennen.

Motivation von Hochbegabten

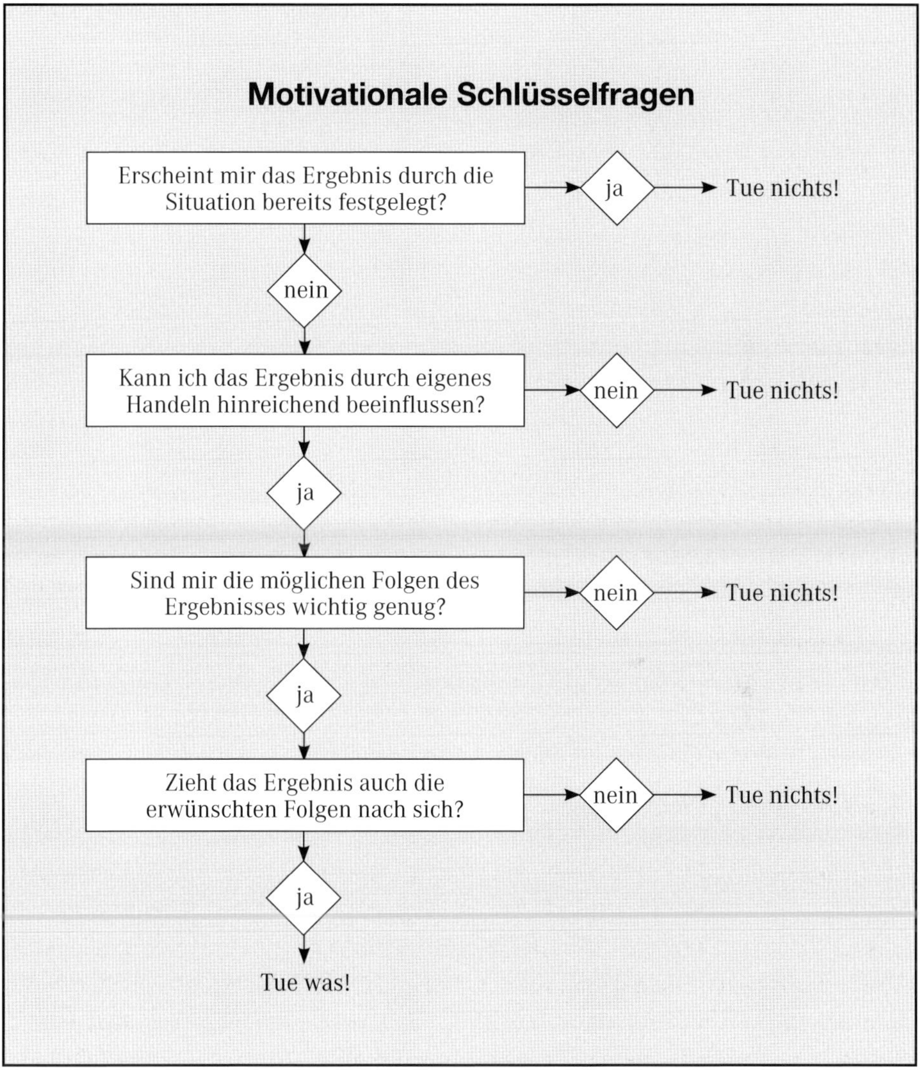

Gelten die bisherigen Aussagen der Motivationstheorie für fast alle Schüler, so gelten für hochbegabte Schüler etwas andere Regeln. Das liegt daran, dass hochbegabte Schüler ein etwas anderes Selbstbild haben, durch das sie höhere Anforderungen an sich selbst stellen.

- Sie haben ein extrem hohes inhaltliches Interesse.
- Sie stellen sich einer extrem hohen intellektuellen Herausforderung.

Damit ist auch immer eine Gefühlskomponente verbunden – der Spaß an der als sinnvoll erlebten Beschäftigung: der Spaß am Lernen.
Bei besonders begabten Schülern sollte das Niveau der gestellten Aufgaben über dem als mittelschwer empfundenen Anspruch liegen – ohne sie aber zu überfordern. Erst wenn sich besonders begabte Schüler einer echten Herausforderung gegenübersehen, gehen sie in den Aufgaben auf. Wenn die Schüler ein Ziel vor Augen haben, das sie – auch mit Mühe – zu erreichen hoffen, stellt das eine „echte Herausforderung“ für sie dar.
Auf dem Weg zu einem großen Ziel kommt es dann – wenn die Aufgaben geschickt gestellt sind, indem sie zum Beispiel in Teilaufgaben gegliedert wurden – zum Erreichen eines Etappenziels, das mit einem kleinen „Triumph“ verbunden ist: Die Anstrengung hat sich gelohnt. Sogleich wird das nächste Etappenziel als neue Herausforderung angepeilt. Es kommt zur ständigen Folge von Begehren und Belohnung – und genau diese beiden Gefühle machen Lernen für die besonders begabten Schüler zu einer Freude.
Bei Schülern, die noch keine hinreichende Arbeitshaltung entwickelt haben, ist es allerdings oft notwendig, dass sie sich ein wenig zum Einstieg in die Aufgabe zwingen. Gegebenenfalls ist auch ein „Anschub“ von außen hilfreich und notwendig.

Motivation
und subjektiv empfundene Aufgabenschwierigkeit
bei hochbegabten Schülern

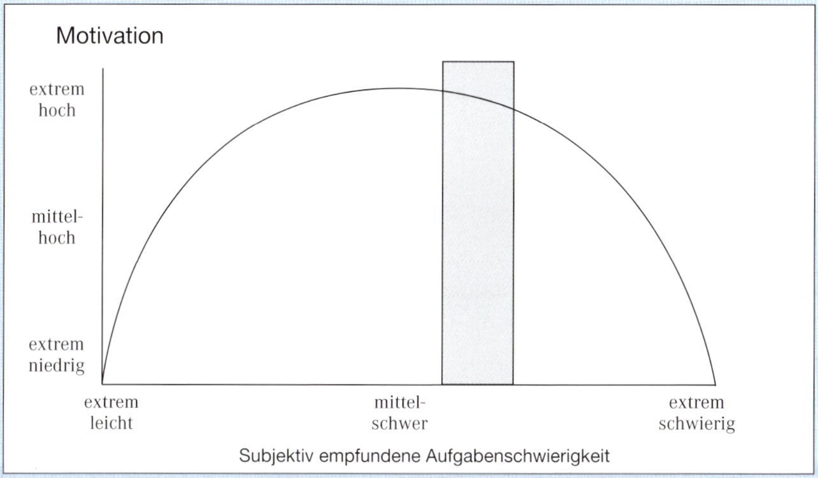

Hier ist der als Säule gekennzeichnete Bereich genau der, der hochbegabte Schüler am meisten anspricht und herausfordert: „Die Aufgaben sind schwer, aber zu schaffen!“ Erfolg wird dann von den hochbegabten Schülern als persönlicher Triumph erlebt und verbucht.

Motivation von demotivierten Hochbegabten

Stellt man sich die Frage, warum gerade hochbegabte Schüler so oft demotiviert sind, dann gibt es nach allem, was wir bisher darüber wissen, folgende Antworten:

- Der demotivierte hochbegabte Schüler ist ständig und langfristig unterfordert. Auch wenn er im Kindesalter Lernfreude und Neugier gekannt hat, dann hat er diese elementaren Eigenschaften verloren – sie sind einfach auf der Strecke geblieben.
- Der Schüler hat nicht gelernt zu lernen. Er hat keine Lern- und Arbeitstechniken entwickelt, weil er nie richtig lernen musste – ihm flog ja immer alles zu. Heute

drückt er sich vor anspruchsvollen Aufgaben, weil er nicht damit umgehen kann. Er ist jetzt mangels angemessener Techniken überfordert. Seinen eigenen Ansprüchen und denen der Lehrer und Eltern kann er jetzt nicht mehr genügen.
- Ständige Übungs- und Wiederholungsaufgaben haben zu schulischem und oft auch außerschulischem Desinteresse und zu Apathie geführt.
- Der Schüler hinterfragt den Sinn der Lerninhalte. Wenn er sie nicht für sinnvoll hält, lehnt er sie ab.
- Der Schüler wurde kaum gelobt. Wenn er etwas gut machte, war das ja selbstverständlich – er ist ja schließlich hochbegabt. Er ist zu der Erkenntnis gekommen, dass es sich nicht lohnt, sich anzustrengen.

Letztlich läuft alles auf unsere beiden motivationalen Grundkomponenten hinaus: inhaltliches Interesse und intellektuelle Herausforderung.
Der demotivierte Schüler ist nie durch ihn interessierende Inhalte intellektuell herausgefordert worden. Und genau da muss der Versuch ansetzen, ihn (wieder) zu motivieren. Das funktioniert aber in der Regel nicht mit einem Schlag. Die meist langfristig zerstörte – oder zumindest gestörte – Motivation kann nur nach und nach in kleinen Schritten wieder aktiviert werden. Oft muss man sogar bei null anfangen. Beachten Sie dabei drei Punkte:

- **Setzen Sie als Lehrer beim inhaltlichen Interesse an.** Lassen Sie den Schüler (nach Möglichkeit) den Lernbereich selbst bestimmen. Wenn noch thematische Interessengebiete da sind, sollten Sie darauf zurückgreifen. Wenn Sie dem Schüler einen Themenbereich vorschreiben, an dem er kein Interesse hat, dann wird er nicht motiviert – und Sie können Ihre weiteren Aktivitäten vergessen. Sie sollten auch dann einen für den Schüler interessanten Themenbereich zulassen, wenn er gerade nicht in Ihr Unterrichtskonzept passt. Die Reaktivierung des Schülers ist Ihr vordringliches pädagogisches Ziel.
- **Passen Sie das Niveau dem derzeitigen Anforderungspotenzial des Schülers an.** Das entspricht sicherlich nicht seinen „theoretischen" Möglichkeiten aufgrund seiner Intelligenz. Er ist gleichsam durch langfristige Demotivation und fehlende Lern- und Arbeitstechniken „gehandicapt". In einem ersten Schritt reicht es, wenn der Schüler zu der für ihn überraschenden Erkenntnis kommt: *„Oh, das kann ich*

ja. Hätte ich nicht gedacht!" Der Schüler hat ein überraschendes Erfolgserlebnis. Das macht für ihn schon „Lust auf mehr". In weiteren Schritten kann dann auch das Aufgabenniveau gesteigert werden, bis es sich nach und nach seinen „theoretischen" Möglichkeiten annähert. Die intellektuelle Herausforderung wird durch Erfolgserlebnisse gesteigert.

- **Nehmen Sie die Leistungen des Schülers bewusst wahr und schenken Sie ihm Aufmerksamkeit.** Sparen Sie nicht mit Lob – mit echtem, konkretem Lob für Leistungen, für die sich der Schüler hat anstrengen müssen (falsches Lob durchschauen hochbegabte Kinder und Jugendliche sofort und lehnen es ab). Sprechen Sie aber auch Fehler an, die der Schüler gemacht hat. Dabei ist es wichtig, dass er die Fehler nicht als Versagen, sondern als „Lernerfahrung" begreifen lernt. Und letztlich sprechen Sie mit dem Schüler über den Lern- und Arbeitsprozess. Vermitteln Sie ihm, dass es Ihnen im jetzigen Stadium nicht so sehr auf das Lernprodukt, sondern auf den Lernprozess ankommt. Reflektieren Sie mit ihm sein eigenes Lernen.

Wenn Sie auf diese Weise die Motivation des Schülers Schritt für Schritt – manchmal auch nur Schrittchen für Schrittchen – gesteigert haben, können Sie auch wieder an andere, neue Inhalte denken. Mit den Erfolgserlebnissen kehren auch die Lernfreude und die Neugierde zurück.

Nun kann der Schüler den „Reiz des Neuen", der schon fast jedes Kleinkind zum Lernen treibt, wieder neu entdecken. Über den „Reiz des Neuen" entwickelt sich die „Gier nach Neuem", die Neugier. Das inhaltliche Interesse kann so gezielt aufgebaut und erweitert werden. So kann der hochbegabte Schüler lernen, wieder Freude an dem zu haben, was er leistet – um langfristig Freude am Lernen selbst zu entwickeln.

Wenn das nicht gelingt, ist ein einmal gemessener Intelligenzquotient bedeutungslos, weil das Potenzial des Kindes nicht in Leistung umgesetzt wird. Dabei gilt die Formel: „Fordern heißt nicht überfordern, sondern herausfordern, damit der Spaß nicht abhandenkommt und die Lust am Neuen wächst."

Neben der Aktivierung der Motivation ist es nun aber noch besonders wichtig, beim hochbegabten Schüler Methodenkompetenzen zu entwickeln. Das *„Was"* des Lernens steht didaktisch betrachtet erst einmal an zweiter Stelle – an erster Stelle steht das *„Wie"*.

Jegliches *Was*-Lernen dient auch dem *Wie*-Lernen. Deshalb muss der Erwerb von Lern-

Was die Schule tun kann

- Die Schule muss bei den individuellen hohen Begabungen, Stärken und Interessen des hochbegabten Schülers ansetzen und ihn möglichst oft in den ihn interessierenden Bereichen arbeiten lassen, damit sich seine Fähigkeiten wirklich entfalten können.
- Projektorientiertes Lernen und individualisierende Maßnahmen, die selbstständiges Lernen ermöglichen, sind unerlässlich, wenn es darum geht, die Motivation des Schülers zu aktivieren.
- Kreative Tätigkeiten und Projekte sollen in einem für den hochbegabten Schüler einsichtigen, sinnvollen und zielgerichteten Zusammenhang stehen.
- Es ist wichtig, dass die gesetzten Ziele vom hochbegabten Schüler persönlich angestrebt werden. Dadurch ist er auch emotional beteiligt und eigenmotiviert.

Werden diese Punkte berücksichtigt, kann der hochbegabte Schüler zu neuem Lernverhalten, zu neuer und langfristiger Lernfreude finden.

inhalten immer sinnvoll mit dem Erwerb und der Verfestigung von Lern- und Arbeitsmethoden verbunden sein. Besonders begabten Kindern sollte allerdings ein angemessener Spielraum zur Entwicklung eigener Lernmethoden belassen werden, um die eigenen Lernwege nicht unnötig zu stören und dadurch einzuengen.

Alles, was für die Lehrer hochbegabter Schüler gilt, das gilt auch für die Eltern. Sie sollten nicht nur das methodische Vorgehen der Schule nach Absprache unterstützen, sondern auch selbst versuchen, ihr Kind im außerschulischen Bereich vorsichtig fordernd für sein Interessengebiet neu zu motivieren. Orientieren Sie sich dazu an den Ratschlägen für den schulischen Unterricht.

Das Wichtigste aber, was Sie, liebe Eltern, Ihrem Kind geben können, ist Zeit. Sprechen Sie mit Ihrem Kind über seine Vorstellungen, Wünsche und auch über seine Ängste und Probleme. Planen Sie mit Ihrem Kind gemeinsame Unternehmungen und Projekte und führen Sie die auch gemeinsam mit Ihrem Kind durch. Bauen Sie Ihr Kind auf. Es braucht vor allem anderen Sie und Ihr Vertrauen. Und – haben Sie Geduld, wenn es nicht auf Anhieb so klappt, wie Sie es gern möchten. Ihr Kind braucht Zeit – auch Ihre Zeit.

Grundsätzliche Empfehlungen für Lehrer

Die folgenden Hinweise für Lehrer hochbegabter Kinder und Jugendlicher sind auch für die Eltern dieser Kinder wichtig. Diese Empfehlungen wurden für hochbegabte Grundschulkinder erarbeitet. Sie sind in abgewandelter Form aber auch für Jugendliche in der Realschule und im Gymnasium brauchbar.

Bedenken Sie bei all dem: Hochbegabte Kinder sind in der Regel keine Wunderkinder, sondern Kinder mit besonderen Fähigkeiten, die manchmal anders sind und weiter denken als wir das für (alters-)adäquat halten. Wir sollten uns auf diese Andersartigkeit einlassen und diesen Kindern helfen, ihr Potenzial auch ausschöpfen zu können. Bedenken Sie aber auch, dass die Entwicklung des hochbegabten Kindes in den einzelnen Bereichen – nämlich dem kognitiv-intellektuellen, dem psycho-emotionalen und dem körperlichen – asynchron verlaufen kann. Das ist sogar eher die Regel als die Ausnahme.
Wenn beispielsweise die kognitiv-intellektuellen Fähigkeiten, die psycho-emotionalen und psycho-sozialen Kompetenzen des Kindes unterschiedlich weit entwickelt sind, kann es zu einer Unterforderung in dem einen und zu einer Überforderung in dem anderen Bereich kommen. Das hält langfristig kein Kind aus – auch kein Erwachsener. Lehrer und Eltern sollten für diese Problematik besonders sensibel sein und sich darauf einstellen.

- Seien Sie flexibel. Offene Unterrichtsgestaltung sollte ein grundsätzliches Prinzip sein.
- Versuchen Sie, ein Unterrichts- und Klassenklima zu schaffen, das (Hoch-) Leistung erwartet, herausfordert und hervorhebt, ohne gleichzeitig Druck auf die schwächeren Schüler auszuüben. Kinder sollen und dürfen etwas leisten und das auch vor anderen zeigen. In vielen Schulen werden die besten Sportler nach den Bundesjugendspielen vor der Schulgemeinde ausgezeichnet. Warum sollten nicht auch Kinder mit besonderen Fähigkeiten in anderen Bereichen ausgezeichnet werden? Das Lernklima der Klasse und der Schule sollte leistungsorientiert gestaltet werden.

- Vermitteln Sie dem besonders begabten Kind den Eindruck, dass es von Ihnen als solches erkannt, gewollt und akzeptiert wird. Die Aufmerksamkeit für und die Bemühung um besondere Begabung muss normaler Schulalltag sein. Auffälligkeiten wie Herumkaspern, gelangweiltes Aus-dem-Fenster-Gucken, Unkonzentriertheit und Fehler bei leichten Aufgaben werden häufig missverstanden. Sie sind meist Symptome dafür, dass nicht genügend Anreize für das begabte Kind existieren und es deshalb unterfordert ist.
- Nehmen Sie das besonders begabte Kind ernst! Führen Sie es nicht vor!
- Vereinbaren Sie geheime Zeichen mit dem Kind, wenn Sie Zurückhaltung wünschen. Das Kind wird das verstehen.
- Geben Sie dem Kind Freiräume, wenn es zum Beispiel Rechenaufgaben nicht malen (fünf Luftballons plus zwei Luftballons anmalen), sondern rechnen möchte.
- Geben Sie nicht noch ein Blatt mit ähnlichen Aufgaben, sondern neue Knobelaufgaben, Sachaufgaben oder Ähnliches. Hochbegabte Kinder mögen keine Wiederholungen.
- Geben Sie dem Kind Freiräume zur Entfaltung der eigenen Kreativität. Die beste Förderung ist nicht selten ein leeres Blatt Papier.
- Binden Sie das besonders begabte Kind von Zeit zu Zeit in Ihre Lehrtätigkeit ein – zum Beispiel als Hilfe für schwächere Schüler. Aber Achtung: Keine Hilfslehrer-Rolle. Denn oft verstehen die hochbegabten Kinder nicht die Schwierigkeiten anderer Kinder. Außerdem ist so eine Tätigkeit für besonders begabte Kinder keine adäquate Förderung.
- Erlauben Sie dem Kind, Zwischenschritte wegzulassen, wenn die Ergebnisse richtig sind und Sie den Eindruck haben, dass das Kind alles verstanden hat – zum Beispiel bei der Zehnerüberschreitung oder der halbschriftlichen Multiplikation.
- Geben Sie dem Kind, wenn es fertig ist, ein Extra-Buch, das keinen Schulstoff beinhaltet.
- Erteilen Sie der Klasse alternative Arbeitsaufträge, von denen das hochbegabte Kind, aber auch andere Schüler besonders profitieren können.

Achtung! Versuchen Sie dabei immer, das hochbegabte Kind in die Gemeinschaft zu integrieren, indem Sie diese Aufgaben mehreren Schülern geben, nicht nur dem besonders begabten Kind.

- Initiieren Sie eine Teilnahme an Wettbewerben (zum Beispiel Landesweiter Mathematikwettbewerb, Lesewettbewerb, Känguru-Wettbewerb ...).
- Stellen Sie das besonders begabte Kind hin und wieder für außerschulische Aktivitäten vom Unterricht frei. (Als Nachweis kann es darüber ein „Tagebuch" führen.)
- Erleichtern und begleiten Sie das Überspringen von Klassen (siehe „Drei-Phasen-Konzept").
- Führen Sie eine oder zwei Förderstunden in der Woche außerhalb der Klassengemeinschaft durch. Als Projekt (auch jahrgangsübergreifend) können solche Aufgaben für besonders begabte Kinder sehr motivierend sein – zum Beispiel:
  - Vorbereitung auf einen Mathematik-Wettbewerb.
  - Aktuelles Thema (Vulkanausbruch, Stadtpolitik usw.) bearbeiten. Eventuell eine Wandzeitung darüber erstellen (Nebeneffekte: übersichtliche Gestaltung, ordentliche Schrift und Erlernen von Arbeitstechniken).
  - Zeitungen nach Artikeln zu einem thematischen Bereich durchsehen, Interviews erstellen.
  - Länder erforschen: Informationen bei einem Konsulat oder über das Internet einholen, Referat darüber halten.
  - Arbeiten im Ressourcen-Raum als Lern-, Spiel- und Forschungsraum.
  - Arbeiten in der schuleigenen Bücherei.
  - Erstellen einer Schülerzeitung (zusammen mit anderen Schülern).
  - Freie, völlig selbstbestimmte Projekte (zum Beispiel: Was ist American Football? Wie lauten die Regeln beim Fußball?).
  - Arbeiten am Computer, Zugang zum Internet (nur unter Aufsicht eines Lehrers).
  - etc.

- Geben Sie dem Kind außergewöhnliche Aufgaben, zum Beispiel:
- *„Male ein Bild, für das du eine 5 bekommen würdest!“* oder *„Auf welche Weisen kannst du das Wort ‚XY‘ falsch schreiben, ohne dass sich die Aussprache des Wortes ändert?“*
- Besuch eines nahe gelegenen Gymnasiums, falls das zu organisieren ist.
- Vergeben Sie (eventuell schulweit) ein „Querdenker-Diplom“ für besonders ausgefallene Denkleistungen oder Einfälle.
- Vergeben Sie ein „Känguru-Diplom“ für den Schüler, der in seinen Leistungen den „größten Sprung“ nach vorn gemacht hat. (In Anlehnung an den gleichnamigen Wettbewerb – oder nehmen Sie an diesem Wettbewerb teil.)
- Arbeiten Sie mit dem Lehrer der Parallelklasse zusammen und tauschen Sie untereinander Schüler aus: Eine Gruppe wiederholt den Unterrichtsstoff (dann kann auch ein schwächerer Schüler einmal als Erster den Finger oben haben), die andere Gruppe bearbeitet zum Beispiel Denksportaufgaben.

Kapitel 8: Das Wichtigste in Kürze

- Damit Hochbegabung zum Erfolg – in der Schule und im späteren Leben – führt, sind besondere Eigenschaften notwendig, die unter dem Begriff „Erfolgs-Intelligenz" zusammengefasst werden.
- Das Wissen um die eigene Hochbegabung kann ein Segen, aber auch eine Belastung für das Kind bzw. den Jugendlichen sein.
- Neben den „normalen" Konflikten im schulischen Umfeld gibt es spezifische Konflikte, die nur im Zusammenhang mit hochbegabten Kindern auftreten.
- In verständnisvoller Zusammenarbeit zwischen allen Beteiligten können Konflikte behoben oder sogar im Vorfeld vermieden werden.
- Durch langfristige Unterforderung verlieren hochbegabte Kinder die Lernfreude.
- Unterforderte Kinder entwickeln weder Lern- und Arbeitstechniken noch Arbeitshaltung und Anstrengungsbereitschaft.
- Hochbegabte Schüler sind nicht Kinder, die automatisch alles ohne Anstrengung können.
- Hochbegabte Schüler brauchen eine besondere Förderung. Sie entwickeln sich in der Regel nicht von allein.
- Um hochbegabte Schüler vor Unterforderung zu schützen und ihr hohes Potenzial in exzellente Leistung umzusetzen, müssen sie individuell gefordert werden: „Fördern durch Fordern!"
- Eine angemessene Förderung geschieht durch Akzeleration (Beschleunigung) im Lernprozess – z. B. durch Überspringen einer Klasse – oder durch Enrichment (Anreicherung) des Unterrichtsstoffes mit Inhalten, die eine besondere Herausforderung darstellen.
- Motivation ist der Motor allen Lernens. Motivierend wirkt die Beschäftigung mit einem den Schüler interessierenden Thema auf einem Niveau, das dem Schüler viel abverlangt, ihn also herausfordert.

artman
SELECTION

9

Besonders begabte Erwachsene: Es kommt darauf an, was man daraus macht

In diesem Kapitel erfahren Sie,

- wie unterschiedlich die Lebenswege begabter Kinder im Beruf und im Erwachsenenalter verlaufen können
- dass es nicht immer die Hochbegabten sind, die später im Leben Erfolg haben
- durch welche Eigenschaften sich erfolgreiche Erwachsene auszeichnen
- dass es für ein glückliches, zufriedenes Leben auf mehr ankommt als auf Hochbegabung, Arbeit, Leistung und Effizienz

Hochbegabte Kinder und ihre unterschiedlichen Lebenswege

Erfolg, Lebenszufriedenheit und Glück vom Kindes- bis ins Erwachsenenalter hängen von vielen Bedingungen ab, auch leider zum Teil vom Zufall. Hohe Begabung allein macht es nicht. Denn viele Beispiele belegen, dass die besten Schulnoten von den gut Begabten, nicht den Hochbegabten kommen. Den gut Begabten fällt es leichter, sich anzupassen. Und sie müssen sich anstrengen für hervorragende Leistungen.

Highly effective people, wie die Amerikaner sie nennen,
zeichnen sich aus durch ...

- Selbstdisziplin, Anstrengungsbereitschaft, Zielstrebigkeit und Fleiß über Jahre hinweg
- Kommunikationsfähigkeit, Kompromissbereitschaft und die Fähigkeit zu synergetischer Leistung, in der die eigene Durchsetzungsfähigkeit in Teamleistung mündet
- realistische Zweifel am eigenen Standpunkt und die Fähigkeit, Lernergebnisse anderer zu adaptieren und umzusetzen
- schnelle Fähigkeit zur Anpassung an Realitäten und Kreativität in der Lösung von Problemen
- Weitblick und einen siebten Sinn für den richtigen Zeitpunkt
- Führungsstärke: Die Kraft, Dinge zu gestalten und Verantwortung zu übernehmen - in Kombination mit der Fähigkeit, die zu überzeugen, die man führen will

In unserer Arbeit mit hochbegabten Kindern und Jugendlichen sind wir auch auf hochbegabte Erwachsene und deren Lebensgeschichten gestoßen, die deutlich machen: Es kommt darauf an, was man daraus macht!

Einige der Lebensgeschichten haben wir für Sie zusammengestellt. Sie zeigen unterschiedliche Menschen, die ihren eigenen Weg gehen oder gegangen sind. Uns ist klar, dass wir nicht zeigen können, wie sich Hochbegabte entwickeln und wie Sie Ihr Kind in einigen Jahren vor sich finden werden. Das wollen wir auch nicht. Wir möchten Sie darauf aufmerksam machen, dass es im Leben auf mehr ankommt als auf Hochbegabung, Arbeit, Leistung und Effizienz. Und vielleicht auch darauf, dass die Ideen der Eltern sich nicht immer bei den Kindern unterbringen lassen.
Aus der Feststellung einer hohen Begabung im Kindesalter auf spätere Lebenserfolge oder gar späteren Reichtum zu schließen, wäre vermessen. Prognosen gibt es nicht. Es kommt darauf an, was man daraus macht. Hohe Begabung ist ja nur ein Geschenk, das einem mit ins Leben gegeben wird. Manche Kinder nehmen ja auch Belastungen mit ins Leben, mit denen sie umgehen müssen und an denen sie reifen können. Auch das ist eine Chance.

Frühes Fördern zahlt sich später aus

Stefan (27 Jahre alt): Der ewige Student

Das Fallbeispiel Stefan zeigt, wie elementar wichtig es ist, mit der hochbegabtenspezifischen Förderung schon sehr früh zu beginnen. Ein „Zu früh“ gibt es bei dieser Thematik nicht.

- **Stefan** studiert im 8. Semester Sozialarbeit an einer deutschen Fachhochschule - leider recht erfolglos.
  Die Schulkarriere von Stefan ist die typische Negativ-Karriere eines unverstandenen und nicht speziell geförderten hochbegabten Kindes. Als Stefan eingeschult wurde, kannte und konnte er bereits alle Buchstaben. Und der Zahlenraum bis 1000 bereitete ihm weder bei der Addition noch bei der Subtraktion besondere Schwierigkeiten.
  Was ihm jetzt im ersten Schuljahr bevorstand, war eher eine Zumutung als eine Herausforderung. Ein Jahr lang sollte er damit zubringen, die Buchstaben nach und nach zu lernen und sich den Zahlenraum bis 20 zu „erobern“!

Tolle Aussichten für Stefan.
Zum Glück hatte Stefan aufgeweckte Eltern, die eine Vorversetzung in die 2. Klasse forderten. Die *„Ja, aber“*-Antwort der Schule ist zwar nicht typisch, aber auch nicht so selten. Die Klassenkonferenz entschied, dass Stefan ja schon vieles konnte, in seinem sozialen Verhalten aber noch nicht reif genug für die 2. Klasse sei. Damit war für Stefan ein Jahr gähnende Langeweile angesagt. Wohin mit der Energie eines sechsjährigen Jungen – wenn nicht lernen? Stefan wurde verhaltensauffällig – und zwar auf die äußerst unangenehme Tour. Er wurde renitent, rebellisch und aufsässig: Alle Ordnungsmaßnahmen der Schule und des Elternhauses griffen nicht.
Auf außerschulische Beratung hin wurde Stefan gegen alle schulischen Bedenken in die 2. Klasse vorversetzt. Erfolgreich. Er konnte hier zum Erstaunen einiger Lehrerinnen gut mitarbeiten, sein soziales Verhalten normalisierte sich sehr schnell – und er wurde zu einem recht angenehmen Kind ohne negative Verhaltensauffälligkeiten.
Es dauerte nicht lange, da war er nicht nur der jüngste, sondern auch der beste Schüler der Klasse. Und schon wieder unterforderte ihn das Lerntempo der übrigen Schüler. Die zusätzlich angebotenen Aufgaben forderten ihn auch nicht heraus. Sie waren freiwillig, also machte er sie nicht, obwohl er sie auch „aus dem Ärmel schütteln konnte“. Schließlich wollte er ja auch kein Streber sein.
Den geforderten Unterrichtsstoff lernte er leidlich und gelangweilt. Lernen lernte er nie – und auch keine Arbeitstechniken.
So kam er aufs Gymnasium, das er ohne besondere Anstrengung und ohne besondere Interessen durchlief. Interessant waren bestenfalls die geschwänzten Unterrichtsstunden, die er gern im Spielsalon verbrachte. Zweimal schrappte er knapp am Sitzenbleiben vorbei. In Klasse 11 lernte er dann zumindest, wie man Feten organisiert, durchführt und am nächsten Morgen schön lange ausschläft.
Nach dem Dreier-Abitur absolvierte er seinen Militärdienst mit der Beförderung zum Gefreiten. Das anschließende Psychologie-Studium erwies sich nach vier Semestern dann doch nicht als das Richtige. Weil die Eltern nicht ganz unvermögend waren, konnte er es sich leisten, noch mal mit einem neuen Studium zu beginnen. Informatik brach er nach drei Semestern ebenfalls ab. Das war überhaupt nichts für ihn, weil er dort richtig pauken musste – und genau das hatte er nie gelernt.

Informatik war eben doch etwas anderes als Computerspielen.
Mit 27 Jahren studiert er nun im 8. Semester Sozialarbeit. Vielleicht meldet er sich bald endlich zum Vordiplom an – vielleicht auch nicht.
Die Eltern sind ratlos. Sollen sie ihm eine Frist setzen und dann die Zahlungen einstellen? Was ist da nur falsch gelaufen?

Dass die Ursachen für Stefans Versagen bereits ganz früh in seiner Kindheit und in seiner Schulzeit liegen, dürfte jedem aufmerksamen Leser dieses Buches klar sein. Stefan wurde von der Schule nicht herausgefordert und von den Eltern vermutlich verwöhnt. Wahrscheinlich haben die Eltern – nach ihren anfänglichen Anstrengungen zur Grundschulzeit – recht bald die Flinte ins Korn geworfen und den Kampf aufgegeben. Leider haben sie auch versäumt, Stefan außerschulisch zu fördern, zum Beispiel an der Kinder-Uni, in speziellen Vereinen usw. Offenbar haben sie auch nicht in einem ansprechenden und bildungsreichen Milieu Interessen in ihrem Kind geweckt und gefördert, an denen es hätte arbeiten und so das Lernen lernen können.
Wann und wo ist die natürliche Neugierde dieses hochbegabten Kindes auf der Strecke geblieben?
Und wie sieht es heute mit Stefan aus? Er ist längst erwachsen und erwartet, dass man ihn auch so behandelt. Aber ist er auch bereit, die Konsequenzen daraus zu ziehen? Wie lange will er noch das eigene Unvermögen und Versagen auf andere abwälzen – auf seine Lehrer und Eltern? Ist Stefan überhaupt noch in der Lage, sein Leben ohne fremde Hilfe selbst in die Hand zu nehmen und nach vorn zu sehen?
Das alles sind Fragen, die wahrscheinlich nicht gestellt werden müssten, wenn Stefan in seiner Kindheit eine angemessene Förderung durch angemessene Forderungen erhalten hätte – von seinen Eltern, von seinen Erzieherinnen und von seinen Lehrern.

Im Leben kriegt man nichts geschenkt

Martina (über 50 Jahre alt): Die Zielstrebige

Das Fallbeispiel Martina zeigt, dass Arbeitshaltung und hartnäckige Zielstrebigkeit zu einem erfolgreichen Leben führen können – sogar, wenn die frühkindliche Förderung nach akademischen Gesichtspunkten eher als „misslungen“ bezeichnet werden muss.

- **Martina**, mittlerweile eine Frau über die Fünfzig, ist ein gutes Beispiel dafür, dass frühkindliche Förderung ganz anders aussehen kann, als wir das gemeinhin für richtig halten.
  Martina wurde als jüngstes von vier Kindern einer Arbeiterfamilie geboren. Und es war eigentlich von Anfang an klar, dass Martina – wie auch schon ihre Mutter und deren Mutter – ihren Lebensunterhalt in der nahe gelegenen Fabrik verdienen würde.
  Martina wuchs in ärmlichen Verhältnissen auf und spielte mit Kindern, die ebenfalls in ärmlichen Verhältnissen aufwuchsen. Wenn überhaupt von einer besonderen Förderung von Martina die Rede sein kann, dann lässt sie sich so zusammenfassen: *„Das Leben schenkt einem nichts – und was du haben willst, musst du dir hart erarbeiten.“*
  Martina kam in die Volksschule. Und niemand dachte daran, sie nach vier Jahren auf ein Gymnasium zu schicken, obwohl ihr das Lernen erstaunlich leichtfiel.
  Im sechsten Schuljahr bekam Martina einen neuen Klassenlehrer, dem ihre hohe Begabung sofort auffiel. Der musste aber mit Engelszungen reden, um Martinas Eltern davon zu überzeugen, dass ihr Kind auf ein Gymnasium gehörte. Dieser Lehrer erreichte es sogar, dass Martina auf ein Internat kam, in dem in einem speziellen Förderkursus für besonders begabte Kinder die ersten drei Jahrgänge des Gymnasiums in zwei Jahren absolviert wurden. Martina schaffte das leicht.
  Sie schloss das Gymnasium mit einem Einser-Abitur ab, beendete ihr erstes Studium mit einer Promotion und hängte an ihr zweites Studium ebenfalls noch eine erfolgreiche Promotion an. Heute ist Martina eine reiche und erfolgreiche Frau, der es gelungen ist, ihre hohe Begabung in exzellente Leistung umzusetzen.

Was ist das Besondere an der Entwicklung von Martina? Wenn ihre Eltern sie auch nicht intellektuell gefördert haben, so scheint sie sich doch alles geholt zu haben, was sie brauchte. Und zusätzlich hat sie von ihren Eltern gelernt, dass ihr das Leben nichts schenken wird. Diese Lehre hat Martina ihr Leben lang begleitet und vorangetrieben. Sie wurde während ihrer Kindheit nie im materiellen Sinne verwöhnt, bekam aber immer genug Liebe und Anerkennung, um ein starkes Selbstbewusstsein zu entwickeln. Damit waren die Grundlagen für ein erfolgreiches Leben gelegt.

Der Perfektionist

Hans (Mitte 40): Der Gitarrenbauer

- Nach der Lehre als Schreiner interessierte sich Hans zunehmend dafür, wie Musikinstrumente aus Holz gebaut werden.
  Seit seiner Kindheit hatte er immer schon gern Musik gemacht, früh Gitarre gelernt, sich dann als Jugendlicher mit mittelalterlichen Zupfinstrumenten aus Holz beschäftigt. Geforscht, Bücher dazu gelesen, einzelne Instrumente aus Zeichnungen nachgebaut.
  Zwischen dem zwanzigsten und dreißigsten Lebensjahr verdiente er sein Geld als angestellter Schreiner, wurde aber zunehmend unzufrieden, weil sein Meister ihn immer wieder drängte, schneller zu arbeiten.
  Für ihn, der immer alles sehr sauber und exakt bauen wollte, ein Druck, den er zunehmend schlechter aushielt.
  Er verdiente zwar regelmäßig Geld, entschied sich jedoch, das Risiko einzugehen und sich als Gitarrenbauer selbstständig zu machen.
  In einem kleinen Ausstellungsraum hat er jetzt fünf bis ins Kleinste perfekt gebaute Gitarren ausgestellt.
  Jedem, der hineinkommt, führt er den lupenreinen Klang vor. Zum Vergleich lässt er die Zuhörer eine teure Konzertgitarre , ebenso aus Holz, hören. Selbst derjenige unter den Zuhörern, dessen Ohr wenig musikalisch geschult ist, hört den Unterschied. Seine Gitarre ist nicht zu verbessern, perfekt.

Nur - leben kann er jetzt von seiner Arbeit nicht. Zu lange braucht er, um eine einzelne Gitarre zu bauen: Zwei Monate lang. Denn immer wieder experimentiert er zwischendurch mit anderen Hölzern, die er teuer einkauft.
Ab und zu kommt ein Berufsmusiker und kauft ihm eine Gitarre ab. Denn er gilt in der Branche als Geheimtipp. Leider lässt er sich dann im Preis so runterhandeln, damit er überhaupt etwas verdient, dass er seinen Perfektionismus letztlich selbst teuer bezahlt.
Dennoch kann und will er - so sagt er immer wieder mahnenden Freunden - nicht „in Serie" produzieren. Aus dem gemieteten Haus muss er jetzt ausziehen, nachdem seine Frau, die bisher das Geld zum Leben verdiente, sich von ihm getrennt hat.

Ein bisschen Trauer und Tragik schwingt hier mit. Man spürt, wie Hans sich in sein Hobby verrannt hat, das er zum Broterwerb gemacht hat.
Sicherlich braucht Hans therapeutische Hilfe, um nicht im Leben zu scheitern.
Wahrscheinlich muss er neben anderem lernen, dass Professionalität auch heißt, nicht immer wieder neu an seinen eigenen Leistungen und Produkten zu zweifeln - und dass es auch ein „gut genug" gibt.

Lernen im Vorbeigehen

Pierre (20 Jahre alt): Der Blick nach vorn

- Wenn man Pierre zuhört, meint man, er sei mindestens 26 oder 27 Jahre alt. Er redet wie jemand, der mitten im Leben steht, gerade sein Studium abgeschlossen hat oder schon seit einiger Zeit arbeitet. Er könnte ein junger Manager oder auch Arzt sein. So ist das aber nicht. Pierre ist erst 20 Jahre alt und hat gerade das Abitur gemacht.
  Nicht spitzenmäßig, aber auch nicht schlecht hat er seine Schullaufbahn abgeschlossen. Aber es hätte besser sein können. Viele seiner Lehrer haben ihm immer wieder sehr gute Fähigkeiten attestiert und ihn als „schlaues Bürschchen" bezeichnet. Seine Eltern haben ihm während seiner Schulzeit weitgehend freie

Hand gelassen. Schon in der Grundschule hat er sich um das meiste selbst gekümmert. Auf dem Gymnasium gab es für die Eltern kaum Anlass, mit den Lehrern Kontakt aufzunehmen. Mit Eintritt in die Oberstufe hatte er seine Eltern schlichtweg von ihren schulbezogenen Pflichten entbunden: *„Ich regele das“,* hatte er lapidar gesagt. Pierre hat sich schon immer selbst gemanagt und tut das auch jetzt.
Von Kindheit an hatte Pierre viele und gute Freunde, hatte auch oft Kontakt zu älteren Kindern und Jugendlichen und war an Nachmittagen fast immer unterwegs – sei es zu Freunden zum Fußballspielen oder Baumhausbauen, sei es zum Sport oder zum Abhängen an der Bushaltestelle. Pierres Eltern mussten früh lernen, dass ihr Sohn einen eigenen und unabhängigen Weg geht. Auch von anderen wie Nachbarn, Lehrern und Trainern war Pierre geachtet. Er war kein „Weichei“, kein Drückeberger, aber auch keiner, der über die Stränge schlägt: Pierre war anerkannt.
Alles in allem hört sich das alles sehr gut an: von Problemen keine Spur. Pierre ist rundum gesund, hat ein gutes Selbstbewusstsein und ist fit für die Zukunft – wäre da nicht ... Im Moment hängt Pierre ein wenig in den Seilen – nicht in dem Sinne, dass es ihm nicht gut geht, sondern vielmehr, weil er seinem Wunschstudium „Publizistik und Journalistik“ nicht direkt nachgehen kann. Sein Abitur mit Durchschnittsnote 2,1 ist nämlich zu schlecht. Verstehen Sie das nicht falsch: Pierre hat damit kein richtiges Problem, aber ein wenig Ärger kommt in ihm schon hoch. Außerdem nagt dieser Zustand an seinem guten Selbstbewusstsein, denn er bekommt ja sonst fast alles hin, was er sich vornimmt. Pierre hat schon einen Plan geschmiedet, wie er die Wartezeit bis zum Beginn seines Studiums überbrückt: Erst einmal Zivildienst, dann nach Mittelamerika – denn er will noch Spanisch lernen – und dann bei einer Zeitung oder Agentur einsteigen, um praktische Erfahrungen zu sammeln.
Zur Zeit seines Abiturs hat Pierre einige Male darüber nachgedacht, dass er den Numerus clausus für Publizistik nicht schaffen wird. Er hat sich selbstkritisch beäugt, seine Oberstufenzeit Revue passieren lassen und auch darüber nachgedacht, was ihn zu einem „Schüler mit minimalem Aufwand und optimalem Ergebnis“ (so der Chemielehrer zu 10 Punkten in der Klausur) gemacht hat. Ärger kam in ihm hoch, zunächst über sich selbst, dann auch über die Schule. Eine leichte Krise machte sich breit. In dieser Phase hat sich Pierre einfach seinen Frust von

der Seele geschrieben und einige interessante Aussagen über seine schulische Karriere gemacht:

„Lernen geht ja wie von allein: im Vorbeigehen, beim Halb-Zuhören, beim Schlafen, Essen oder Fernsehen – so hatte ich mir das mal gedacht. Und so habe ich auch das Lernen gelernt, nämlich gar nicht. Viele Dinge sind mir in den Schoß gefallen, ich musste nie großartig was dafür tun, dass ich mir Namen und Nummern merken konnte. Früher konnte ich in der Schule Bücher unter dem Tisch lesen und trotzdem die Mathe-Aufgabe an der Tafel halbwegs lösen, wenn der Lehrer mich nach vorn rief. Ich wusste nicht, was Anstrengung ist. Hatten meine Eltern mal die Fernbedienung vom Fernseher versteckt, dann dauerte es keine zwei Minuten und sie war wieder im Gebrauch. Alles war kinderleicht. Waren das noch Zeiten!

Jetzt mache ich Abitur und mir geht es auch nicht wirklich schlecht dabei. Es wird nicht gut, aber auch nicht schlecht werden. Aber ich merke immer mehr, dass ich das Lernen nicht gelernt habe. Ich habe bisher Texte kurz überflogen, mir was aus den Äußerungen der anderen zusammengereimt und dann was Passables formuliert. Kleine Arbeiten habe ich aber so gut wie nie erledigt. Woran das gelegen hat, weiß ich auch nicht genau. Sehr wahrscheinlich hab' ich es einfach nicht besser gewusst. Mir fällt es kolossal schwer, mich an den Schreibtisch zu setzen, seitenweise Geschichte reinzupauken und alle Mathe-Klausuren nachzurechnen – vorausgesetzt, ich finde sie überhaupt.

Wenn ich darüber nachdenke, ärgere ich mich über mich selbst. Hätte ich bloß früher damit angefangen, die Schule ernst zu nehmen! Hätte ich mich doch einmal angestrengt! Und hätte ich mir mal Gedanken über das Lernen gemacht!

Aber wie hätte ich die Schule ernst nehmen sollen, wo ich sie doch nur leichtnehmen konnte? Und wie hätte ich mir Gedanken über das Lernen machen sollen, wo ich doch praktisch alles im Vorbeigehen gelernt habe?“

Pierre wird sich nicht unterkriegen lassen, denn er hat ein gutes Selbstvertrauen und wird seine Fähigkeiten unter Beweis stellen können. So geht er auch jetzt an seine Zukunft heran: mit Blick nach vorn.

Das Organisationstalent

Anne (37 Jahre alt): Managerin eines „kleinen Familien-Unternehmens"

- Drei Kinder zwischen zwei und acht, ein Mann Anfang 40, der die ganze Woche lang arbeiten geht und eine Teilzeittätigkeit als promovierte Chemikerin in einem Industrieunternehmen. Von wem ist hier die Rede? Anne, 37 Jahre alt, Mutter, Hausfrau und Chemikerin. Wir haben sie kennengelernt, als sie ihren ältesten Sohn Jonas wegen beginnender Schulschwierigkeiten vorgestellt hat. Anne sieht einige Parallelen zwischen sich selbst und Jonas, der auch hochbegabt ist und ein ADS hat.

  Im Alltag sieht sich Anne ständig an verschiedenen Stellen arbeiten. Sie erzählt, dass sie beim Wäschemachen bereits das Wochenende plant, auf der Fahrt zur Krabbelgruppe ihres Jüngsten schnell die Haushaltseinkäufe erledigt oder die Ergebnisse der Laboruntersuchungen via Handy abfragt. Schnell gewinnt man den Eindruck, das sei alles Hektik und Termindruck: das Hetzen von A nach B, um die Kinder abzuholen oder einen Kuchen für die Schwiegermutter zu backen. Manchmal sieht man es Anne an, dass sie viel zu tun hat, aber irgendwie sieht das nicht nach Stress aus. Ihre beste Freundin spricht von Annes Leichtfüßigkeit, Anne bleibe immer noch cool – selbst wenn um sie herum alles zusammenfällt. Anne ist ein Organisationstalent.

  Annes Schulzeit war eher durchwachsen, wie sie selbst erzählt: *„Die Schule habe ich nicht in bester Erinnerung. Gut war, dass man da seine Freundinnen treffen und sich verabreden konnte. Das Lernen habe ich nicht so sehr gemocht. Hausaufgaben waren ein wirklich schwieriges Thema. Die habe ich gehasst! Meine Eltern hatten es nicht so einfach mit mir, weil ich manche Sachen aus der Schule einfach nicht weitergegeben oder boykottiert habe. Wir hatten da ganz schön viel Stress – vor allem, weil mein Bruder ein sehr guter Schüler war."*

  Anne hatte als Kind und Jugendliche andere Dinge im Kopf, als sich in der Schule anzustrengen. In den Zeugnissen findet man oft Anmerkungen, sie solle ordentlicher arbeiten oder sich dem Unterricht konzentrierter widmen. Sie war als Quasselstrippe bekannt. Die 8. Klasse hatte Anne wiederholen müssen, weil sie

in vielen Fächern auf keinen grünen Zweig mehr kam. Ihr Klassenlehrer hatte ihr damals gesagt, er glaube zwar an ihre Fähigkeiten, aber mit so einer Rumschluderei gehe es einfach nicht weiter.
Viel besser wurde es nach dem Wiederholen auch nicht. In dieser Zeit wagten die Eltern den Schritt zu einer Psychologin, die einen guten Kontakt zu Anne fand und auch ihre Hochbegabung feststellte. Damals waren dann alle „aus dem Häuschen", weil jeder eher an ein Problem gedacht hatte. Anne arrangierte sich mit der Schule, etablierte sich im unteren Mittelfeld der Klasse und verließ ihren Eltern zum Trotz nach der 10. Klasse mit der Mittleren Reife das Gymnasium. Schnell erhielt sie einen Ausbildungsplatz zur Chemielaborantin und stellte fest, dass sie sich in diesem Beruf absolut zu Hause fühlte. Nach kurzer Zeit war Anne klar, dass sie Chemie studieren will. Und das hat sie auch geschafft.

Der Aussteiger

Michael (39 Jahre alt): Ein „anderer" Weg zum Glück

- „Mr Straight" – das ist Michaels Spitzname zu Schulzeiten. Viele seiner Freunde haben ihn immer als jemanden erlebt, der sein Leben unproblematisch, geradlinig und zielstrebig führen kann. Seine Eltern waren stolz auf die Erfolge in der Schule und im Sport, mit denen Michael seine Leistungsfähigkeit und seinen Leistungswillen deutlich machte. Nicht nur seine Eltern, sondern viele der Freunde und Bekannten waren sich sicher: Aus dem wird mal was Richtiges! Von dem werden wir noch hören! Michael ist heute 39 Jahre alt und passt nun nicht mehr in das Bild eines Karriere-Typen – zumindest aus Sicht der meisten, die ihn kennen.
  Nach einem guten Abitur wandte sich Michael dem Studium der Betriebswirtschaft zu, schloss es nach neun Semestern ab und begann in einem großen Unternehmen, im Marketing zu arbeiten. Während des Studiums hatte er bereits für dieses Unternehmen gearbeitet und war dort sehr geschätzt worden. Innerhalb von fünf Jahren durchlief er recht schnell die einzelnen Stufen bis zu einer Führungsposition, die ihn ins europäische Ausland brachte. Gern ließ sich Michael darauf ein. Er entwickelte Konzepte, um den Markt zu erschließen, und baute mit

wachsendem Unternehmenserfolg seinen Mitarbeiterstab aus. Seine wöchentliche Arbeitszeit sei in dieser Phase kaum zu beziffern gewesen, erklärt Michael heute mit einem zweideutigen Lächeln: *„Mir fällt es leichter, die Nicht-Arbeitszeit zu errechnen."*

In dieser Zeit gärte es in ihm, er stellte sein emsiges „Drohnen-Dasein" infrage und beschäftigte sich mit der Suche nach dem Glück. Michael kam zu dem Schluss, seine Arbeit müsse ein Ende oder zumindest eine Pause finden, damit er sich auf sich selbst konzentrieren könne. Rückblickend erzählt Michael, er habe eine innere Unzufriedenheit verspürt, er sei nicht unglücklich, aber eben auch nicht richtig glücklich gewesen. *„Von Jahr zu Jahr habe ich meine Zufriedenheit über den Gehaltsanstieg definiert"*, sagt er. *„Ich habe auf den Erfolg der Projekte geachtet, mich daran erfreut und stolz auf das geblickt, was ich gemacht habe."* Aber mehr eben nicht.

Michael lebt heute in Neuseeland und – Sie ahnen es schon – züchtet Schafe. Außerdem führt er ein kleines Farm-Hotel. Vor einigen Jahren ließ er sich vom Arbeitgeber für ein Jahr beurlauben, bereiste die Welt und entdeckte in Neuseeland ein Stück des Glücks, das ihm wohl vorher gefehlt hatte. Allem Unverständnis seiner Familie und Freunde zum Trotz ist er nun ausgewandert. Doch er ist Realist genug und weiß, dass Geld zum Leben dazugehört. Daher wirtschaftet er auch dort – jedoch nicht mehr so „straight", wie man es von Schul-, Studiums- und Arbeitszeiten her kennt.

Kapitel 9: Das Wichtigste in Kürze

- Erfolg, Lebenszufriedenheit und Glück vom Kindes- bis zum Erwachsenenalter hängen von vielen Bedingungen ab – oft genug auch vom Zufall.
- Hochbegabung allein bietet noch keine Garantie für Erfolg.
- Eine Prognose für den weiteren Lebensweg hochbegabter Kinder ist nicht möglich.
- Die unterschiedlichen Lebenswege hochbegabter Kinder zeigen: Es kommt immer darauf an, wie der Einzelne sein Begabungspotenzial ausschöpft und in Erfolge umsetzt.

10

Hochbegabten-Forum: Tipps von Kids für Kids Tipps von Teens für Teens

In diesem Kapitel erfahren Sie, ...

- wie es anderen hochbegabten Kindern und Jugendlichen geht
- zu welchen Problemen eine Hochbegabung führen kann
- wie hochbegabte Kinder und Jugendliche mit solchen Problemen umgehen und sie lösen

Liebe Hochbegabte, lieber Hochbegabter

Sicher gehörst du zu denen, die viele Dinge besonders schnell verstehen und ein gutes Gedächtnis haben. Wahrscheinlich hast du in einigen Bereichen ganz besondere und überdurchschnittlich hohe Fähigkeiten. Als Hochbegabte(r) bist du mit Sicherheit sehr intelligent, verstehst recht schnell und kannst gut logisch denken. Denn Intelligenz bedeutet auf jeden Fall, dass man folgerichtig und systematisch denken kann.
Intelligenz hat etwas damit zu tun, wie gut man etwas erkennen, es genau betrachten und in Gedanken auseinanderlegen kann. Und dann zieht man den richtigen logischen Schluss und handelt auch so. Mit deiner Intelligenz bist du bestens ausgestattet, viele Aufgaben und Probleme zu lösen. Hochbegabt zu sein, hilft dir also bei vielen Sachen. Wissenschaftler vergleichen das Gehirn von Hochbegabten gern mit einem guten Computer, der eine große Festplatte, einen Bomben-Arbeitsspeicher und einen schnellen Prozessor hat. Das ist die Grundlage dafür, dass du so schnell und gut denken kannst. Sehr viele Kinder und Jugendliche sind hochbegabt – allein in Deutschland sind es etwa 500 000. Und die vielen Erwachsenen, die auch schon als Kind hochbegabt waren, sind da noch gar nicht mitgezählt. Die meisten dieser Kinder und Jugendlichen kommen in ihrem Leben ganz gut zurecht. Viele aber haben Schwierigkeiten mit der Schule, mit ihren Eltern und auch mit den Freunden. Sie gehen nicht gern in die Schule, schreiben nicht die besten Noten und sind besonders von Hausaufgaben sehr angenervt. Andere ziehen sich total zurück und haben kaum Kontakte zu ihren Freunden und Mitschülern. Dann gibt es natürlich auch Probleme mit den Eltern – vielleicht kennst du ja einiges davon.
Wahrscheinlich hast du Freunde oder Bekannte, die auch hochbegabt sind und die vielleicht ein paar dieser Probleme haben. Schau dich mal in deiner Familie um – sicher wirst du noch jemanden entdecken, dem es ähnlich ergangen ist wie dir jetzt. Hast du deine Eltern schon einmal danach gefragt?
Wir haben uns mit vielen Kindern und Jugendlichen unterhalten – über das, was sie gut können und über die Probleme, die mit ihrer Hochbegabung auftreten können.
Viele haben uns von Problemen in der Schule berichtet. Dass sie nicht gern in die Schule gehen, weil sie schlechte Noten schreiben. Oder weil es ihnen in der Schule

langweilig ist. Andere haben uns erzählt, dass sie sich nicht gut mit anderen verstehen, oft Streit und Diskussionen mit Mitschülern haben und sogar gemobbt werden. Sie fühlen sich allein. Keiner versteht sie so richtig.
Eins ist klar: Alle diese Probleme sind kein Grund zur Verzweiflung. Solltest du auch solche oder ähnliche Probleme haben, gibt es vieles, was du selbst tun kannst, um dir das Leben leichter zu machen.
Das Erste, was du tun kannst, ist, mehr über dich und deine Hochbegabung zu erfahren.

Kennst du dich eigentlich?

Hast du dir schon mal Gedanken darüber gemacht, wer du bist? Was du alles gut kannst? Welche Sachen du magst? Was dir wichtig ist und worauf du achtest? Oder wovor du dich lieber drückst und es nicht so gern tust?
Hast du dir schon mal solche Fragen gestellt? Damit kannst du dich selbst besser kennenlernen, weil du über dich nachdenkst. Du kannst erfahren, was für ein „Typ" du eigentlich bist. Denn manche Dinge liegen in dir verborgen – und die musst du erst einmal finden.

Schau dir die folgenden Sätze an und schreibe sie zu Ende.

„Am liebsten mache ich … ____________________

____

____

____

„Was ich an mir mag … ____________________

„Ich bin sehr gut … ____________________

„Ich brauche noch … ____________________

„Wenn ich könnte, würde ich … ____________________

„Ich kann nicht … ____________________

„In der Schule gefällt mir … ____________________

„Mich stört … ____________________

„Wirklich wichtig ist mir … ____________________

„Am besten … ____________________

Fertig? Dann schau dir mal deine Sätze an. Welche Lieblingssachen und welche Stärken hast du aufgeschrieben? Sind das schon alle oder fehlen noch welche? Manchmal fallen einem auf Anhieb nur ein paar ein, dabei gibt es noch viel mehr. Stärken sind aber das Wichtigste, was du brauchst. Wenn mal Probleme auftauchen, musst du einfach wissen, mit welchen deiner Stärken du sie lösen kannst. Hast du in deinen Sätzen auch irgendwo ein paar Ziele formuliert, die du erreichen willst? Was brauchst du denn noch, um sie zu erreichen? Denk noch mal drüber nach und ergänze deine Antworten. Dir fällt bestimmt noch was ein.
Und dann kannst du ein kleines Experiment machen: Schreibe die Sätze einfach schnell ab, aber verändere die Ich-Form, indem du deinen Namen einsetzt: *„Am liebsten macht (Name) …“* Dann gib deiner Mutter und deinem Vater so ein Blatt. Sie sollen die Sätze auch mal ausfüllen – aber nicht aus *ihrer*, sondern aus deiner Sicht. Und sie dürfen nicht voneinander abschreiben.
Lass dich überraschen, welche Gemeinsamkeiten und Unterschiede dabei herauskommen. Du wirst sehen, dass deine Mutter und dein Vater bei manchen Dingen an was ganz anderes denken als du. Du kannst die Sachen für dich behalten oder sie mit deinen Eltern besprechen. Sie werden bestimmt neugierig sein. Für das Zusammenleben ist es auf jeden Fall gut, wenn ihr euch austauscht und jeder weiß, wie die anderen über bestimmte Dinge denken. Das bietet Chancen für fruchtbare Diskussionen und gemeinsame Zielsetzungen.

Bist du anders, weil du hochbegabt bist?

Was soll das schon heißen: anders sein? Jeder Mensch ist irgendwie anders, wenn man ihn mit einem anderen vergleicht. Selbst bei Zwillingen gibt es Unterschiede. Wenn du dich und deine Mitschüler vergleichst, stellt du schnell fest, dass ihr sowohl Gemeinsamkeiten als auch Unterschiede habt.
Klar, wir sind alle Menschen, haben einen Kopf mit Augen und Ohren, zwei Arme und zwei Beine. Diese Gemeinsamkeiten sind damit nicht gemeint. Denk mal dabei an deine Interessen. Wer hat die gleichen? Oder an deine Lieblingsfilme und -bücher. Wem gefallen die auch? Es gibt vieles, worauf du schauen kannst. Als Anregung für dich haben wir eine Liste mit Stichworten aufgestellt:

Welche gemeinsamen Hobbys und Freizeitbeschäftigungen kannst du finden?

Reiten, Fußball, Turnen, Tennis, Schach, Hockey, Handball, Ballett, Basketball, Schwimmen, Radfahren, Musik, Tanzen, Lesen, Kino, Bücher …

Was magst du, was magst du nicht? Und wie ist das bei den anderen?

Deutsch, Mathematik, Sachunterricht, Englisch und alle anderen Fächer, Pausen, Lehrer, Mitschüler, Cafeteria, Busfahrer, Busfahrt, Arbeiten, Hausaufgaben, Lernen …

Überlege, wie du antworten würdest.
Wen kennst du, der auch so antworten würde wie du?

- Bist du gern mit anderen zusammen?
- Magst du Gesellschaftsspiele?
- Wie gehst du mit Ärger um?
- Hast du lieber Ruhe um dich?
- Spielst du gern am Computer?
- Magst du Tiere?
- Trittst du gern für schwächere Kinder ein?
- etc.

Wie sieht es aus? Hast du ein paar Gemeinsamkeiten gefunden? Oder sind es sogar ganz schön viele geworden? Du siehst, es gibt meistens ein, zwei oder auch mehrere Kinder, die dieselben Interessen, Meinungen und Ideen haben wie du. Ganz allein wirst du nie stehen, auch wenn es sich manchmal so anfühlt.

Tipps von Hochbegabten für Hochbegabte

Die Erfahrungen von Elena, Daniel und Lisanne

- **Elena** (fünf Jahre alt) ist im Kindergarten. Sie glaubt, dass irgendwas mit ihr nicht stimmt. Sie fühlt sich allein, so als wäre sie anders. Sie geht gar nicht gern in den Kindergarten, weil sie da nicht richtig mit anderen Kindern spielen kann. Die anderen machen viel kaputt, stehen auf und gehen weg, obwohl noch gar nicht zu Ende gespielt ist. Außerdem gibt es oft Streit, weil andere Kinder einfach Sachen wegnehmen, die ihnen gar nicht gehören. Wenn sie versucht, mit den anderen Kindern zu reden, dann hauen die einfach ab oder schubsen sie zur Seite. Das macht Elena zu schaffen und sie fühlt sich im Kindergarten nicht wohl.

- Auch **Daniel** fühlt sich so, als sei er an einem falschen Platz. Er ist zwölf Jahre alt und erzählt von seinen Mitschülern:
  „Die bei mir in der Klasse sind wirklich anders als ich. Ich weiß gar nicht, was die in der Schule wollen. Dauernd schwätzen sie, schaffen gar nichts und tun so, als gebe es im Leben nur Handys, Fernsehen und Playstation. Ich meine, das macht ja schon Spaß, aber doch nicht die ganze Zeit. Eigentlich passe ich irgendwie nicht dazu. Ich bin anders.“
  Daniel geht nicht immer gern in die Schule, weil er mit seinen Mitschülern nicht so gut auskommt. Die machen manchmal Witze über ihn und wollen nichts mit ihm zu tun haben.

Überlege, ob es dir auch manchmal so geht. Kannst du Daniel verstehen? Hast du auch schon mal so gedacht?

- **Lisanne** hingegen fühlt sich überhaupt nicht anders. Sie hat viele Freundinnen und geht auch ganz gern in die Schule. Sie ist 16 Jahre alt und erzählt von der Schule, von sich und ihren Freunden:
  „Ob ich anders bin? Weil ich ganz gern in die Schule gehe? Ach so: Wer geht schon gern in die Schule? Ich schon, aber nicht, weil ich den Unterricht und die Hausaufgaben besonders

mag. Quatsch, ich treffe mich da mit meinen Freundinnen, wir reden und unternehmen viel gemeinsam. Das macht mir Spaß und deshalb gehe ich auch gern in die Schule. Ein bisschen Lernen gehört halt auch mit dazu, sonst werden die Noten schlechter. Aber auch nur ein bisschen. Ich glaube nicht, dass ich anders bin.“

Lisanne mag an der Schule besonders die Pausen, weil sie dann mit ihren Freundinnen ungestört reden kann. Ihr gefällt es, etwas mit anderen zu unternehmen. Sie fühlt sich dort wohl, auch wenn sie nicht die besten Noten schreibt. Vergleiche dich doch einmal mit Lisanne: Hast du auch schon mal so gedacht? Ist sie dir ähnlich?

Der Tipp von Maximilian

- **Maximilian** geht bereits in die 11. Klasse und hat schon viele Probleme hinter sich gebracht. Probleme wie die von Elena und Daniel. Er hat ein paar Tipps für sie:
  „Ich habe immer gedacht, ich sei allein auf der Welt, weil die anderen mich oft nicht verstanden haben. Es hat ganz schön oft Ärger mit meinen Mitschülern und Lehrern gegeben. Da habe ich lieber die Klappe gehalten und mich nur noch um mich gekümmert. Aber ich habe entdeckt, dass es auch andere gibt, die so denken und fühlen können wie ich. Und die müsst ihr suchen! Vielleicht sind sie in der eigenen Klasse und verstecken sich nur, weil sie sich den anderen anpassen wollen. Lasst euch nicht davon abhalten, sie zu suchen. Denn du kannst nicht der Einzige sein, den blödes Verhalten im Unterricht stört oder dem Ungerechtigkeiten auf den Nerv gehen. Vielleicht findest du sie ja in der Nachbarschaft oder in einem Verein. Auf jeden Fall gibt es sie.
  Mein Tipp *an euch: Achtet auf andere, die ähnlich denken. Und die werden euch verstehen.“*

Und dein Tipp?
Das rät Maximilian. Was würdest du denn vorschlagen? Hast du noch mehr Ideen? Was würdest du tun?

Schule kann langweilig sein, muss sie aber nicht

Frag mal deine Eltern, ob sie gern in die Schule gegangen sind. Vielleicht erzählen sie dir ja, wie schrecklich – oder wie toll ihre Schulzeit war. Wichtig ist aber, wie es dir in der Schule geht und was du über die Schule denkst.
Viele Kinder und Jugendliche haben keine große Lust, in die Schule zu gehen. Kannst du dir vorstellen, woran das liegt? Sie mögen den Unterricht nicht, machen Hausaufgaben nicht gern und finden Lernen blöd. Gilt das auch für dich?

Sebastian langweilt sich in der Schule

- **Sebastian** ist zehn Jahre alt und geht in die Grundschule. Er erzählt:
  „Schule ist doch eine bescheuerte Erfindung. Das, was ich da lernen muss, kann ich auch zu Hause lernen. Und zwar viel schneller. Mir macht die Schule keinen Spaß, weil sie fast immer langweilig ist. Wir machen immer dasselbe. Lesen, dann Schreiben – und wieder von vorn. Nur wenn wir Sport haben oder in Mathe mal was Neues machen, finde ich das gut. Sonst aber wirklich nicht. Und Hausaufgaben kannste gleich vergessen. Wozu die da sind, weiß ich echt nicht. Wieso soll ich die denn überhaupt machen? Ich kann das doch alles ohne Probleme."

Sebastian beklagt sich über Langeweile in der Schule, weil er dauernd etwas tun muss, was er schon längst kann. Das sind dann sogenannte monotone und einfache Tätigkeiten, die eigentlich keiner mag. Wie kommt es wohl dazu, dass Sebastian sich gelangweilt fühlt und die anderen nicht?

Der Tipp von Linda

- **Linda** ist jetzt 13 Jahre alt und weiß gut, wovon sie spricht. Sie hatte große schulische Probleme, weil sie keine Lust mehr auf Schule hatte – obwohl sie alles konnte.

„Ich habe mich am Anfang immer gefragt, wie die anderen so was Langweiliges mitmachen und sich dabei auch noch anstrengen. Ich konnte ein bisschen lesen und rechnen, als ich in die Schule kam. Und dann habe ich ganz schnell gelernt. Und schon bald hat mir die Schule keinen Spaß mehr gemacht, weil ich immer wieder dasselbe tun musste. Schließlich bekam ich Bauchweh und Kopfschmerzen, wenn ich in die Schule sollte.
Zum Glück ist das jetzt vorbei. Ich hab' nämlich zwei Dinge entdeckt, die mir super geholfen haben: Erstens habe ich mir neben der Schule etwas gesucht, was mir viel Spaß macht: Malen und Zeichnen. Bei dir kann es ja was anderes sein. Das Zweite war ein bisschen schwieriger, aber es hat geklappt. Zusammen mit meinen Eltern und meiner Lehrerin habe ich eine Absprache getroffen: Wenn ich zu einer Sache alles weiß und alles erledigt habe, was die ganze Klasse machen soll, darf ich auch in der Schule malen und zeichnen. Jetzt macht die Schule wieder richtig Spaß.
Mein Tipp *für dich: Such dir was neben der Schule, was dir Spaß macht. Das ist echt wichtig. Und bevor du dich über Langeweile in der Schule beklagst, erledige erst alles, was du tun musst – und dann mach, was dir Spaß macht, solange es die anderen nicht stört. Es ist wie beim Einskunstlauf: Erst die Pflicht – dann die Kür."*

Bei Linda läuft es jetzt wieder richtig gut. Bei ihr war es so, dass sie bei manchen Sachen sofort gesagt hat: *„Das ist langweilig, das mache ich nicht."* Mit der Zeit hat sie das aber auch bei Sachen gesagt, die sie gar nicht gut konnte. Es hat lange gedauert, bis Linda das erkannt und etwas dagegen getan hat.
Siehst du, wohin das führen kann, wenn einer sagt: *„Das ist langweilig"*, es aber gar nicht kann?

Ein Tipp von uns

Mach dir einfach mal klar, was für dich alles langweilig ist. Schau dann ganz genau, ob du auch alles gut kannst, was du langweilig findest. Denn deine Lehrer müssen ja darauf achten, dass du alles mitkriegst und lernst, was in der Schule drankommt. Verwechsle Langeweile nicht gleich mit Null-Bock-Stimmung.

Der Tipp von Tobias

- Bei Tobias war das ähnlich wie bei Linda. Tobias hatte in der Schule wirklich nicht viel zu tun. Er saß brav an seinem Platz, hörte zu und – er langweilte sich. In manchen Fächern wusste er gar nicht mehr, was er anderes machen sollte als herumsitzen, denn er bekam den ganzen Unterrichtsstoff gleich drei- oder viermal erzählt, bis alle ihn verstanden hatten. Irgendwann schaltete Tobias ab. Er war nur noch körperlich anwesend. Das führte dazu, dass er auch den neuen Lernstoff nicht mitkriegte – und so ging es in der 7. Klasse mit den Noten langsam, aber sicher nach unten. Tobias ist jetzt 17 Jahre alt und erzählt:
„Meine Eltern wussten ja, dass ich mich in der Schule langweilte. Aber es war so schwierig, das den Lehrern zu sagen. Ich hatte ja alles andere als gute Noten. Aber meine Eltern hatten mich verstanden und schickten mich zu einem Intelligenztest. Ich war ganz schön aufgeregt, aber der Test hat dann doch echt Spaß gemacht. Anschließend wussten wir dann, dass ich hochbegabt bin. Es konnte also nicht an meinen Fähigkeiten liegen, dass ich schlechte Noten hatte.
Der Test-Psychologe sagte, wir sollten alle mit der Schule reden und gemeinsam überlegen, was sich ändern lässt: Vielleicht müsse ich ja eine Klasse überspringen. Es folgten Gespräche mit dem Klassenlehrer, dem Schulleiter und dem Psychologen.
Ich hatte in der Zeit das Gefühl, dass irgendwie keiner verstehen wollte, was mit mir los war. So hieß es zum Beispiel, wer hochbegabt sei, der müsse ja wohl auch super in der Schule sein. Zum Halbjahr aber wurde dann doch beschlossen, dass ich in die höhere Klasse versetzt werde. Am Anfang war ich mir ziemlich unsicher, ob ich das schaffe, mit dem Stoffnachholen und den anderen Schülern und so. Aber ich kam in der neuen Klasse schnell gut zurecht, denn ich kannte schon zwei Jungs aus meinem Ort. Jetzt bin ich mittendrin, hab' zwar nicht die besten Noten in der Klasse, aber das ist mir auch nicht so wichtig. Jedenfalls ist mir nicht mehr so langweilig. Das Überspringen war das Beste, was mir passieren konnte.
Mein Tipp: *Wenn du merkst, dass du alles in der Schule kannst und anfängst, dich richtig zu langweilen, dann sprich mit deinen Eltern und deinen Lehrern darüber. Die können dir helfen. Also: Mach den Mund auf!"*

Hannes und der „Blaue Brief“

- **Hannes** hat es geahnt. Das Zeugnis zum Halbjahr sieht gar nicht gut aus – und es ist sogar schlimmer gekommen, als er gedacht hatte. Mit dem Zeugnis kommt der „Blaue Brief“: *„Bei gleichbleibenden Noten ist die Versetzung gefährdet.“*

Kennst du diese Situation? Wir hoffen, dass es bei dir besser aussieht. Sicher kannst du Hannes nachfühlen, wie es ihm geht. Er hat irgendwie versucht, sich anzustrengen, aber es einfach nicht gepackt. Bei so einem Zeugnis noch die Versetzung zu schaffen, wäre eine Riesenleistung.

Der Tipp von Michael

- **Michael** ist jetzt 17 Jahre alt, kennt die Probleme von Hannes aus eigener Erfahrung und hat sich aus dem gröbsten Schlamassel herausgezogen. In ein oder zwei Fächern steht er zwar immer noch auf 4 und schwankt mal nach unten oder nach oben, aber er hat bisher jede Klasse gepackt. Von seinen Problemen in der 6. und 7. Klasse erzählt er heute:
  „Es war schrecklich im Gymnasium. Jedes Fach war ein Chaos, weil ich nicht wusste, worum es eigentlich ging. Ich habe überhaupt nicht richtig für die Schule gelernt, weil mir in der Grundschule immer alles so leichtgefallen war. Als die Noten dann immer schlechter wurden, haben meine Eltern mir Druck gemacht und mich an den Schreibtisch geschickt. Was habe ich gemotzt und getobt! Das war eine verdammt stressige Zeit. Aber ich wollte ja nicht sitzen bleiben. Wir haben einen richtigen Schlachtplan für die Versetzung entworfen: Wo brauche ich eine 4? Wo brauche ich eine 3 zum Ausgleich? Dabei haben wir kleine Schritte festgelegt, die schnell zum Erfolg führen konnten. Und dann hieß es: Arbeiten! So ging es dann langsam bergauf. Ich musste allerdings deutlich mehr Zeit fürs Lernen aufbringen.
  Mein Tipp: *Mach dir erst mal klar, ob du es überhaupt in die nächste Klasse schaffen willst. Ob du es wirklich willst und es nicht bloß sagst. Und dann überlege, welche Möglichkeiten du hast. Steck dir die Mindestziele ab, die du erreichen musst, wenn du versetzt werden willst. Du bist fit im Kopf – du kannst es schaffen!“*

Mareike macht sich kleiner, als sie ist

- **Mareike** geht in die 4. Klasse und ist eine richtig gute Schülerin. In ihrer Klasse ist sie nicht sehr beliebt, weil sie immer alles weiß und richtig macht. Die anderen reden schon über sie und tuscheln im Unterricht, wenn Mareike etwas sagen will. Weil sie immer ihre Hausaufgaben macht und anderen vieles erklären kann, wird sie die „Streberin und Besserwisserin" genannt. Mareike tut das weh, denn sie will mit den anderen Kindern klarkommen und in der Pause auch mitspielen. Doch das wird immer schwieriger, denn die anderen haben keine Lust, sie mitspielen zu lassen. *„Du hältst dich ja für was Besseres!"*, kriegt sie oft zu hören.
  Mit der Zeit hört Mareike auf, sich im Unterricht zu melden, weil sie befürchtet, dass die anderen wieder komische Gesichter machen, wenn sie etwas sagt. Deshalb bleibt sie lieber ruhig und sagt nichts. *„Bloß nicht positiv auffallen!"*, heißt ihr neues Motto. Mareike wünscht sich nichts mehr, als ganz normal zu sein und mit den anderen spielen zu können. Deshalb entschließt sie sich, beim Diktat einfach ein paar Fehler einzubauen, damit sie nicht schon wieder eine Eins bekommt und alle die Augen verdrehen, wenn die Lehrerin sagt: *„Mareike, das hast du ganz toll gemacht. Die beste Klassenarbeit! Die Klasse kann stolz auf dich sein!"*

Hättest du das auch so gemacht? Meinst du, Mareike hatte Erfolg damit und durfte wieder mit den anderen spielen? Die Geschichte hört sich gar nicht gut an. Mareike versteckt sich hinter dem, was sie kann, weil sie mit dem Neid der anderen nicht klarkommt. Deshalb hat sie sich entschieden, sich kleiner zu machen, als sie es in Wirklichkeit ist. Davon erhofft Mareike sich, dass sie von den anderen eher akzeptiert wird. Denn ihr ist klar geworden: *„Ich muss Fehler machen, sonst bin ich nicht normal."* Eine ganz schön schwierige Situation, findest du nicht?

Mareikes Tipp für dich:

- Das Gute ist, dass wir Mareike selbst befragen können, wie es weitergegangen ist. Sie ist jetzt schon 18 Jahre alt und geht in die Oberstufe. Deshalb kann sie selbst am besten erzählen, was ihr geholfen hat:

„Ich bin vorher so gern in die Schule gegangen, bis dieser ganze Mist anfing. Es war die Hölle. Ich hatte richtig Angst, eine Antwort zu geben, für die meine Lehrerin mich loben könnte. Das hätte die anderen nämlich nur gegen mich aufgebracht. Aber ich habe mich einfach nicht getraut, mit meinen Eltern oder meiner Lehrerin darüber zu reden.
In der Zeit habe ich oft Bauchweh gehabt und mir war morgens schlecht, wenn ich in die Schule ging. Als meine Eltern erkannten, dass ich regelrecht krank wurde, haben sie mit der Lehrerin gesprochen. Aber keiner wusste so richtig, was mit mir los war. Ich wurde zum Arzt geschickt, aber der konnte nichts feststellen. Ich war kerngesund. Trotzdem blieben die Probleme.
Dann besuchte die Schulpsychologin unsere Klasse, unterhielt sich mit meiner Lehrerin und mir und machte einen Test mit mir. Ich musste viele Aufgaben lösen, Bilder malen und viele Fragen beantworten. Danach gab es dann ein Gespräch mit meinen Eltern, meiner Lehrerin und der Schulpsychologin. Und dann wurde irgendwie alles anders: Die Lehrerin betonte nicht mehr, dass ich alles richtig mache – und sie nahm mich nicht immer als Lexikon und Fehler-Verbesserer dran. Allein das hat mir schon geholfen.
Wir haben dann in der Schule darüber gesprochen, wie unterschiedlich Kinder sein können, dass manche dies gut können und andere das. Wir haben über Stärken und Schwächen nachgedacht und festgestellt, dass jeder in der Klasse etwas besonders gut kann. Das ist einfach so. Ich musste das akzeptieren und die anderen auch. Irgendwie wollte ich dann auch nicht mehr zurückstecken und habe mich so wie immer verhalten. Aber es gab keine Probleme mehr.
Mein Tipp *an dich: Versteck dich nicht, sondern mach dir klar, dass du etwas Besonderes bist. Achte auf dich und glaub an dich. Sprich mit deinen Lehrern und deinen Eltern, damit sie dir helfen können. Manchmal braucht man einfach die Unterstützung von draußen, wie du ja an mir sehen kannst.“*

Nobody is perfect

Du weißt, was ein Perfektionist ist: einer, der alles perfekt machen will und nicht mit halben oder nur fast fertigen Sachen zufrieden ist. Willst du auch immer alles hundertprozentig und supergenau machen? Und fängst du gar nicht erst mit Sachen an, wenn du schon weißt, dass sie nicht perfekt werden? Dann könntest du ein Perfektionist sein.

Finn will alles allein schaffen

- **Finn** ist sieben Jahre alt und weiß immer genau, was er will. Und er weiß auch immer genau, *wie* er es will. Finn lässt sich nicht gern reinreden, sondern besteht darauf, dass er seine Sachen allein macht. Hilfe braucht er nur im allerhöchsten Notfall oder wenn es mal ganz schnell gehen muss.
  Wenn Finn seine Lego-Bauten auf Vordermann bringen will oder am Computer ein Strategiespiel macht, kann es auch mal laut werden. Denn wenn ihm mal was nicht gelingt, dann gibt er schnell auf und ist sauer. Dann müsstest du ihn mal sehen! Er ist richtig wütend und flippt aus, er schreit und schmeißt mit Sachen um sich.
  Finn hat tolle Ideen und kann richtig gut Geschichten erfinden. Manchmal malt er auch ein Bild zu seinen Geschichten. Einmal hat er ein Raumschiff entworfen, an dem er ganze zwei Stunden lang gemalt hat. Aber die Laserkanonen haben irgendwie nicht richtig dazugepasst. Finn ist fuchsteufelswild geworden und hat laut geflucht. Er hat radiert und radiert, bis irgendwann Streifen und Knitterfalten auf dem Papier waren. Und dann hat er sein schönes Bild zerrissen, durchs Zimmer geschmissen – und vor Wut hat er Tränen in den Augen gehabt.
  Als Finn noch kleiner war, hat er mal versucht, sich die Schuhe zu binden. Seine Mutter wollte es ihm zeigen, was ihm aber gar nicht recht war. Finn macht das allein. Allerdings hat es mit der Schleife noch nicht so gut geklappt, wie er das gern gehabt hätte. Im Alter von fünf Jahren ist das völlig normal. Aber ihn hat das fürchterlich geärgert. Seitdem hat er keine Schleife mehr versucht.

Der Tipp von Jan

- **Jan** ist elf Jahre alt und kann Finn und seinen Perfektionismus gut verstehen:
  „So bin ich nämlich auch. Ich nehme alles immer ganz genau. So, wie ich es mir im Kopf vorstelle, so soll es dann auch auf dem Papier sein. Und das am besten direkt von jetzt auf gleich. Aber ich weiß jetzt, dass das eben nicht immer geht. Mittlerweile habe ich verstanden, woher das kommt. Pass auf: Du bist einer, der tolle Ideen hat und sich Sachen gut vorstellen kann, weil du fit im Kopf bist. Im Kopf kannst du nämlich alles perfekt entwerfen und dir

vorstellen, wie alles ablaufen soll. Aber das ist eben nur in deinem Kopf so einfach und leicht möglich, weil du so begabt bist. Deine Hände können aber gar nicht so schnell arbeiten, wie dein Kopf denkt. Vielleicht brauchst du auch einfach noch Übung.
Ich kann dir nur den **Tipp** *geben: Mach dir nicht so einen großen Kopf, wenn mal was nicht perfekt ist. Und gib bloß nicht auf, wenn dir mal was nicht beim ersten oder zweiten Mal gelingt. Mir fällt das zwar auch noch schwer, aber ich arbeite daran.“*

Thomas Alva Edison, einer der berühmtesten Erfinder der Welt, hat einmal über Fehler gesagt: *„Ich habe keinen Fehler gemacht – ich habe nur aus Erfahrung gelernt.“*

Hochbegabt und ein ADS

Du bist hochbegabt und hast ein Aufmerksamkeits-Defizit-Syndrom. Dann fällt es dir schwer, aufmerksam zu sein und dich zu konzentrieren. Besonders bei Sachen, die nicht sonderlich interessant für dich sind. Manche ADS-Kinder sind sehr zappelig und unruhig und werden daher als hyperaktiv bezeichnet. Andere ADS-Kinder werden auch Träumer genannt, weil sie sich leicht ablenken lassen und mit ihren Gedanken oft woanders sind und wegträumen. Wenn ADS-Kinder etwas machen, was sie sehr interessiert und das ihnen Spaß macht, klappt das auch mit der Konzentration besser. Das liegt daran, dass das Gehirn bei Freude besser arbeiten kann.

Felix, der Zappelphilipp

- **Felix** ist neun Jahre alt und ein richtiger Zappelphilipp. Er ist also hyperaktiv. Felix kippelt in der Schule oft mit dem Stuhl, wühlt ständig auf seinem Tisch herum und ist pausenlos in Bewegung. Ihm fällt es schwer, mal ruhig sitzen zu bleiben oder mal nicht mit den Händen irgendwo herumzufummeln. Felix geht an sich ganz gern in die Schule. Seine Unruhe macht ihm aber zu schaffen, weil er sich einfach bewegen muss. Und das ist in der Schule nicht so einfach – vor allem, wenn es auch noch langweilig ist. Dann wird die Unruhe oft sehr stark. Felix muss dann aufstehen und sich bewegen, weil er nicht anders kann. Das geht natürlich nicht – und so muss er sich gleich wieder setzen. Aber das klappt einfach nicht. Seine Unruhe wird immer stärker und Felix kann sich überhaupt nicht mehr konzentrieren. Er fängt an, mit Bleistift und Radiergummi Tischhockey zu spielen, bis das Radiergummi durch den Klassenraum fliegt. Was meinst du, was dann wohl passiert? Felix springt schnell auf und will gerade sein Radiergummi zurückholen, als eine laute Stimme ertönt: *„Das kann ja wohl nicht wahr sein, Felix! Du raubst mir noch den letzten Nerv!"*

Der Tipp von Jens

- **Jens** ist zwölf Jahre alt und erzählt: *„Ich kenne das auch. Wenn ich super-unruhig werde, dann hält mich nichts auf. Ich kann dann auch nichts mehr machen, selbst wenn ich will. Das habe ich schon oft genug ausprobiert. In der Grundschule durften wir uns im Unterricht etwas zu trinken holen, das hab' ich dann immer gemacht, wenn ich gemerkt habe, dass ich immer zappeliger wurde. Das hat mir geholfen, denn danach war mein Bewegungsdrang nicht mehr so stark. Auf dem Gymnasium geht das leider nicht mehr. Deshalb musste ich mir was anderes einfallen lassen. Ich male jetzt mit den Fingern kleine Kreise auf die Tischplatte oder versuche, kleine Unebenheiten auf der Tischplatte zu ertasten. Das ist nämlich gar nicht so leicht. Damit bin ich ausgelastet und falle gar nicht mehr so sehr durch meine Unruhe auf.*
Mein Tipp: *Schau, dass du eine Möglichkeit findest, dich unauffällig zu bewegen. Dann nimmt die Unruhe automatisch ab. Garantiert."*

Marina, die Träumerin

- **Marina** ist 14 Jahre alt und geht ins Gymnasium. Sie hat ein Träumer-ADS. Fast jeden Tag muss sie etwas suchen, weil sie es verlegt hat. Sie vergisst manche Sachen einfach. In der Schule hört sie zu, wenn die Lehrerin etwas erzählt. Auf einmal aber driftet sie in Gedanken einfach weg und denkt an irgendwas anderes. In der Grundschule hat sie mal bei einer Mathe-Arbeit in einer Aufgabe alles mit Plus gerechnet, obwohl da dick und fett ein Minus stand. Solche Schusselfehler passieren ihr öfter, obwohl sie die Aufgaben eigentlich lösen kann. Bei den Hausaufgaben braucht Marina ganz schön lange, weil sie sehr trödelt. Sie sitzt manchmal stundenlang vor einem leeren Blatt und schreibt nichts. Aber nicht, weil ihr nichts einfällt. Sie ist einfach in Gedanken woanders.

Der Tipp von Murad

- **Murad** ist 15 Jahre alt und kann gut nachvollziehen, worum es hier geht. Er merkt auch oft nicht, wie schnell die Zeit an ihm vorüberzieht. Deswegen hat er sich was Cleveres einfallen lassen:
  „Ich arbeite mit meiner G-Shock-Uhr. Die hat einen Alarm, den ich einstellen kann. Bei den Hausaufgaben mache ich das so: Ich schaue mir erst an, was ich alles machen muss. Dann überlege ich mir, mit welchem Fach ich anfange und wie lange ich wohl dafür brauche. Na ja, und dann stelle ich mir halt meine Uhr und lege los. Die piepst dann und ich weiß, wann ich fertig sein müsste. Manchmal passt das genau, manchmal aber auch nicht. Dasselbe mache ich dann mit dem nächsten Fach. Das ist wirklich total easy und keine große Kunst. Und du bist schneller mit den Hausaufgaben fertig. Du kannst ja auch einen normalen Wecker nehmen oder eine Eieruhr, wenn deine Mutter eine hat."

Florian: hochbegabt mit LRS

- **Florian** kann nicht gut lesen und schreiben. Er geht gern in die 3. Klasse und mag die Schule eigentlich. In Diktaten aber macht er viele Fehler, weil er nicht gut rechtschreiben kann. Oft schleichen sich Fehler ein, weil er „d" und „t" oder „g" und „k" verwechselt. Er schreibt oft genau so, wie er das Wort hört: *„Schtarka man"* statt *„Starker Mann"*. Das macht ihn ganz schön fertig. Denn sonst ist er echt gut in der Schule. In Mathe ist er super, er kann gut rechnen. Seine Lehrerin bezeichnet ihn im Sachunterricht als wichtige Stütze des Unterrichts, weil er tolle Ideen hat und gute Beiträge liefert. Aber mit Deutsch tut er sich schwer – auch mit den Hausaufgaben. Weil er ständig verbessern muss. Bald hat Florian überhaupt keine Lust mehr auf Deutsch. Florian muss deshalb einen Lese-Rechtschreib-Test beim Diplom-Psychologen machen. Danach steht fest, was alle schon vermutet haben: Florian ist sehr schlau, sogar hochbegabt, hat aber eine Lese-Rechtschreib-Schwäche (LRS). Das ist für ihn nicht einfach zu verdauen.

Der Tipp von Verena

- **Verena** (zwölf Jahre alt) weiß, wovon sie spricht. Sie hat auch eine LRS und schreibt in jedem Diktat mindestens 15 Fehler. Trotzdem geht sie gern in die Schule. Wie sie das wohl schafft?
  „Ich weiß, wie das ist. Da kann man so viele Sachen einfach und leicht lernen und ist meist besser als die anderen. Und dann: dieses Schreiben, diese Diktate. Ich bin mir immer total blöd vorgekommen und habe mich selbst nicht verstanden. Wieso kann ich fast alle anderen Schulfächer gut und bin nur in Diktaten schlecht? Ich habe ganz schön lange gebraucht, um zu verstehen, dass ich nicht blöd bin. Aber im Rechtschreiben bin ich eben schwach. Deshalb gehe ich regelmäßig zu einer Lerntherapeutin, die mit mir liest und schreibt. Und inzwischen werde ich immer besser in Diktaten.
  Mein Tipp: *Mach dir klar, dass deine Rechtschreibfehler nichts mit deiner Intelligenz zu tun haben. Du bist clever, selbst wenn du im Diktat Fehler machst. Das ist, wie wenn einer eine Brille braucht – dafür kann er nichts. Und wenn du dich verbessern willst, übe mit einem Profi wie zum Beispiel meiner Lerntherapeutin. Die Profis wissen nämlich am besten, wie das geht. Und noch etwas: Setze dir kleine Ziele: Von 26 Fehlern im ersten Diktat auf vielleicht 22 Fehler im zweiten Diktat. So kannst du in kleinen Schritten besser werden. Und wenn du das erste Mal eine 4 statt einer 5 geschrieben hast, dann mach eine Party. Denn die hast du dir verdient!“*

Gedanken von Hochbegabten

Hier findest du einige Aussagen von hochbegabten Kindern und Jugendlichen. Wir haben sie zu sich selbst und ihrer hohen Begabung befragt. Hättest du solche Sätze auch sagen können? Wenn du willst, schreibe unten Gedanken auf, die etwas mit dir und deiner Hochbegabung zu tun haben.

„Ich bin sehr energiereich. Ich muss nur wissen, wie ich meine Energie einsetze."
(Sebastian, 19 Jahre alt)

„Ich kann immer noch nicht erkennen, was an mir so besonders sein soll."
(Marisa, 14 Jahre alt)

„Hochbegabt zu sein, heißt leider nicht, nicht lernen zu müssen."
(Anna, elf Jahre alt)

„Gott sei Dank gibt es auch noch ein Leben nach der Schule."
(Felix, neun Jahre alt)

„Manchmal fühle ich mich allein. Aber ich weiß, dass ich nicht allein bin. Und das tut gut."
(Michael, 13 Jahre alt)

„Ich habe erst mal lernen müssen, was Anstrengung ist."
(Janina, 13 Jahre alt)

„Hochbegabung ist cool. Das hat man oder hat man nicht."
(Marcel, acht Jahre alt)

„Aus einem Problemchen wird schnell ein Problem, wenn man nicht drüber spricht."
(Lisa-Marie, 17 Jahre alt)

„Zu mir gehört mehr als nur meine Intelligenz."
(Paul, 16 Jahre alt)

„Ich will Pilot werden. Daran kann mich auch die Schule nicht hindern."
(Adrian, zwölf Jahre alt)

„Denken kann ich. Aber ich muss manchmal noch das Handeln lernen."
(Philipp, elf Jahre alt)

„Ich wäre nicht gern mein Lehrer. Das muss nicht einfach sein."
(Lisanne, 16 Jahre alt)

„Ich sehe das so: Fragen sind besser als Antworten."
(Johannes, 14 Jahre alt)

„Wie hätte ich die Schule ernst nehmen sollen, wo ich sie doch nur leichtnehmen konnte?"
(Pierre, 19 Jahre alt)

11

Info-Magazin

In diesem Kapitel erfahren Sie,

- Antworten auf die häufigsten Fragen zum Thema
- Anerkannte Intelligenztest-Verfahren
- Wichtige Adressen
- Glossar
- Literaturhinweise

Antworten auf die häufigsten Fragen zum Thema

Unser Kind ist im Kindergarten und interessiert sich schon für Sachen, die eigentlich erst in der Schule gelernt werden, z.B. Buchstaben und Zahlen. Sollen wir unserem Kind schon jetzt diese Dinge beibringen oder sollen wir es auf die Schule vertrösten?
Bremsen Sie Ihr Kind nicht aus – niemals! Da Ihr Kind sich von sich aus für diese Dinge interessiert, ist das ein sicheres Zeichen dafür, dass Ihr Kind bereits so weit ist, diese Dinge auch lernen zu können und zu wollen. Beantworten Sie ihm alle Fragen und fördern Sie es in den entsprechenden Bereichen, so gut Sie können. Damit fördern Sie auch seine Lernfreude.
Versuchen Sie aber nicht, Ihrem Kind etwas beizubringen, was es selbst von sich aus noch nicht lernen will. Damit nehmen Sie ihm die Lernfreude – und zwar langfristig.

Unser Kind ist noch im Kindergarten und interessiert sich für Buchstaben. Es möchte lesen lernen. Können wir da etwas falsch machen? Worauf müssen wir achten?
Ja, Sie können etwas falsch machen! Achten Sie bei den Buchstaben darauf, dass Sie diese lautieren. Das bedeutet, dass Sie bei der Benennung der Buchstaben nur den Laut-Anteil benutzen. Sagen Sie also z.B. nicht „be" zum Buchstaben B, sondern nur „b" – lassen Sie also das „e" in der Buchstabenbezeichnung weg. Wenn das Kind nämlich die Buchstaben zum Lesen eines Wortes zusammenschleift, wird ja das „e" auch nicht gesprochen. Beispiel: Das Kind möchte das Wort „Bad" erlesen. Wenn es die Buchstaben lautiert, liest es „B – a – d". So ist es richtig. Anderenfalls liest es „Be – a – de", was ja offensichtlich falsch ist.

Unser Kind ist noch im Kindergarten und kann bereits etwas lesen. Nun möchte es auch schreiben lernen. Sollen wir das unterstützen?
Ja, unterstützen Sie Ihr Kind. Achten Sie aber beim Schreiben der Buchstaben darauf, dass die Linienführung korrekt ist, dass es beim Schreiben des einzelnen Buchstabens

an der richtigen Stelle beginnt, die Linie richtig weiterführt und an der richtigen Stelle endet. Haben die Kinder die Buchstaben mit falscher Linienführung gelernt, werden sie keine flüssige Schrift entwickeln. Dann müssen sie in der Schule umlernen, was viel schwieriger ist, als von vornherein alles richtig zu lernen.

Unser Kind ist zwar noch im Kindergarten, kann aber bereits ziemlich gut lesen und schon etwas schreiben. Auch die Zahlen bis 20 kann es bereits und Plus-Rechnen. Wir haben Angst, dass es sich in der Schule langweilen wird. Was sollen wir tun?
Sie sollten mit der Schule Kontakt aufnehmen und zusammen mit den Lehrern bzw. der Schulleitung überlegen, ob es nicht besser ist, Ihr Kind gleich in die zweite Klasse einzuschulen. Die Einschulung in die erste Klasse könnte Ihr Kind unterfordern – mit erheblichen und langfristigen Nachteilen für sein Lern- und Arbeitsverhalten.
Es kann sinnvoll sein, dass Ihr Kind bereits jetzt seine zukünftige Klasse etwa einmal pro Woche für zwei bis drei Unterrichtsstunden besucht, um die Schüler und die Lehrerin kennenzulernen. Die Lehrerin sollte in Absprache mit der Mutter dem Kind bereits „Hausaufgaben" in den Bereichen aufgeben, in denen es im Vergleich mit den anderen Kindern der Klasse noch Mängel aufweist. So kann Ihr Kind nahezu „nahtlos" in diese Klasse eingeschult werden.

Unser Kind ist noch im Kindergarten, kann aber schon ganz gut lesen und ein bisschen schreiben. Es ist an allem interessiert, was mit Schule zu tun hat – auch an Zahlen. Wir wollten es vorzeitig einschulen, haben das aber verpasst, weil uns davon abgeraten wurde. Nun langweilt sich unser Kind im Kindergarten. Es möchte gar nicht mehr hingehen und bekommt jeden Morgen Bauchschmerzen, wenn es sich für den Kindergarten fertig machen muss. Was raten Sie uns?
Sie sollten unbedingt mit der Schule Kontakt aufnehmen und die Problematik schildern. Kinder dürfen nicht leiden! Bitten Sie die Schulleiterin, Ihr Kind sofort, also während des laufenden Schuljahres einzuschulen. Das ist in einzelnen Ausnahmefällen möglich. Vielfach verschwinden die Bauchschmerzen, die in diesem Fall wohl psychosomatisch sind, sofort mit der Einschulung. Lassen Sie aber vorher auf jeden Fall durch einen Arzt abklären, ob die Bauchschmerzen nicht doch eine organische Ursache haben.

Da unser vierjähriges Kind schon recht weit entwickelt ist, denken wir über eine vorzeitige Einschulung nach. Ist es dafür unbedingt erforderlich, den Intelligenzquotienten feststellen zu lassen?

In der Regel ist das nicht notwendig, denn es gibt genügend andere Anzeichen, die auf eine gute Begabung hindeuten und die die Eltern und Erzieherinnen beim Kind beobachten können. Eine Testung der Intelligenz kann natürlich als zusätzliche Entscheidungshilfe genutzt werden. Wenn Sie unsicher sind, lassen Sie ruhig einen Intelligenztest durchführen.

Wann sollte man beim Kind einen Intelligenztest durchführen lassen?

Für pädagogische Entscheidungen im Kindergarten und in der Schule ist ein Intelligenztest oft nicht unbedingt erforderlich. Wenn z.B. ein Schüler sehr gute Leistungen mit relativ wenig Aufwand erbringt, kann der Versuch, eine Klasse zu überspringen oder eine zusätzliche anspruchsvolle Förderung anzusetzen, durchaus auch ohne den wissenschaftlichen Nachweis einer Hochbegabung gewagt werden. Der Schüler sollte „auf Verdacht" gefördert und gefordert werden.

Wenn allerdings ein früher guter Schüler nach und nach in seinen (schulischen) Leistungen nachlässt und verhaltensauffällig wird, dann ist zu einem Intelligenztest zu raten. Der Schüler könnte hochbegabt und ständig unterfordert sein. Der Nachweis der Hochbegabung „zwingt" die Schule zum Handeln.

Ansonsten sollten Eltern immer dann einen Intelligenztest durchführen lassen, wenn sie es für erforderlich halten, z.B. als zusätzliche Entscheidungshilfe für spezifische pädagogische Maßnahmen. Das könnte sich auf die vorzeitige Einschulung oder aber auch auf das Überspringen einer Klasse beziehen.

Wo kann man einen Intelligenztests durchführen lassen?

Einen Intelligenztest führen nur Personen durch, die psychologische Diagnostik studiert haben. Dies sind in erster Linie Psychologen. Sie finden Sie als niedergelassene Psychologen oder aber auch in Instituten, die sich auf Hochbegabtenförderung spezialisiert haben.

In seltenen Fällen finden Sie aber auch in anderen Berufsgruppen Personen, die psychologische Diagnostik studiert haben, z.B. bei speziell ausgebildeten Pädagogen.

Unser Kind besucht das erste Schuljahr und kann schon recht gut lesen. Jetzt muss es mit den anderen Kindern der Klasse zusammen „mühsam" den Buchstaben W „erlernen". Das ist natürlich für unser Kind total langweilig. Es verliert langsam jeglichen Spaß an der Schule, obwohl es sich so sehr darauf gefreut hat. Was kann man tun?
Natürlich ist Ihr Kind im ersten Schuljahr unter diesen Bedingungen heillos unterfordert. Sprechen Sie mit der Klassenlehrerin, wie Ihr Kind in der Schule angemessen gefördert werden kann. Dazu gibt es prinzipiell folgende Möglichkeiten: Ihr Kind muss zusätzliches Material bekommen, das es richtig herausfordert, oder Ihr Kind sollte eventuell eine Klasse überspringen. Zu beiden Möglichkeiten finden Sie detaillierte Angaben im Kapitel 8. Sicher ist, dass der jetzige Zustand nicht weiter andauern darf, damit Ihr Kind nicht jede Lust am Lernen verliert, keine Arbeitshaltung entwickelt und so zum Schulversager wird.

Unser Kind ist für sein Alter schon recht weit entwickelt, zeigt aber in einem Entwicklungsbereich noch auffällige Mängel. Sollen wir in diesem Bereich mit dem Kind üben oder sollen wir warten, bis es sich von selbst entwickelt?
Es heißt: *„Einen Fluss kann man nicht anschieben" und „Gras wächst nicht schneller, wenn man daran zieht!"* Das ist aber für Sie kein Grund, die Hände in den Schoß zu legen und abzuwarten. Üben Sie mit Ihrem Kind spielerisch in dem Bereich, in dem es Mängel aufweist, aber ohne das Kind zu überfordern. Passen Sie die Übungen der Entwicklung Ihres Kindes an. Auf jeden Fall wird die Übung Ihr Kind an die Grenzen seines jetzigen Entwicklungsstandes heranführen – und das ist oft mehr, als Sie vermuten, und mehr, als sich das Kind selbst zutraut.

Obwohl die Lehrer unseres Kindes wissen, dass es hochbegabt und ständig unterfordert ist, reagieren sie nicht durch angemessene Fördermaßnahmen. Wir haben nun Angst, dass es sich zum Underachiever entwickelt. Wer kann uns da noch helfen?
Wenn Sie bereits mit den Lehrern erfolglos gesprochen haben, wenden Sie sich an den direkten Vorgesetzten der Lehrer, also den Schulleiter. Wenn auch diese Gespräche erfolglos bleiben, suchen Sie Hilfe bei den Vorgesetzten der Schulleiter. Für die Grundschulen ist dies das zuständige Schulamt. Neben dem für die Schule zuständigen Schulrat gibt es in den meisten Schulämtern auch einen Schulrat oder Schulamtsdi-

rektor mit der sogenannten Generalie „Begabtenförderung". Für die Gymnasien ist das meist ein Regierungsschuldirektor bei der zuständigen Bezirksregierung.

Ich bin Lehrer und habe einen hochbegabten Schüler in meiner Klasse. Ich möchte ihn besonders fördern und mache ihm ständig neue Lernangebote. Nach anfänglicher Begeisterung nimmt er aber diese Lernangebote nicht mehr an. Mittlerweile bin ich ziemlich frustriert und habe eigentlich keine Lust mehr, mir die Mühe individueller Angebote zu machen. Wozu können Sie mir raten?
Dieses Problem teilen Sie mit vielen Ihrer Kollegen. Viele hochbegabte Schüler haben eins mit fast allen anderen Schülern gemeinsam: Sie sind auf zusätzliche Arbeiten nicht unbedingt erpicht. Das gilt besonders für ältere Schüler – etwa ab Klasse 6 oder 7. In Absprache mit den Eltern sollten Sie keine Lernangebote machen, sondern Lernverpflichtungen. Anstelle von Wiederholungs- und Übungsaufgaben, die hochbegabte Schüler sowieso nur sehr ungern machen, müssen (!) sie an ihren „Spezial-Aufgaben" arbeiten. Das gilt auch und besonders für die Hausaufgaben, die natürlich auch differenziert sein müssen.

Unser hochbegabtes Kind ist am Gymnasium unterfordert. Welche Fördermaßnahmen kommen infrage?
Prinzipiell gibt es drei Maßnahmen zur Förderung Ihres Kindes:

1. Beschleunigung im Lernprozess, z.B. durch Überspringen einer Klasse.
2. Anreicherung des Unterrichtsstoffes durch auf Ihr Kind abgestimmte zusätzliche Unterrichtsinhalte, die Ihr Kind verpflichtend bearbeiten muss anstelle von Wiederholungsaufgaben.
3. Mischformen aus den Maßnahmen 1 und 2.

Unser hochbegabtes Kind ist in der Schule kaum noch motiviert. Dadurch werden die Leistungen immer schlechter. Wie kann man seine Motivation wieder steigern?
Um die Motivation zu steigern und überhaupt wieder zu aktivieren, müssen zwei Komponenten bedacht werden, nämlich die Themen bzw. Inhalte der Beschäftigung und des Lernens und die intellektuelle Herausforderung. Wenn Themen gewählt werden, an denen das Kind Interesse hat, dann wird es sich damit auch beschäftigen wollen. Aber die Themen- und Fragestellung muss auch auf einem angemessenen Niveau ge-

schehen, sie darf weder zu leicht noch zu schwer für das Kind sein. Sie muss eine wirkliche Herausforderung darstellen. Die aufgegebenen oder selbst gestellten Probleme muss das Kind lösen können – aber nur, wenn es sich dafür auch wirklich anstrengen muss.

Unser hochbegabtes Kind wird in der Schule schon speziell gefördert. Trotzdem ist es irgendwie unzufrieden. Was können wir noch tun?

Die Rundum-Förderung eines hochbegabten Kindes kann die Schule in der Regel nicht allein leisten – und es ist auch nicht ihre Aufgabe. Sie als Eltern müssen das Ihrige dazu tun, damit Ihr Kind auch im außerschulischen Umfeld eine angemessene Förderung erfährt. Dabei orientieren Sie sich an seinen Interessen. Eventuell müssen Sie solche Interessen auch erst einmal wecken.

In Ihrer Nähe gibt es eventuell Vereine oder Institutionen, die für Ihr Kind interessante Angebote bereithalten, z.B. Musikschulen, Schach- oder Sportvereine, Theatergruppen, Elterninitiativen usw.

Anerkannte Intelligenztest-Verfahren

Hamburg-Wechsler-Intelligenztest für Kinder (HAWIK-III)
Der HAWIK-III besteht aus Subtests, die neben der Schätzung der Intelligenz auf einem allgemeinen Niveau auch ein Leistungsprofil zeichnen. Zusätzliche Informationen zu Sprachverständnis, Unablenkbarkeit, Wahrnehmungsorganisation und Arbeitsgeschwindigkeit. Alter: sechs bis 16 Jahre. Bei hochbegabten Kindern, die alle Aufgaben lösen, können u.a. die tatsächlichen Leistungsgrenzen nicht festgestellt werden.

Adaptives Intelligenz-Diagnostikum (AID 2)
Das AID2 verfügt über eine Vielzahl an Subtests, was die Erfassung der allgemeinen Intelligenz, aber auch die Betrachtung eines Leistungsprofils ermöglicht. Für Kinder und Jugendliche von sechs bis 16 Jahren.

Kognitiver Fähigkeiten-Test (KFT)
Im KFT werden Aufgaben gestellt, die sich an sprachlichen, numerischen und figuralen Fähigkeiten orientieren. Die verschiedenen Versionen des KFT erlauben eine Diagnostik von etwa vier bis 18 Jahren.

Intelligenz-Struktur-Test 2000-R (IST 2000-R)
Der IST 2000-R erfasst die sogenannte fluide Intelligenz und die kristallisierte Intelligenz über Aufgabenstellungen, die sprachliche, numerische, figurale Fähigkeiten und Merkfähigkeit erfassen. Er ist für das Alter von 15 bis 41 und älter anwendbar. Das Erweiterungsmodul eignet sich im Erwachsenenalter zur Messung kulturabhängigen Wissens.

Culture-Fair-Test (CFT)
Der CFT versucht, über nonverbale (nicht sprachliche) Aufgaben die allgemeine Intelligenz zu messen. Dabei greift er in erster Linie auf figurale Aufgabenstellungen zurück und stellt Ansprüche an das schlussfolgernde Denken. Verschiedene Fassungen für das Alter von fünf bis 21 Jahren.

Standard/Advanced Progressive Matrices (SPM/APM)
Die SPM/APM arbeiten mit figuralen Problemstellungen und haben daher den Anspruch, über nonverbale Items die allgemeine Intelligenz zu erfassen. Sie gelten für das Alter von sieben bis 19 Jahren.

Kaufman-Assessment Battery for Children (K-ABC)
Ein sehr gutes Verfahren, um im Alter von etwa zwei bis zwölf Jahren die Prozesse der Wahrnehmung und Informationsverarbeitung zu erfassen. Gutes Instrument zur Förderdiagnostik.
Ab dem Grundschulalter zunehmend zur Diagnose von Hochbegabung wenig geeignet.

NNAT Naglieri-Nonverbal-Ability-Test
Ein Verfahren zur Feststellung allgemeiner Intelligenz im Alter von fünf bis 17 Jahren, das über nonverbale Aufgabenstellungen eine Einschätzung logisch-schlussfolgernden Denkens und des räumlichen Vorstellungsvermögens erlaubt.

Prüfsystem für Schul- und Bildungsberatung (PSB-R 4-6 und PSB-R 6-13)
Ein für schulpsychologische Untersuchungen entwickeltes, 1999/2000 neu normiertes Testinstrument. Es erfasst drei Dimensionen: Wissen und sprachliche Leistungsfähigkeit, schlussfolgerndes Denken, Wahrnehmungstempo und Konzentration. Geeignet für die Schulklassen 4–13.

SON-R 2 1/2 -7 Snjders-Oomen
Der Snijders-Oomen-R ist ein erprobter Entwicklungs- und Intelligenztest, der nonverbal und wegen großer Streuung der Aufgabenschwierigkeit auch bei Kleinkindern gut einsetzbar ist.

Wichtige Adressen

Begabungspsychologische Beratungsstelle am Institut für Pädagogische Psychologie der Universität München
Leopoldstr. 13
80802 München
T: 089 21 80 63 33
F: 089 21 80 52 50
www.paed.uni-muenchen.de/ppb/berat1.htm

Berufsverband der Kinder- und Jugendärzte e.V. (BVKJ)
Mielenforster Str. 2
51069 Köln
T: 0221 68 90 90
F: 0221 68 32 04
www.bvkj.de

Bildung und Begabung e.V.
Kennedyallee 62-70
53175 Bonn
T: 0228 9 59 15 0
F: 0228 9 59 15 19
www.bildung-und-begabung.de

Brain
Begabungspsychologische Beratungsstelle
Gutenbergstr. 18
35032 Marburg
T: 06421 28 23 88 9
www.staff-www.uni-marburg.de/brain

Deutsche Gesellschaft für das hochbegabte Kind e.V. (DGhK)
Geschäftsstelle Schillerstr. 4–5
12249 Berlin
T: 0 30 7 11 77 18
F: 030 34 35 69 25
www.dghk.de

EHK (Elternverein für hochbegabte Kinder)
Gesamtschweizerischer Verein mit regionalen Stammtischen
Kapellstraße 5
CH-8854 Siebnen
T: 0041 55 44 05 52 6
www.ehk.ch

Gaesdonker Beratungsstelle für Begabtenförderung
Zweigstelle der Universität Nijmegen
Gaesdonker Str. 220
47574 Goch
T: 02823 96 13 90
F: 02823 96 13 95

Hochbegabtenförderung e.V.
Bundesgeschäftsstelle
Am Pappelbusch 45
44803 Bochum
T: 0234 93 56 70
F: 0234 9 35 67 25
www.hbf-ev.de

Internationales Zentrum für Begabungsforschung
Georgskommende 33
48143 Münster
T: 0251 83 24 23 0
E-mail: ICBF@uni-muenster.de

Karg-Stiftung für Hochbegabtenförderung
Lyoner Str. 15, im Atricom
60528 Frankfurt
T: 069 66 56 21 16
F: 069 66 56 211 9
www.kargstiftung.de

Kindernetzwerk e.V.
Hanauer Str. 15
63739 Aschaffenburg
T: 06021 12 03 0 und 0180 52 13 73 9
F: 06021 12 44 6
www.kindernetzwerk.de

Komma-Institut für Kinderpsychologie
In den Klostergärten 9
65549 Limburg/Lahn
T: 06431 94 17 90
F: 06431 94 17 91
www.institut-komma.de

Mensa in Deutschland e.V.
Einsteinstr. 1
82152 Planegg
T: 0 89 85 66 38 00
F: 0 89 85 74 74
www.germany.mensa.org

Österreichisches Zentrum für Begabtenförderung und Begabungsforschung
Makartai 3
5020 Salzburg
T: 0043 662 43 95 81
F: 0043 662 43 95 81 555
www.begabtenzentrum.at

PEKiP e.V.
Am Böllert 7
47269 Duisburg
T: 0203-71 23 30
F: 0203-71 23 95
www.pekip.de

Raule-Stiftung
Solmsstraße 1
65189 Wiesbaden

Regionale Beratung im schulischen Bereich:
Für Grundschulen: Beim zuständigen Schulamt gibt es einen Schulaufsichtsbeamten mit der Generalie „Begabtenförderung“. Die Anschrift erhalten Sie über Ihre Grundschule.
Für Gymnasien: Bei der zuständigen Bezirksregierung gibt es einen Schulaufsichtsbeamten mit der Generalie „Begabtenförderung“. Die Anschrift erhalten Sie über Ihr Gymnasium.
Kann in Bundesländern verschieden sein.

Stiftung Jugend forscht e.V.
Baumwall 5
20459 Hamburg
T: 040 3 74 70 90
F: 040 37 47 09 90
www.jugend-forscht.de

Glossar

Akzeleration
Beschleunigung, z. B. in der Entwicklung oder im Bildungsprozess. Akzelerationsmaßnahmen im Bildungsprozess können z. B. die vorzeitige Einschulung oder das Überspringen einer Klasse sein.

Asperger-Syndrom
Eine Form des Autismus. Autisten sind Menschen, die auf sich selbst bezogen leben und Schwierigkeiten haben, mit anderen Menschen soziale und kommunikative Kontakte aufzunehmen und in diesen Kontakten zu leben. Mimik und Gestik sind reduziert und sie sind auch kaum in der Lage, Mimik und Gestik anderer Menschen wahrzunehmen und zu deuten. Oft zeigen Autisten begrenzte, repetitive und stereotype Verhaltensmuster. Das Besondere bei Asperger-Autisten (im Gegensatz zu Kanner-Autisten) ist, dass sie normal intelligent sind. Nicht selten sind diese Menschen sogar hochbegabt.

asynchron
Nicht gleichlaufend, nicht gleichzeitig (Gegenteil: synchron); die Entwicklung von Kindern kann in unterschiedlichen Bereichen asynchron verlaufen.

Asynchronität
siehe asynchron

Äußere Differenzierung
Fördermaßnahmen für ein Kind, die nicht innerhalb der üblichen Lerngruppe des Kindes stattfinden und mit denen die Pädagogik den individuellen Bedürfnissen des Kindes gerecht zu werden versucht.

Basispädagogik
siehe Elementarpädagogik

Begabung
Allgemein wird unter Begabung die Gesamtheit der angeborenen Fähigkeiten verstanden, die es einer Person ermöglichen, Leistungen in einem bestimmten Bereich zu erbringen. Zwei Positionen kennzeichnen die Begabungsforschung: die statische und die dynamische Auffassung von Begabung. Die statische Definition sieht Begabung als angeborene Veranlagung. Die dynamische Definition geht auch von einer angeborenen Veranlagung aus, sagt aber darüber hinaus: Begabung kann sich durch Umwelteinflüsse entfalten, ist zu verstehen als Ergebnis von Lernprozessen und somit veränderbar. Die heutige Begabungsforschung versucht, beide Positionen zu vereinbaren.

Defizit
Mangel, Schwäche

Differenzierung
Wird in der Schule dadurch erreicht, dass den Schülern verschiedene Lernangebote auf unterschiedlichem Niveau gemacht werden. Dadurch können hochbegabte Schüler an den Inhalten und auf dem Niveau arbeiten, die ihren Möglichkeiten entsprechen und durch das sie besonders herausgefordert werden.

Drehtür-Modell
Eine schulische Unterrichtsmethode, bei der der hochbegabte Schüler den Klassenraum für einen bestimmten Zeitraum verlässt, um außerhalb der Klasse individuell und eventuell mit anderen Schülern zusammen zu lernen. Danach kehrt er in die Klasse zum Unterricht zurück.

Einschulungs-Parcours
Ein meist spielerisch gestaltetes Verfahren zum Kennenlernen von Kindern vor ihrer Einschulung durch die zukünftigen Lehrer. Die Kinder erhalten an verschiedenen Stationen unterschiedliche kleine Aufgaben, an denen die Lehrer sehen können, in welchen Bereichen die Kinder besondere Stärken oder aber auch Schwächen haben. Gegebenfalls werden die Eltern beraten und Empfehlungen ausgesprochen.

So kann zum Beispiel für ein hochbegabtes Kind eine vorzeitige Einschulung angeraten werden.

Elementarpädagogik
(auch: Basispädagogik) Kindergartenpädagogik. Durch die Elementarpädagogik wird die Basis für das gesamte Leben gelegt. Deshalb kann die Elementarpädagogik zu Recht als die wichtigste pädagogische Fachrichtung angesehen werden. Elementarpädagogisches Handeln beginnt eigentlich mit der Geburt durch die Erziehung der Eltern und findet dann im Kindergarten ihre erste und wichtigste Institutionalisierung.

Emotionale Intelligenz
Beschreibt die Fähigkeiten eines Menschen, eigene und auf sich bezogene Gefühle und psychische Zustände angemessen kontrollieren und regulieren zu können und sich darüber hinaus in der Interaktion mit anderen Menschen auf deren Gefühlszustände und Bedürfnisse einzustellen und angemessen zu handeln. Untersuchungen belegen, dass die emotionale Intelligenz sehr häufig bei hochintelligenten Menschen zu finden ist: Wer emotional intelligent ist, ist meist auch intellektuell begabt.

Empathie
Einfühlungsvermögen; die Fähigkeit, sich in die Rolle anderer zu versetzen und deren Gefühle nachzuempfinden.

Enrichment
Anreicherung. Gemeint ist die inhaltliche Anreicherung des Unterrichtsstoffes über den Regellernstoff hinaus, der durch die Lehrpläne der einzelnen Bundesländer bestimmt wird. Enrichment-Maßnahmen dienen dazu, den hochbegabten Schülern zusätzliche Anreize zum Lernen zu bieten, sie besonders zu fordern und dadurch zu fördern.

Ergotherapie
Therapie zur Schulung der Sensomotorik durch darauf spezialisierte Ergotherapeuten.

extrinsisch
Außen, von außen her, nicht aus eigenem inneren Antrieb, sondern aufgrund äußerer Antriebe (Gegenteil: intrinsisch).

Feinmotorik
Im Gegensatz zur Grobmotorik die willkürlich gesteuerten Fertigkeiten bei „feineren“ Bewegungsabläufen besonders mit den Händen und Fingern, z. B. Malen, Schreiben, Schneiden mit der Schere, Schnürriemen binden, kleine Gegenstände mit den Fingerspitzen ergreifen.

Flow
Ein Glücksgefühl (Fließen), das den Menschen in der befriedigenden Tätigkeit an einer Sache oder in einem Lern- bzw. Arbeitsprozess erfüllt. Im Flow-Erlebnis geht der Mensch ganz und gar in der Sache oder Tätigkeit auf. Viele kreative Leistungen werden im Flow erbracht.

Freiarbeit
Eine offene Unterrichtsmethode mit höchstem Freiheitsgrad. Die Schüler bestimmen Thema, Inhalte, Methoden und Sozialformen des Lernens und Arbeitens selbst. Auch die Präsentation der Ergebnisse liegt in der Hand der Schüler.

Graphomotorik
Feinmotorische Fertigkeiten, die für das handschriftliche Schreiben notwendig sind.

Grobmotorik
Im Gegensatz zur Feinmotorik die willkürlich gesteuerten Fertigkeiten bei „gröberen“ Bewegungsabläufen, z.B. Gehen, Hüpfen, Balancieren, Schlagen.

Gruppen-Springen
Beim Überspringen einer Klasse werden mehrere Schüler eines Jahrganges, die überspringen sollen, zu einer Gruppe zusammengefasst. Sie werden gemeinsam auf das Überspringen vorbereitet und beim Überspringen begleitet.

Hochleistung
Jegliche Leistung, die in ihrer quantitativen oder qualitativen Ausprägung weit über dem Durchschnittswert der entsprechenden Vergleichsgruppe liegt. Solche Hochleistungen können in verschiedenen Kontexten wie Sport, Musik und Schule erbracht werden. Um von einer Hochbegabung sprechen zu können, muss eine hohe Leistung in einem Intelligenztest vorliegen.

homogen
Gleichmäßig aufgebaut, gleichartig (Gegenteil: heterogen)

Homogenität
siehe homogen

heterogen
Ungleichmäßig aufgebaut, gemischt, ungleichartig (Gegenteil: homogen)

Heterogenität
siehe heterogen

Indikatoren
Anzeichen, die z. B. auf eine hohe Begabung des Kindes hindeuten.

Individualisierung
Berücksichtigt im schulischen Alltag die individuellen Interessen, Lernbedürfnisse und Begabungen der einzelnen Schüler. Praktisch wird der Individualisierung durch Differenzierung im Unterricht entsprochen (siehe auch Differenzierung).

Innere Differenzierung
Alle auf ein Kind individuell zugeschnittenen pädagogischen Maßnahmen, die innerhalb der üblichen Lerngruppe durchgeführt werden.

Instruktive Unterrichtsmethoden
Lehrerzentrierte Unterrichtsmethoden, bei denen der Lehrer den Schülern vor-

schreibt, wann sie was zu lernen und woran sie wie lange zu arbeiten haben. Die Lehr- und Lerneffizienz ist groß, aber der Nachteil ist, dass die Schüler bevormundet und fremdbestimmt, aber nicht zur Selbstständigkeit erzogen werden.

Intelligenz
Trotz einer Vielzahl an wissenschaftlichen Definitionen gilt Intelligenz insgesamt übereinstimmend als die Fähigkeit eines Individuums, Problemsituationen anhand mentaler Erkenntnis- und Denkprozesse und weniger durch Erfahrungswissen konstruktiv zu lösen.

Intelligenzquotient
Ein Maß, mit dem die Intelligenz durch Tests gemessen und klassifiziert wird. Der IQ setzt den individuellen Leistungswert eines Kindes in Relation zu einer Bezugsgruppe, sodass die Abweichung des Einzelwerts vom Durchschnittswert der Gruppe (z. B. gleichaltrige Kinder) im Zentrum der Betrachtung steht.

interindividuell
Zwischen verschiedenen Individuen ablaufende Prozesse; Vergleiche zwischen verschiedenen Individuen.

Interpersonale Intelligenz
Die Fähigkeit, sich in die Empfindungen anderer Menschen einzufühlen und damit positiv umzugehen.

intraindividuell
Innerhalb eines einzelnen Individuums ablaufende Prozesse; Vergleiche zwischen verschiedenen Bereichen innerhalb eines einzelnen Individuums.

Intrapersonale Intelligenz
Die Fähigkeit, die eigenen Empfindungen wahrzunehmen und diese und das daraus resultierende Verhalten sinnvoll zu steuern.

intrinsisch
Innen, von innen her, aus eigenem Antrieb durch Interesse an der Sache (Gegenteil: extrinsisch).

IQ
siehe Intelligenzquotient

Jahrgangsübergreifender Unterricht
Unterricht, in dem Schüler aus verschiedenen Jahrgängen gemeinsam unterrichtet werden.

Kinästhesie
„Bewegungsgefühl“: Die Fähigkeit, den eigenen Körper – auch und gerade in seinen Bewegungen – wahrzunehmen und zu steuern.

kognitiv
Die Erkenntnis und das Wissen betreffend.

Kreativität
Die Fähigkeit, schöpferisch und erfinderisch an Aufgaben und Probleme heranzugehen und dabei neue, oft originelle Wege zu beschreiten und ebensolche Lösungen zu finden. Dazu gehört auch die neuartige Anwendung von bereits Bekanntem.

Kreativitätstests
Psychologische Instrumente, die versuchen, Kreativität zu erfassen. Dabei werden die Leistungen des Probanden nicht wie bei Intelligenztests hinsichtlich ihrer Richtigkeit oder Schnelligkeit bewertet, sondern es wird überprüft, wie selten (Messung der statistischen Häufigkeit) oder kreativ (Messung der kreativen Qualität) die Lösung bzw. Antwort ist. Typische Aufgabenstellungen bestehen in der freien Assoziation zu vorgegebenen Wörtern oder Bildern oder auch in der Lösung von Problemstellungen.

Lernwerkstatt
Eine offene Unterrichtsmethode, bei der Schüler ein Thema fächerübergreifend an unterschiedlichen Stationen und mit weitgehend freier Zeiteinteilung erarbeiten können.

metakognitiv
Das Nachdenken über das Denken (Reflexion über Denkprozesse).

Motivation
Ein Angetrieben-Sein, um etwas zu tun, zu erarbeiten oder zu lernen. Kommt dieses Angetrieben-Sein aus dem Schüler selbst und ist es von der Sache selbst geleitet, spricht man von intrinsischer Motivation. Wird das Angetrieben-Sein von außen, z. B. durch Belohnung, gute Noten, Angst vor Nachteilen usw., ausgelöst, spricht man von extrinsischer Motivation.

motorisch
Die Bewegung betreffend.

Mundmotorik
Die Fertigkeit, Mundbewegungen (Lippen, Zunge usw.) bewusst zu steuern, z.B. beim Essen und Sprechen.

Normbereich
Auch „Normalbereich“ oder „Durchschnittsbereich“. Der Normbereich bei der IQ-Feststellung liegt zwischen 90 und 110 IQ-Punkten. Im Normbereich befinden sich etwa 51 Prozent aller Menschen. Bei weniger exakt messbaren Daten, z. B. bei der psycho-emotionalen Intelligenz, setzen wir den Normbereich der Einfachheit halber gleich der einfachen Standardabweichung. Wenn das wissenschaftlich auch nicht ganz korrekt ist, so ist es doch für unsere Fragestellung hinreichend genau.

Offene Unterrichtsmethoden
Ermöglichen durch offene Angebote eine individuelle und differenzierte Unterrichtung von hochbegabten Schülern. Der Lehrer wird zum Lernbegleiter, während

die Schüler (in gewissen Grenzen) selbst entscheiden können, wann sie an was wie lange arbeiten wollen. Die Schüler übernehmen die Verantwortung für ihr eigenes Lernen. Dadurch wird der Unterricht zum schülerzentrierten Unterricht im Gegensatz zum lehrerzentrierten instruktiven Unterricht.

Peers
Kinder suchen sich ihre Freunde gewöhnlich nicht unter Altersgleichen, sondern unter Entwicklungsgleichen. Diese bezeichnet man mit dem aus dem Englischen stammenden Begriff „Peers".

Perfektionismus
Das (manchmal krankhafte) Verlangen, alles perfekt, ganz genau und fehlerfrei zu machen. In krankhafter Übersteigerung bedarf es beim Perfektionismus psychotherapeutischer Hilfe, weil der Perfektionist unter den an sich selbst gestellten Anforderungen leidet und darauf auch oft psychosomatisch reagiert.

Phonologische Bewusstheit
Bewusster Einblick in die Lautstruktur der gesprochenen Sprache.

Profil-Klasse
Wurde früher oft als „D-Zug-Klasse" bezeichnet. In Profil-Klassen werden besonders gute Schüler eines Jahrgangs zusammengefasst, um den Stoff von mehreren Schuljahren in kürzerer Zeit zu absolvieren und dadurch ein Jahr früher zum Schulabschluss (Abitur) zu kommen.

Projektarbeit
Eine offene Unterrichtsmethode mit sehr hohem Freiheitsgrad für die Schüler, aber auch mit hohem Anspruch an Eigeninitiative. Die Schüler erarbeiten sich Themen selbst, beschaffen Material, teilen die Inhalte untereinander auf usw. Der Lehrer wird zum Begleiter und Berater. Am Ende der Projektarbeit werden die Ergebnisse präsentiert.

Prozentrang
Der Prozentrang (PR) beschreibt den Abschnitt, den eine Person mit der im Testverfahren ermittelten Leistung übertrifft. Er beantwortet damit die Frage: Wie viel Prozent der Vergleichsgruppe werden von der betreffenden Person übertroffen? Ein Testergebnis mit einem PR von 98 besagt zum Beispiel, dass das Kind 98 % der Kinder seines Alters mit seinem Ergebnis übertrifft und nur 2 % der Vergleichsgruppe gleich gute oder bessere Ergebnisse erzielen.

Psychologische Tests (Psychodiagnostika)
Unter psychologischen Tests versteht man Instrumente und Messmethoden zur Erfassung verschiedener Merkmale des menschlichen Verhaltens, Erlebens oder der Leistungsfähigkeit.

Reflexion
Nachdenken, geistiges Betrachten, vergleichendes und prüfendes Denken, z.B. über Prozesse, eigenes Handeln, eigene Empfindungen usw.

Schuleingangsphase
Bezieht sich auf die ersten beiden Schuljahre. Die herkömmliche Schuleingangsphase wird als Klassenunterricht in den Klassen 1 und 2 organisiert. In der jahrgangsübergreifenden Schuleingangsphase werden diese beiden Schuljahre in einer altersgemischten Gruppe als 1. Jahrgangsstufe zusammengefasst. Die Verbleibdauer in der 1. Jahrgangsstufe beträgt in der Regel zwei Jahre. Sie kann aber auch auf drei Jahre verlängert oder bei hochbegabten Kindern auf ein Jahr verkürzt werden.

Sensomotorik
Die Gesamtaktivität und das Zusammenspiel der durch Sinne wahrgenommenen Reize mit motorischen Reaktionen (Bewegungen) darauf.

Sensorische Integration
Ordnen und Verarbeiten von Sinneseindrücken als wichtige Faktoren der kindlichen Entwicklung.

Soziale Intelligenz
Die Fähigkeit im interpersonellen (zwischenmenschlichen) Bereich, die Bedürfnisse und Wünsche von Menschen zu verstehen, empathisch zu denken und in der Folge Handlungen auszuführen, die sich an dem Wohl des anderen und der Gemeinschaft orientieren.

Standardabweichung
Der Durchschnitt aller Abweichungen vom Durchschnitt aller IQs. Sie beträgt +/- 15 IQ-Punkte. Gemäß der Gauß'schen Normalverteilung liegen etwa 68 % aller Menschen im Bereich der einfachen Standardabweichung, d. h., 68 % aller Menschen haben einen IQ, der zwischen 85 und 115 liegt. Nur etwa 2 % aller Menschen haben einen IQ, der über 130 bzw. unter 70 liegt, das ist die doppelte Standardabweichung.

Standardwert
siehe Intelligenzquotient

Stichtag
Gibt an, wann ein Kind schulpflichtig wird. Alle Kinder, die bis zum Datum des Stichtages sechs Jahre alt geworden sind, sind im nächsten Schuljahr schulpflichtig.

synchron
Gleichlaufend, gleichzeitig (Gegenteil: asynchron).

Synchronität
siehe synchron

Tagesplan-Unterricht
siehe Wochenplan-Unterricht

taktil
Das Tasten und den Tastsinn betreffend.

Talent
Talent und Begabung werden gewöhnlich synonym verwendet, wobei Talent überwiegend auf den kreativ-künstlerischen oder sportlichen, nicht aber intellektuellen oder akademischen Bereich bezogen wird.

Überspringen
Wenn ein Schüler von einer Klasse in eine höhere vorversetzt wird. Dadurch verkürzt sich die Schulzeit um ein Jahr. In der Regel dürfen hochbegabte Schüler zweimal während ihrer Schulzeit überspringen, einmal in der Grundschule und einmal im Gymnasium.

Underachievement
„Unterleistertum", „Minderleistertum": Die Unfähigkeit von hochbegabten Kindern und Jugendlichen, ihre gute Begabung in (schulische) Leistung umzusetzen.

Vorzeitige Einschulung
Die Einschulung eines Kindes, das noch nicht schulpflichtig ist. Das ist immer möglich, wenn das Kind bereits vorzeitig schulreif ist. Die Entscheidung über eine vorzeitige Einschulung liegt beim zuständigen Schulleiter.

Wochenplan-Unterricht
Die Schüler erhalten zu Beginn einer Woche einen Plan mit Pflichtaufgaben und freiwilligen Aufgaben, die sie bis zum Ende der Woche erledigt haben müssen. Bei jüngeren Schülern wird der Wochenplan-Unterricht durch den Tagesplan-Unterricht vorbereitet und gelernt.

Wortschatz
Man unterscheidet zwischen passivem und aktivem Wortschatz. Der passive Wortschatz ist die Summe der Wörter, die ein Kind (inhaltlich) versteht. Der aktive Wortschatz ist die Summe der Wörter, die ein Kind selbst beim Sprechen benutzt. Der passive Wortschatz ist immer größer als der aktive.

Literaturhinweise

Allgemeine Informationen

Bundesministerium für Bildung und Forschung (Hrsg.) (2003). Begabte Kinder finden und fördern: Ein Ratgeber für Eltern und Lehrer. Bonn.

Bundesministerium für Bildung und Forschung (2001). Schlichte-Hierse-Menzel, B. Zu Entwicklungsschwierigkeiten hochbegabter Kinder und Jugendlicher in Wechselwirkung mit ihrer Umwelt. Erfahrungen und mögliche Lösungswege.
(Bezug: BMfB+F; Referat Öffentlichkeitsarbeit; Postfach 30 02 35; 53182 Bonn; Tel.: 01805/262302; E-Mail: books@bmbf.bund.de)

Hessisches Kultusministerium (Hrsg.) (2000). IQ 130. „Hilfe, mein Kind ist hochbegabt." Förderung von besonderen Begabungen in Hessen. Heft 1: Grundlagen. Wiesbaden. (Bezugsadresse: HeLP, Zentralstelle Publikationsmanagement, Walter-Hallstein-Str. 3, 65197 Wiesbaden)

Ministerium für Bildung, Wissenschaft, Forschung und Kultur des Landes Schleswig-Holstein (Hrsg.) (1998). Kinder mit besonderen Begabungen erkennen, beraten, fördern. Kiel. (Bezug: Ministerium für Bildung, Wissenschaft, Forschung und Kultur Schleswig-Holstein, Postfach 14 67, 24013 Kiel)

Ministerium für Kultus, Jugend und Sport Baden-Württemberg (Hrsg.) (1998). Dokumentation Begabungen fördern – Hochbegabte Kinder in der Grundschule. Symposium, Stuttgart. (Bezugsadresse: Kultusministerium, Referat Öffentlichkeitsarbeit, Schloßplatz 14, 70173 Stuttgart)

Staatsinstitut für Schulpädagogik und Bildungsforschung München (2000). Kleine Kinder – Große Begabung. Hochbegabte Kinder erkennen und fördern. Möglichkeiten und Grenzen des Kindergartens. (Bezug: BMW-AG; Presse- und Öffentlichkeitsarbeit; AK-4; 80788 München; Fax: 089/38228017)

Staatsinstitut für Schulpädagogik und Bildungsforschung München (2000). HomoSuperSapiens. Hochbegabte Kinder in der Grundschule erkennen und fördern. (Medienpaket). (Kostenloser Bezug: BMW-AG; Presse- und Öffentlichkeitsarbeit; AK-4; 80788 München; Fax: 089/38228017))

Vertiefende Literatur

Ayres, Jean (1998). Bausteine der kindlichen Enwicklung (3. Auflage). (Amerikanische Originalausgabe: Sensory Integration and the Child, 1979) Berlin: Springer.

Cropley, A., McLeod, J. & Dehn, D. (1988). Begabung und Begabungsförderung. Entfaltungschancen für alle Kinder! Heidelberg: Asanger.

Funke, J. & Vaterrodt-Plünnecke, B. (1998). Was ist Intelligenz? München: Beck.

Heinbokel, A. (1996). Überspringen von Klassen. Münster: Lit.

Holling, H. & Kanning, U.P. (1999). Hochbegabung. Göttingen: Hogrefe.

Roedell, W.C., Jackson, N.E. & Robinson, H.B. (1989). Hochbegabung in der Kindheit. Besonders begabte Kinder im Vor- und Grundschulalter. Heidelberg: Asanger.

Tücke, M. (2005). Schulische Intelligenz und Hochbegabung. Münster: Lit.

Wagner, H. (Hrsg.) (2002). Hochbegabte Mädchen und Frauen. Begabungsentwicklung und Geschlechterunterschiede. Tagungsbericht. Bestellung nur über Bildung und Begabung e.V., Bonn: Godesberger Allee 90, 53175 Bonn, Telefon: 0228 95915-0, Fax: 0228 95915-19

Wittmann, A.J. & Holling, H. (2001). Hochbegabtenberatung in der Praxis. Göttingen: Hogrefe.

Weiterführende Literatur

ADS/ADHS

Aust-Claus, E. & Hammer, P.-M. (1999). Das ADS-Buch. Aufmerksamkeits-Defizit-Syndrom. Neue Konzentrations-Hilfen für Zappelphilippe und Träumer. Ratingen: Oberstebrink.

Barkley, R. (2002). Das große ADHS-Handbuch für Eltern. Bern: Huber.

Neuhaus, C. (1998). Das hyperaktive Kind und seine Probleme. Berlin: Urania-Ravensburger.

Neuhaus, C. (2000). Hyperaktive Jugendliche und ihre Probleme. Berlin: Urania-Ravensburger.

Ängste und Depression

Bois, R. du (1995). Kinderängste. Erkennen, verstehen, helfen. München: Beck.

Dickhaut, H. H. (1995). Selbstmord bei Kindern und Jugendlichen. Ein Handbuch für helfende Berufe und Eltern. Weinheim: Beltz.

Friedrich, S. & Friebel, V. (1999). Entspannung für Kinder. Übungen zur Konzentration und gegen Ängste. Reinbek bei Hamburg: rororo.

Hömmen, C. (1996). Mal sehen, ob ihr mich vermisst. Menschen in Lebensgefahr. Reinbek: Rowohlt.

Käsler, H. & Nikodem, B. (1996). Bitte hört, was ich nicht sage. Signale von Kindern und Jugendlichen verstehen, die nicht mehr leben wollen. München: Kösel.

Kerns, L. L. (1997). Hilfen für depressive Kinder. Ein Ratgeber. Bern: Huber.

Kliebisch, U. W. (1995). Kommunikation und Selbstsicherheit. Interaktionsspiele und Infos für Jugendliche – Interaktionsspiele für Schule, Jugendarbeit, Erwachsenenbildung. Mühlheim: Verlag an der Ruhr.

Rogge, J.-U. (1997). Kinder haben Ängste. Von starken Gefühlen und schwachen Momenten. Hamburg: Rowohlt.

Schäfer, U. (1999). Depression im Kindes- und Jugendalter. Ein kurzer Ratgeber. Bern: Huber.

Aggression und Mobbing

Dambach, K. E. (1998). Mobbing in der Schulklasse. München: Reinhardt.

Dutschmann, A. (1999). Verhaltenssteuerung bei aggressiven Kindern und Jugendlichen. Der Umgang mit gezielten – instrumentellen – Aggressionen. Manual zum Typ A des Aggressions-Bewältigungs-Programms. Deutsche Gesellschaft für Verhaltenstherapie: Tübingen.

Dutschmann, A. (1999). Aggressionen und Konflikte unter emotionaler Erregung. Deeskalation und Problemlösung. Manual zum Typ B des Aggressions-Bewältigungs-Programms. Deutsche Gesellschaft für Verhaltenstherapie: Tübingen.

Dutschmann, A. (1999). Aggressivität und Gewalt bei Kindern und Jugendlichen. Steuerung fremdgefährdenden Verhaltens. Manual zum Typ C des Aggressions-Bewältigungs-Programms. Deutsche Gesellschaft für Verhaltenstherapie: Tübingen.

Gordon, T. (1999). Familienkonferenz – Die Lösung von Konflikten zwischen Eltern und Kind. München: Heyne.

Gordon, T. (1999). Lehrer-Schüler-Konferenz. Wie man Konflikte in der Schule löst. München: Heyne.

Gratzer, W. (1993). Mit Aggressionen umgehen. Braunschweig: Westermann.

Kaiser, T. (1998). Bleib bei mir, wenn ich wütend bin! Wut und Aggressionen: So helfe ich meinem Kind. Freiburg: Christophorus-Verlag.

Olweus, D. (1996). Gewalt in der Schule: Was Lehrer und Eltern wissen sollten – und tun können. Bern: Huber.

Lernen und Schule

Aust-Claus, E. & Hammer, P.-M. Auch das Lernen kann man lernen. Ratingen: Oberstebrink.

Barth, Karlheinz (1997). Lernschwächen früh erkennen im Vorschul- und Grundschulalter. München: Reinhardt.

Braun: (1996). Gegenseitigkeit als konstitutives Element der Vernunft.

Breuninger, H. & Betz, D. (1996). Jedes Kind kann schreiben lernen. Ein Ratgeber für Lese-Rechtschreib-Schwäche. Weinheim: Beltz.

Csikszentmihalyi, Mihaly (1992). Flow. Das Geheimnis des Glücks. Stuttgart: Klett-Cotta.

Endres, W. (1996). 99 starke Lerntipps. Weinheim: Beltz.

Endres, W. & Althoff, D. (1997). Das Anti-Pauk-Buch. Lerntipps und -tricks für Schüler und Schülerinnen. Weinheim: Beltz.

Klippert, Heinz (2002). Methoden-Training. Übungsbausteine für den Unterricht. Weinheim: Beltz.

Klippert, Heinz & Müller, Frank (2003). Methodenlernen in der Grundschule. Bausteine für den Unterricht. Weinheim: Beltz.

Küspert, Petra (2001). Neue Strategien gegen Legasthenie. Wie Kinder leicht lesen und schreiben lernen. Ratingen: Oberstebrink.

Mandl, H. & Friedrich, H.F. (Hrsg.) (1992). Lern- und Denkstrategien. Göttingen: Hogrefe.

MSJK (2003). Erfolgreich starten. Schulfähigkeitsprofil als Brücke zwischen Kindergarten und Grundschule.

Schräder-Naef, R. (1996). Schüler lernen Lernen. Vermittlung von Lern- und Arbeitstechniken in der Schule. Weinheim: Beltz.

Sommer-Stumpenhorst, Norbert. (1991). Lese- und Rechtschreibschwierigkeiten: vorbeugen und überwinden. Von der Legasthenie zur LRS, LRS-Diagnose, Förderkonzepte und Übungsmaterialien. Frankfurt am Main: Cornelsen Verlag Scriptor.

Spitzer, Manfred. (2003). Lernen. Gehirnforschung und die Schule des Lebens. Heidelberg: Spektrum Akademischer Verlag.

Sternberg, Robert J. (1998). Erfolgsintelligenz – warum wir mehr brauchen als EQ und IQ. München: Lichtenberg.

Spezielles

Cube, Felix von (2000). Fordern statt verwöhnen. Die Erkenntnisse der Verhaltensbiologie in der Erziehung. München: Piper.

Jäger, M. & Jussen, H. (Hrsg.) (2002). Förderung körper- und sinnesbehinderter Hochbegabter. Erkenntnisse und Notwendigkeiten. Villingen-Schwenningen: Neckar Verlag.

Lohaus, A. & Klein-Heßling, J. (1999). Kinder im Stress und was Erwachsene dagegen tun können. München: Beck.

Ramirez Basco, M. (2000). Wenn Perfektionismus zur Qual wird. Landsberg/Lech: MVG.

Rothenberger, A. & Scholz, A. (2003). Mein Kind hat Ticks und Zwänge. Göttingen.

Shapiro, L. E. (1997). EQ für Kinder. Wie Eltern die emotionale Intelligenz ihrer Kinder fördern können. München: Scherz.

Prause, G. (1999). Genies in der Schule. Legende und Wahrheit über den Erfolg im Leben. München: Econ.